Research and Application of Hot In-place Recycling Technology for Asphalt Pavement

沥青路面就地热再生技术研究与应用

（第 2 版）

施伟斌　张义甫　主编
邓学钧　孙祖望　主审

人民交通出版社股份有限公司
China Communications Press Co.,Ltd.

内 容 提 要

本书围绕“循环经济、节能减排”主线，详细介绍了沥青路面就地热再生技术理论基础，通过大量研究、工程实践，总结出石料再用、沥青再生技术；间歇式热辐射加热技术；不打碎集料的翻松技术；对症下药的技术方案和设备模块化组合的工艺技术；再生沥青混合料级配可控技术；沥青混合料层间热黏结技术的六大核心技术理念。本书还针对沥青路面不同的损坏形式、损坏特点和机理、沥青混合料类型等进行研究，并选择典型的高速公路、市政道路和国省干线沥青路面就地热再生养护施工工程作为案例，进行了详细的介绍和分析。

本书可供广大道路养护管理和从业技术人员阅读使用，亦可供大专院校师生参考。

图书在版编目（CIP）数据

沥青路面就地热再生技术研究与应用 / 施伟斌，张义甫主编 . — 2 版 . — 北京：人民交通出版社股份有限公司，2019.8
ISBN 978-7-114-15649-6

Ⅰ . ①沥…　Ⅱ . ①施…②张…　Ⅲ . ①沥青路面—再生路面—研究　Ⅳ . ① U416.217

中国版本图书馆 CIP 数据核字 (2019) 第 124194 号

Liqing Lumian Jiudi Rezaisheng Jishu Yanjiu Yu Yingyong

书　　名：沥青路面就地热再生技术研究与应用（第 2 版）
著 作 者：施伟斌　张义甫
责任编辑：周佳楠　潘艳霞
责任校对：赵媛媛
责任印制：张　凯
出版发行：人民交通出版社股份有限公司
地　　址：（100011）北京市朝阳区安定门外外馆斜街 3 号
网　　址：http://www.ccpress.com.cn
销售电话：（010）59757973
总 经 销：人民交通出版社股份有限公司发行部
经　　销：各地新华书店
印　　刷：北京市密东印刷有限公司
开　　本：787 × 1092　1/16
印　　张：21.5
字　　数：418 千
版　　次：2016 年 7 月　第 1 版
　　　　　2019 年 10 月　第 2 版
印　　次：2019 年 10 月　第 2 版　第 1 次印刷　总第 2 次印刷
书　　号：ISBN 978-7-114-15649-6
定　　价：120.00 元

本书编委会成员名单

主　　编：施伟斌　张义甫

主　　审：邓学钧　孙祖望

参加编写人员：施伟斌　张义甫　陈启景　蒋永河　黄良忠　戴合理　雷　涛　张道忠　陈　敏　朱建华　朱　伟　牛　权

本书审稿人员名单

邓学钧——国务院学位委员会交通运输学科原召集人，东南大学教授、博士生导师

孙祖望——西安公路交通大学（现长安大学）原党委书记兼院长，教授、博士生导师

张起森——长沙理工大学交通运输工程学院原院长，教授、博士生导师

韩以谦——东南大学教授、博士生导师

张全庚——江苏沪宁高速公路股份有限公司原副总经理、总工程师，教授级高级工程师

孙立军——同济大学交通运输工程学院原院长，教授、博士生导师，长江学者

郝培文——长安大学继续教育学院院长，教授、博士生导师

刘黎萍——同济大学交通运输工程学院教授、博士生导师

延西利——长安大学公路学院教授、博士生导师

作者简介

INTRODUCTION

施伟斌

“公路医生”创始人，英达科技集团董事长、总裁，沥青路面就地热再生装备设计、道路工程施工管理领域专家。联合国欧洲经济委员会 PPP 专家委员会委员，香港科技教育文化学会会长，中国科学院大学兼职教授，公路养护行业绿色化发展第一人。毕业于香港理工大学、香港城市大学、英国 Warwick 大学，双硕士学位；从事沥青路面养护研究多年，主导研发的英达就地热再生成套设备与施工技术被交通运输部鉴定为“国际领先”，曾获南京市科技领域最高奖“科技功臣奖”，被评为江苏省有突出贡献中青年专家；拥有 120 余项国家专利，参编《筑路机械手册》《国外公路工程机械技术性能手册》等具有广泛影响力的行业专著。

张义甫

高级工程师，英达科技集团执行董事、副总裁，沥青路面就地热再生装备设计、道路工程施工工艺与控制技术领域专家。毕业于西安公路学院筑路机械系（现长安大学工程机械学院）并留校任中心试验室主任，主持、参与过多项路面工程机械整机性能及动力学方面的试验与研究，后于英国威尔士大学做专项研究，在美国、加拿大从事研究工作多年。在就地热再生设备研发及施工应用方面具有丰富的研究成果和施工管理经验，是数十项国家专利的发明人，曾获得多项省、部级科技进步奖。

主持编写并出版 6 册关于就地热再生施工工艺技术、开挖、快速回填施工工艺技术方面的地方标准和中国工程建设协会批准发布的施工技术指南、施工及验收规程、施工技术规范等国家行业标准。

主审简介

INTRODUCTION

邓学钧

东南大学教授、博导，国家级突出贡献专家，曾任国务院学位委员会交通运输工程学科评议组召集人、中国公路学会理事，享受政府特殊津贴。是路面结构设计理论、方法与材料研究，车轮－地面结构系统动力学理论研究领域的资深学者，曾获国家科技进步一等奖以及省部级科技进步奖，在各类期刊发表学术论文百余篇，著有《路基路面工程》《交通运输工程学》《刚性路面设计》等具有深远影响力的教材及专著。

孙祖望

长安大学教授、博导，曾任中国公路学会常务理事、中国工程机械学会副理事长，享受政府特殊津贴，被誉为“对民族筑养路机械发展最具影响的人物”。“工程机械牵引动力学、工程机械作业理论、工程机械作业质量控制理论”是其学术思想的三大核心。也是路面机械与工作介质间的动力学与作业质量控制研究领域的知名学者，在该领域取得众多达国际先进水平的研究成果，屡获省部级科学技术奖，拥有多项国家专利。编写了包含专业设计理论的《工程机械牵引动力学》《工程机械作业质量控制理论》《橡胶沥青技术应用手册》等具有广泛影响力的教科书以及行业专著。

总 序

科技是国家强盛之基，创新是民族进步之魂。中华民族正处在全面建成小康社会的决胜阶段，比以往任何时候都更加需要强大的科技创新力量。党的十八大以来，以习近平同志为总书记的党中央做出了实施创新驱动发展战略的重大部署。党的十八届五中全会提出必须牢固树立并切实贯彻创新、协调、绿色、开放、共享的发展理念，进一步发挥科技创新在全面创新中的引领作用。在最近召开的全国科技创新大会上，习近平总书记指出要在我国发展新的历史起点上，把科技创新摆在更加重要的位置，吹响了建设世界科技强国的号角。大会强调，实现“两个一百年”奋斗目标，实现中华民族伟大复兴的中国梦，必须坚持走中国特色自主创新道路，面向世界科技前沿、面向经济主战场、面向国家重大需求。这是党中央综合分析国内外大势、立足我国发展全局提出的重大战略目标和战略部署，为加快推进我国科技创新指明了战略方向。

科技创新为我国交通运输事业发展提供了不竭的动力。交通运输部党组坚决贯彻落实中央战略部署，将科技创新摆在交通运输现代化建设全局的突出位置，坚持面向需求、面向世界、面向未来，把智慧交通建设作为主战场，深入实施创新驱动发展战略，以科技创新引领交通运输的全面创新。通过全行业广大科研工作者长期不懈的努力，交通运输科技创新取得了重大进展与突出成效，在黄金水道能力提升、跨海集群工程建设、沥青路面新材料、智能化水面溢油处置、饱和潜水成套技术等方面取得了一系列具有国际领先水平的重大成果，培养了一批高素质的科技创新人才，支撑了行业持续快速发展。同时，通过科技示范工程、科技成果推广计划、专项行动计划、科技成果推广目录等，推广应用了千余项科研成果，有力促进了科研向现实生产力转化。组织出版“交通运输建设科技丛书”，是推进科技成果公开、加强科技成果推广应用的一项重要举措。“十二五”期间，该丛书共出版 72 册，全部列入“十二五”国家重点图书出版规划项目，其中 12 册获得国家出版基金支持，6 册获中华优秀出版物奖图书提名奖，行业影响力和社会知名度不断扩大，逐渐成为交通运输高端学术交流和科技成果公开的重要平台。

“十三五”时期，交通运输改革发展任务更加艰巨繁重，政策制定、基础设施建设、运输管理等领域更加迫切需要科技创新提供有力支撑。为适应形势变化的需要，在以往工作的基础上，我们将组织出版“交通运输科技丛书”，其覆盖内容由建设技术扩展到交通运输科学技术各领域，汇集交通运输行业高水平的学术专著，及时集中展示交通运输重大科技成果，将对提升交通运输决策管理水平、促进高层次学术交流、技术传播和专业人才培养发挥积极作用。

当前，全党全国各族人民正在为全面建成小康社会、实现中华民族伟大复兴的中国梦而团结奋斗。交通运输肩负着经济社会发展先行官的政治使命和重大任务，并力争在第二个百年目标实现之前建成世界交通强国，我们迫切需要以科技创新推动转型升级。创新的事业呼唤创新的人才。希望广大科技工作者牢牢抓住科技创新的重要历史机遇，紧密结合交通运输发展的中心任务，锐意进取、锐意创新，以科技创新的丰硕成果为建设综合交通、智慧交通、绿色交通、平安交通贡献新的更大的力量！

杨传堂

2016 年 6 月 24 日

序 一

新中国成立60多年来，我国公路交通和城市化建设经历了举世瞩目的超高速跨越式发展，截至2014年底我国公路通车总里程已超过440万公里。目前我国公路建设高峰期已过，早期建成的等级道路陆续进入大中修时期，维修养护、翻修、升级改造的任务越来越重。当前国际社会对环境的关注达到了历史新高度，节约资源、环境保护成为全球关注的可持续发展问题的焦点，也是我国的基本国策。在此发展的大背景下，交通运输行业作为国民经济发展的基础产业，资源节约、环境友好型路面材料和技术的研发及推广应用是未来交通事业发展的必由之路。

作为一种经济、环保的养护技术，沥青路面就地热再生技术是当前世界范围内受到广泛关注的道路维修养护施工技术之一。严格来说，这项技术并不是一项新型技术，早在1915年美国就开始进行早期的应用研究，但由于种种原因没有深入进行，直到20世纪70年代石油危机爆发，这项技术再次引起欧美等发达国家的重视。我国一些高校、科研机构、企业在20世纪90年代也开始进行沥青路面再生技术的研究和开发工作。以上所有的研究都把大部分精力放在了沥青的再生方面，但由于沥青的化学成分复杂导致了研究进展相对缓慢，在把研究成果推广应用时又碰到设备上的瓶颈，施工质量不能令人满意，从而阻碍了该项技术的大范围应用。

综合国内外沥青路面就地热再生技术的应用情况，有一些难点多年来无法得到有效解决，其中最为关键的有两点，一是如何对路面进行有效地加热渗透而不烧焦路面，二是如何在翻松时不破坏原路面的集料从而保证原路面材料原价值再利用。受加热技术的限制，一些就地再生加热设备加热深度只能达到2~3cm，达不到施工要求。热量渗透不充分，在翻松时必然会打碎原路面混合料中的集料，而且层间黏结也会因为界面沥青膜受损及温度不高而变成滑移状态，影响施工质量和道路的使用寿命。

1997年，英达科技集团（以下简称“英达集团”）在董事长施伟斌带领下的研究团队开始从事沥青路面就地热再生技术和设备研发，近20年来始终专注于此，取得了重要的研究成果。英达集团将这些研究成果总结成为《沥青路面就地热再生技术研究与应用》一书并出版，这对沥青路面再生技术的发展大有促进作用。英达集团创新性地采用了间歇式热辐射加热技术，深度可达5~6cm，加热效率高于其他方式，而且路面表层不会过热。在路面翻松时，英达集团采用了不会打碎集料的加热耙松技术，避免了一些设备在铣刨过程中打碎集料从而导致路面级配被破坏的问题，实现了路面级配已知、可控，这也是技术上的一大创新。在添加再生剂时，英达集团不是在拌缸中对新旧混合料直接添加，而是只对原路面回收材料添加再生剂，避免了新添加混合料中的沥青被再生剂重复“再生”的现象，保证了再生混合料的整体质量。还有摊铺前对下承层的二次加热技术等，这些关键技术的创新与攻克，都使得沥青路面就地热再生技术上了一个崭新的台阶。

我国的道路路面 80% 以上为沥青路面，沥青路面就地再生关键技术的解决无疑将推进道路养护行业的变革与结构调整。相信随着沥青路面就地热再生技术在交通行业的推广应用，能大力推动节能减排工作，实现道路养护中的循环经济和低碳经济，降低道路建设和养护的费用，具有特别重要的社会意义和巨大的经济效益。

邓学钧

国务院学位委员会交通运输学科原召集人，

东南大学教授、博士生导师　邓学钧

2015 年 5 月

序二

就地热再生技术是从 20 世纪 70 年代开始发展起来的，它的基本工艺是：加热旧沥青路面至一定的深度；翻松旧路面，重新分布松散的材料；添加再生剂至松散材料；采用复拌成型或重铺成型的方法形成新的再生沥青路面。采用复拌成型法时可以不加新的混合料，也可加入一定量的新混合料搅拌后一次成型路面，前者也常称为表面整形工艺；采用重铺成型法时先将再生料摊铺成型，然后再在其上铺一层新的沥青混合料罩面。最后一道工序是压实成型路面。

就地热再生技术在当时是作为一项革命性的解决沥青路面翻修和再生问题的新技术提出来的，但是在随后的应用中却因出现了一些问题而经历了一段曲折和停滞的阶段。这些问题主要是：翻修的深度受加热深度的限制而只能达到 2~3 cm；再生混合料矿料级配与沥青含量难以控制与调整；在路面加热的过程中路表面的加热温度过高而导致严重的蓝烟排放、空气污染以及沥青的老化。经过 20 世纪 80 年代中期至 90 年代中期的不断改进，就地热再生技术在进入 21 世纪后，技术上已渐趋成熟，并被定位为沥青路面表层翻修的热再生工艺。

英达集团董事长施伟斌先生带领的研发团队所开发的就地热再生设备在技术上有着自己独特的优点：在加热的方式上采用间歇式、直接热辐射加热方式，加热效率高，可以较好地控制加热的温度；在旧路面的翻松工艺上采用独特的纵向多排、横向多组平行疏松耙翻松系统，大大减少了集料被打碎的概率，由此而派生出来的好处是可以大大减少新沥青混合料的添加量，从而降低成本、不改变施工后新路面的高程，这些都是英达集团就地热再生技术的突出优势。

由于工艺上的复杂性，就地热再生工程的成功应用仍然要在很大程度上依赖于施工技术人员的经验，因此，出版一本对实际施工具有指导意义的应用手册对于从事就地热再生工程的施工管理技术人员来说将是十分有用的。

英达集团的研发团队及施工管理团队总结了多年来在就地热再生设备开发和施工实践中的经验，编写了《沥青路面就地热再生技术研究与应用》一书。该书从原路面调研开始到旧沥青混合料的级配分析和再生沥青特性的恢复，再生混合料的配合比设计，整形、复拌和重铺就地热再生的施工工艺等，对就地热再生技术的各个应用环节进行了详细的阐述，并附有许多工程应用的实例。随着就地热再生施工实践经验的不断丰富，该书的内容可能还会不断有所补充。我相信所有对就地热再生技术感兴趣的读者都可从中得到启示和帮助，本书对铺筑就地热再生路面质量的进一步提高也具有非常实用的价值。

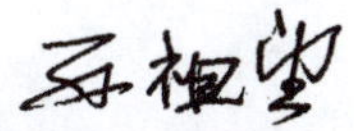

西安公路交通大学（现长安大学）原党委书记兼院长，

教授、博士生导师　孙祖望

2015 年 5 月

前言

沥青路面因其优越的路用性能，近年来在我国国省干线公路、高速公路、市政道路建设中得到越来越多的应用。随之而来的是沥青路面养护需求的提高。面对我国不同地域、不同路况、不同用途的道路养护需求，以及满足道路使用者越来越高的要求，养护行业的理念、技术、管理、装备都面临着越来越大的挑战。

在我们20多年来与道路管理者的大量接触中，听到了形形色色的苦恼、诉求和困惑。比如有的管理者讲“路坏了不敢修”。为什么呢？因为有些道路交通流量特别大，养护施工中一旦封路，或者施工中噪声大、有扬尘，就会被批评“扰民”；然而，如果一直不去修，又会被批评“不作为”，真是两难的困境。

又比如有的管理者疑惑：虽然国家提出生态文明建设号召，交通运输部随之提出了对废旧沥青路面材料循环再用的具体指标，然而，仍有观点认为循环再用的材料是“旧料”“次品”。那么，再生材料如何才能达到新材料的标准呢？追求材料循环再用是否意味着牺牲养护工程质量呢？

更多困扰则是来自传统工艺的弊端。传统铣刨摊铺工艺，铣刨作业噪声大、扬尘严重污染环境、铣刨出的大量废料难以处置，且工艺流程分散、施工周期长。铣刨后如不能及时重铺，遇雨水就会形成“养鱼池”。

新兴的就地热再生技术优势突出，可以较好解决上述种种难题。其施工不需铣刨，通过加热、耙松、添加再生剂以及视情况添加少部分新料，在治愈各类路病的同时，还可实现路面材料100%循环再用。循环链最短、施工效率高、质量优异，又符合环保、绿色发展的要求，就地热再生技术原本值得大范围推广。但是其实际应用率却难达预期，原因何在？高门槛难辞其咎。

就地热再生是一整套施工工艺体系，而非简单的一项工艺。路病本身及其成因、道路运输状况、气候条件、施工环境和业主的规划等相关因素千差万别。因此，就地热再生实施成败的关键在于“对症下药”——针对不同路病、环境的需求，采用不同热再生工艺、设备组合，添加不同混合材料。换句话说，就地热再生不是成药，而是变化多端的工艺与设备组合。这就要求就地热再生实施单位必须具备“公路医生”的全科功能：检测试验、方案设计、工艺与设备选择，以及施工管理。

推广先进技术，为道路使用者提供安全、舒适、快捷的服务，为道路管理者排忧解难，为社会的环保发展添砖加瓦，我们责无旁贷。作为国内最早从事就地热再生技术研发、推广、应用的单位，20余年来，英达科技集团通过对数千万平方米沥青路面的养护工程实践，试验、总结出大量研究成果并积累了丰富工程经验，建立了严谨的就地热再生技术理论体系，研发出全系列就地热再生工艺流程，研制出完备的就地热再生设备库，并主导编写了行业沥青路面就地热再生施工技术指南、施工及验收规程、施工定额等技术文件。现将上述成果与经验汇总一体，编写成《沥青路面就地热再生技术研究与应用》一书。

本书囊括沥青路面就地热再生技术的理论体系与关键技术、设计方法、设备选择、实施程序、典型病害治理、拓展应用等内容，可谓该技术的实用专著。全书通过总结多年来我们在各类市政道路、高速公路及国省干道以及机场跑道养护施工的翔实案例，阐述了就地热再生六大核心技术理念：以间歇式热辐射加热技术、不打碎集料的翻松技术及层间热黏结技术相辅相成，与沥青混合料级配可调、可控技术，对症下药的工艺与设备模块化组合并力，最终实现“集料再用、沥青再生”，满足沥青路面养护的环保、质量、速度需求。

本书在编写出版过程中得到了众多业内好友的鼎力协助。国内两位行业泰斗，邓学钧教授、孙祖望教授为本书主审并作序。人大环资委原副主任冯之浚老师，科学技术部原副部长刘燕华老师，中科院牛文元院士、刘光鼎院士，中国公路建设行业协会周纪昌理事长，中国教育学会会长钟秉林教授，东南大学韩以谦教授，同济大学孙立军教授、刘黎萍教授，长安大学郝培文教授、延西利教授，中国科学院大学汪寿阳教授，香港理工大学文効忠教授，重庆交通大学唐伯明教授，长沙理工大学张起森教授，香港路政署前署长刘正光先生，香港道路研究所黄永根所长，香港科技大学吴大琪教授，江苏省交通运输厅金凌教授，江苏交通控股有限公司吴赞平教授，江苏沪宁高速公路股份有限公司张全庚教授等社会和行业知名专家学者为本书撰写荐词，在此一并表示感谢。

虽然有如此多位行业内顶级专家鼎力支持，但囿于编者水平，书中亦难免存在不妥之处，恳请各位专家、同行不吝赐教，以便使该书内容不断完善。

2016 年 5 月

创新是社会发展的根本动力，而企业创新则是其中不可或缺的一环。在我们提倡环保绿色发展的当下，企业应更注重创新。英达集团扎根道路养护就地热再生技术这一领域，积累了丰富的创新成果。欣慰于英达集团将这些成果汇总成册并与社会和行业分享，希望这本书能广为传播、就地热再生技术能广为应用，为循环经济做出更大贡献。

——国务院参事、全国人大常委、环资委原副主任　冯之浚

实现我国“十三五”时期发展目标，必须树立“创新、协调、绿色、开放、共享”的发展理念，建立绿色低碳循环发展产业体系。在我国资源有限与需求膨胀的形势下，英达集团在道路养护这个基础建设领域，践行环保和循环经济理念，并通过创新与实践，总结出一整套理论体系和实施方法，值得肯定。希望《沥青路面就地热再生技术研究与应用》这本书，能引起更多循环经济和养护行业技术人员的探讨与共鸣。

——国务院参事、科学技术部原副部长　刘燕华

多年来我一直倡导社会“全面、协调、可持续”的发展理念，而这种发展理念离不开科技创新，发展成果则包含绿色内涵。就地热再生技术符合科学发展观，值得推广；英达集团创新、钻研、关注环保的精神，也应褒扬。愿与大家一起研读这本书。

——国务院参事，中国科学院可持续发展战略研究组、首席科学家　牛文元

修路架桥是利国利民的好事，但是无休止的开山采石会对自然环境带来不可逆的损害。因此，公路交通行业推广材料循环再用迫在眉睫。英达集团编撰的《沥青路面就地热再生技术研究与应用》专著，逻辑严明、案例丰富，希望可以对道路材料循环再用的推广有所裨益。

——中国科学院院士，中国地球物理学会理事长 刘光鼎

在中国路桥建设领域，英达集团是一家很特殊的公司，专注就地热再生技术的道路养护，纵深发展，形成了规划设计、设备研发制造、施工串联的经营架构。所以英达集团对就地热再生的钻研是理论结合实践，经得起推敲。希望英达集团编撰的这本书，能带动关于就地热再生技术的研究、创新和应用，为路桥建设领域的发展添砖加瓦。

——中国公路建设行业协会理事长，中国交通建设集团原董事长 周纪昌

结识伟斌和义甫20余载，赞叹于他们创业历程的精彩，感慨于他们创新精神的坚守，欣慰于他们带领企业成为行业的龙头。这本《沥青路面就地热再生技术研究与应用》，就是他们创新成果的结晶，值得推荐。同时，英达集团多年开展行业内教育、培训的探索与积累，包括组织交流研修、在高校开设课程等，也让本书更具可读性。

——中国教育学会会长，北京师范大学原校长，教授 钟秉林

发展绿色养护、预防性养护、促进资源循环利用，已成为公路养护行业现阶段和未来发展的方向。就地热再生作为一项节能环保、绿色低碳、资源循环链最短的路面养护新技术，顺应了时代发展大势，值得大力推广应用。

相信《沥青路面就地热再生技术研究与应用》一书将为推动我国道路养护行业的循环、绿色、低碳发展发挥更为重要的作用。

——中国科学院大学经济与管理学院院长，教授　汪寿阳

英达集团近20年来始终专注于沥青路面就地热再生技术的研究、推广和应用，坚持自主创新，理论联系实际，提供一站式综合解决方案和服务，“公路医生”形象深入人心。本书是“公路医生”多年研究成果和实践经验的总结，系统全面，深入浅出，在此，我将此书推荐给道路专业学生和从业人员，供学习参考。

——重庆交通大学校长，教授　唐伯明

英达集团是生态文明建设的先行者，多年来利用就地热再生技术，真正做到了“石料再用，沥青再生”的要求。

《沥青路面就地热再生技术研究与应用》一书详细介绍了沥青路面就地热再生技术理论基础、关键理念、工艺类型、技术优势及工程应用等，为进一步推动就地热再生技术的发展与应用将发挥重要作用。

——长沙理工大学交通运输工程学院原院长，教授　张起森

该书在对沥青路面再生技术进行系统论述的基础上，结合自身的工程实践总结分析了就地热再生技术的适应性、关键技术理念、设计方法、工艺类型选择、工艺流程质量控制；对设备的适应性进行了详细分析，对不同条件下的设备性能提出了具体要求；结合自身设备特点规定了施工工艺。

该书是为数不多的专门介绍就地热再生的著作，相信将对这种技术的健康发展具有推动作用。

——同济大学交通运输工程学院原院长，教授　孙立军

《沥青路面就地热再生技术研究与应用》一书，对于标准化就地热再生施工方法，改善沥青路面使用性能，提升旧沥青材料的利用率，实现交通运输行业向资源节约型、环境友好型跨越具有重要现实意义。

同时对于推动沥青路面热再生技术在我国的广泛应用具有积极作用。

——长安大学继续教育学院院长，教授　郝培文

作为一名资深的土木工程师，在从事公路维修保养工作长达 40 多年间，不时听到业界人士说："建路容易，养路难"。想想建造一条新公路，最多用三至四年。而维修保养建成之公路，则不只是二三十年，而是一项长期性、责任性的任务。

公路在营运期间，日夜 24 小时不断受环境、车辆及各种外力之冲击，损坏无可避免。而路面铺装更是重灾区，要不时进行维修，以保障公路使用者和公众人士的安全。维修期间，对社会大众有一定影响，如何能做到"多、快、好、省"实是对有关人员的一大挑战。而这方面之参考书实在缺乏。

英达集团总结了多年对沥青路面就地热再生养护技术研究而编著了本书，确实是这方面极大的补充。

——香港工程师学会前会长，特区土木工程署前署长　刘正光

英达集团致力于沥青路面就地热再生技术及就地热再生设备的研究，极具创意的设备设计理念，并整理编写了《沥青路面就地热再生技术研究与应用》一书，该书内容丰富，实践性强，对行业技术的发展具有指导意义。

作为一名科研学者，亦是主编施伟斌的大学老师，我为英达集团及他取得的成绩感到骄傲和欣慰，很高兴将该书推荐给广大的读者。

——香港理工大学工程学院院长，教授　文劲忠

与伟斌认识多年，他虽然身处商界，但是在创新钻研方面，却有学者的严谨和执着。英达集团的产业布局也遵循这一原则：在公路养护领域纵深发展；覆盖养护设备、材料、工艺的产业链方面，有着严谨的内在逻辑。

在我看来，这本《沥青路面就地热再生技术研究与应用》专著的创新性和实用性，均有独特之处，值得推荐。

——香港科技大学理学院副院长，教授　吴大琪

就地热再生技术是一项节约资源、保护环境的路面养护技术，英达集团多年来一直推动这项技术的发展和应用。编写的《沥青路面就地热再生技术研究与应用》一书凝聚了多年的研究成果和工程经验。

本书对沥青路面材料性能进行了充分的研究并提出了很多的技术创新点，不断攻克就地热再生施工中的难题，值得推广和借鉴学习。

黄永根

——香港道路研究所所长，香港高等教育科技学院教授　黄永根

资源节约、循环再用是绿色交通发展的应有之义，沥青路面就地热再生技术很好地满足与支持了这一发展要求，具有节约、降耗、环保等多重特点，符合绿色养护技术发展方向。英达科技从事此项技术研究多年，并结合实践经验的积累编撰了该书。该书首次系统地阐述了就地热再生技术理论基础、关键理念、设计方法、工艺类型、工艺流程、技术优势及工程应用等，内容丰富、实用性强，对于推广就地热再生工艺技术的广泛应用，促进绿色交通发展具有重要作用。

——江苏省交通运输厅副厅长、原总工程师　金凌

英达集团作为长期从事沥青路面就地热再生的研究与专业应用养护企业，具有完备的技术研发能力和丰富的工程经验。结合多年的技术研究、创新和工程实践经验编撰了《沥青路面就地热再生技术研究与应用》一书。本书大量成功的工程案例，可为从事道路交通工程的科技人员借鉴和应用，也可为相关大专院校师生参考学习。

——东南大学教授　韩以谦

英达集团是一家具备创新意识、社会责任和严谨作风的企业，江苏省就地热再生的省级技术中心即设于此。工艺研发—设备研发—施工实践—反馈工艺与设备，英达集团的创新机制是一套不断自我完善的完整闭环。其创新成果在省内应用广泛，业绩突出。这本《沥青路面就地热再生技术研究与应用》，愿与广大公路养护技术人员一同研读。

——江苏交通控股有限公司总工程师，教授　吴赞平

《沥青路面就地热再生技术研究与应用》一书详细介绍了沥青路面就地热再生技术的理论基础，英达就地热再生技术的关键理念、工艺类型和设备、技术优势及工程应用实例等内容，为就地热再生技术的进一步推广和应用提供了坚实的理论基础和技术指导，对今后更好地规范就地热再生施工与验收将会起到重要的先导作用。

——同济大学交通运输工程学院教授　刘黎萍

本书是英达集团研究成果与应用经验的全面总结，也是到目前为止国内第一本系统介绍就地热再生技术的专著，可供相关科技人员和大专院校师生学习、借鉴、参考。

——江苏宁沪高速公路股份有限公司原副总经理、总工程师，教授　张全庚

目 录

1 绪论

随着我国道路建设的高速发展，我国在20世纪90年代建成的高等级公路已经陆续进入中修和大修期。目前，我国道路建养工作已由“以建为主”逐步转入“建养并重”的阶段，并最终达到“以养为主”的长期持续发展阶段。然而，在养护维修过程中，由于普遍采用挖补和铣刨重铺的传统工艺，沥青混合料不能回收利用，由此带来两大问题：一是废料的遗弃、堆放占用大量土地，造成环境污染；二是大量旧沥青、旧集料不予利用，浪费资源。随着我国沥青路面养护技术的发展和人们环保意识的增强，传统的道路养护方式已经不能满足社会的现实需要，而作为一种绿色、环保、高质的养护技术，沥青路面再生技术越来越受到人们的重视。

1.1 沥青路面养护现状及发展方向

1.1.1 沥青路面养护现状

随着我国公路事业的快速发展，“十二五”时期我国迎来了周期性的公路养护高峰，加之公路交通流量特别是重载交通量的持续快速增长，公路将面临集中大中修和升级改造的压力，养护任务极为艰巨。加之我国已进入资源环境矛盾的凸显期，公路养护行业发展方式面临转型的历史机遇和挑战。

目前，我国公路养护行业现状反映在以下7个方面：

（1）养护理念落后，与行业发展特点和新的发展要求不相适应。

交通运输部《“十二五”公路养护管理发展纲要》中明确提出养护优先的原则，但现实情况是，公路新建和养护在理念上存在着很大不同，很多正确养护的理念还没有真正培养和建立起来，实际工作中运用建设的理念和思维去看待和处理养护问题的现象还相当普遍。养护理念的落后已严重影响到行业的科学、健康和创新发展。

公路养护行业是建设资源节约型、环境友好型社会的重要领域。发展绿色养护、预防性养护，促进资源循环利用，有效保护环境和改善生态环境，已成为公路养护行业现阶段和未来发展的现实要求。而目前我国公路仍以传统粗放式的养护方式为主，在耗费大量养护资金的同时，造成大量资源浪费和环境污染，已不符合未来公路养护发展快速、优质、环保、绿色、生态、经济、持续的新要求。

（2）养护管理体制落后，养护市场化和专业化进程缓慢。

党的十八届三中全会指出，转变政府职能，创建服务型政府，需要理顺政府和市场的关系，发挥市场在资源配置中的决定性作用。

目前，我国公路养护管理以“管养一体”模式最为普遍，许多公路养护管理单位仍然套用事业型养护管理体制，“政、事、企”不分，权责不清，养护经费采用计划经济管理的拨款形式，这种模式已远远不能适应公路养护市场化的发展趋势和要求，严重制约了公路养护工作的可持续发展。养护管理中既当裁判员，又当运动员的现象比较常见，与之相伴而生的地方保护现象也很严重。这些养护部门或单位小而全，技术装备比较落后，经济效率较低，完全没有发挥出社会分工的优势。

目前我国专业从事公路养护的企业并不多，有些尚未建立健全现代企业的管理制度，培育养护市场，使养护真正走向专业化、社会化，还有很长的路要走。

（3）养护的四新技术采用力度较小，培育和扶持高科技养护企业的政策不足。

2011 年 9 月交通运输部发布《“十二五”公路养护管理发展纲要》，提出养护发展指标：力争到 2015 年，全国公路养护废旧沥青路面材料循环利用率达到 40%，国省干线公路废旧沥青路面材料循环利用率达到 70%，高速公路废旧沥青路面材料循环利用率达到 90%。2013 年 5 月交通运输部又发布了《加快推进绿色循环低碳交通运输发展指导意见》，对路面材料循环利用率提出了更高的要求，即到 2020 年，我国路面材料循环利用率要达到发达国家 90% 的水平。

要实现上述发展目标，需要地方公路主管部门的大力支持和引导。但目前地方政府对沥青路面养护四新技术应用的重视程度和支持力度普遍不够，培育和扶持高科技养护企业的政策不足，导致路面材料循环利用率很低。

部分省份已经颁布实施具体的指导意见和落实措施，如 2012 年 12 月江苏省交通运输厅公路管理局出台了《江苏省普通国省道沥青路面再生技术推广实施意见》，提出鼓励推广沥青路面再生技术的具体措施和办法，确定了设备改造计划及不同再生方式的奖励标准，这对提高江苏省国省道公路养护水平和材料循环利用率起到了积极的促进作用。

（4）新技术、新设备、新工艺、新材料的研发和应用的产业化水平较低。

一直以来，我国积极引进、消化、吸收国外先进的新技术、新设备、新工艺和新材料，并结合国内养护特点进行了创新，在某些领域也取得了突破和达到领先水平。但养护行业整体上的“四新”研发投入不足，产学研一体化水平不高，研发成果没有快速转化为生产力，成果推广应用的规模较小，产业化处于发展初期比较低的水平。

（5）养护技术标准相对滞后，亟需健全和完善相关行业规范。

我国公路新建的标准和规范比较健全和成熟，但公路养护技术，尤其是创新型技术（如再生技术和预防性养护技术）的标准和规范还不够完善，或者过于宽泛，指导和参考价值较低，在一定程度上不利于甚至阻碍了新技术的发展和应用。

养护技术标准应适当超前才能起到规范和提升整个行业技术水平的作用，才能更好地推广新技术、新材料和新工艺，促进行业健康快速发展。

（6）养护从业人员素质不高。

我国从事养护的专业技术人员比例不足30%，加之科研和生产脱节现象严重，导致养护新技术、新工艺、新材料和新设备不能被快速接受和应用，这极大地阻碍了行业的技术进步。

（7）养护资金不足。

“十二五”期间，政府还贷二级公路取消收费，并进一步控制收费公路总规模和收费站点数量，加之燃油税转移支付资金的使用范围和比例分配还没有明确规定，投入养护的资金比例比较小，普通公路尤其是农村公路的养护资金缺口进一步加大。

1.1.2 沥青路面养护发展方向

我国公路养护行业的可持续发展，需坚持正确的发展方向。根据公路养护现状及其发展规律，公路养护的发展趋势或方向应该包括以下5个方面：

（1）预防性养护的常态化

从目前国内养护情况看，基本上都是事后的被动性养护，即出现病害了才去养护，多耗费了大量的养护资金。未来，这种被动性的养护必然要让位于主动性的预防性养护，预防性养护将病害消除在萌芽状态，保证道路使用状况始终处于良好状态，经过这样优化的预防性养护模式，还可节约大量养护资金。

公路预防性养护要求在合适的时间，对合适的路面，实施合适的养护工艺技术方案，因此，公路预防性养护的效果在很大程度上取决于智能化试验检测手段和科学决策方法。

（2）养护市场化和社会化

未来公路养护的技术含量会不断提高，各种创新型的四新养护技术会不断涌现，这些养护技术常常需要依靠先进的养护装备（检测和施工设备）来实现，这就要求公路养护走市场化和专业化的道路。

（3）养护技术节能环保化

我国已进入资源环境矛盾的凸显期，加之公路养护又是资源和能源消耗大户。绿色、节能、环保型的养护技术（如再生技术、温拌技术等）符合循环经济、低碳经济的发展趋势，顺应了时代发展要求，应用前景十分广阔。

（4）养护工艺标准化和装备机械化

我国面临的公路养护任务非常繁重，同时公众对养护工作的期望和公路服务水平要求越来越高，这就要求公路养护管理部门及时总结新技术、新工艺、新材料、新设备的应用经验，并结合公路养护作业特点，促进公路养护工艺标准化和装备机械化，提高养护行业的成熟度。

（5）养护管理规范化和信息化

养护工作系统性强，需要大量监控设备和专用路面检测设备，采集大量的技术数据，进行汇总、整理、分析、决策，工作量很大，这就要求养护要规范化和信息化，以提高工作效率和决策质量。

1.2 沥青路面再生利用技术研究现状

1.2.1 国外沥青路面再生利用概况

沥青混合料再生利用的试验研究，早在1915年便在美国开始。但以后由于大规模的新路建设，再生沥青路面铺筑的里程进展甚慢。直到1973年，石油危机爆发，燃油供应紧张，严格的环保法制使得砂石材料的开采受到限制，筑路用的砂石材料供不应求，以致砂石材料价格上涨；1974年美国开始大规模研究和推广沥青混合料再生技术。沥青路面在美国是最大的再生产品，根据美国联邦公路局报道，在重新罩面式拓宽项目中每年要使用9100万吨铣刨料中的7300万吨旧沥青路面材料（RAP），利用率达80%。沥青路面的再生利用在美国已是一项常规实践，由于沥青混合料再生利用大有可为，为此相关的研究工作得到了美国联邦公路局的大力资助。此外，美国交通运输研究委员会、美国材料与试验协会、美国沥青路面工程师协会，也经常主持召开有关沥青混合料再生利用的各种学术会议，有力地推动了该项研究工作的进展和交流。1981年美国交通运输委员会编制出版了《路面废料再生指南》；同年美国沥青协会出版了《沥青路面热拌再生技术手册》，1983年出版了《沥青路面冷拌再生技术手册》；2001年美国沥青路面再生协会（ARRA）在联邦公路局资助下又出版了《沥青再生基本手册》。

日本由于能源匮乏，从1976年开始重视沥青路面再生技术的研究，1980年厂拌再生的热拌混合料累计达到50万吨，1984年7月，日本道路协会出版了《路面废料再生利用技术指南》，并且就有关厂拌再生技术编制了手册。目前日本路面废料再生利用率已超过70%。

西欧国家也十分重视这项技术，其中德国再生技术研究发展较快，居欧洲之首。德国是最早将再生材料应用于高速公路路面养护的国家，该国在1978年就已将全部废弃沥青路面材料加以回收利用。芬兰几乎所有的城镇都组织旧路面材料的收集和储存工作。过去再生材料主要用于低等级公路的路面和基层，近几年已开始应用于重交通道路上。法国对再生技术的研究也颇为重视，在高速公路和一些重交通道路的路面修复工程中开始逐步推广应用这项技术。

苏联对沥青路面材料再生技术研究较早，而且在1966年就出版了《沥青混凝土废料再生利用技术的建议》，但实际应用甚少。1979年出版了《旧沥青混凝土再生混合料技术准则》，提出了适用于各种条件下再生利用的方法，其中规定再生沥青混合料只可以用于高等级路面的基层或低等级路面的面层。1984年苏联又出版了《再生路用沥青混凝土》，该书详细地阐述了路拌（现场）再生和厂拌再生的方法。

国外早在20世纪50、60年代就有沥青路面再生剂（Bituminous Pavement Rejuvenator）的文献报道，迄今为止，国外特别是美国已经有多种再生剂应用于沥青路面再生，形成了一套比较完整的再生利用技术，并且在再生剂的性能和使用上都达到了规范化和标准化的程度。纵观欧美等发达国家沥青路面再生技术研究发展的状况，这些国家都特别重视再生技术实用性的研究，他们在再生剂的开发、实际工程应用中再生沥青混合料的拌制工艺，以及与之配套的挖掘、铣刨、破碎、拌和等机械设备的研制方面都取得了很大的成就。国外对沥青再生机理的理论研究并不多，但在再生剂的再生效果、再生混合料的物理力学性能的评价方法等方面积累了丰富的数据，进行了卓有成效的研究，为沥青路面再生技术的实用性、可操作性提供了科学依据。

1.2.2 我国沥青路面再生利用技术研究的进展

我国沥青路面材料再生利用技术研究的发展过程大体可以划分为两个阶段，第一阶段为20世纪80年代末之前，第二阶段为20世纪90年代以后。

我国自20世纪60年代开始推广铺筑渣油路面，黑色路面里程逐年增加。20世纪70年代以后，陆续修建了各种结构形式的沥青路面。进入20世纪80年代，随着国民经济的发展、交通量迅速增长、重型车辆日益增多，不少沥青路面实际已处于超负荷工作状态，以致沥青路面的病害日趋严重，道路的大修和改建任务日益繁重。虽然当时我国许多油田得到开发，石油化工有了很大的发展，但生产的沥青仍然供不应求，沥青的供应量尚不到需求量的一半；公路建设投资有限，尚不能满足公路交通运输事业迅速发展的需要。在这种背景下，为充分利用旧路面材料，沥青混合料再生利用技术的研究第一次被提到了我国公路工作者的工作日程中。

1982 年，原交通运输部科技局正式将沥青混合料再生利用作为重点科技项目下达，由同济大学负责该课题研究的协调工作。研究工作采取科研单位、高等院校以及生产部门相互协作的方式，分别确定主攻方向，开展比较系统的试验研究，使研究深度和广度有了较大的进展。

同济大学对旧沥青混合料的再生机理和再生设计方法进行了深入的研究。从化学热力学和沥青流变学的原理出发，研究沥青作为高分子浓溶液，其溶质与溶剂之间的相容性，以及沥青在老化过程中其流变行为的变化规律。还研究了再生剂的作用和质量技术指标。此外，还在室内就再生沥青混合料的物理力学性能进行了系统的评价性试验。通过理论研究，对沥青再生的本质有了深刻的认识，探明了老化沥青再生的科学途径，并在此基础上建立了沥青混合料的再生设计方法。

1983 年建设部下达了“废旧沥青混合料再生利用”的研究项目，由上海市市政工程研究所、武汉市市政工程设计研究院、天津市市政工程研究所等单位承担。当时的主攻方向是把旧渣油路面加入适当的轻油使之软化，来代替常规沥青混合料，主要解决用量较多的路面中下面层。拌和设备方面则应用现有设备作适当改装，经过三年的努力，在苏州、武汉、天津、南京 4 个城市铺筑了 30000 多平方米的试验路。经路用效果观测证明，再生路面的综合使用品质不低于常规热拌沥青混凝土路面。湖南省将乳化沥青加入到面层混合料中，并分别用拌和法和层铺法修筑了再生试验路，也证明了其技术可行性和经济性。其他省份如山东、河北、辽宁、广东、安徽等，在 20 世纪 80 年代初也曾先后进行过旧渣油路面的再生利用研究。

到了 20 世纪 80 年代中后期，我国开始了大规模的公路建设，尤其是高速公路建设。1988 年 10 月 31 日上海到嘉定 18.5km 首条高速公路建成通车，标志着我国大陆高速公路实现了零的突破，此后全程 375km 的沈大高速公路、全长 143km 的京津塘高速公路相继建成通车。20 世纪 90 年代起，全国高速公路的建设步伐明显加快，每年建成的高速公路由几十公里增加到上千公里，其发展速度迅猛。而新路建设的迅猛发展，带来了大量急需解决的新困难、新问题，如何克服这些新困难、新问题成为这个时期公路科研的主题，需要投入大量的人力、物力和财力。沥青路面材料再生利用技术因而被搁置，致使我国对这方面研究的深化和延伸在这个时期基本处于停滞状态。

直到20世纪90年代中后期，早期建成的大量高等级沥青路面陆续进入大修或改建阶段，沥青路面再生利用技术才重新引起广泛重视。例如：1992年同济大学在槐阜路采用阳离子乳化沥青进行冷再生沥青路面试验；1996年，湖南省公路部门在低等级旧路改造中使用废机油作为再生剂进行了沥青路面再生利用的应用研究；1997年，江苏省淮阴市公路处用乳化沥青冷再生旧料铺筑路面等。

近十年来我国修筑的高等级路面大多为沥青路面，而且所用沥青中进口沥青占很大比例，价格昂贵。许多地方集料匮乏，单价也日趋上升，原材料成本在整个路面工程中所占的比例也越来越大。大量使用新集料、开采石矿也造成森林植被减少、水土流失等严重的生态环境破坏。近年来我国很多路面，特别是高等级路面已经或即将进入维修或改建期，大量翻挖、铣刨的沥青混合料被废弃，一方面造成环境污染，另一方面也是资源的极大浪费。于是作为沥青路面修复、改建的环保性、经济性技术——沥青路面材料再生利用技术再一次被提到公路工作者的工作日程中，成为当时公路科研热点问题之一。

随着我国高等级沥青路面维修养护量的不断增加，对沥青路面旧料的再生技术研究正逐步深入化、系统化，例如2000年沈大高速公路营口段沥青路面再生试验；2003年广佛高速公路路面大修中，沥青下面层设计采用了旧料掺加量为20%的再生沥青混合料；同年6月至8月，上海浦东路桥建设公司利用就地热再生技术对沪宁高速公路上海段的沥青路面上面层进行了再生修复；2004年沪宁高速南京至镇江段路面养护工程，采用就地热再生技术；2006年沈海高速福鼎至宁德段首次采用就地热再生技术进行路面养护维修；2007年沈海高速福州至泉州段采用就地热再生技术进行道路养护。随着2008年北京奥运会成功举办，绿色奥运主题的提出，无形中进一步推动了沥青路面材料再生利用技术的研究。经过近一年的开发研究，北京首次采用废旧沥青混合料再生利用技术，在海淀区羊坊店路铺筑了第一条环保沥青道路。同时北京市计委、市政管委、市环保局、市建委等部门联合签署文件，下发《废旧沥青回收管理办法》。该法规严禁施工单位对废旧沥青混合料随意遗弃，要求运至指定厂家进行再生。因此，可以说废旧沥青混合料再生利用技术是具有很强的现实性和时代性的，随着我国高等级公路维修养护数量的不断增加，有必要对沥青混合料再生利用技术进行进一步深入、系统的研究。

2000年后，我国对沥青路面再生技术的重视程度明显增加，在《“十二五”公路养护管理发展纲要》中将沥青路面的再生利用列为公路养护与管理的基本原则。2012年交通运输部又下发了《交通运输部关于加快推进公路路面材料循环利用工作的指导意见》（简称《意见》），明确指出：公路路面材料循环利用是潜力巨大、效果突出的建设养护环保技术之一。据测算，我国仅干线公路大中修工程，每年产生沥青路面旧料达1.6亿吨，水泥路面旧料达3000万吨。然而，据统计，目前我国公路路面材料循环利用率不到 30%，远低于发达国家 90% 以上利用率的水平。加快推进公路路面材料循环利用工作，对促进公路交通可持续发展，节约资源、降低排放及保护环境具有重要意义。《意见》中明确了发展目标：到“十二五”末，全国基本实现公路路面旧料“零废弃”，路面旧料回收率（含回收和就地利用）达到 95% 以上，循环利用率（含回收后再利用和就地利用）达到 50% 以上，其中，东、中、西部分别达到 60% 以上、50% 以上、40% 以上。到 2020 年，全国公路路面旧料循环利用率达到 90% 以上。高速公路到“十二五”末，路面旧料回收率达到 100%，循环利用率达到 90% 以上，其中东、中、西部分别达到 95% 以上、90% 以上、85% 以上；到 2020 年，高速公路路面旧料循环利用率达到 95% 以上；普通干线公路到“十二五”末，路面旧料回收率达到 95% 以上，循环利用率达到 70% 以上，其中，东、中、西部分别达到 80% 以上、70% 以上、60% 以上；到 2020 年，普通干线公路路面旧料循环利用率达到 85% 以上；农村公路在“十二五”期间，要积极开展路面旧料的回收与循环利用，到 2020 年，基本实现路面旧料的回收与循环利用。同时，交通运输部还专门安排了交通运输节能减排专项资金。

我国政府相关部门对沥青路面的再生利用也相当重视，原国家经贸委办公厅转发财政部、国家税务总局联合发布的文件中明确规定，自 2001 年 1 月 1 日起，掺加不少于 30% 的旧沥青路面材料而产生的再生混合料，可以享受增值税即征即退的优惠政策。2012 年江苏省公路局下发了《江苏省普通国省道沥青路面再生技术推广实施意见》（苏交公养〔2012〕487 号），其中明确提出：为了鼓励使用沥青路面再生技术，省局在部门预算中安排一定资金，用于奖励应用再生技术的工程项目。综合考虑再生方式、再生水平、回收旧料使用数量、使用途径等因素，各类再生技术应用奖励标准为：每使用 1t 旧沥青混合料，厂拌热再生、现场热再生、厂拌冷再生、现场冷再生和全深再生分别奖励 48 元、24 元、7 元、7 元和 3 元。

1.3 沥青路面再生技术分类与特点

1.3.1 传统沥青路面再生技术分类

旧沥青路面材料的再生利用，就是将旧沥青路面经过再生专用设备的翻挖、铣刨、回收、加热、破碎、筛分后，与再生剂、新沥青、新集料等按一定比例重新拌和，满足一定的路用性能并重新铺筑于路面的一整套工艺。

传统的再生技术分类如图 1-1 所示。

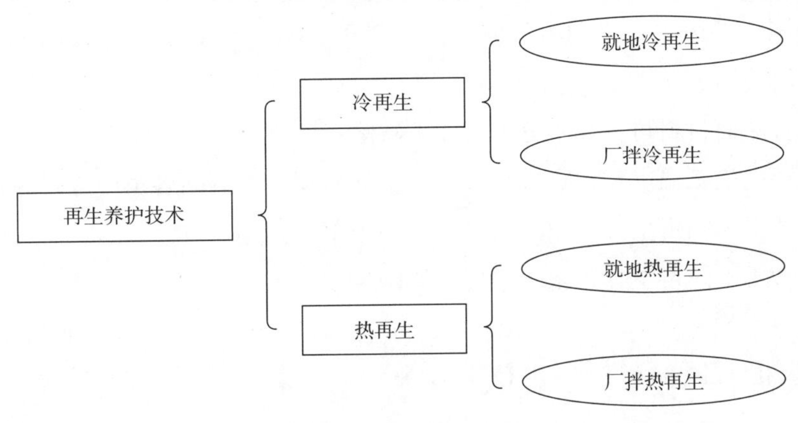

图 1-1　传统再生技术分类

就地冷再生（CIR）是指采用专用的就地冷再生设备，对沥青路面进行现场冷铣刨、破碎和筛分（必要时），掺入一定数量的新集料、再生结合料、活性填料（水泥、石灰等）、水，经过常温拌和、摊铺、碾压等工序，一次性实现旧沥青路面再生的技术，它包括沥青层就地冷再生和全深式就地冷再生两种方式。仅对沥青材料层进行的就地冷再生称为沥青层就地冷再生。 沥青层就地冷再生是一种循环利用的再生技术，再生后的材料仍将用于沥青层，主要用于道路的联结层、下面层或柔性基层，也常用于乡村道路的翻修。再生层既包括沥青面层又包括非沥青材料层，称为全深式就地冷再生。全深式就地冷再生可以解决沥青路面面层、基层的所有病害，但其施工工序复杂、施工成本高。

厂拌冷再生（CR）是将回收沥青路面材料运至拌和厂，经破碎、筛分后，以一定的比例与新集料、活性填料、水进行常温拌和，常温铺筑形成路面结构层的沥青路面材料再生技术。厂拌冷再生可用于修复面层和基层病害，一般用于低等级公路或高等级公路的基层、下面层等。

就地热再生（HIR）是通过现场加热、翻松、拌和、摊铺、碾压等工序，一次性实现旧沥青路面材料的100%就地再生利用的路面再生技术，施工过程中具有无须铣刨、收集和运输旧路面沥青混合料等优点。此外，就地热再生施工速度快，效率高，通常采用单车道施工，对道路运营影响程度低。但需要非标准专业化施工设备，对设备的功能和性能要求较高。

厂拌热再生（HR）是先将旧沥青路面经过初破碎或铣刨后运回工厂，通过再破碎、筛分，并根据旧料中的沥青含量、沥青老化程度、集料级配等指标，掺入一定数量的新集料、沥青和再生剂（必要时）进行拌和，使混合料达到规范规定的各项指标，按照新建沥青路面完全相同的方法铺筑路面的工艺技术。厂拌热再生具有较好的适应性，除无法解决软土路基或基层的强度问题外，适用于各类沥青面层的损坏情况，但其原路面材料利用率有限，一般不大于 30%。原路面材料用量超过 30% 时，建议施工后的路面不宜作为磨耗层使用。

传统沥青路面材料再生技术分类有如下缺陷：

（1）仅根据施工温度和地点进行分类，不能根据分类判断各再生方式的特点。

（2）未考虑不同再生方式原路面材料的利用率。

（3）未考虑不同再生方式施工过程中的碳排放。

1.3.2 建议沥青路面材料再生技术分类

鉴于传统沥青路面材料再生技术分类的缺陷，英达公司从目前国家资源循环利用相关政策导向出发，提出了更科学的分类方法，如图 1-2 所示，其是按照路面施工的碳排放量和原路面材料剩余价值的循环利用率进行分类。

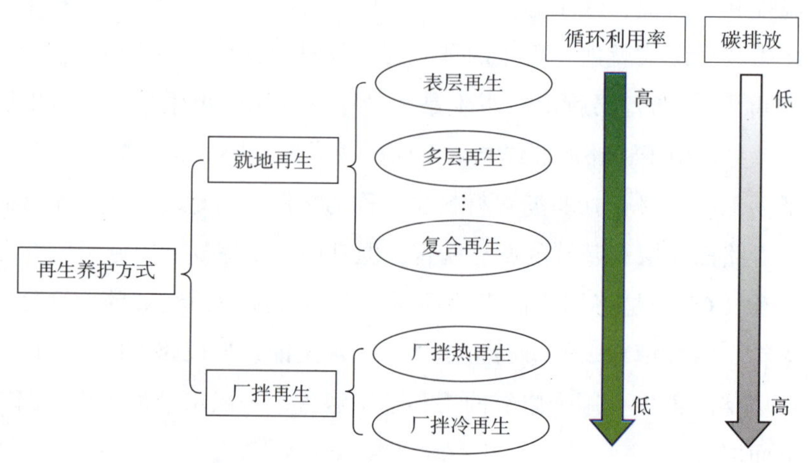

图 1-2 推荐沥青路面材料再生技术分类

根据该分类方法，在选择再生方式时应遵循以下原则：能浅勿深，能热勿冷，能近勿远；应优先选择“质量可靠、循环链短、碳排放低、材料保值”的再生养护方式。

就地热再生工艺技术目前多用于表层再生，是材料循环利用率最高、循环链最短而且碳排放在所有再生类型中最低的再生工艺技术，是目前应该优先大力推广的路面材料再生工艺技术。厂拌再生工艺需要将原路面旧的混合料运输到拌和厂，还需要破碎、筛分，原路面材料利用率有限。与厂拌再生和传统铣刨重铺工艺相比，就地再生能够将原路面材料 100% 的就地再生利用，无须从施工现场到拌和厂往返运输，从而减少运输过程中的碳排放。中科院对就地热再生、厂拌热再生、温拌再生、就地热再生与温拌再生技术相结合这 4 种再生技术的节能减排量进行测算，测算结果显示就地热再生与温拌再生技术相结合的碳排放量和能源消耗量最低。本书以就地热再生和铣刨重铺工艺为例，分析这两种工艺的节能减排计算和对比过程，具体计算过程详见附录A。

就地热再生工艺技术是资源循环链最短、旧路面材料循环利用率和价值利用率最高、节能环保的创新型养护工艺技术，符合循环经济、低碳经济的发展要求，有利于促进公路养护事业的可持续发展，值得大力推广应用。

1.4 本章小结

本章主要介绍了我国沥青路面养护现状、未来发展方向和国内外沥青路面材料再生的应用情况以及沥青路面材料再生工艺技术的分类。在沥青路面材料再生工艺技术中，就地热再生技术最近几年得到了飞速的发展和应用，这主要是由于随着我国道路建设和养护水平的不断提高，沥青路面特别是高等级沥青路面朝全寿命沥青路面方向发展，沥青路面深层病害逐年减少，而主要病害集中在沥青路面面层特别是沥青表层，这就为就地热再生技术的广泛应用和发展提供了极大的空间。因此本书主要针对就地热再生技术进行介绍，希望通过本书为其进一步发展提供理论和实践基础。

2 就地热再生技术适用性及关键技术理念

根据沥青路面在使用过程中材料的性质变化进行理论分析，从而论述就地热再生技术可以真正实现“石料再用、沥青再生”。但并不是所有的路面病害都适合采用就地热再生工艺技术，需要对其适用性进行分析。为了更好地保证施工质量，英达公司根据多年工程经验和理论研究，总结出沥青路面循环再利用六大核心理念，并进行系统论述与分析，以便更好地促进该技术在我国的发展与应用。

2.1 就地热再生技术理论基础

2.1.1 沥青混合料组成分析

沥青混合料成分分析如图 2-1 所示。

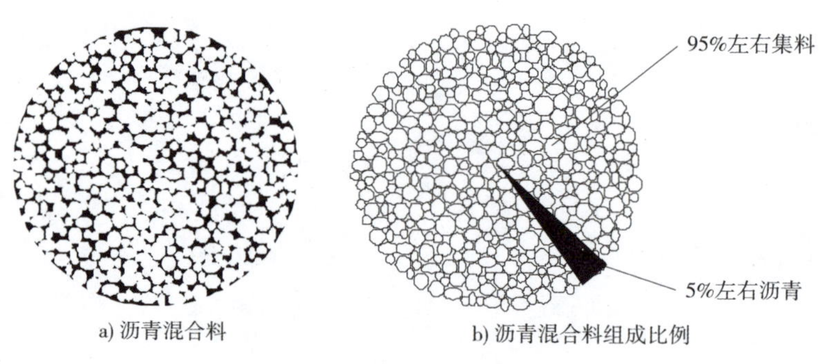

a) 沥青混合料　　b) 沥青混合料组成比例

图 2-1 沥青混合料组成分析

在当前就地热再生技术的研究和应用中，往往将太多的精力投入到沥青的再生研究中，却没有更多地考虑沥青混合料中各种成分的比例关系，即沥青通常在混合料中只占 5% 左右，而沥青混合料中 95% 左右的成分是集料。

沥青路面的再生利用，首先是要实现对集料的再利用，其次才是考虑对沥青的再生利用。若从沥青混合料中的沥青与集料两种材料的单价考虑，沥青的单价比集料的单价高。但是从两者的数量考虑，集料的数量远远大于沥青的数量，而且集料更是不可再生的宝贵资源。所以沥青混合料的再生利用，首先应该考虑集料的再利用。

然而目前很多再生设备的施工工艺对集料的再利用重视不够，在再生的过程中往往采用旋转铣刨刀具翻松工艺，造成沥青混合料中部分集料被打碎。尤其是直径大于4.75mm的集料，破碎的比例更高，而且施工过程打碎的集料数量完全是一个随机的不可控过程，使原路面混合料的级配被改变成未知级配，从而导致混合料的承载能力下降。为了恢复已经改变的混合料的原有设计参数，只能通过添加新的粗集料或者通过添加更多新的沥青混合料来补偿。但是，这并不是一种理想的利用方式，也不符合循环经济“减量化”的原则。再生施工过程中，以不打碎集料、不破坏原路面混合料的级配、100%利用原路面沥青混合料的再生技术才是最佳的沥青路面再生技术。

从充分利用原沥青路面材料的角度来讲，无论是就地热再生还是厂拌热再生，都应当尽量避免采用旋转铣刨切削的强制翻松工艺。

2.1.2 沥青老化机理分析

随着运营时间的增加，沥青路面行驶性能不断衰减，并出现不同程度的车辙、坑槽、松散、裂缝等病害，这些除了与路面设计、施工等因素有关外，与沥青路面的老化也有一定关系。沥青路面的老化是一个复杂的过程，促使路面老化的因素包括车辆荷载、空气、阳光、温度、湿度等。从混合料的构成而言，沥青路面老化主要包括沥青胶结料的老化、集料磨损及级配变化等，因此沥青路面的再生也就包括沥青的再生和集料级配的恢复等主要内容，其中沥青的再生更为复杂。

沥青是自然界经过长期、综合的作用过程并由现代工艺提炼加工而成，其化学构成和性能特点极为复杂。目前对沥青自身成分和性能的研究尚处于不断完善的过程中，对其老化和再生机理的认识有待进一步探讨。为更好地进行就地热再生技术的研究，本章对沥青老化原因、沥青老化后性质变化进行分析。

1）沥青老化原因

沥青老化是指沥青从炼油厂被炼制出来后，在运输、储存、施工及使用过程中，由于长时间暴露在空气中，在环境因素如空气、阳光和水的作用下，会发生一系列的挥发、氧化、聚合，导致沥青内部结构发生变化，同时发生性质变化、路用性能劣化的过程。根据不同的使用环境，沥青老化可分为三个阶段：

（1）运输、储存、加热过程中的老化

沥青从炼油厂炼制出来后，直至拌制沥青混合料之前，一直装在保温的沥青罐内，沥青的热态储存、热态运输、在储存罐内预热、调配等过程，往往经历很长的时间。由于温度升高加速分子的运动，除引起沥青挥发外，还能引起沥青某些物理化学变化。在整个时期，沥青老化的机理主要是：

①由于受热使沥青中的轻质油分不断挥发，使沥青变硬变脆，降低黏结性。

②储存罐中表面的沥青与空气接触，会与空气中的氧气发生一些聚合反应，沥青也会发生一定程度的老化。

③沥青在管道内不断运行并由储存罐顶处洒落到罐内时，沥青的表面积增大，沥青将发生氧化反应。

由于这段时间内沥青还储备在储存罐中，沥青的数量多、深度大，接触加热源及空气的面积较小，所以老化并不会很严重。

（2）加热拌和及铺筑中的老化

沥青最主要也是最常规的使用方式，是采用热拌沥青混合料的施工方式，此时沥青将经历一个比储存过程严重得多的老化过程。拌和过程中的沥青老化是最严重的，通常称之为热老化。

集料和填料混合搅拌时被沥青膜所裹覆，其集料表面沥青膜厚度一般在 5 ~ 15μm。沥青在拌和机内与热矿料混合，其温度一般高达 160 ~ 180℃，沥青一方面突然经受高温，一方面又接触热空气，这加速了沥青组分挥发和沥青氧化，沥青在此阶段的老化是最严重的。除了加热温度影响外，拌和时间、沥青用量也会影响拌和过程中沥青的老化。一般来说，拌和温度越高、沥青膜越薄，沥青的老化越严重。表 2-1 是拌和前后沥青性质变化的实测值，可以看出，拌和后沥青针入度下降幅度超过了 35%。

道路石油沥青拌和前后沥青性质的变化　　表 2-1

沥青标号	指标	针入度（0.1mm）	软化点（℃）	60℃黏度（Pa·s）
110 号	沥青罐内	108	42.4	100
	拌和后回收	68	48.5	244
90 号	沥青罐内	87	47.0	180
	拌和后回收	56	51.5	348

（3）路面使用过程中的老化

沥青混合料被摊铺在路面上后，会受到阳光紫外线的照射、空气的氧化、雨水的冲刷、潮湿气体的氧化与腐蚀、重载车轮荷载的反复作用等。因此，沥青在路面使用过程中由于环境因素及荷载因素，特别是在水分、阳光紫外线的作用下也会发生老化。使用过程中的老化，主要受到下列两种因素的作用：

①氧化作用，即氧气与沥青发生化学反应的过程，它的速率取决于环境温度。

②挥发作用，即轻质油分从沥青中逐渐逸出，它也与温度有关，一般挥发速度发生很慢，是一个长时间的变化过程。

由沥青混合料的组成已知，沥青混合料主要由沥青和集料组成，而沥青混合料中的集料是几百万年或几千万年形成的物质，除磨光值及内摩阻力以外的其他物理、化学以及力学性能不会因为沥青混合料的集料变化而发生很大改变。唯有沥青混合料中的沥青成分在不断发生氧化、挥发、老化等，致使沥青的性能不断发生变化，如针入度、延度、软化点及脆性等性能的变化，使得路面的路用性能下降，进而出现缺陷和路面病害。

2）沥青老化后性质变化

从沥青老化过程中组分变化的角度分析，芳香分是沥青质的分散介质，在胶体结构中起到润滑作用，可提高沥青的流动性、延展性等，同时可降低沥青黏度。沥青老化后针入度和延度的减小与芳香分含量降低有关。

从胶体理论分析，沥青质是沥青溶液的溶质，有时沥青质也被称为沥青胶体结构中的固相，沥青质含量越高，沥青稠度越高。其数量的增加会促使溶液体系状态的转变，从而引起体系外性能的变化。性能良好的沥青体系通常为溶—凝胶型沥青。沥青老化时，随着沥青质（溶质）增加，芳香分等（分散介质）减少，分散介质的溶解能力显得不足，生成的胶团增大，逐渐由溶—凝胶型沥青转化为凝胶型沥青，沥青相对流动的阻尼增大，从而 60℃黏度增加，流动性减弱，延度下降。

综上所述，沥青老化后各项指标的变化表现为针入度和延度减小、软化点增高和 60℃黏度增加。

目前就地热再生技术，主要针对上面层，考虑到目前上面层大多采用改性沥青，为此，进行了改性沥青老化前后组分分析。采用 SHRP 体系中 PAV 试验模拟沥青长期老化过程，结果如表 2-2 及图 2-2 所示。

SBS 改性沥青老化前后组分对比（%） 表 2-2

组分	基质沥青	老化沥青
饱和分	9.15	9.21
芳香分	48.15	34.25
胶质	30.73	32.08
沥青质	11.97	21.36

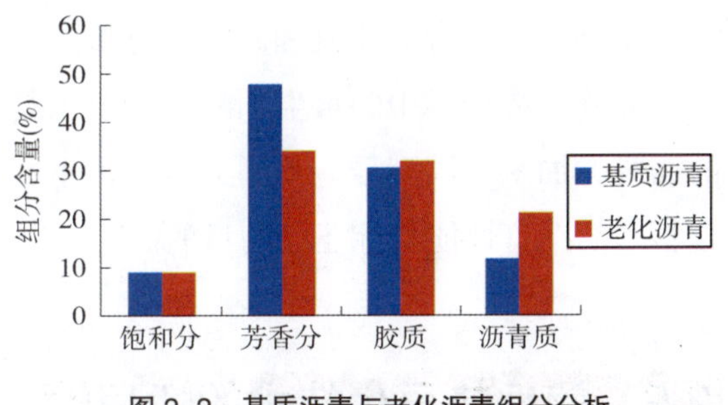

图 2-2 基质沥青与老化沥青组分分析

综合以上沥青老化前后组分变化情况分析，老化中沥青各组分比例变化情况不尽相同，整体变化规律如下：

①饱和分：小幅度增加或减少。

②芳香分：大幅度减少。

③胶质：小幅度减少或增加。

④沥青质：大幅度增加。

大量试验结果表明，沥青老化过程中组分变化都是以芳香分和沥青质的变化最为显著，这为沥青再生提供了很好的参考，即从组分构成角度考虑，应尽量以恢复芳香分和沥青质的构成协调为主，下面对几种组分的转移情况进行分析：

（1）饱和分变化不大

沥青老化时，饱和分变化原因主要包括两个方面，一方面其受热发生断链反应，生成更轻的成分，受热挥发而质量减少；另一方面，沥青受热过程中，沥青质发生开环、断链反应，向饱和分及芳香分等轻质组分转化，引起轻质组分的增加。可见，PAV 老化过程中，这两个方向的变化对饱和分含量而言相对均衡，故饱和分含量变化不明显。

（2）芳香分含量减少最显著

芳香分受热发生缩合反应，向重质组分转化，从而含量减少。

（3）胶质含量变化不大

沥青老化过程中，一方面芳香分缩合向胶质转化，另一方面，胶质向沥青质缩合转化，两者速率决定了胶质含量的增减。可见，试验过程中，前者变化速率要大于后者，所以胶质含量增加。

（4）沥青质含量明显增加

沥青质含量明显增加的主要原因在于老化时胶质的缩合反应。

由于不同组分在沥青中分别起到不同的作用，组分之间保持合适比例对沥青性能十分重要。由于老化的作用，沥青中组分间发生转化，比例调整，达到一定程度后表现为外在性能的变化。

根据上述沥青老化机理研究、分析，结果表明，在实施沥青路面就地热再生时，所加入原路面混合料中的再生剂的性能要求是非常重要的。应该根据不同型号、不同类型的沥青，加入不同型号、不同类型的再生剂，这样才能达到有针对性地对原路面沥青混合料中的沥青性能指标还原的目的。

2.2 就地热再生技术的适用性

作为一种沥青路面养护方式，就地热再生具有环保、快速、优质等优点，近年来在我国迅速发展与应用。就地热再生工艺的具体特点如下：

（1）不改变原路面高程。

（2）对原路面沥青混合料实现 100% 再利用。

（3）没有废弃料，所添加新沥青混合料数量少，节能环保。

（4）施工时只占用一个车道，对交通干扰小。

（5）热量渗透充分，施工过程中对中面层进行再加热，使层间界面上的集料相互嵌挤，实现有效热黏结，使上中两层沥青混合料黏结成一个连续的受力整体，不存在弱接缝和弱界面。

（6）优化原路面混合料的级配，使再生沥青混合料具有优良的高温稳定性，复拌后路面混合料路用性能得以提高。

由于其施工深度有限、对再生设备要求高等特点，在一定程度上限制了它的应用范围。对于就地热再生技术的适用性，一直以来我国均以原路面病害类型进行划分，事实上以病害发生的原因来分析其适用性更为科学。如前所述深度车辙的治理，应该从根源上对其进行病害成因分析，而不是简单地按照病害类型选择治理工艺。

目前就地热再生技术主要用于处治沥青路面表层病害，适用于沥青路面整体强度满足要求的情况。英达根据多年的研究成果和工程经验，结合我国沥青路面病害特征、成因及相关研究成果，现从不同角度对就地热再生的技术适用性进行分析。

2.2.1 治理原路面车辙的适用性分析

受美国等国家早期出版书籍中观点的影响，很多人认为就地热再生治理车辙深度有限，对于超过上面层一半深度的车辙不能采用就地热再生施工，即在我国一般为 2cm 左右。

在就地热再生前期的发展中，受其技术所限，就地热再生加热深度有限，因此为保证施工质量，美国等国家部分研究学者提出就地热再生处理车辙深度最好不要超过上面层厚度的一半。但是近几年来，随着就地热再生工艺技术的发展和再生设备的创新，目前我国就地热再生设备加热深度可以达到 6 ~ 8cm，而 2006 年出版的《沥青路面再生技术手册》也将就地热再生治理车辙的深度范围扩大到 7cm。

实际上，根据研究结果和工程经验，车辙病害能否采用就地热再生技术进行处理的关键不在于车辙深度，而在于车辙产生的原因。若车辙仅为沥青层的变形，即车辆荷载作用下产生的沥青层变形，而路面基层无变形，且通过试验可以确定各层沥青混合料材料性能均能满足抗车辙要求。在这种情况下，重度车辙均可采用就地热再生技术进行处理，且处理效果要远好于其他工艺的养护方式，这种情况会在本书的后续章节中进行详细分析。若车辙是由于基层变形引起的，或者虽然基层变形不大，但是试验表明各沥青层材料本身的性能特别是抗车辙能力不能满足当前所承受荷载的要求，则采用就地热再生工艺技术是无法对其进行较好的治理的，即使采用就地热再生工艺治理，也很难达到理想的效果，对于这一类型的车辙，建议采用其他养护工艺技术进行治理。

因此，能否采用就地热再生工艺技术对沥青路面车辙进行治理，关键是要对车辙产生的原因进行分析，并结合材料试验及就地热再生技术本身的特点，分析就地热再生工艺技术对车辙治理的适用性。

2.2.2 针对原路面沥青老化程度的适用性分析

2008 年，为了推广沥青路面再生技术，我国颁布了《公路沥青路面再生技术规范》（JTG F41—2008）。由于当时我国相关的就地热再生系统研究还在进行中，该规范是在借鉴和总结国内外相关应用经验的基础上编写的，再生类型的适用范围、再生剂标准等借鉴了国外经验和标准，其中对施工前原路面沥青老化程度提出了明确规定，即要求25℃针入度不得低于 20（0.1mm）。

之所以提出此要求，是为了保证沥青再生的效果。2008 年之前，我国采用的多数再生剂再生效果有限，为保证施工质量，规范提出了针入度作为沥青再生的控制指标。但是近年来，随着我国就地热再生工艺技术的发展，再生剂的研发和应用取得了很大的进步。目前国内一些再生剂再生效果远好于同类其他产品。因此，仅以施工前原路面沥青针入度为控制指标已经不能满足或不适合该工艺技术的发展，因此建议以施工后再生沥青及再生沥青混合料的性能为控制再生效果的指标，这样就可以从结果上控制再生施工质量。

2.2.3 微表处路面、排水路面等特殊路面的适用性分析

随着我国基础建设的发展，一些新材料、新结构类型等得到了一定程度的应用，而当这些路面发生病害后，能否采用就地热再生技术进行处治，不要一概而论，而应该针对具体情况区别对待。如微表处路面，以前一直要求对其铣刨后再进行热再生，这样不仅增加了施工工序，也对道路交通、环境污染等有很大影响。随着就地热再生工艺技术和设备的发展，在保证施工温度的前提下，微表处路面完全可以直接进行就地热再生施工。再如橡胶沥青的 OGFC 路面，由于该路面具有很好地吸收噪声和排水的特点，在我国南方地区市政道路中得到了一定的应用，虽然相关规范中均没有提到橡胶沥青或

OGFC 路面的就地热再生。但 2010 年，通过详细的前期调查，在充分的试验数据支撑下，南京某市政道路对橡胶沥青的 OGFC 路面进行了就地热再生施工，施工后路面使用状况良好。当然，在研究过程中也发现，有些新材料或结构目前尚无法采用就地热再生工艺技术进行养护，如环氧基相沥青路面。为检验环氧沥青路面再生的可行性，曾在江阴大桥进行试验，江阴长江大桥桥面铺装上面层沥青层采用环氧基相沥青混合料。在试验过程中发现，与其他路面相比，相同的加热时间，环氧基相沥青路面加热深度只能达到 2cm，要增进加热深度只有延长加热时间，但是这就相当于在施工过程中以 1m/min 甚至更慢的速度进行施工，降低施工效率，而且加热后的环氧基相沥青混合料性能发生极大改变。因此，目前就地热再生工艺技术还不能直接用于环氧基相沥青路面进行再生施工。

我国公路运输正处于高速发展阶段，包括一些路面新材料、新结构也正在被逐渐使用并进入维修期，在对这些特殊路面进行养护施工时，不应简单地否决某一种工艺技术，而是应该根据实际情况大胆、创新地进行相关试验研究和试验段施工，只有这样，才能促进我国沥青路面养护行业的发展。

2.2.4 在道路新建或升级改造中的适用性分析

目前我国很多地区存在道路升级改造，如补强增加沥青层厚度，一级公路升级为高速公路，二级公路升级为一级公路或道路拓宽、改扩建等。传统方法为加铺沥青层或直接拓宽路面，再加铺沥青层，这需要增加沥青层厚度，且传统工艺技术无法保证层间热黏结。直接拓宽路面时，拓宽的路面和原路面之间的接缝会极大影响道路的美观和使用性能。其实就地热再生技术不能单纯地理解为养护技术，其层间热黏结技术和热接缝技术均可用于沥青路面加铺和拓宽、改扩建工程中；包括其他养护技术按车道进行施工时，也可采用加热设备保证各车道之间的热接缝。另外在新建道路时，经常存在下层沥青层施工后，间隔很长时间才加铺上层沥青层，而层间仅靠黏层油无法保证黏结效果。因此也可以在加铺上层沥青层之前，先采用就地热再生的加热设备对下层沥青层顶面进行加热、拉毛后再加铺，以更好地保证层间热黏结。

2.2.5 不适合直接使用就地热再生技术的工况

沥青路面在选择养护方式时要具有针对性，需要根据具体工程具体分析，若存在以下情况，则此路面不适合直接进行就地热再生施工。

（1）基层松散

在进行路面调查时，发现路面存在大面积沉陷或网裂，而对病害位置进行取芯或开挖后，发现路面基层严重松散，这种情况若在施工路段中大面积存在，则建议采取其他养护方式。若局部存在松散，则可对局部病害开挖更换基层或采用非开挖型的注浆处理后再进行就地热再生施工。

（2）原路面沥青混合料原材料性能不能满足要求

若路面在设计、建造时，选用了不适用的原材料，如集料强度不满足要求、沥青性能极差或表面层采用了煤沥青或低劣沥青，这种情况若为施工路段普遍存在，则建议采取其他养护方式。若局部存在，则可对局部病害开挖处理后再进行就地热再生施工。

（3）白改黑路面、水泥板问题导致的路面病害

我国南方很多地区早期采用水泥混凝土路面，由于水泥混凝土路面出现病害后养护维修困难，因此，很多道路都采取了白改黑路面。不过部分路段由于施工工期、交通等的影响，未能对水泥板底部存在的病害进行根治，而是简单处理或直接加铺沥青层，导致后期水泥板面的病害反射到路表。这种情况下，若路面病害严重，建议开挖路面，对水泥板底部的病害进行彻底处理后再施工沥青层。

就地热再生是一种沥青路面养护工艺技术，有其独特的适用范围，在实际应用过程中，除结合现有的经验和理论基础外，还应该具体工程具体分析，根据工程实际情况，结合现场调查和试验检测，分析其是否适用于就地热再生工艺技术。

2.3 就地热再生关键技术理念

与传统的养护方式相比，就地热再生技术具有速度快、环保、质量好等特点。本节主要介绍就地热再生技术的六大关键理念，又称沥青路面循环再用六大关键技术。在应用过程中，只有做到这六点，才能真正实现原路面沥青混合料的100%原价值循环利用，真正达到就地热再生的技术要求。

2.3.1 技术原则——石料再用，沥青再生

近年来我国就地热再生技术得到了广泛的推广和应用，很多科研单位、大专院校或者企业都已经或开始对就地热再生技术进行研究。但是大多数的研究对象都以沥青再生为主，即从材料、方法等不同角度研究老化沥青的再生，包括再生剂的研发、再生剂用

量的确定、沥青混合料再生前后的性能变化等。实际上随着再生技术的广泛应用，一些前期进行过再生的道路经过多年运营后将再次发生病害，再生沥青混合料是否可以再次或更多次进行再生利用，以及多次再生效果将会如何直接影响再生工艺技术的应用范围是需要关注的问题。

1）沥青路面多次再生理论研究

由于道路养护施工量的剧增，每年对砂石料等自然资源的不断开采，造成绿色植被的严重破坏、自然资源极大浪费和环境严重污染。国家和地方政府以不同形式，在不同场合反复强调要减少对资源的浪费和加强对环境的保护，使得道路养护工艺不得不进行改变和调整，要求不断引入和使用新技术、新材料、新设备和新工艺。

随着我国大范围的沥青混合料再生利用工艺技术的展开，越来越多的人提出沥青路面材料能否多次重复再生利用的问题。为了尽可能地利用现有资源，减少资源的浪费，必须考虑并寻求沥青和集料多次再生利用的有效途径。

（1）沥青混合料再利用分析方向

从沥青混合料的成分来看，沥青所占比例一般仅在 5%，其余的 95% 为集料。从材料单价方面来看，沥青单价比集料单价高。但从两者的数量比例考虑，所用集料的数量远大于沥青用量，而且两种材料都是宝贵的自然资源，尤其集料，更是经过几百万年甚至数千万年形成的不可再生的宝贵自然资源。因此，沥青路面材料的再生利用，应该同时实现“石料再用，沥青再生”。

（2）集料多次再用机理

沥青混合料中的集料是经过数百万年甚至数千万年的地质作用形成的，在使用过程中，其物理与化学性能所发生的变化完全可以忽略不计。集料也是一种不可再生的宝贵自然资源，只要保证再生过程中不打碎集料，不改变集料的形状与尺寸，即不破坏原路面沥青混合料的级配，不破坏集料外层所裹覆的沥青膜，就可以 100% 再利用原沥青路面材料中的集料，而且集料是可以多次重复使用的。

（3）沥青多次再生机理

沥青的四组分包括：饱和分、芳香分、沥青质、胶质。沥青老化是由于轻质油分的挥发、聚合、脱氢等作用造成的，其中主要是沥青中的各种成分发生了氧化，即与空气中的氧气发生反应。大量试验结果表明，沥青老化过程中组分变化都是以芳香分的减少和沥青质的增加最为显著。因此，可通过以下三种方法对沥青进行再生。

①添加再生剂。

再生剂的主要作用是补充芳香分、溶解和分散沥青质，且原路面老化沥青中沥青质含量越高，要求再生剂具有溶解和分散沥青质的能力就越高。

②添加新沥青。

对于老化程度较低的沥青，在原路面沥青混合料的油石比偏低时，也可以在已经老化的沥青混合料中添加适量新的软沥青，达到调和老化沥青、恢复沥青性能的目的。

③将旧沥青看作一种“黑色填充料”。

对于严重老化或经过多次再生、反复老化、再生循环的沥青，将其直接看作“黑色填充料”来使用。通过同时添加再生剂和补充新沥青，新沥青和添加了再生剂的原路面已经老化的沥青混合料与“黑色填充料”组成沥青混合料新的胶结料，对其进行再利用。

（4）沥青多次老化再生模拟试验分析

为研究沥青多次老化再生的可行性和方法，通过旋转薄膜烘箱试验，研究同一沥青试验样本经过多次老化和多次再生的性能变化。试验时采用 AH-70 沥青，先分批次进行薄膜加热试验，对新沥青进行多次老化；再选择同一种类型、相同数量（6%）的再生剂对不同老化次数的沥青分别进行再生试验。进行 4 个试验循环，分别测定其每次老化、再生后的三大指标（针入度、软化点、延度），并进行分析。得到的试验数据见表 2-3。

多次老化、加入等量再生剂后的沥青性能指标　表 2-3

老化、再生次数	针入度（25℃，0.1mm）	软化点（℃）	延度（cm）
新沥青	63.8	51.2	＞100
第一次老化	20.6	72.5	7.2
第一次再生	60.9	53.3	87.3
第二次老化	25.8	68.4	11.1
第二次再生	57.1	55.7	66.7
第三次老化	27.7	66.8	20.6
第三次再生	53.5	58.3	56.5
第四次老化	28.5	66.1	21.5
第四次再生	48.4	56.0	45.9

注：表中 4 次模拟老化、再生时，每次均是测试加入等量（6%）的再生剂后所得到的沥青三大指标值。

从表 2-3 的试验研究结果可以看出，沥青混合料中的沥青不但可以再生，而且沥青经多次老化和多次再生后，其性能仍能满足沥青性能参数的使用要求，完全可以继续使用。

2）沥青路面混合料中沥青老化规律分析

由于道路表面的沥青直接暴露在自然环境中，直接受到空气、阳光紫外线、荷载及雨雪冰冻等作用，使得路面沥青混合料中沥青随着所处深度位置不同，各层沥青老化程度也不同。为了对不同深度的沥青老化进行分析，基本方法是对路表面层 5cm 钻取芯样，再按每层 1cm 厚度进行切片、抽提，并测试每一层中沥青的性能随时间的变化规律，不同深度沥青黏性随时间变化关系如图 2-3 所示。试验结果表明只有在沥青路面表层的

1 ~ 2cm 内，沥青性能随时间的延长下降较为明显（即 A、B 层）。所以，沥青的老化只是发生在与空气、水分、阳光直接接触的路面表层 1 ~ 2cm 的混合料中，尤其是表面 1cm 内的沥青，性能下降最为明显，这主要是由于沥青路面表面直接承受交通荷载、空气、水分及阳光紫外线等作用。

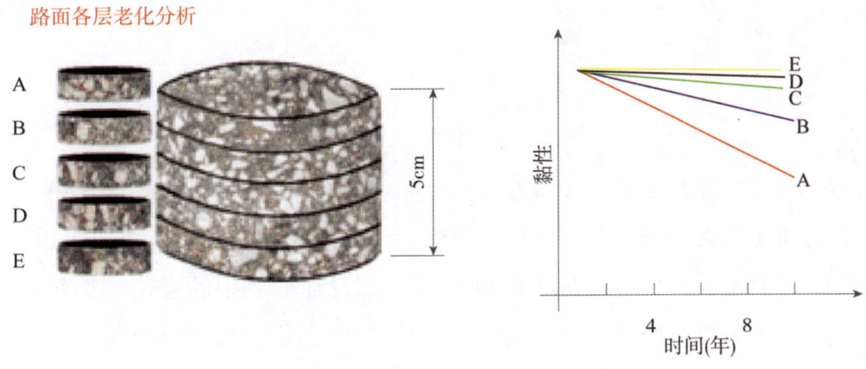

图 2-3 不同深度沥青黏性随时间变化关系

2.3.2 技术前提——间歇式热辐射加热技术

由于在沥青混合料中的沥青是一种不良导热材料，所以在对沥青路面进行加热过程中，如果采用简单的直接、连续性加热，势必会造成沥青混合料过热、烧焦或炭化。根据沥青材料的特性，沥青的温度上限一般不能在持续高温下超过 180℃，否则就失去应有的黏性，从而使得沥青混合料中胶结料失效而导致沥青混合料无法继续保持应有的力学性能。

要在施工过程的短暂时间内，将沥青混合料加热到摊铺工作温度（140 ~ 170℃），同时又要能够渗透到一定的深度(4 ~ 6cm)。为此，目前唯有采用间歇式热辐射加热方式，才能达到理想的加热温度和要求的渗透深度。

间歇式热辐射加热系统的工作原理是利用某种特殊的微孔陶瓷材料，通过燃料在其表面燃烧而瞬间产生极大（高）的热能来对路面进行脉冲式加热，如图 2-4 所示。该脉冲式加热控制系统可以根据沥青混合料的性质设置温度的上、下限。即瞬间产生的高热能对路面进行短时间的加热。当沥青混合料的温度达到沥青材料的温度上限时，瞬间停止加热。停止加热期间实际上是一个保温过程，这个保温过程能使热能向路面的深层渗透。当路面温度下降到某个设定的温度下限时，加热板控制系统自动启动，加热系统再次进行加热，如图 2-5 所示。这样周而复始反复几个循环后，使得路面沥青混合料的温度上升到理想摊铺温度和达到要求的翻松深度。

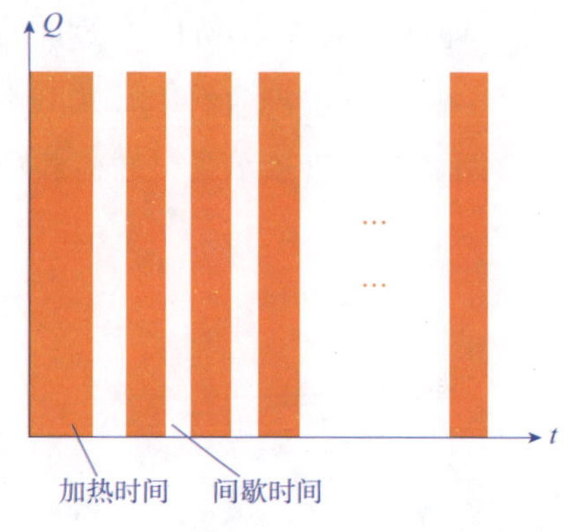

图 2-4　间歇式热辐射加热系统工作原理

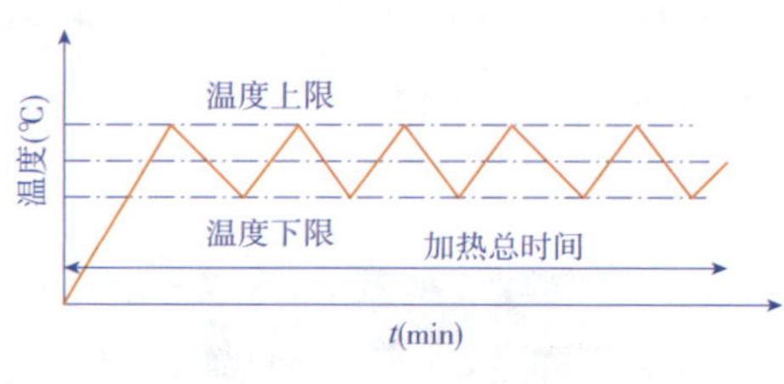

图 2-5　加热系统温度控制原理

加热采用液化气为燃料，特殊陶瓷材料为热辐射体的间歇式路面加热板，如图 2-6 所示。加热过程中无明火，可以最大限度地减少沥青在加热中的老化，加热效率、能源利用率高。为了防止热量散失，在加热墙附近加装保温板，如图 2-7 所示，以便更好地保证施工温度向深层渗透。

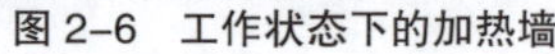

图 2-6　工作状态下的加热墙

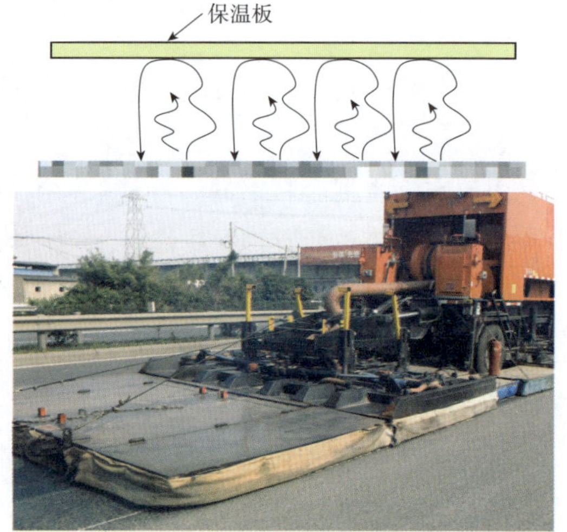

图 2-7　加热墙保温板

经西安筑路机械测试中心（原交通部筑路机械测试中心）检测，加热墙对路面加热 15min 后距路表面层 80mm 深处的温度可达 104℃，最大软化深度为 81mm，其检测报告见附录 B。

2.3.3　技术保证——不打碎集料的翻松技术

间歇式加热技术是就地热再生的技术前提，也是实现不打碎集料的翻松技术的前提。施工中只有在保证路面材料在正常施工温度的前提下，才有可能对路面采用平行耙松而非旋转切削的铣刨方式。

进行就地热再生施工时，如果无法有效地将热能充分渗透，那么原路面就难以耙松，而只能采用旋转切削的铣刨工艺将原路面表层翻松。在铣刨过程中势必打碎一部分集料，尤其是粒径较大的集料，从而造成混合料级配的变化和不可控，而且集料被打碎后的破碎断面上不再有沥青膜裹覆，这种被打碎的集料通常称为“花白料”，如图 2-8 所示的施工界面，这将给沥青路面的性能与使用寿命带来不良影响。

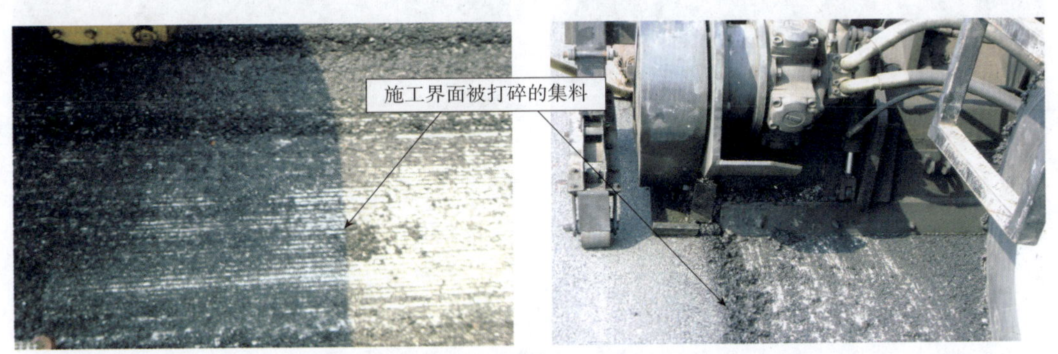

图 2-8 采用旋转切削铣刨工艺的施工界面

由于施工过程中原路面材料中的部分集料被打碎，被打碎集料的数量为随机的未知数，从而破坏了原路面混合料的级配。这就是采用旋转切削、铣刨装置翻松路面材料的就地热再生设备，施工后的原路面只能作为新路面层的下卧层，不能直接作为路面的上面层或者磨耗层，因此必须至少加铺一层新沥青混合料。若在市政道路上采用这样的设备与工艺施工，必然改变原路面的设计高程，势必需要对原道路及两侧的构造物作适当的调整，将会增加很大的辅助工程量。特别是对于城市中心地带，调整道路及两侧的构造物是不可接受的。

目前，英达率先研发了国际领先的就地热再生设备是当前世界上唯一不打碎原路面集料的就地热再生设备，如图 2-9 ~ 图 2-11 所示。它采用纵向多排、横向多组液压、气动式平行疏松耙系统，利用该疏松耙将已经充分加热软化的路面材料耙松。

图 2-9 英达就地热再生设备耙松原路面不会打碎集料

施工中不打碎集料有两大好处，一是不破坏原路面的级配，原路面的级配可以通过取样、抽提、筛分得到；二是不破坏沥青混合料中集料表面的沥青膜，不会出现花白料，从而保证原路面沥青混合料的质量。通过带有平行疏松耙翻松原路面材料的就地热再生设备施工后的沥青路面，在不改变原路面设计高程的情况下，完全可以直接作为路面的面层或磨耗层使用。尤其是在城市道路翻新施工工程中，更显现出其独特的优势。

图 2-10　英达疏松耙疏松路面示意图

图 2-11　英达集料器收集混合料后的施工界面

2.3.4　技术核心——再生沥青混合料配合比可控技术

唯上述不打碎集料的翻松技术作为技术保证，即确保原有路面沥青混合料的级配没有发生变化，才能做到施工后再生沥青混合料级配的可控。在这种情况下，耙松后的混合料级配可以通过施工前期的抽提、筛分试验得到，是“已知”的成分；施工时加入的新沥青混合料级配是根据原路面材料的级配试验结果预先设计好的，也是“已知”的成分。这两者的比例关系可以通过试验和理论分析来确定。因此，热再生后的路面混合料级配也是已知、可调和可控的。即采取不打碎集料的耙松技术，可以做到级配的 **“已知 + 已知 = 已知”**。级配的可调、可控也保证了施工后再生沥青混合料的力学性能，从而保证路面的施工质量和使用寿命。

相反，如果原路面采用旋转铣刨刀具进行强制翻松，集料会被打碎而产生大量花白料，且施工过程中集料被打碎的数量和比例是随机的、不可控的，使得原路面沥青混合料的级配变成未知级配，在这种情况下即使施工中加入的新沥青混合料级配是已知的，热再生施工后的路面混合料级配仍为未知，而且难以控制。这对再生沥青混合料的性能和施工后的路面质量以及使用寿命都会产生很大的影响。即采用传统的铣刨刀具切削方式翻松，其级配为 **“未知 + 已知 = 未知”**。这就是为什么采用旋转切削、强制翻松设备经就地热再生施工后的沥青混合料不能直接作为路面磨耗层使用的最主要原因。

不同施工工艺技术再生沥青混合料级配控制原理如图 2-12 所示。

从以上分析可知，实现了再生沥青混合料级配可控，再通过均匀喷洒一定量的再生剂/热沥青以保证沥青用量及性能的可控，最终保证再生沥青混合料的配合比可调、可控，使再生后的沥青混合料的配合比达到最佳状态，改善、提高了原已经老化路面沥青混合料的力学性能。

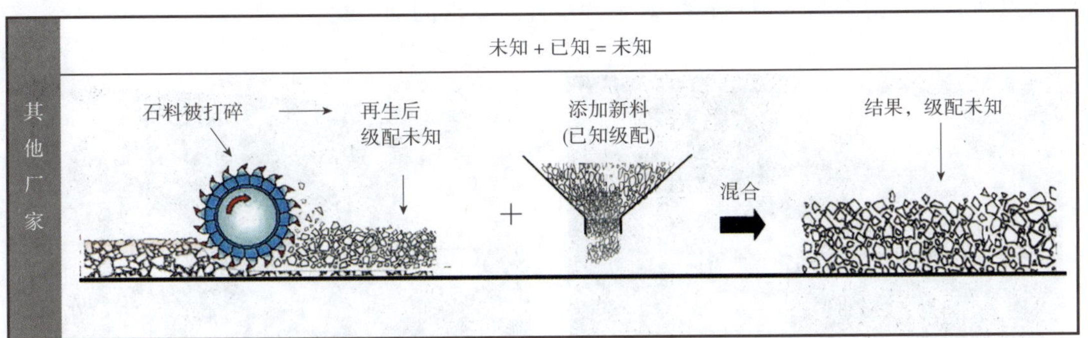

a) 打碎的集料变成未知的级配＋添加的已知级配集料＝未知级配集料

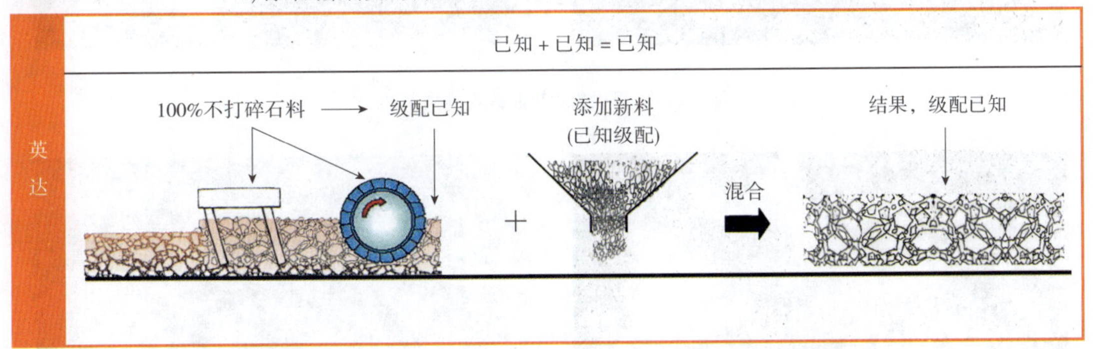

b) 没有破碎的已知级配集料＋添加的已知级配集料＝已知级配集料

图 2-12 不同施工工艺技术再生沥青混合料级配控制原理示意图

针对就地热再生工序中添加再生剂/热沥青的工艺过程，有的就地热再生施工设备采用直流式再生剂/热沥青添加系统，如图 2-13 所示。它无法保证添加的均匀性和数量的准确性。更值得重视的是添加后的拌和，更早期的部分设备是旧沥青混合料与新添加的新沥青混合料一起在拌缸中添加再生剂/热沥青后拌和，这种添加方式带来的结果是再生剂/热沥青不仅接触原路面旧沥青混合料，同时也与新添加的沥青混合料直接接触；这时再生剂会软化新沥青混合料中的沥青，同时也会改变新添加沥青混合料的油石比，因此无法达到再生沥青混合料设计确定的油石比，严重影响再生沥青混合料的性能，直接影响施工质量和路面的使用寿命。

为保证再生剂/热沥青喷洒的均匀性，国际领先的英达就地热再生设备采用螺旋盘式喷洒系统，该盘式洒布技术配以电脑程序自动控制系统，使得再生剂/热沥青的喷洒量与设备的施工行进速度相关联，如图 2-14 所示。该系统除保证喷洒的均匀性和数量的准确性外，施工工艺技术要求再生剂/热沥青的喷洒位置只能和旧沥青混合料直接接触，不得在新旧沥青混合料混合之后再添加再生剂/热沥青，避免其对新添加沥青混合料性能造成影响。螺旋盘式添加方式与自流式添加方式比较，添加料与旧沥青混合料的接触面积增加60多倍，这样能保证再生剂/热沥青与原路面材料的充分融合，从而保证原路面旧沥青混合料的最佳再生效果和设计所要求的油石比。

a)

b)

图2-13　再生剂/热沥青直流式添加

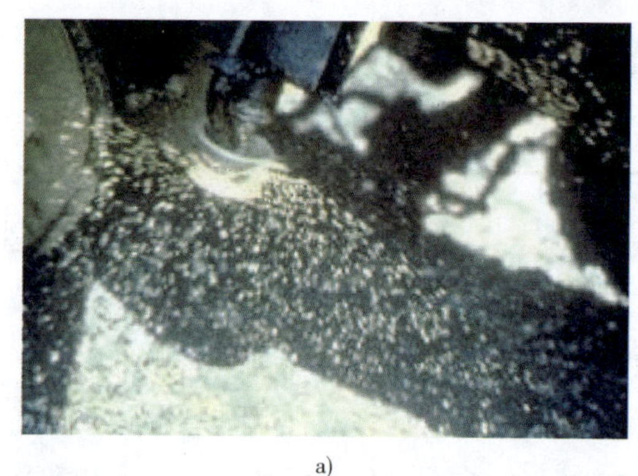
a)

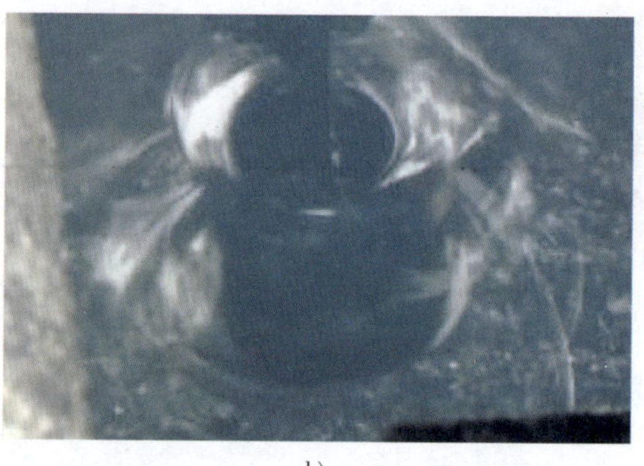
b)

图2-14　国际领先的英达再生剂/热沥青螺旋盘式洒布方式

再生沥青混合料配合比可控技术是就地热再生的技术核心，它集中体现了就地热再生“石料再用，沥青再生”的理念，完全符合循环经济“减量化、资源化、再利用”的三大原则和节能减排、低碳环保的时代潮流，也是走公路可持续发展的重要技术之一，值得大力推广应用。

2.3.5　技术应用——对症下药的技术方案

英达自创建以来，始终坚持“对症下药”的理念，坚持养护技术研究，是其持续保持领先、科学有效地解决路面病害的重要原因。

路面病害治理是一项系统工程，需要考虑路面病害种类、成因、气候条件、施工环境、业主规划等多重因素。我国沥青路面最常见的传统养护方式是铣刨重铺，即将破损沥青路面铣刨后重新摊铺新沥青混合料。但是铣刨重铺维修养护工艺具有污染环境、浪费资源等缺点。除此之外，在技术方案上，铣刨摊铺工艺单一，施工方法不具有针对性，不考虑病害类型和成因等差异，均采用一刀切的施工方案，这是不科学的。沥青路面病害类型复杂、病害原因多样，图 2-15 为我国沥青路面主要的病害类型。

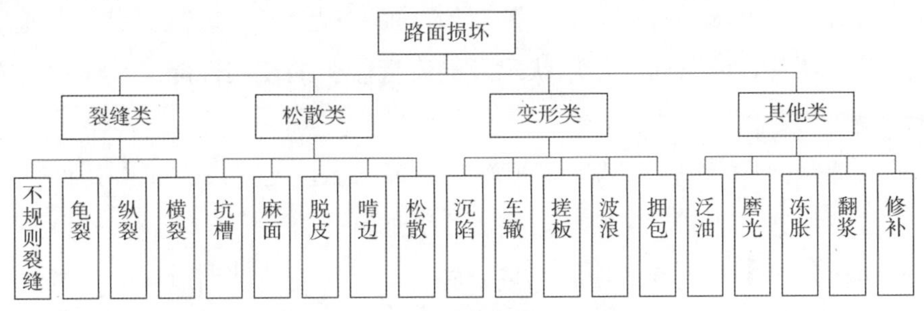

图 2-15 沥青路面主要病害

从图 2-15 可以看出，路面病害包括裂缝类、松散类、变形类及其他类，而沥青路面出现病害的原因多种多样，包括环境、荷载、设计、施工、材料等因素。即使是同一种路面病害，其具体的成因和施工环境、运营环境也不尽相同。传统的维修养护方式缺少对其系统的分析和对症下药的理念。

若想有效治理路面病害，唯有“对症下药”。为真正做到“对症下药”，路面病害治理的流程应包括详查路面病害、制订有针对性的解决方案、选择合适的工艺、辅以配套的设备机组及精确施工组织等。显然，如果采用一种工艺或一套设备来治理各种不同路面病害，就如同用感冒药能治百病，不可能达到应有效果。就地热再生施工工艺不是成药，而是变化多端的工艺与设备组合。

就地热再生技术充分考虑原路面状况并根据分析情况提出针对性治理工艺与施工方案，主要通过以下方法实现，如图 2-16 所示。

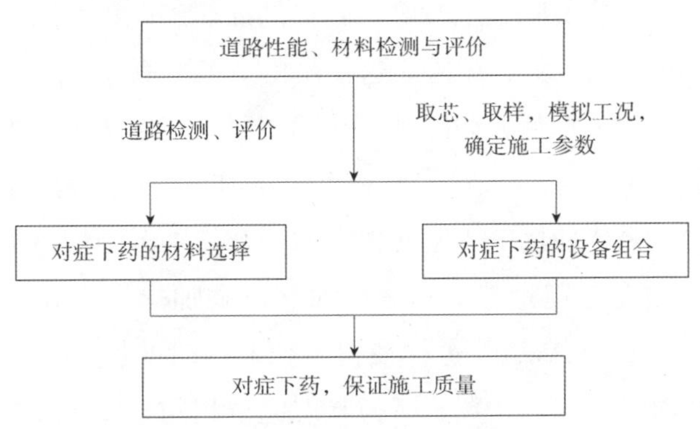

图 2-16 “对症下药”方案的确定流程

1）道路性能、材料检测与评价

与其他养护方式相比，原路面状况对就地热再生施工效果有很大的影响，因此在热再生施工前需要对原路面进行详细调查，调查内容包括搜集原路面设计、施工及养护资料、交通流量状况及其年增长率等数据，现场调查路面病害现状等，并进行统计分析。此外，还要了解当地环境（气候、极端气温、最大温度梯度等）、材料（集料、沥青及其供应情况等）、路面使用和养护中存在的问题及基本养护经验等。

为制订有针对性的施工方案，还需要对原路面状况及材料进行评定，即通过现场检测和室内试验，评价目前路面的使用状况及沥青混合料的使用性能，具体评价方法见本书第 3 章。

施工前对原路面进行模拟工况，模拟施工时现场加热工况，以确定外加剂的添加量；确定施工参数，如施工速度、耙松深度、加热机组组合等。

就地热再生施工中再生剂的喷洒用量是施工前通过对原路面取样后经过试验、标定获得的。因此，原路面的再生效果直接受取样材料性能试验结果的影响。传统取样方式通常直接对原路面切割或破碎取样，试验所获得的再生剂和热沥青用量主要是针对切割或破碎而得沥青混合料的性能进行还原。由于原路面材料在切割或破碎时，破碎断面上的集料会被严重打碎，集料的筛分结果误差会较大，若按照此变异的筛分试验曲线设计添加新的沥青混合料，会使施工后的沥青混合料的级配产生较大的偏差。

实际施工过程中是在对路面进行加热，或加热、耙松后再喷洒再生剂，因此切割或破碎取样的试验方法未能考虑施工中的加热对原路面材料中沥青的二次老化作用所产生的影响，无法精确确定再生剂用量，则达不到最佳再生效果。即这种取样方法得到的试验结果将会导致再生剂和热沥青的喷洒用量不能达到还原老化沥青的最佳再生效果。

（1）模拟工况取样法的提出与理论依据

在对原路面进行取样试验以精准确定再生剂用量时，国际领先施工技术中最精确的方法是采用模拟加热工况取样的方法。模拟加热工况取样是指在就地热再生施工前，通过专用的养护设备完全模拟实际施工时对原路面的加热工况，对原路面材料加热后进行代表性取样分析，并进行相关材料试验。这就是模拟工况取样法的理论依据。

针对模拟工况取样法的理论，假定某一路面在采用就地热再生施工时，需要对原路面加热的时间、次数分别为 t_1，t_2，…，t_n，保温的时间、次数分别为 w_1，w_2，…，w_{n-1}。那么，在模拟取样时，需要使用 PM 型沥青路面综合修补车的加热板，模拟就地热再生施工时的加热状态，设定与就地热再生施工时间歇式加热和保温的时间、次数同样为 t_1，t_2，…，t_n 和 w_1，w_2，…，w_{n-1}。这样使得模拟取样时的加热状态与实际施工时的加热次数、每次加热的时长与保温次数、时长状态完全相同。以这种加热方式和状态得到的原路面材料的试样，经过抽提萃取的沥青三大指标的试验，用以评价沥青混合料中沥青老化的程度，配以合适的再生剂类型及用量，才能将已经老化的沥青性能还原到最佳状态。

实际上模拟取样的方法同时也可验证对原路面加热方式的正确性。

以模拟工况取样法取得试样，经试验得到的再生剂和热沥青用量，其独特优势在于：

①模拟工况取样时沥青混合料处于施工时的温度状态，收集料样时不会改变集料的形状和尺寸，不会打碎集料，不改变原路面材料的级配。以此模拟取样工艺得到的原路面材料的筛分试验级配曲线完全可以精确反映当前路面沥青混合料的级配。所以，施工时新添加沥青混合料的级配可以根据原路面沥青混合料的试验筛分曲线来准确设计，从而确保施工后再生沥青混合料的级配准确、可控。

②以模拟工况法取出原路面沥青混合料的试样，是施工过程中添加再生剂时，沥青混合料中沥青的真实老化程度，是原路面材料中沥青的自然老化与施工中加热所产生二次老化的综合。根据此试验结果，添加合理用量的再生剂才能把老化沥青还原到可能的最佳状态，同时确保再生沥青混合料的最佳力学性能。

③以模拟工况法取出原路面沥青混合料的试样，经试验结果验证才能真实反映当前原路面沥青混合料的油石比及其力学性能。由此在施工时适量添加热沥青，使施工后的再生沥青混合料的力学性能，如孔隙率、马歇尔稳定度和流值以及油石比均处于最佳状态。

基于上述三点，由于已经考虑了就地热再生施工时加热对原路面沥青性能的影响，使得就地热再生施工后沥青混合料的性能尽可能和室内试验结果相吻合，最大限度地将已经老化沥青的性能恢复到可能的最佳状态，从而能够确保沥青混合料的力学性能，更好地保证施工质量。

（2）模拟工况取样法的工作原理

模拟工况取样法的工作原理如图 2-17 所示，具体流程如下：

①结合具体工程的特点及施工时的加热设备数量、加热时间、施工速度等施工参数，确定再生剂喷洒时原路面的间歇加热时间、保温时间和次数。

②模拟施工时间歇式加热对原路面进行的加热，并取样，保证取样点模拟加热效果与施工时再生剂喷洒位置的加热效果完全相同。

按照上述①②完成模拟加热工况取样后，对所取样品进行试验，确定再生剂用量。此取样方法试验后确定的再生剂用量考虑了施工对沥青加热所产生二次老化的影响因素，从而可达到最佳的再生效果。

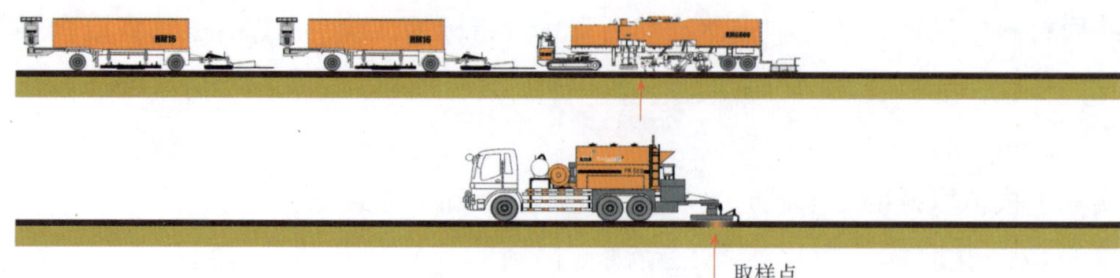

图 2-17　模拟工况取样法的工作原理示意图

2）选择不同的工艺和设备，确定有针对性养护方案

国际领先就地热再生设备应该具有一个强大功能的设备库。对于不同的道路状况，根据对症下药技术应用方案的要求，通过不同设备的组合，以形成不同的施工工艺，用以治理各种不同成因形成的路面病害。

对于诸如治理原路面存在的麻面 / 松散、网裂 / 沉陷、重度车辙以及路用性能不能满足要求等问题，如摩擦系数过小等路面病害，最常采用的是整形就地热再生施工工艺，整形就地热再生工艺设备组合如图 2-18 所示。

图 2-18　整形就地热再生工艺设备组合

而对于原路面路用性能变差，材料的力学性能不能满足要求等问题，需要调整原路面沥青混合料的级配类型、规格和油石比或在施工期间需要对原路面沥青混合料添加必需的添加剂进行改性时，通常采用复拌就地热再生施工工艺，复拌就地热再生工艺设备组合如图 2-19 所示。

图 2-19　复拌就地热再生工艺设备组合

对于早期建造的道路，由于车流量的增加，路面承载分布比例中大轴荷比例增加，在对路面维修的同时，需要对原路面的结构进行补强，以提高其承载能力。通常采用基本补强再生工艺或在对原路面沥青混合料改性的同时采用优化补强再生工艺，优化补强就地热再生工艺设备组合如图 2-20 所示。

图 2-20　优化补强就地热再生工艺设备组合

对于城市道路，尤其是一些早期建造，比较狭窄、短小的小巷街道沥青路面的维修工程，部分地区由于软土路基的不均匀沉陷出现桥头跳车等路面病害的场合，要求施工设备具有较强的机动灵活性，能在更狭小的空间内有效地转场施工。这要求设计、制造一些专用的小型化就地热再生设备，以维修这些特殊环境下的工程项目。做到真正的对症下药，使施工后的路面达到最佳状态、最佳路用性能，从而保证最佳的路面使用寿命。

目前国际领先的就地热再生设备可根据路面状况、外界环境、施工方案等进行不同的组合，实际工程中需要根据具体情况进行选择，附录 C 列出了目前最常用的设备组合，随着施工装备技术研发能力增强，将会开发、研制出更多的设备组合和施工工艺，以适应不同的施工需求。

2.3.6 质量保障——层间热黏结技术

1）沥青路面层间接触状态分析

沥青路面为多层体系，在进行沥青路面应力分析时，较为理想的力学模型是弹性层状体系理论，它较弹性半空间体系理论能更好地反映沥青路面的实际工作状况。

多层弹性体系在双圆均布垂直荷载作用下的计算图式如图 2-21 所示。图中 P 表示单位面积上的垂直荷载，δ 为荷载圆面积的当量半径，h_1，h_2，h_3，…，h_{n-1} 为各层厚度，E_1，E_2，E_3，…，E_n 及 μ_1，μ_2，μ_3，…，μ_n 分别为各层弹性模量及泊松比。

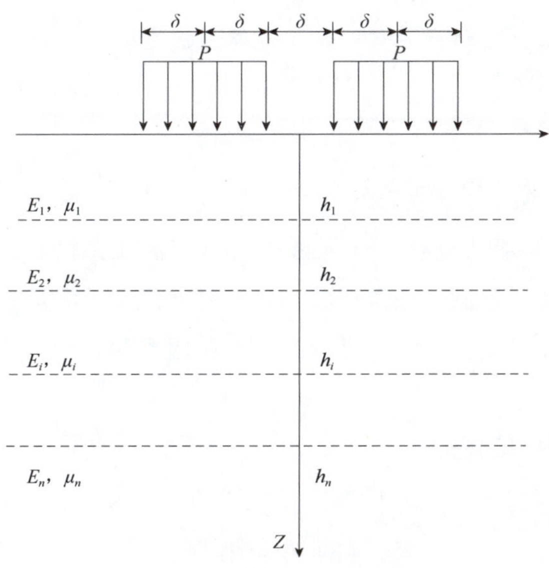

图 2-21 多层弹性体系计算图示

多层弹性计算体系的基本假定是：

（1）各层都是由均质、各向同性的线弹性材料组成，其弹性参数以弹性模量 E 和泊松比 v 表征，这种材料的力学性能服从胡克定律。

（2）最下层土基厚度在水平方向和垂直向下的深度方向均为无限，其上的各层均为有限厚度 h，但水平方向仍为无限。

（3）上层表面作用着轴对称圆形均布垂直荷载，同时在下层无限深度处及水平无限远处应力和应变都是零。

（4）各层分界面之间的接触条件采用连续受力体系，即应力和位移完全连续。

在《公路沥青路面设计规范》（JTG D50—2006）中，在“4.2　结构组合设计”这一节中关于层间结合状态的条文为：

4.2.3　刚性基层沥青路面应采取措施加强沥青层与刚性基层间的结合，并提高沥青混合料的抗剪强度。

4.2.7　设计时应采取技术措施，加强路面各结构层之间的结合，提高路面结构的整体性，避免产生层间滑移。

1　沥青层之间应设黏层。黏层沥青可用乳化沥青、改性乳化沥青或热沥青，洒布数量宜为 0.3 ~ 0.6kg/m^2。

2　各种基层上宜设置透层沥青。透层沥青应具有良好的渗透性能，可用液体沥青（稀释沥青）、乳化沥青等。

3　在半刚性基层上应设下封层。

4　新、旧沥青层之间，沥青层与旧水泥混凝土板之间应洒布黏层沥青，宜用热沥青、改性乳化沥青、改性沥青。

5　拓宽路面时，新、旧路面接茬处，宜喷涂黏结沥青。

6　双层式半刚性材料基层宜采用连续摊铺、碾压工艺，增强层间结合，以形成整层。

总结相关条文可以发现，规范中已经提出采用各种工艺措施，其目的是确保各层间成为完全连续的受力体，以满足弹性层状体系的基本假设；但是在采用传统施工工艺的实际施工过程中，由于施工技术、黏结材料等各种因素的影响，往往无法做到层间完全连续。

2）不同层间黏结效果分析

自 20 世纪 40 年代以来，层状体系理论在理论分析和数值计算方面取得很大进展。在计算机程序方面，有壳牌公司编制的 Bisar 程序、雪弗隆公司编制的 chevron 程序、美国沥青学会所采用的 DAMA 程序。这些程序从边界条件来看，有的只能考虑层间完全接触或者完全滑动，有的可以考虑部分接触（chevron 不能考虑层间接触状态，Bisar 可以考虑层间条件，但是计算得到的路表面的拉应力和拉应变精确度不高）。

直接应用层状体系理论制定道路路面设计规范的例子也很多，如美国沥青学会的设计规范、壳牌设计方法等都是以层状体系理论为基础。现行的设计方法和规范都是建立在层间接触面完全连续的基础之上。1962 年在美国召开的第一届沥青路面结构设计国际会议上，有多篇论文提到了弹性层状理论与路面结构实际受力状态的偏离问题，之后的许多研究工作也证明了这一点，出现偏离的原因是多方面的，主要是模型、材料等不能很好地模拟现实中路面的工作状况。为了更好地模拟路面工作状况，需要引入含有层间接触的计算模型。

国内在 20 世纪 80 年代，为了研究荷载形式的影响，同济大学和西安公路研究所等单位，分别对圆形均布、半球形和碗形分布荷载进行了应力和位移的对比计算，对于层间的接触状态，除考虑连续和滑动情况外，还提出了考虑部分连续和部分滑动接触的近似计算方法，以及考虑层间非线性接触的有限元分析法。同时，对于考虑材料非线性性质的层状体系有限元分析法也做了初步探讨。

下面采用 ABAQUS 有限元程序对上面层与下面层之间不同接触状态下的上面层底部应力状态和路表弯沉进行二维模拟计算。采用的路面结构只考虑第一接触面的摩擦系数，其余结构层之间均假设为完全连续。

加上标准荷载后的路面受力及变形情况如图 2-22 所示。可以发现，上面层与下面层之间产生了相对滑移，而其余各层间无相对滑移。

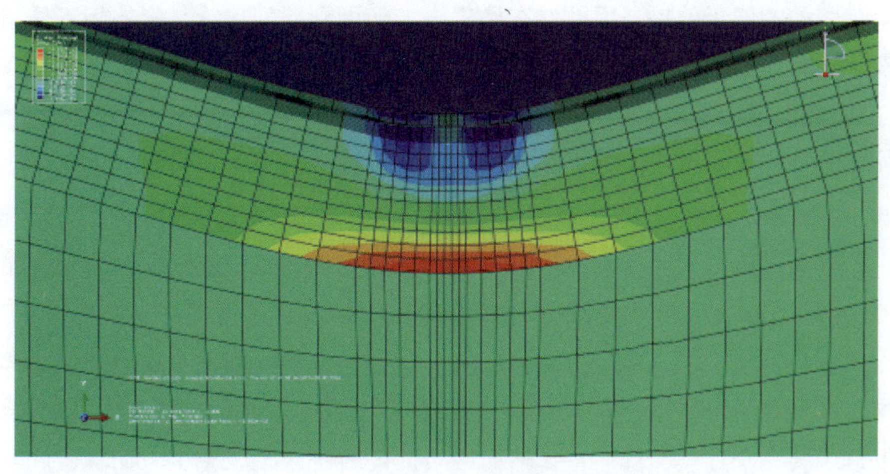

图 2-22　路面结构变形图

通过改变不同的摩擦系数 μ，可以得到不同层间接触状况下的上面层层底受力变化规律。计算结果见表 2-4。

计算结果汇总表　　表 2-4

摩擦系数 μ	0	0.1	0.2	0.4	0.5	0.6	0.7	0.8	0.9	1	完全连续
最大主应力（Pa）	51263.5	30063.1	27062.9	1419.5	15213.8	−4597.82	−11239.9	−4241.1	−20638.9	−11638.3	−115569
弯沉值 u（mm）	1.018	1.009	1.008	0.999	1.005	0.998	0.995	0.998	0.993	0.997	0.948

注：1. 摩擦系数为 0.3 时不收敛，因而无数据。
2. 摩擦系数为 1.2 时，数据为上面层与下面层绑定时的值。
3. 绑定状态即可理解为完全黏结状态。
4. 所有应力值均选取自车轮下方同一点，此点受力较大。

通过分析可以发现，上面层与下面层之间的接触状态对于上面层底部的受力有很大影响。随着摩擦系数的减小，最大主应力和正应力都从受压变为受拉，这使得上面层对于抵抗裂缝的产生和扩展不利。在完全连续状态下，上面层处于较大的压应力下，可见规范中对于层间黏结状态的要求是合理的，也是非常必要的。但现阶段由于工艺、材料、摊铺压实机具的限制，路面结构层层间并不能做到完全连续的受力状态，更严峻的情况是路面结构层间会出现不完全连续，甚至会出现局部完全不接触的间断状态，如图 2-23 所示。这将使受力层间断面上产生非常大的应力集中，对路面的使用寿命极为不利，并加剧路面的早期破坏。

弯沉值随着摩擦系数的减小而不断增大，在完全连续状态下弯沉最小，而且影响幅度不大，这是因为弯沉指标主要是由于路基、基层发挥作用的结果。

由以上计算和分析可以看出，沥青层与层之间的黏结状态直接影响路面的受力状态，也直接影响路面的施工效果。因此，在施工中如何做到层间连续是影响施工质量非常重要的因素。同时，层间连续的受力状态也会直接影响到路面的使用寿命。

3）沥青路面层间热黏结技术

当前我国一部分高速公路路面建成初期就会出现比较严重的破坏，远达不到设计使用寿命的年限要求。造成这种状况的原因很多，如车辆超载、使用环境恶劣、施工质量变异性、原材料、施工工艺控制不严格等原因。但根据调查，实践证明，很多早期破坏的道路与路面层间黏结不好、承载力不足有很大关系。

沥青路面设计过程中，假定各结构层之间受力模型为层间完全连续的受力体系，即路面结构层被看作一个整体，层间的受力和位移都假设是连续的。计算各结构层应力时，采取的也是层间完全连续弹性体系。然而在目前的传统施工工艺中，沥青层间黏结采用喷洒黏层油的方法，黏层油在沥青混合料之间本身就是一个薄弱层，容易造成层与层之间不完全连续，与设计假设的理论前提不符。甚至在道路使用一段时间后，局部会出现层与层之间的完全脱离，导致受力体系发生根本性变化。路面各层层间结构脱离状态如

图 2-23 所示。

之所以会发生这样的现象，主要是由于传统施工工艺所造成。一般在施工完成一层铺筑后，不能及时地铺筑上一层；更为严重的情况是还要在铺筑好的中下面层上开放交通或作为其他附属工程的作业面，造成铺设完成的路面表面严重污染。在传统工艺中，为加强层间黏结，在两层沥青混合料之间喷洒黏层油，这样会形成一个薄弱夹层；且施工过程中上、下两层混合料间存在较大的温度梯度，上层热态混合料在摊铺、碾压过程中混合料的热量会传导给与其环境温度相同的下承层，造成层间部位新摊铺的混合料温度急剧下降，无法保证或大大削弱了碾压效果，使得新摊铺的沥青混合料与下承层之间存在较大的空穴，如图 2-24 所示。这些空穴在后期道路使用过程中成为潜在的隐患，一旦有水进入并充满整个空穴后，在重载车轮荷载的反复作用下，将会产生巨大的动水压力，并反复冲刷空穴周围集料表面的沥青膜。一旦集料上的沥青膜被破坏或脱落，空穴周围的集料就会松散，反映到路表面会形成路面坑槽，随之加剧路面的进一步破坏。

图 2-23　路面各层层间结构脱离状态

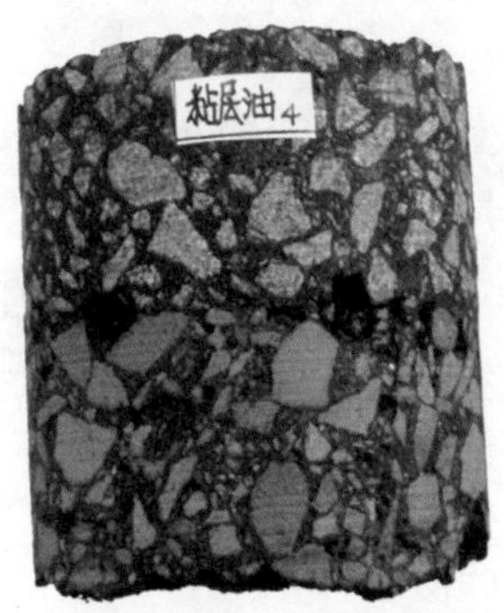

图 2-24　传统施工工艺结构层间的空穴

为了改善目前传统道路施工工艺造成的类似问题，结合多年来就地热再生施工方面的理论、经验与优势，创立了沥青路面面层之间的层间热黏结概念。经过大量的工程实践检验形成沥青路面层间热黏结工艺技术，这项技术完全能够克服和避免现有传统施工工艺在沥青路面层所留下的层间缺陷。

研究结果表明，要实现沥青路面层与层之间真正的完全连续，除了保证上、下层之间沥青混合料中的集料能够相互嵌挤成整体，施工时还应保证层与层之间的施工界面尽可能小的温度梯度，两层混合料接触部位必须充分压实，不留空穴。

4）沥青路面层间热黏结技术

层间热黏结技术是指沥青混合料在铺设路面上一层之前，通过加热设备对下一层进行间歇式加热，路面软化以后使用耙松设备对其表面 1 ~ 2cm 进行耙松，然后按设计要求，在表面经加热耙松后的路面上直接摊铺新沥青混合料，将下承层耙松部分与上一层新摊铺沥青混合料一起压实成型，保证上、下两层在层间两种不同规格的集料形成一种嵌挤型的整体，真正做到层间完全连续，如图 2-25b）所示。根据东南大学的检测结果，采用层间热黏结技术，路面的层间抗剪强度较传统喷洒黏层油施工工艺提高了 2.4 倍以上。沥青路面采用层间热黏结工艺技术施工后的路面强度、耐久性和抗剪强度都明显高于传统喷洒黏层油、加铺罩面施工工艺的路面结构。

a) 传统施工工艺芯样

b) 层间热黏结施工工艺芯样

图 2-25　传统施工工艺与热黏结施工工艺的芯样

采用沥青路面层间热黏结技术，层间接触面处的集料可以嵌挤成为一个整体，解决了层间弱界面问题，其层间抗剪强度远远大于传统施工工艺。

2004 年，东南大学邓学钧教授的研究团队分别对沪宁高速公路镇江段的就地热再生和传统喷洒黏层油直接罩面施工路段进行取芯，并进行层间界面剪切强度的对比试验，所得结论为：

（1）与传统的喷洒黏层油后罩面相比，采用层间热黏结工艺技术的试验段，其芯样的完整率由 36% 提高到 100%。

（2）与传统的喷洒黏层油后罩面相比，采用层间热黏结工艺技术的试验段，其芯样的界面抗剪强度由 0.27MPa 提高到 0.64MPa。

沥青路面采用就地热再生工艺施工后芯样与传统工艺施工后芯样的抗剪强度试验数据、抗剪强度曲线如表 2-5、图 2-26 所示。随着施工界面抗剪强度的提高，路面的整体维修质量提高，其使用寿命也相应延长。

层间抗剪强度　　表 2-5

序号	热黏结技术试样抗剪强度（MPa）	黏层油传统工艺试样抗剪强度（MPa）	序号	热黏结技术试样抗剪强度（MPa）	黏层油传统工艺试样抗剪强度（MPa）
1	0.553	0.247	6	0.527	—
2	0.698	0.292	7	0.603	—
3	0.691	0.259	8	0.536	—
4	0.852	0.281	9	0.586	—
5	0.711	—	平均	0.640	0.270

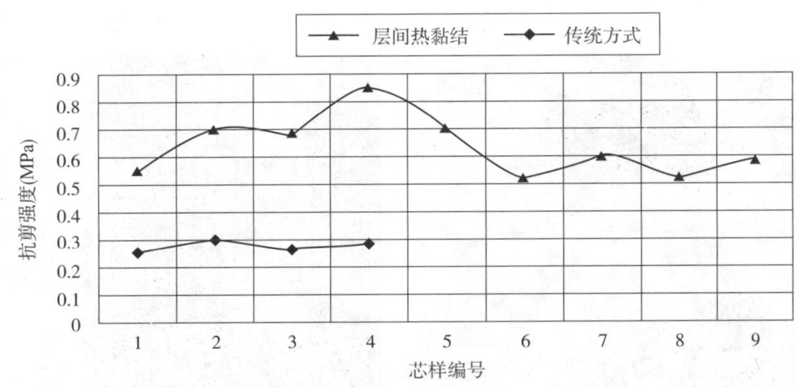

图 2-26　就地热再生与传统施工工艺芯样界面抗剪强度试验结果

路面沥青混合料层间热黏结的结果，还可以使传统工艺施工产生的路面层由两块或三块独立板块，成为一个热黏结的整体板块，如图 2-27a）和图 2-27b）所示。而其受力模型则由传统工艺模型 [图 2-27c）] 变成热黏结的模型 [图 2-27d）]，路面层材料由于层间界面集料的相互嵌挤作用成为整体、连续受力板块，这样可以改善路面材料的受力状况，极大地缓解和消除了原路面独立板块层间的应力集中现象，可以大大提高路面的承载能力，从而有效延长道路的使用寿命。

a) 传统工艺路面层间独立断面

b) 热黏结工艺层间连续

c) 传统工艺路面独立板块受力模型

d) 热黏结工艺路面整体连续板块受力模型

图 2-27　两种施工工艺得到路面层间状况比较

此外，采用就地热再生工艺技术施工时，由于其设备可以保证加热宽度大于耙松宽度，使得施工接缝线两侧沥青混合料的温度梯度为零。所以，横、纵向接缝线处两侧集料均处于嵌挤的热接缝状态，与传统铣刨摊铺施工工艺的冷接缝完全不同，热接缝避免了冷接缝处雨水过量下渗而造成周边界面的水损病害，如图 2-28 所示。

图 2-28　就地热再生施工纵横接缝均为热接缝

2.3.7　六大核心技术理念之逻辑关系

沥青路面混合料的再生利用工艺中，就地热再生工艺的资源循环链最短，低碳环保，原路面材料利用率最高，在选用热再生工艺类型时应优先选用就地热再生工艺。

就地热再生施工前，应对原路面状况进行详细的调查，并进行试验分析。根据相关调查、试验分析结果，制订有针对性的施工方案，选择相应的设备进行模块化组合形成机组并进行施工。施工过程中采用间歇式热辐射加热技术，是保证施工温度和施工质量的关键，是采用不打碎集料的翻松技术的前提条件，而只有施工过程中不打碎集料，才能保证再生沥青混合料级配的可调、可控。同时通过添加适量的再生剂和热沥青，保证沥青混合料的油石比及力学性能满足要求。此外，就地热再生的层间热黏结技术保证施工后路面结构的连续性，从而提高了层间抗剪强度，这又从技术和结构上保证了施工质量。只有做到以上几点，才能够实现原路面沥青混合料的 100% 循环再用，实现“石料再用、沥青再生”。国际领先就地热再生施工工艺的精髓是创建了六大核心技术理念。而六大核心技术理念相辅相成，互相促进。就地热再生六大核心技术理念关系如图 2-29 所示。

六大核心技术理念：

①技术原则——石料再用、沥青再生技术。

②技术前提——间歇式热辐射加热技术。

③技术保证——不打碎集料的翻松技术。

④技术核心——再生沥青混合料级配可控技术。

⑤技术应用——对症下药的技术方案，具体包括：

a. 螺旋转盘式再生剂 / 热沥青喷洒技术。

b. 设备模块化组合。

⑥质量保障——层间热黏结技术。

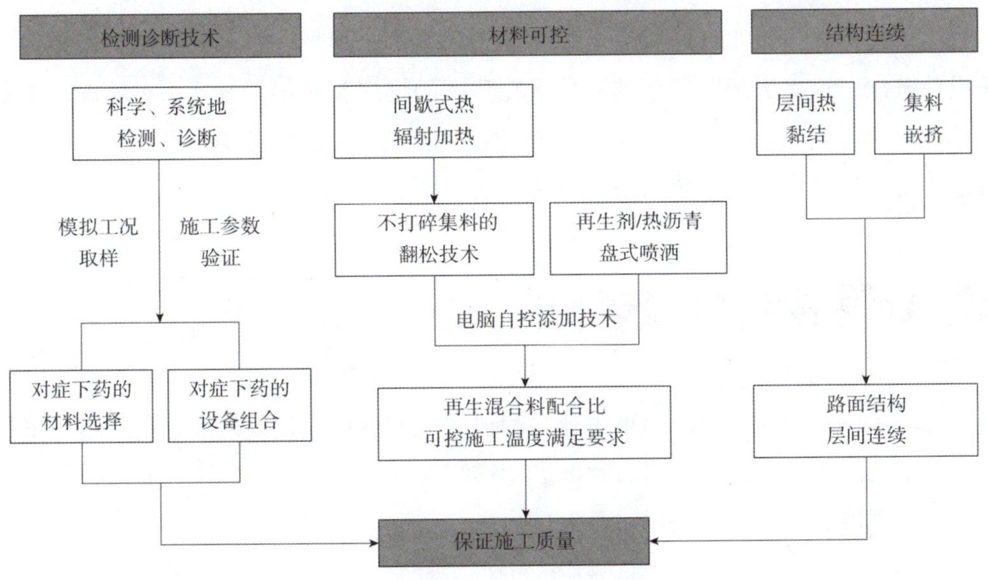

图 2-29　就地热再生六大核心技术理念关系

2.4　本章小结

本章主要揭示沥青混合料中沥青的老化规律以及解决还原对策，详细描述模拟取样理论、工作原理以及实施过程；提出石料再用、沥青再生和沥青混合料的多次重复再生的概念；分别描述国际领先设备对于已经老化沥青还原过程必须具备的六大核心技术理念和相应的技术措施，阐述就地热再生施工工艺中六大核心理念和技术措施的必要性。

3 就地热再生设计方法

目前就地热再生技术已经有大量成功的工程案例，但缺乏科学、系统的就地热再生养护设计方法，这极大地阻碍了这一技术在我国的推广和应用。针对这种情况，本章拟结合就地热再生工程经验和理论分析，提出就地热再生养护沥青路面的成套设计方法，为就地热再生技术的推广和应用提供理论基础和技术平台。

3.1 就地热再生工艺设计流程

通过现场调查，初步判断热再生技术的适用性和可行性，如果经过判断适合采用就地热再生工艺进行治理，应对路面状况进行详细调查，选择再生方法，并对再生混合料进行设计，就地热再生设计流程如图 3-1 所示。

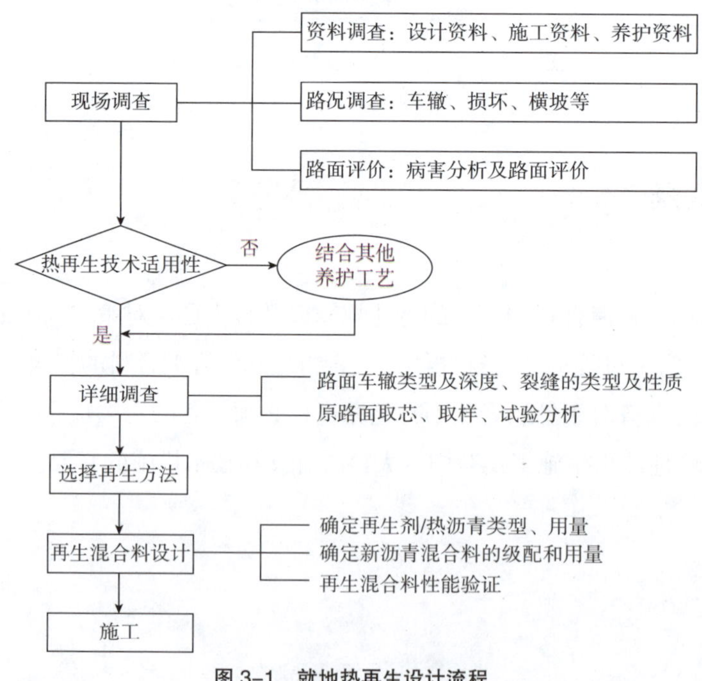

图 3-1 就地热再生设计流程

工程资料收集应包含以下内容：

（1）施工资料：如路面各层结构厚度和类型，沥青和集料等原材料的种类，沥青混合料级配和油石比，新建施工过程检测资料和工程验收资料等。

（2）养护资料：如各年度路面破损情况、养护维修方式和资料，以及路况定期检测资料。

（3）交通量和气候资料：如道路年平均日交通量、货车比例、轴荷分布与超载情况、工程所在地区的年降雨量、年平均气温与极端气温等情况。

（4）根据具体工程所需要收集的其他资料。

原路面病害调查可采用人工步巡或路面综合检测车进行，根据调查详细记录病害的位置、类型、面积和严重程度等特征，并进行整理以形成分析报告。

在对路面病害成因进行分析时，一般应根据所收集的工程资料和原路面病害调查数据进行。必要时，可进行现场检测或者取样后进行室内试验分析，沥青混合料再生过程分析流程如图 3-2 所示。路面病害的成因往往可能是多种因素并存，但重点是要确定道路的中、下面层以及各层结构本身是否有比较严重的问题。

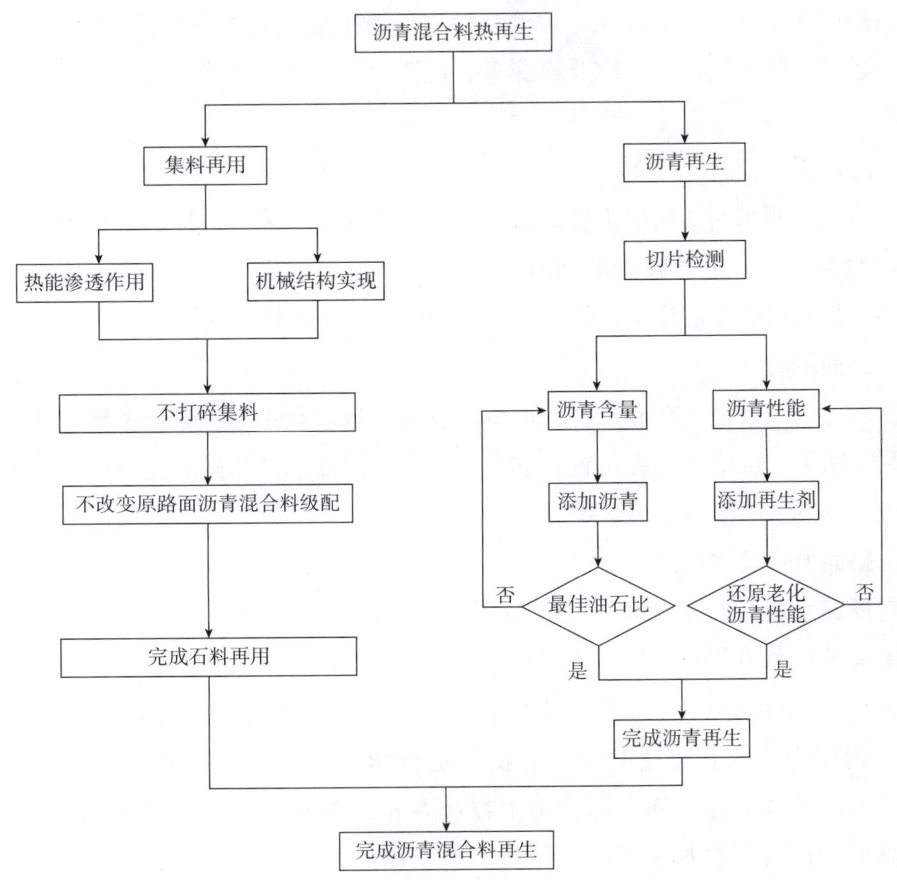

图 3-2 沥青混合料再生过程分析流程

3.2 原路面技术状况评价分析

就地热再生前开展的路况调查与分析包括如下几方面内容：

（1）路面基础数据收集

收集原路面设计、施工数据及竣工验收资料等，包括原路面的结构、材料和路况等方面的资料，分析建设期间是否存在设计和施工质量缺陷；收集原路面通车营运期间的养护资料和路面检测资料，了解路面病害产生原因，分析路面病害发展趋势。

（2）路面破损状况调查

对路面的破损状况进行现场调查，按照《公路沥青路面养护技术规范》（JTJ 073.2—2001）要求，详细记录路面各种病害，如纵裂、横裂、坑槽、车辙、泛油、修补等破坏类型的数量（范围）、破坏程度及所在位置。

（3）路面平整度和抗滑性能检测

检测路面平整度和抗滑性能，评价路面的行驶性能。路面平整度、车辙检测可采用八轮仪、激光平整度仪或路面综合检测车。抗滑性能可采用摆式仪或横向力系数测试车（SCRIM）。

（4）路面强度检测

通过弯沉检测判断结构层强度，可以采用贝克曼梁检测。但推荐采用落锤式弯沉仪（FWD），计算路面强度系数 SSI，分析中心弯沉和弯沉盆反算的结构层强度，评价路面结构层尤其是基层的完整状况，作为判定是否适用于就地热再生工艺的依据。

（5）路面取芯

路面取芯采用直径 100mm 或 150mm 的钻头，取芯点主要位于典型病害处，包括纵裂、横裂、网裂、坑槽等病害位置。取芯过程中，详细记录芯样的完整性、厚度、层间联结情况、与下承层整体性等。

（6）路面取样及室内试验

为对原路面混合料状况作进一步分析，需要进行取样分析，取样可以采用液压镐或沥青路面养护修补车进行。但推荐采用模拟就地热再生工况取样法，且每个点样品质量不得少于 100kg。对于取样频率，若经前期了解和设计资料证明，所施工路段沥青路面结构完全一致且修建时间、养护历史也相同，可只取一个代表性点。但是若路面结构不一致或修建时间、养护历史存在差异，则至少需要平均每 1km 取样一次。道路原路面旧沥青混合料（RAP）材料，用于热再生施工前还应实测表 3-1 所示的各项技术指标。

旧沥青混合料检测项目 表 3-1

材料	检测项目	试验方法
原路面沥青混合料（RAP）	空隙率、最大理论密度	《公路工程沥青及沥青混合料试验规程》（JTG E20—2011）
	马歇尔试验、浸水马歇尔试验	
	车辙试验	
	小梁弯曲试验*	
	冻融劈裂试验*	
RAP 中的沥青	沥青含量	
	针入度	
	60℃黏度	
	软化点	
	延度	
RAP 中的集料	级配	

注：“*”表示小梁弯曲试验和冻融劈裂试验可根据工程实际情况选择性试验。

根据路面综合状况调查结果，确定是否适用于就地热再生工艺技术；并且在施工前，根据试验结果确定需要添加的再生剂用量、热沥青用量以及新添加沥青混合料的用量比例、级配等。

3.3 就地热再生工艺类型确定方法

通过对原路面材料进行充分分析，选择合适的就地热再生工艺类型，制订最优化治理施工方案，选择相应功能的设备进行模块化组合形成机组施工，达到对症下药的目的。

3.3.1 就地热再生工艺类型及特点

就地热再生工艺可以分为三种类型：整形型、复拌型和补强型，其中补强型包括基本补强和优化补强。

整形型就地热再生是指采用一系列的预加热机加热、软化路面，根据原路面材料的试验结果，决定添加再生剂的类型以及添加剂量，然后用平行疏松耙翻松已经加热和已喷洒再生剂的路面，在已经再生的热路面上直接摊铺少量的新沥青混合料，新、旧沥青混合料一次性压实成型路面。

整形型就地热再生工艺目前适用于治理沥青路面车辙、麻面、松散、网裂及面层沉陷等路面病害。整形型就地热再生施工工艺流程如图 3-3 所示。

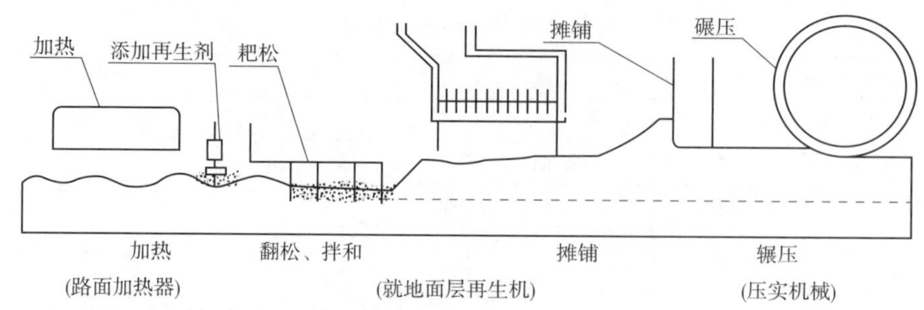

图 3–3　整形型就地热再生施工工艺流程示意图

复拌型就地热再生施工工艺是指采用预加热机组将原路面加热软化、平行疏松耙翻松，按需要加入新沥青、再生剂，即在已经翻松的路面材料上均匀喷洒再生剂 / 热沥青，通过收集器将已经翻松、喷洒过再生剂 / 热沥青的材料收集成梯形截面的料带，在收集的过程中，再生剂 / 热沥青与原路面沥青混合料得以完成初拌和，在收集成梯形截面的料带上再均匀加入适量的新沥青混合料，新、旧沥青混合料经提升、拌缸充分拌和后，摊铺、碾压成型。

复拌型就地热再生施工工艺通常应用于原路面材料级配需要调整和优化，或者沥青含量不符合要求的情况，复拌再生后的路面通常直接用作磨耗层。复拌型就地热再生施工工艺流程如图 3-4 所示。

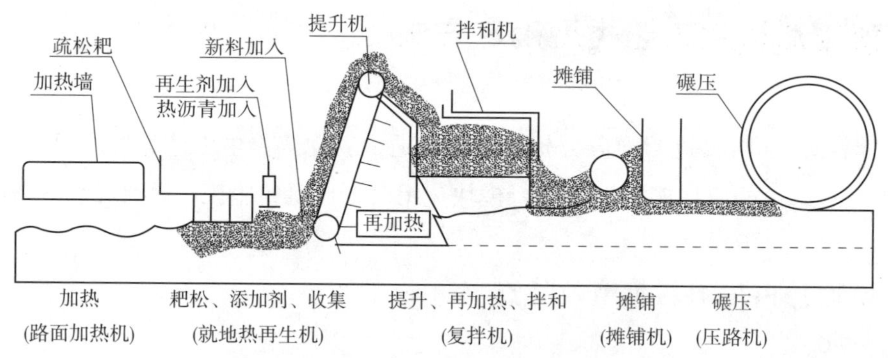

图 3–4　复拌型就地热再生施工工艺流程示意图

补强型就地热再生施工工艺是指在进行整形型或者复拌型就地热再生时，加大新沥青混合料的添加量，增加原路面厚度，改变原路面高程，从而提高路面承载能力。补强型就地热再生工艺可以分为基本型和优化型。基本型补强就地热再生工艺是在整形型就地热再生工艺的基础上，增加新混合料的添加量，使得整形后路面高程提高。基本型补强施工后，添加的新沥青混合料全部铺筑在路面层的表面，作为新的路面磨耗层使用。

优化型补强就地热再生是在复拌型就地热再生基础上，增加新混合料的添加量，在增加路面面层厚度的同时，还可以优化原路面材料的级配和油石比，施工后路面高程一般将提高 2 ~ 3cm。优化补强就地热再生施工时所添加的新沥青混合料可以分为两种不同工况：

（1）与原路面面层材料拌和均匀后直接铺筑在原路面层位，直接作为路面磨耗层使用。

（2）原路面沥青混合料经过材料级配和油石比优化调整后先铺筑在原路面层位，在此再生后的热路面上再铺筑全新的沥青混合料，作为路面新的磨耗层。

补强型就地热再生工艺主要适用于路面破损较严重或早期建设承载力不满足当前要求的路面，另补强型就地热再生工艺还可用于沥青路面旧路升级改造工程。

除以上三种基本的就地热再生类型外，还可以根据路面情况选择相关的热再生设备，创造出新的就地热再生类型。如对于原路面严重麻面、沥青含量不足或沥青混合料的力学性能不能满足要求的路面及机场跑道的沥青路面，可以通过增加喷洒外加剂的设备对沥青混合料进行改性。整形再生和复拌再生也可以组合使用，形成新的再生工艺类型，即复拌补强加铺就地热再生工艺。实际上，此工艺是对原路面沥青混合料采用复拌再生工艺调整其级配、改变集料的规格和类型、优化油石比、改善空隙率等指标后，再进行整形加铺施工，修复路面的变形，可大幅提高路面的使用性能。

3.3.2 就地热再生工艺类型选择步骤

每种就地热再生工艺均有其适用范围、工艺特点和施工后的效果。在就地热再生施工前，为确保有针对性地解决路面存在的问题、改善路面状况、选择合适的工艺流程和设备组合，需要对原路面状况进行调查分析并结合现有的热再生类型进行选择，真正做到对症下药。就地热再生工艺类型选择流程如图 3-5 所示。

就地热再生工艺类型选择的主要步骤如下：

1）对养护路段进行现场调查

调查内容应包括：资料调查（设计资料、施工资料、养护资料）、路况调查（车辙、损坏、强度、横坡等），并根据路面调查结果分析路面状况，结合就地热再生的适用性对其进行评价。若适合采用就地热再生技术进行养护，则继续进行以下步骤；若现场调查分析表明，路面不适合直接采用就地热再生技术进行养护，如存在基层路面病害，则根据路面情况选择基层路面病害的预处理等其他养护方式。之后再进行就地热再生施工。

2）根据路面状况选择有针对性的热再生工艺类型

若经过 1）的分析，路面适宜用就地热再生技术进行养护，则再根据路面状况选择有针对性的热再生工艺类型。如果原路面局部有基层病害，如沉陷、网裂、反射裂缝等，首先应对基层病害进行预处理，再根据选择好的就地热再生工艺类型整体进行热再生施工。

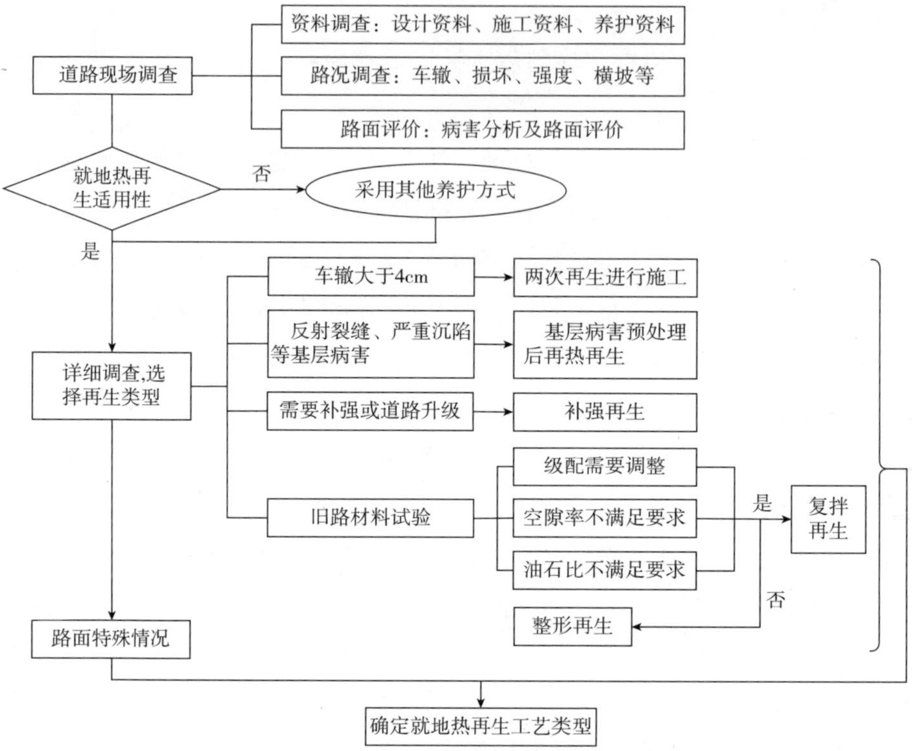

道路现场调查
资料调查：设计资料、施工资料、养护资料
路况调查：车辙、损坏、强度、横坡等
路面评价：病害分析及路面评价
就地热再生适用性
否
采用其他养护方式
是
详细调查,选择再生类型
车辙大于4cm
两次再生进行施工
反射裂缝、严重沉陷等基层病害
基层病害预处理后再热再生
需要补强或道路升级
补强再生
旧路材料试验
级配需要调整
空隙率不满足要求
油石比不满足要求
是
复拌再生
否
整形再生
路面特殊情况
确定就地热再生工艺类型

图 3-5　就地热再生工艺类型选择流程图

（1）原路面车辙深度较大，普遍大于 40mm

若路面车辙深度较大，普遍大于 40mm，则需要对其进行二次整形热再生处理，第一次先对路面进行初次整平，即通过加热、耙松，沿横断面方向重新分配路面材料，将车辙波峰处的混合料分配到波谷处，并保证分配后波谷的混合料高于原波峰，然后进行碾压，保证波谷处的路面压实度更高，提高路面抗车辙能力。然后再次采用整形工艺，添加少量新沥青混合料，恢复路面正常高程、平整度和路用性能等。

（2）路面需要补强或道路升级

若施工路段路面沥青层偏薄，不能满足使用要求，或路面等级需要提升，此时需要增加沥青层的厚度，可采用补强就地热再生工艺进行施工。

（3）根据原材料试验选择工艺类型

对施工路段取样，并进行相关试验，若遇到以下情况，则可选择复拌就地热再生工艺进行施工。

①原路面材料的级配需要调整。原路面混合料级配不能满足要求，需要通过就地热再生施工调整或改善沥青混合料的级配或规格。

②沥青含量不能满足要求。原路面沥青含量不能满足要求，需要通过施工调整其油石比。

③在特殊场合。如机场跑道道面沥青混合料的力学性能需要调整或需要添加外加剂改性时。

④其他情况。如试验中发现原路面空隙率不能满足要求，或原路面表层存在微表处材料。

除以上情况外，其他路面状况可选择整形型再生工艺。

各种不同类型就地热再生工艺适用范围见表 3-2。

不同类型就地热再生工艺的适用范围 表 3-2

病害	整形再生	复拌再生	基本补强再生	优化补强再生
轻度车辙	√√	√	√	√
重度车辙	√√		√	
麻面	√	√√	√	√
裂缝	√	√	√√	√
沉陷	√√		√	
泛油		√√		√
微表处脱皮		√√		√
桥头跳车	√√		√	
沥青层偏薄	√		√√	

注：其中“√√”表示非常适合，“√”表示适合，无标记表示要根据路面具体情况具体分析。

目前国内就地热再生施工工艺主要有整形再生、复拌再生和补强再生三种。每种再生工艺均有其适用范围、工艺特点和施工后的效果。在施工前，为确保有针对性地解决路面病害、选择合适的工艺流程和设备组合，需要对路面状况进行分析并结合目前已有的热再生类型进行选择。

3.4 就地热再生工艺的再生剂设计方法

3.4.1 再生剂技术要求与分析

对于再生剂，其技术要求包括其成分组成和技术性能等。再生剂使用在不同施工工艺、不同施工材料和不同施工场合下，其技术性能要求有所差异，如厂拌冷再生或就地冷再生常需要采用乳化类再生剂，以满足施工拌和、压实等工艺要求；而厂拌热再生和就地热再生则需采用非乳化类再生剂，以满足高温施工的要求。其中就地热再生有其施工工艺特点，对再生剂也有相应的技术需求。本节基于就地热再生的工艺特点，对再生剂的技术要求进行分析，主要包括如下几个方面：

（1）再生剂的化学组成

沥青老化主要表现为芳香分减少而沥青质增加，因此再生过程需要补充适量芳香分。同时，再生剂必须具有溶解和分散沥青质的能力，而且旧沥青中沥青质含量越高，要求再生剂具有溶解和分散的能力也应越强。芳香分具有溶解和分散沥青质的能力，而饱和分则是沥青质的促凝剂。因此，有学者提出再生剂中芳香分含量的多少应当作为衡量再生剂品质的重要技术指标之一。有研究指出，旧沥青中沥青质含量不同，为达到相同再生效果，所需要的再生剂中芳香分含量也不同。在旧沥青中沥青质含量很低的情况下，芳香分含量低的再生剂与芳香分含量高的再生剂具有同样的再生效果。这就是为什么即使是使用以饱和分为主的油料，如润滑油、柴油与机油的混合物作为再生剂，有时也能获得一定的再生效果的原因。但较多的饱和分（包括有蜡质及非蜡质的饱和物）加入到老化沥青中后，可能对沥青性能产生不利影响，如蜡质含量过大会使沥青的高温性能和低温性能变差，影响路面在高温、低温环境下的使用性能。所以从组分来讲，再生剂的构成应是多芳香分，少饱和分。但各国技术人员的看法不尽相同，部分国家的再生剂标准中明确规定了芳香分的含量范围，而有些国家则对再生剂中芳香分的含量范围没有明确要求和限定。

根据本研究的结果分析，沥青老化中组分变化的一般规律是芳香分的显著减少和沥青质的显著增加。采用不同再生剂的沥青试验也表明，通过调节沥青中芳香分含量可获得更好的再生效果，但是考虑到沥青组分试验误差较大，且试验复杂，不利于普遍推广。因此，建议将再生剂中芳香分的含量作为评价再生剂质量的选择性而非强制性指标。

（2）再生剂的施工和易性

对比就地热再生和厂拌热再生的工艺，具体如下：

厂拌热再生：施工中经过拌和站强制拌和，再生剂与沥青也能混合得较为均匀，且厂拌热再生混合料还需经过运输过程，一般可持续保持高温 1 ~ 2h 才能最终压实成型，再生剂与旧沥青混合料高温环境下的作用时间比较长。

就地热再生：施工中，现场喷洒再生剂至热的旧混合料上，然后经过现场耙松、集料、提升、拌和、摊铺、压实，再生剂与旧沥青混合料的融合时间虽然比较长，但是其拌和后保持的高温状态没有厂拌热再生时间长。因此，用于就地热再生的再生剂需要具有更易喷洒的特性，而且必须喷洒均匀、计量准确，以期达到更好的施工均匀性及和易性。同时，由于各环节衔接紧凑，再生剂与混合料在高温环境下作用时间短（到压实成型一般不超过 0.5h）。这些特点决定了用于就地热再生的再生剂需要具有更好的渗透性、和易性，才能达到还原老化沥青性能的预期作用和效果。

黏度是再生剂最主要的质量指标之一，用于表征再生剂的施工和易性和渗透性。黏度越低，再生剂的渗透能力越强，越容易喷洒。但是黏度过低，则轻质油分含量过高，加入到老化沥青中后，在施工及以后的使用过程中挥发也会加快，所以再生剂黏度不能太低。因此，在再生剂的黏度选择上须兼顾这两方面的影响因素。

（3）再生剂的耐老化性能

在热再生的施工工艺过程中，再生剂将受到高温加热的影响；再生混合料铺筑在路面上，还将受到阳光、空气等自然环境因素的作用。因此，要有效地延长再生路面的使用寿命，就要求再生剂具有良好的抗老化能力。为此，可以采用薄膜烘箱经过老化试验前后的黏度比和重量损失来控制。

（4）安全性能

再生剂应不含对人体有害的物质，在施工喷洒和加热拌和过程中，不能产生闪火并尽可能少产生烟雾现象。所以，要求再生剂必须具有较高的闪点。

3.4.2 再生剂的试验研究

目前我国再生剂品种较多，且没有完善的标准、规范，导致沥青再生效果有限，无法达到再生的预期目标。针对这种情况，英达公司通过试验研究开发出几种新型再生剂，将其应用于热拌再生沥青混合料或通过均匀喷洒渗透进入老化沥青混合料中，可以补充沥青因老化而失去的有效组分，特别是一些芳香分和极性组分，可以软化沥青、改善其性能，达到再生的目的和效果。必要时还需添加适量的高分子聚合物，以改善再生剂的最佳再生效果。再生剂的最终产品应具有良好的渗透性能，确保再生剂喷洒后能顺利渗入路面整个再生层，这就要求再生剂具有适当的黏度。

基于以上思想，对同类产品配方和石油化工特别是原油和煤化工炼制的产品进行调研和分析，通过大量试验研究开发出一系列能满足就地热再生要求的新型再生剂，并且成为再生剂的系列专利产品；并根据试验结果提出再生剂的初步评价标准。

为了解再生剂中每种原材料对沥青性能（针入度、软化点、延度、动力黏度）效果的影响，试验时分别将不同的原材料添加到老化沥青中，通过添加前后沥青性能的变化规律来评价各原材料对沥青性能的影响情况。根据试验结果，选择对沥青性能恢复效果最好的几种原材料作为再生剂的组成材料。

本试验以某条已经通车8年的高速公路为例，该路面沥青混合料，沥青为70号普通沥青，通过抽提试验得到该路面沥青混合料中的老化沥青。为验证各原材料对沥青性能的影响情况，将5%的各原材料添加到老化沥青中，并对其添加前后的针入度、软化点、延度、动力黏度进行试验，并选购目前市场上常用的一种再生剂进行试验、对比，结果见表3-3。

各原料添加前后试验结果 表3-3

序号	指标	软化点（℃）			针入度（0.1mm）			延度（cm）			动力黏度（Pa·s）		
	添加比例（%）	0	5	影响参数（%）	0	5	影响参数（%）	0	5	影响参数（%）	0	5	影响参数（%）
1	原料1	56.2	47.2	16.0	21.6	47.1	118.1	9.7	38.2	293.8	1156.2	315.6	72.7
2	原料2	56.2	49.6	11.7	21.6	37.8	75.0	9.7	16.6	71.1	1156.2	347.5	69.9
3	原料3	56.2	58.6	4.3	21.6	23.5	8.8	9.7	13.6	40.2	1156.2	1789.4	54.8
4	原料4	56.2	52.8	6.0	21.6	35.4	63.9	9.7	26.6	174.2	1156.2	367.2	68.2
5	原料5	56.2	50.3	10.5	21.6	36.9	70.8	9.7	32.6	236.1	1156.2	678.3	41.3
6	选购	56.2	55.3	1.6	21.6	33.7	56.0	9.7	19	95.9	1156.2	473.4	59.1

注：1. 选购项为目前市场常用的一种再生剂。
2. 影响参数 =（添加后结果 − 添加前结果）/ 添加前结果。

从以上试验结果可以看出：

（1）目前市场选购的再生剂对沥青性能的恢复效果很有限，其再生效果在各材料中均偏低。

（2）原料1的再生效果最全面。其对针入度、软化点、延度和动力黏度的影响效果在所有材料中最明显。原料1在常温下为液态。为保证施工便利性，建议选用时可与其他原材料配合使用。

（3）再生效果其次为原料2。其对针入度、软化点和动力黏度的恢复效果较好，但对沥青的延度恢复效果有限。并且试验中发现原料2在添加过程中挥发非常严重，占添加量的30% ~ 50%，不适合在施工中使用。

（4）原料5对沥青延度恢复效果仅次于原料1，而其对针入度、软化点和黏度的恢复效果在各原材料中均为中等。

（5）原料4对沥青延度恢复效果次于原料1和原料5，但其对针入度、软化点和黏度的恢复效果在各原材料中偏低。

（6）原料3对各指标的恢复效果均最差。

根据以往的工程经验及试验分析，在沥青再生效果方面，沥青的三大指标中，其延度的恢复是最难达到的，因此综合各试验结果，再生剂若以原料1和原料5为原材料配制而成，其再生效果最佳。

根据各材料对沥青指标的影响效果，初步选定原料1和原料5为再生剂的组成材料，分别对不同比例原材料组成的再生剂的再生效果进行试验（添加比例均为沥青含量的 5%），结果见表 3-4。

添加不同再生剂后沥青及混合料试验结果 表 3-4

再生剂组成 原料 1 ：原料 5		沥青			沥青混合料	
		软化点（℃）	针入度（0.1mm）	延度（cm）	稳定度（kN）	流值（0.1mm）
老化沥青 / 混合料		71.5	34.2	17.8	10.5	23.8
①	90 ： 10	56.2	49.1	31.5	14.7	28.3
②	80 ： 20	62.4	45.1	29	17.3	31.5
③	70 ： 30	65.2	41.2	28.3	18.3	36.3
选购再生剂		68.1	38.5	22.0	12.3	21.5

从以上试验结果可以看出，加入不同材料配合比的再生剂后，老化沥青的性能都得到一定改善，其中延度改善效果较小，而老化沥青的延度恢复一直是沥青路面再生的难点。各组配合比中，①即原料 1 ：原料 5=90 ： 10，对老化沥青恢复效果最好。因此，结合各组合对老化沥青和老化沥青混合料性能的影响，选择原料 1 ：原料 5=90 ： 10 作为再生剂的组成配合比。

本节只是从沥青和沥青混合料性能恢复方面提供一种开发再生剂的思路，在实际开发过程中，还要考虑再生剂的工作性、安全性及对沥青路面性能的影响效果等。

3.4.3 再生剂的技术标准

综合分析，成品再生剂的质量控制指标主要集中于其施工性能、化学组成、安全性能及耐老化性能等方面。结合室内试验，在对就地热再生的再生剂技术要求分析的基础上，综合考虑检测工作具有可操作性及试验方法便于推广，提出表 3-5 所示技术指标，以此作为适合于就地热再生的再生剂质量标准。

就地热再生施工沥青再生剂的技术要求 表 3-5

检测项目	检测方法	要求
黏度（60℃，Pa · s）	T 0625	50 ~ 175
闪点（℃）	T 0611	≥ 220
饱和分（%）	T 0618	≤ 30
芳香分（%）	T 0618	≥ 30
TFOT 老化试验质量变化（%）	T 0625	≤ 4
相对密度	T 0603	实测

注：表中饱和分、芳香分含量建议为参考指标，再生剂指标主要是评价其施工性能，而其再生效果建议结合再生沥青混合料的性能试验综合确定。

3.4.4 再生剂用量确定方法

1）再生剂用量确定理论

沥青的老化和再生是一个非常复杂的过程，目前主要通过添加再生剂来对老化沥青实现性能还原。但是关于如何确定再生剂用量有不同的理论及方法，下面分别对各个理论进行介绍，并选择一种更适合再生剂用量确定的方法。

（1）溶解度参数法

一种沥青能否形成稳定的溶液，不在于溶质颗粒的大小，而决定于溶质（沥青质）在溶剂（软沥青质）中的溶解度和溶剂对溶质的溶解能力，这就是所谓相容性理论。希尔布兰德曾提出“溶解度参数”理论，即认为在一种溶液中，溶质的溶解度参数与溶剂的溶解度参数的差值小于某一定值时，即能形成稳定的溶液。对此可用式(3-1）表示：

$$\Delta\delta=\delta_{AT}-\delta_{M}<K \tag{3-1}$$

式中：$\Delta\delta$——沥青质与软沥青质溶解度参数差值（Cal/cm^3）$^{1/2}$，1Cal=4.1868J；

δ_{AT}——沥青质的溶解度参数（Cal/cm^3）$^{1/2}$；

δ_{M}——软沥青质的溶解度参数（Cal/cm^3）$^{1/2}$；

K——要求的溶解度参数差值的限值（Cal/cm^3）$^{1/2}$。

根据有关研究，国产沥青的沥青质溶解度参数与软沥青质溶解度参数的差值 $\Delta\delta$ 的限值为 0.76。当 $\Delta\delta<0.76$ 时，可得到较好的相容性。

溶解度参数理论认为，优良的沥青中沥青质与软沥青质应有很好的相容性，也就是沥青质与软沥青质的溶解度参数很接近（或溶解度参数差值很小），这样它们就能形成稳定的溶液。而随着沥青的老化，沥青及其组分中各种化合物产生脱氢、聚合和氧化等化学变化，使其溶解度参数亦随之变化。通常沥青质的溶解度参数的提高较软沥青质的溶解度参数快，所以老化后沥青的沥青质与软沥青质溶解度参数差值 $\Delta\delta$ 增大，破坏了沥青中沥青质与软沥青质的相容性，因而引起沥青路用性能的衰降。

从化学的角度来看，沥青再生就是老化的逆过程，亦即使沥青中沥青质与软沥青质溶解度参数差值减小的过程。由此可见，沥青再生的方法就是采取一定的技术措施，使已老化的沥青中沥青质的溶解度参数与软沥青质溶解度参数的差值减小，最终使已老化的沥青的路用性能得到改善。通常沥青再生的途径是采用掺加再生剂的方法。掺加再生剂后，一方面可使沥青质的相对含量降低，从而提高沥青质在软沥青质中的溶解度；同时，掺加再生剂后又可提高软沥青质对沥青质的溶解能力，使软沥青质与沥青质的溶解度参数差值 $\Delta\delta$ 降低，从而改善沥青的相容性。

溶解度参数法即通过添加再生剂，减少老化沥青中沥青质与软沥青质溶解度参数差值，而再生剂用量的确定也是由沥青质和软沥青质溶解度的参数差值来确定的。

（2）橡胶理论法

美国于 1987 年建立的一项为期 5 年、耗资 1.5 亿美元的研究计划——美国公路战略研究计划（SHRP），通过大批科研工作者历时 5 年的辛勤工作，在科研过程中开发出体积排出色谱（SEC）和离子交换色谱（IEC），采用体积排出色谱或离子交换色谱将石油沥青分离成相对分子质量大小不同的馏分或将石油沥青分离成酸性分（强酸、弱酸）、碱性分（强碱、弱碱）、中性分和两性分，试图考察酸性分、碱性分、中性分和两性分与沥青路用性能的关系。

SHRP 研究结果显示：两性分含有沥青中最极性和芳香性的分子，这些分子的相对分子质量很大；两性分是提高沥青黏度的主要组分。

根据研究，SHRP 研究人员提出了一种理论，认为沥青是两性沥青质型网状分子结构。在网状分子结构中含一种油相。沥青最为重要的化学性质是网状结构及油相的分子大小分布，使网状交联在一起的极性相互作用。

通过以上的研究，SHRP 研究人员发现沥青的分子结构同橡胶的分子结构有很大的相似性。橡胶也是一种网状聚合物，在网状结构中含有增塑剂（通常为石油系油类，橡胶轮胎含有 25% 的油）。增塑剂在橡胶中的作用就像油在两个移动的物体之间起到的润滑作用一样，在加工时能促进橡胶大分子之间相互移动。这种橡胶分子外润滑作用的产生，主要是由于增塑剂分子包围了橡胶大分子，小分子容易运动，带动了大分子相对运动，降低了橡胶分子上的界面能，减少了分子内部的抗形变能力，克服了橡胶分子之间直接的相互滑动摩擦和范德华力所产生的黏附力。

橡胶理论认为，对于老化沥青的再生实际上就是在发达的网状结构中加入适量的油料，以补充沥青随着老化而失去的油相，恢复油相对沥青中大分子的润滑作用。SHRP 研究人员将老化沥青与芳香族、环烷族、粗柴油进行拌和，通过试验，发现芳香族油和老化沥青拌和后可得出非常合适的铺路沥青。环烷族和粗柴油不符合疲劳开裂的规定。当油相的总芳香族油增加时，疲劳破坏的温度会降低。

（3）经验预估法

经验预估法是假定新沥青用量（包括再生剂）等于再生沥青混合料的总沥青用量减去旧沥青混合料中的沥青含量。预估再生混合料的沥青用量，可以根据经验确定，有人提出根据矿料比表面积和相应的沥青膜厚度确定。

经验预估法的关键在于准确预估再生混合料需要的沥青用量，而对于再生混合料的最佳沥青用量，采用新沥青混合料的经验来进行预估，估算结果是否合适还有待于进一步研究。

同时，对于相当一部分就地热再生工艺，并不改变混合料的级配和沥青用量，而只是通过添加再生剂恢复沥青性能，此时难以按照经验预估法采用“预估沥青用量减原有沥青用量”的方法确定再生剂用量。

（4）性能设计法

以上三种方法理论上均可实现老化沥青的再生，但是溶解度参数法和橡胶理论法更着重于理论分析，在实际施工过程中操作复杂、试验要求高；而经验预估法适用范围有限且误差较大。为了能够更好地指导施工，现提出一种以性能指标为标准的再生剂用量确定方法，即性能设计法。

性能设计的基本思想是:沥青的老化表现为黏度增加,针入度和延度下降,软化点升高,那么就采用掺加一定比例的再生剂来改善沥青的技术指标到一个规范规定的范围或可以接受的范围之内。至于具体的再生剂掺加比例，则通过室内试验测定再生沥青的各种性能指标，最终以再生沥青及再生沥青混合料力学性能的试验结果确定再生剂的最佳用量。

2）性能设计法确定再生剂用量流程

性能设计法，即不以沥青组分为标准，而是以添加再生剂后的沥青及沥青混合料的力学性能指标作为衡量再生效果的标准，其主要过程包括：

（1）再生剂种类的选择

目前国内再生剂种类很多，不同再生剂的成分、性质差别较大，而根据对就地热再生工艺分析，用于就地热再生的再生剂除具有其他热再生工艺所用再生剂的技术要求外，还需具有施工和易性好、渗透性强等技术特点。此试验分别选择A、B两种再生剂为例进行试验，其中A为研发的再生剂，B为市场上常用的一种轻油型再生剂，其组成成分的不同造成其本身性能的不同，并在回收沥青中分别掺加2%、5%和8%的A、B型再生剂，试验结果如表3-6和图3-6所示。

回收沥青掺加再生剂的试验结果 表3-6

试验项目	回收沥青	回收沥青＋A型再生剂（%）			回收沥青＋B型再生剂（%）		
		2	5	8	2	5	8
针入度（25℃，100g，5s）（0.1mm）	14.9	21.5	43.5	55.8	19.3	33.2	51.7
软化点 $T_{R\&B}$（℃）	77.2	72.1	66.6	51.3	75.4	69.4	57.5
延度（5℃，5cm/min）（cm）	脆断	1.5	19.6	29.4	3.2	22.7	32.8

根据再生沥青性能试验结果,随着再生剂用量增加,再生沥青针入度和5℃延度上升,软化点下降。

对比两种再生剂的效果，用量相同时，B型再生剂对沥青软化点、延度的改善比A型再生剂更好，采用A型再生剂对沥青针入度恢复要比B型再生剂好。根据以上试验结果，针对试验中老化沥青的恢复程度，推荐采用 A 型再生剂。

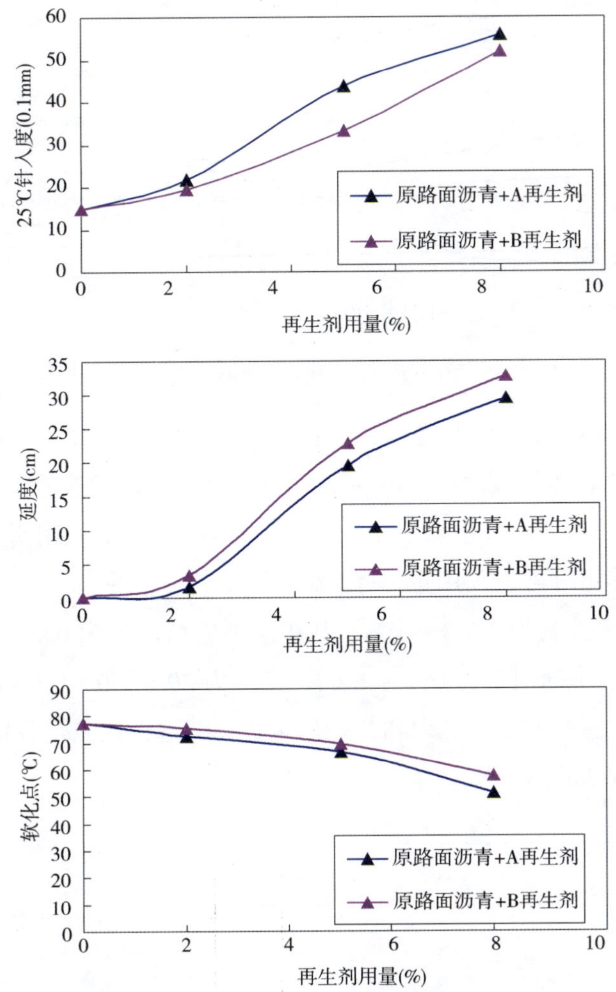

图 3-6 再生剂类型及掺量对回收沥青性能的影响

（2）再生剂用量的确定

根据试验结果，选择 A 型再生剂，再生剂添加用量对沥青及沥青混合料的力学性能影响如表 3-7 和图 3-7 所示。

再生剂添加用量对沥青及沥青混合料性能的影响 表 3-7

再生剂掺加量（%）	空隙率（%）	马歇尔稳定度（kN）	流值（0.1mm）
0	4.2	26.15	39.1
2	3.6	24.22	34.2
5	3.3	18.00	27.6
8	2.7	19.00	31.4

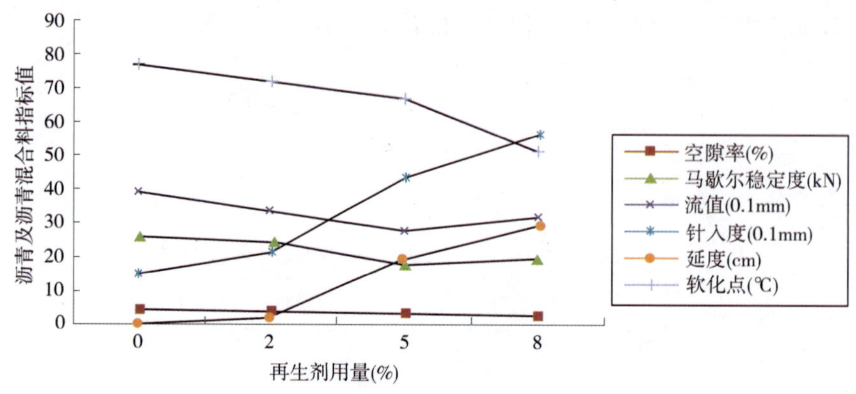

图 3-7　再生剂用量对沥青及沥青混合料性能的影响

根据工程经验及相关规范规定，再生后沥青三大指标一般可以恢复到比原路面沥青低一号的沥青指标，即针入度为 40 ~ 60（0.1mm）（其相应再生剂以内推法预测，用量范围为 4.3% ~ 8%），软化点不小于 49℃（其相应再生剂用量为 0% ~ 8%），延度不小于 15cm（其相应再生剂用量为 4.1% ~ 8%），空隙率为 3% ~ 6%（考虑路面渗水情况，此处空隙率控制为 3.5% ~ 6%，其相应再生剂用量为 0% ~ 5.2%），稳定度不小于 8kN（其相应再生剂用量为 0% ~ 8%），流值为 20 ~ 40（0.1mm）（其相应再生剂用量为 0% ~ 8%），根据此要求，对再生剂用量进行筛选，在满足各指标要求的条件下，再生剂用量范围结果如图 3-8 所示。

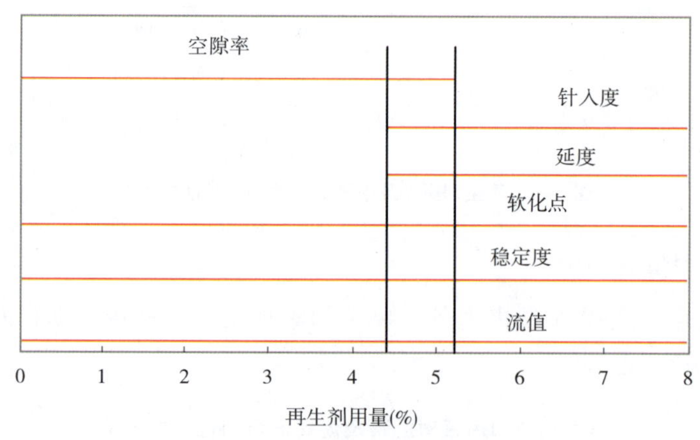

图 3-8　再生剂用量的选择

根据以上分析结果，当再生剂用量为 4.3% ~ 5.2% 时，原路面沥青和混合料的改善效果均能满足要求，为防止施工时由于特殊原因造成再生剂用量超出此范围，再生剂用量可取其平均值即 4.75%；另考虑施工时再生剂用量测量的可操作性，再生剂用量选择 5%。

根据以上试验过程，再生剂用量确定流程如图 3-9 所示。

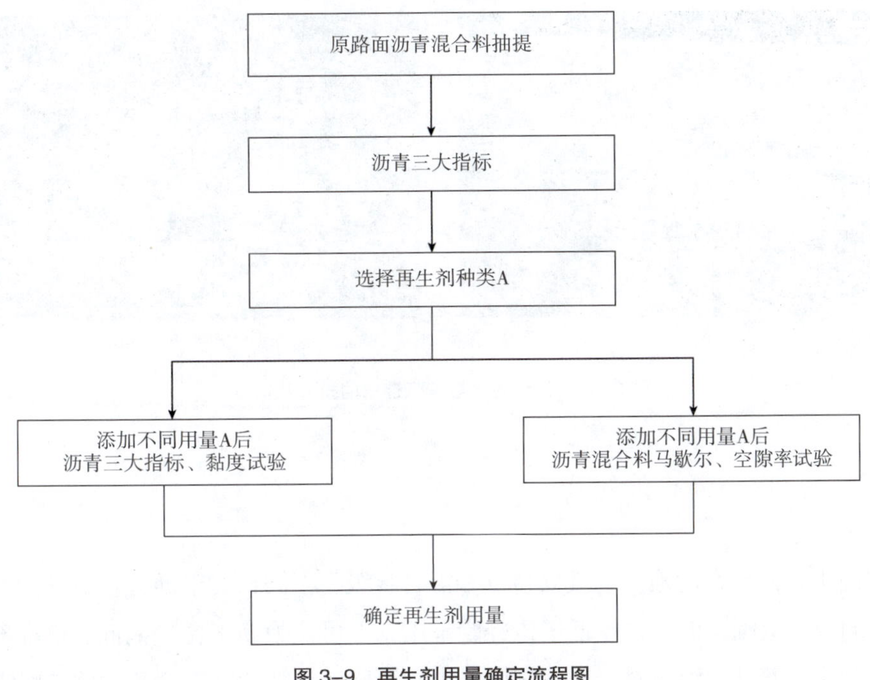

图 3-9 再生剂用量确定流程图

3.5 热沥青用量确定方法

对原路面材料进行就地再生利用时，经常会碰到原路面沥青混合料严重老化或沥青含量不足的情况，如不及时对其进行改善，施工后的路面会在使用一段时间后出现疲劳裂缝，或麻面、松散等路面病害。

当路面沥青含量低或者老化严重时，在喷洒再生剂和添加新沥青混合料仍无法满足混合料质量要求的情况下，英达在国际领先的就地热再生施工工艺和设备上，率先通过热再生施工中添加热沥青的方式，添加热沥青的用量能使再生沥青混合料达到所要求的最佳油石比，以提高和改善混合料性能，并取得了良好的效果。

3.5.1 沥青含量低或老化严重，是多种路面病害的罪魁祸首

路面材料沥青含量偏低，没有足够的沥青黏结细料，胶结料的质量和数量不符合要求，极易造成细料被行驶的车轮带走，形成麻面、松散等路面病害，层与层之间黏结差还易引发坑槽等更加严重的路面病害，如图 3-10 所示。而对于沥青老化严重的路面来说，则会造成严重的疲劳裂缝。

a)　　　　b)

图 3-10　因沥青含量偏低造成的松散及坑槽

3.5.2　判断添加热沥青的流程

根据施工路面所在的地区、气候特点和混合料级配不同，对于沥青含量的判断有一个相对合理的经验范围，沥青含量低于该经验范围，即可认为沥青含量偏低。最准确的判定方法是经过原路面沥青混合料的质量试验，得知原路面材料的沥青含量和施工时需要添加热沥青的用量，以此为依据添加，使得再生沥青混合料的油石比达到最佳状态。

当原路面混合料沥青含量相对偏低时，国际领先的英达就地热再生工艺技术和设备，通常考虑通过新添加混合料的配合比（包括级配和沥青含量两个方面）设计来提高再生沥青混合料中沥青的相对含量。但在热再生设计要求下通过添加特定配合比新沥青混合料仍然无法满足质量要求时，就要考虑添加热沥青。判定是否需要添加热沥青的流程如图 3-11 所示。

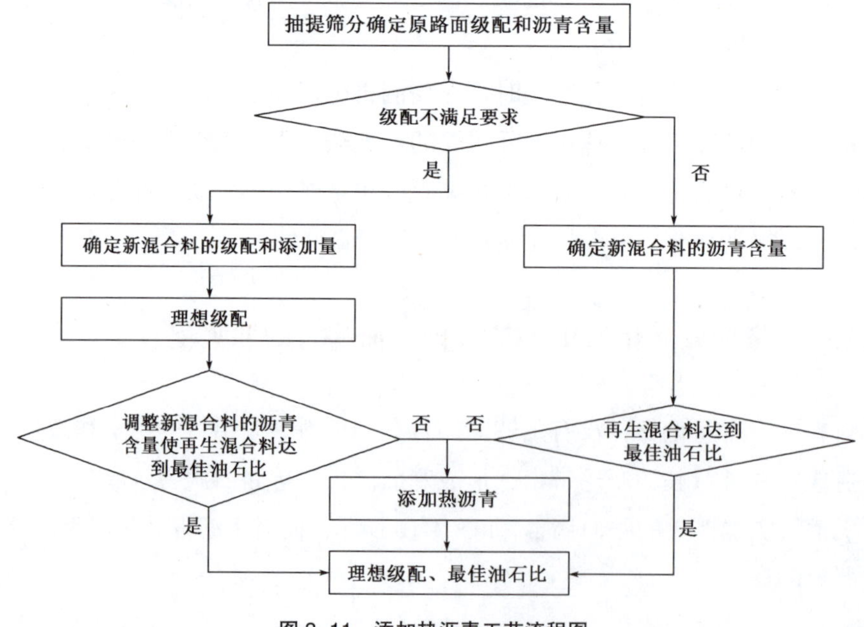

图 3-11　添加热沥青工艺流程图

就地热再生技术在添加热沥青时，需要采用导热油结合电加热法对系统全程加热保温，并通过螺旋撒布盘将热沥青均匀喷洒到原路面混合料中，如图 3-12 所示。然后通过设备收集器将已喷洒热沥青后的原路面混合料收集成梯形截面的料带，在料带上按比例添加新沥青混合料，新、旧沥青混合料通过提升设备提升到拌缸中进行再次拌和（即复拌），最后摊铺、碾压成型。

a)

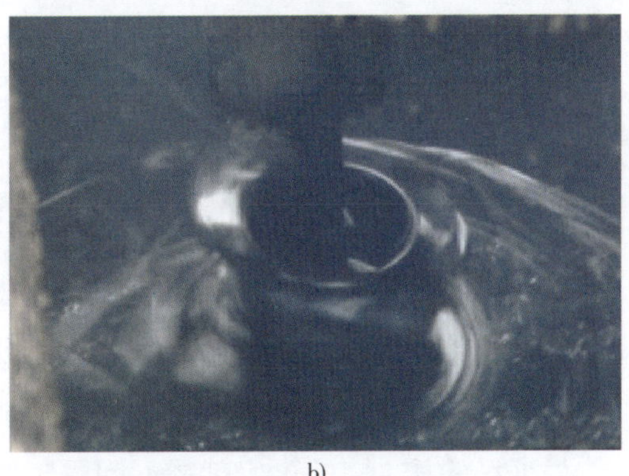
b)

图 3-12　添加热沥青

3.6　就地热再生沥青混合料配合比设计

按照再生工艺类型的不同，就地热再生沥青混合料配合比设计分为两个部分，即整形就地热再生工艺的再生沥青混合料配合比设计和复拌就地热再生工艺的再生沥青混合料配合比设计。两种不同类型就地热再生工艺之再生沥青混合料配合比设计的室内试验流程如图 3-13 所示。

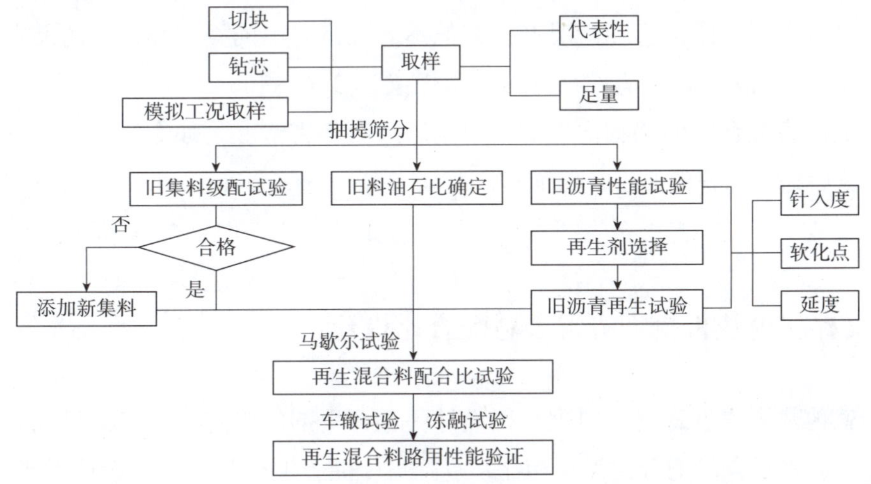

图 3-13　就地热再生配合比设计室内试验流程

3.6.1 整形就地热再生沥青混合料配合比设计

（1）原路面沥青混合料抽提、筛分试验

按试验规程要求进行原路面沥青混合料的抽提、筛分试验，了解混合料级配情况、沥青含量等。

（2）回收沥青的性能试验

对原路面沥青混合料进行沥青回收，并对回收沥青的三大指标，即针入度、软化点和延度进行试验，初步评价回收沥青的性能和老化程度。

（3）原路面沥青混合料性能评价

实测原路面沥青混合料的最大理论密度和空隙率，并进行沥青混合料马歇尔击实试验及其他相关路用性能试验，评价原路面沥青混合料的力学性能。

（4）再生剂类型及用量对回收沥青性能的影响评价

根据经验按 3% 的再生剂掺配间隔，取 3 ~ 5 个再生剂用量，分别进行再生沥青的针入度、软化点和延度试验，根据试验结果初步确定再生剂用量。当一种再生剂对老化沥青恢复效果不明显时，应更换再生剂类型，重新进行评价。

（5）再生剂类型及用量对再生沥青混合料性能的影响评价

根据初步确定的再生剂用量，应在其附近取 3 ~ 5 个再生剂掺配用量值，进行再生混合料的马歇尔试验，根据空隙率、稳定度、流值等确定再生剂最佳用量。即完成再生沥青混合料配合比设计。

（6）新添加沥青混合料配合比设计

对于整形就地热再生工艺，不需要调整原路面的级配，因此新添加沥青混合料为标准级配，其配合比可与原路面相同，或通过新添加沥青混合料的配合比，在小范围内进行调整。也可根据原路面实际情况选择其他不同规格、不同类型和级配的沥青混合料，其配合比设计参照《公路沥青路面施工技术规范》（JTG F40—2004）。

新添加沥青混合料的添加比例需要根据原路面病害情况，如车辙深度、沉陷面积、深度及再生后路面高程的要求、路面排水的要求等进行综合确定。

整形就地热再生工艺中再生沥青混合料配合比设计流程如图 3-14 所示。

3.6.2 复拌就地热再生沥青混合料配合比设计

复拌就地热再生沥青混合料配合比设计中，再生剂的确定方法可参见 3.6.1 节。而与整形再生沥青混合料配合比设计相比，复拌再生沥青混合料配合比设计需要考虑调整原路面矿料级配和油石比。

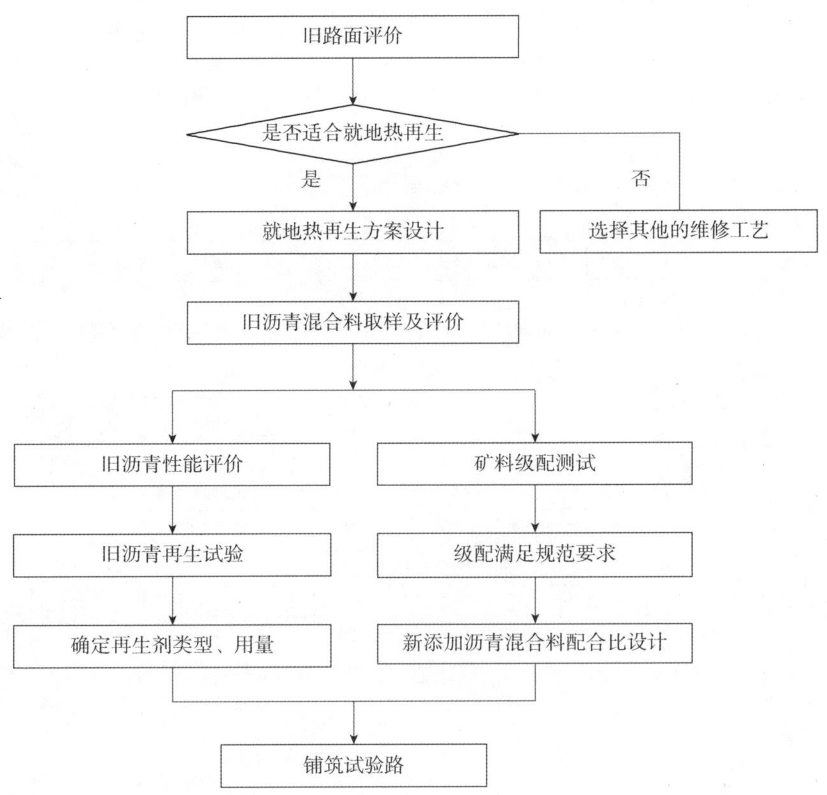

图 3-14　整形就地热再生工艺中再生沥青混合料配合比设计流程图

（1）新添加沥青混合料配合比及添加比例确定

对于复拌就地热再生工艺，施工中通过添加新沥青混合料或新沥青，对原路面的级配或油石比进行调整。因此，需要根据原路面状况的分析结果和再生混合料的目标配合比，确定新添加沥青混合料的配合比及添加比例。

在进行新添加沥青混合料配合比设计时，首先应根据原路面状况及设计要求确定再生沥青混合料目标配合比，然后根据目标配合比和原路面沥青混合料配合比状况，确定新添加沥青混合料的目标配合比和添加比例。再将原路面混合料和新添加沥青混合料按设计比例进行拌和，并对拌和均匀后形成的再生沥青混合料进行性能试验验证，通过试验最终确定新添加沥青混合料的配合比和添加比例。

（2）再生沥青混合料的生产配合比验证

根据新添加沥青混合料的配合比和添加比例，通过试拌，对再生沥青混合料的生产配合比进行验证，验证试验包括筛分试验、马歇尔试验、浸水马歇尔试验等，必要时可根据实际情况进行车辙试验和冻融劈裂试验。复拌就地热再生工艺中再生沥青混合料配合比设计流程如图 3-15 所示。

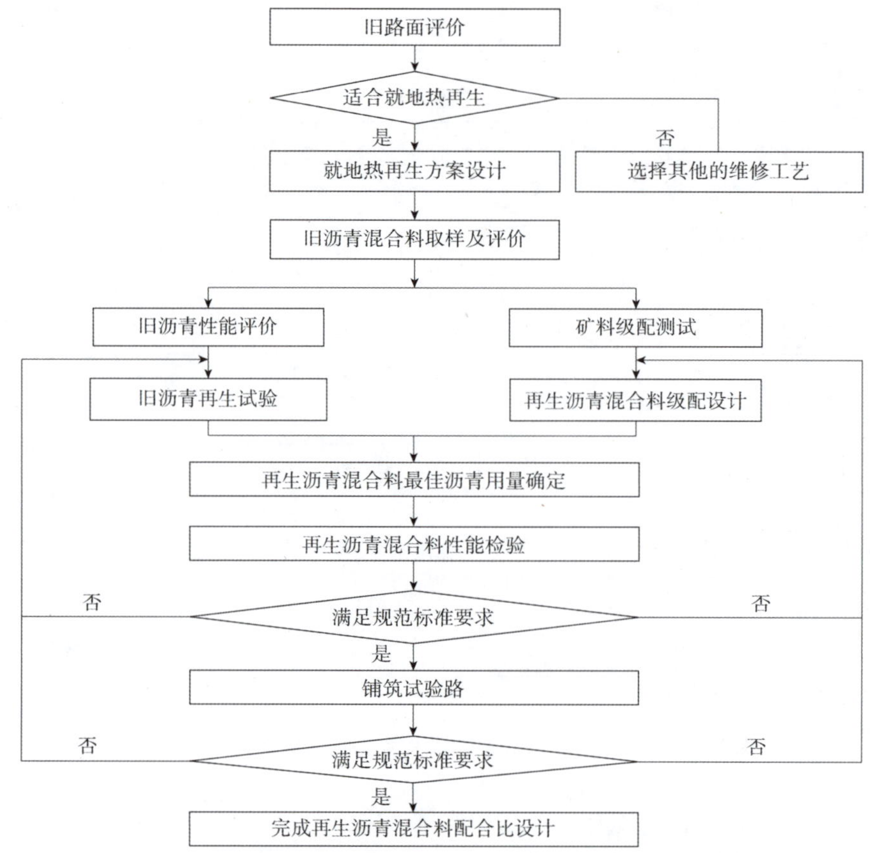

图 3-15　复拌就地热再生工艺中再生沥青混合料配合比设计流程图

3.6.3　再生沥青混合料性能验证

旧沥青混合料的室内再生试验与就地热再生现场施工有较大的区别，不同的旧路面状况、不同的再生设备以及不同的再生工艺又加剧了再生效果的差异。因此，就地再生沥青混合料的性能必须经试验路验证。

试验路验证再生沥青混合料性能的项目主要有：沥青混合料的级配、再生沥青混合料马歇尔试验是否满足规范要求。现场检测项目包括：平整度、渗水系数、摩擦系数（摆值）、构造深度和压实度等。如果试验路检测结果存在问题，必须分析原因，找出问题予以修正，直至满足设计和规范要求为止。

3.7 再生沥青混合料配合比优化调整

3.7.1 再生沥青混合料配合比优化调整的原因

设计院在得到设计任务书的同时，该设计任务书中会提出将要设计道路的基本设计参数与要求，如该道路的车流量、轴荷分布与其增量的预测及道路设计轴荷次数、道路的设计使用寿命等。目前国家已经建立完善的道路结构、材料设计的规范和标准，根据设计任务书采用相应的规范、标准即可得到施工图设计。

对于同一条道路或同一个施工标段，即使道路的运输条件、环境条件相同，但是道路平面线形或竖向线形会发生变化，如在道路平面转弯道区段、机场主跑道与滑行道之间的衔接转弯区段、道路的上下坡道和上下坡道并转弯等特殊区段以及车辆行驶状态发生较大变化的特殊路段，又如城市道路平交路口驶入端的等待信号灯一侧、长大上坡路段、重载车辆必须减挡才能通过的区段等。在这些特殊路段，路面材料和结构层所承受轮胎牵引力的作用差别往往是很大的，部分路段以正应力为主导作用、以剪应力为辅助作用，而部分特殊路段则是以剪应力为主导作用、以正应力为辅助作用。所以，即使在道路的同一个标段、相同的道路结构设计、相同的道路材料和相同建造工艺，因其使用状况的巨大差别，造成不同路段会在不同使用寿命周期中出现不同的路病和缺陷，尤其是上述这些特殊道路区段和部位往往会过早出现缺陷和破损。这些不同部位出现的路病有其特殊规律，从而造成服务质量和使用寿命的巨大差别。

3.7.2 路面产生早期缺陷的原因分析

车辆在道路上行驶的过程中，除了轴荷对路面施加的正压力外，还会给路面施加水平方向的剪切力。由于车辆行驶速度的关系，这些力还具有大小和方向急剧变化的瞬时、动态特征。

当车辆在路面上等速、上坡或加速行驶时，车轮会受到路面给它的与驱动扭矩 M 除以驱动轮滚动半径 r_d（M/r_d）相等、与行驶方向相同、与重力的水平分量 + 惯性力的水平分量之和相等的摩擦阻力；当车辆在下坡或减速行驶过程中，为了克服重力和惯性力，车轮会受到与车辆行驶方向相反的摩擦阻力，特别是车辆在启动加速和制动减速的过程中，车轮施加于路面的剪切力与正常直线、水平路面行驶状态时的剪切力相差非常大，是正常行车的数倍甚至更大。

当车辆在弯道路面行驶时，为了克服离心力，保持车辆行驶稳定性而不致于侧向滑移，车轮还必须向路面施加侧向水平力。而这个水平力与车辆的行驶速度、弯道的曲率半径即道路线形变化的剧烈程度有关。行驶速度越高、弯道的曲率半径越小、线形变化越大，侧向水平力越大。

车轮施加于路面的各种水平合力 Q 与车轮的垂直正压力 P，以及路面与车轮之间的附着系数 φ 有关，或称垂直正压力与路面附着系数的乘积为摩擦力。车辆在路面维持正常行驶的条件必须满足式（3-2）：

$$Q_{max} \leqslant \varphi P_{max} \tag{3-2}$$

式中：Q_{max}——车轮向路面施加的各种水平力之和，该水平力会使道路材料受剪应力 τ；

φP——路面向车轮提供的附着力；

P——车轮向路面施加的正压力；

φ——路面材料的附着系数。

在同一条道路、同一个施工标（区）段内，尤其是某些特殊区段和部位，由于轴荷分布不同，路面受力状况也不同，导致其工作状况不同。故产生的缺陷和破坏程度必然不同，从而服务质量和使用寿命会有很大差异。例如城市道路的平交路口，由于信号灯的作用，使得车辆经常会在驶入端等待信号灯的一段频繁经历制动减速、停车等待和起步加速的过程，尤其是等待行驶信号期间在重载车、城市公交专用车的渠化作用下，车辆在原地对路面作用时间延长，特别是在夏季高温时段的原地停车，由于车轮对路面施加主应力的长时间作用，在轮迹带受力点部位造成有规律的不均匀塑性沉陷变形。图 3-16 为某城市 BRT 车站站台和平交路口驶入端公交车道车辙，由于 BRT 站台结构所致，相同规格型号的快速公交车频繁在站台同一点停车，在路面停车上下客的轮迹带部位留下沉陷变形。在平交路口驶入端，公交车辆的渠化作用和公交车需要在此路段频繁制动减速、停车等待、起步加速，导致车轮对路面造成比正常行驶高数倍的附加水平、纵向剪切力，极易造成严重车辙。

图 3-16　BRT 车站路面沉陷与公交车道车辙

图 3-17 桥面弯坡道推移

在道路平面转弯和上、下坡道转弯，尤其是下坡转弯区段，车辆在一定速度状态下转弯行驶，车轮与路面之间会产生一个与道路曲率半径的圆心方向相反的离心力。为了克服该离心力，车轮对路面材料产生一个极大背离圆心的横向剪应力，该横向剪应力会造成道路结构的薄弱环节层（点）失稳，进而造成路面材料的变形、拥包和推移，如图 3-17 所示。而且当行车速度一定，道路转弯半径越小，该离心力越大，对路面材料产成的横向剪应力越大，对路面材料造成的损伤也越大。

在道路竖向线形急剧变化，尤其是竖向持续变化范围较大，如大长距离上、下坡的路段，以及超、重载车辆必须通过降挡才能通过的路段，经过多次、长时间实地观测发现，同等功率、同等载重量级别的车辆，通过大长坡道时，降挡的位置基本固定在某一或某几段相同的路段范围内，即集中在坡道的某一特定区段。通过该路段经过几次减挡过程，就会在道路上留下几段有规律的车辙、推移或拥包。如图 3-18、图 3-19 所示。

图 3-18 坡道上有规律的车辙

图 3-19 大长上坡路段严重车辙

若在大长上坡并带有转弯的道路，尤其是在下坡转弯道上，路面受力则更为复杂，除了主应力、纵向剪应力外还有附加的横向剪应力成分。尤其是纵向剪应力，当车辆下坡速度可能会比较高时，由于车辆的惯性作用，驾驶员不得不采取制动措施，在强大制动力作用下，车轮在这种特殊路段对路面的作用力，尤其是剪应力，可能比正常直线段车道时的主应力大数倍，使得路面受力状况更加恶劣。而且竖向线形（即纵向坡度）变化越大，该横向剪应力越大。一旦剪应力等于或大于沥青混合料的许用剪应力时，由于沥青混合料的弹 - 黏 - 塑性能特点，使得原路面必定产生永久性的塑性变形，从而出现车辙、拥包和推移病害。

由沥青混合料的强度特性，按照摩尔—库仑（More-Coulomb）原理分析可知，沥青混合料在外力作用下不产生破坏的条件为式（3-3）。

$$\tau_{max} < \sigma_{max} \tan\phi + C \tag{3-3}$$

式中：τ_{max}——在外力作用下，某一点产生的最大剪应力；

σ_{max}——在外力作用下，在上述同一剪切面上的最大正应力；

ϕ——材料的内摩阻力角；

C——材料的黏结力。

若在沥青路面的特殊路段位置取一单元体，设其三个方向上的主应力分别为 σ_1、σ_2 和 σ_3，且 $\sigma_1 > \sigma_2 > \sigma_3$，该单元体中的受力状态符合摩尔圆。由于该单元体中最不利的剪切条件取决于最大正应力 σ_1 和最小正应力 σ_3，故仅根据 σ_1 和 σ_3 来分析单元体中的应力状况。由公式推导得式（3-4）、式（3-5）：

$$\frac{1}{2\cos\phi}\left[(\sigma_1 - \sigma_3) - (\sigma_1 + \sigma_3)\sin\phi\right] \leqslant C \tag{3-4}$$

$$\frac{\tau_{max}}{\cos\phi} - (\sigma - \tau_{max})\tan\phi \leqslant C \tag{3-5}$$

式（3-4）、式（3-5）是沥青路面强度的判别式。公式左边称为活动剪应力。其中：

当左端＜ C 时，为弹性应变区；

当左端 $=C$ 时，为沥青路面材料受到最大剪应力 τ_{max} 时的临界状态平衡点；

当左端＞ C 时，为沥青路面材料的塑性变形区，此时路面材料出现塑性变形。

由以上判定式知，当道路的最大轴荷一定时，最大剪应力主要与沥青混合料的黏结力 C、内摩阻力角 ϕ 有关。对于再生沥青混合料来说，其原路面沥青混合料的黏结力是一定的。那么，需要对再生沥青混合料的性能做出优化调整，以提高路面材料的内摩阻力角 ϕ 值。

由于沥青混合料的弹－黏－塑性的特点，以上特殊路段路面形成的缺陷是由于车轮施加在路面作用力所产生的最大剪应力 τ_{dmax} 大于沥青混合料的许用剪应力 τ_t 而造成路面材料产生的永久塑性变形。即：

$$\tau_{dmax} \geqslant \tau_t \tag{3-6}$$

式中：τ_{dmax}——重载车轮牵引力施加于路面产生的最大剪应力；

τ_t——当前沥青混合料力学性能所能够提供的最大许用剪应力。

式（3-6）中的状态会使路面材料由于剪应力而出现平衡点的临界状态或造成结构层间失稳，从而造成路面产生永久性塑性变形或失稳从而出现滑移。

3.7.3 解决问题的对策

1）从道路结构设计上改进

在设计前根据设计任务书已经预测道路的使用状况不会有大的差别，如道路在正常使用寿命周期内车流量增长率会以某一预测的规律范围内增长、运输状况变化、轴载分布变化和重载比例增加等因素。例如石家庄到太原的石太高速公路，在设计前已经预测由于晋煤外运的特点，在其双向道路结构设计时就已经明确提出具体要求，以及从太原到石家庄方向的路基、路面结构比石家庄到太原方向的路基路面结构强得多，以此适应和满足道路双向运输条件和特点下仍具有相同的使用寿命。但是一旦道路设计任务书确定，道路建成后，在正常使用过程中，由于运输状况发生变化并远远超出预测时，要从道路结构上调整或提高其强度和承载能力是非常困难的，除非该道路经过大修时才能对原结构设计做出特殊调整。

2）从道路路面材料的力学性能上改进

在道路使用过程，通过维修工程，采用复拌就地热再生工艺，在对道路出新、预防性养护或专项维修施工的同时，通过添加再生剂、改性剂对原路面沥青混合料进行再生、改性。甚至可以在道路经常出现问题和缺陷的特殊路段，在施工时通过添加极少量特殊配合比的新沥青混合料，对原路面沥青混合料的规格、型号以及配合比参数进行优化调整，进一步提高特殊路段路面再生沥青混合料的弹性模量 $E_r=P/\varepsilon$ 和再生沥青混合料的内摩阻力角 ϕ，以达到提高最大许用抗剪强度 τ_t。通过优化原路面再生沥青混合料的配合比，使其力学性能进一步提高，从而使得特殊路段的路面材料具有更高的承载能力和更长的使用寿命，以便与道路的普通区段使用寿命相协调一致。

3）采用更高质量新的沥青混合料

在城市沥青道路预防性养护和维修施工中，业主通常希望采用整形就地热再生工艺，在原来旧路面沥青混合料再生后的基础上，添加更高质量的新沥青混合料作为新的磨耗层，但同时又希望添加尽可能少的新沥青混合料或者不改变原路面的高程。

由于原路面沥青混合料老化后，养护施工过程通过添加再生剂、改性剂并经过再生工艺的就地拌和加工，可以恢复已经老化沥青的性能。添加并摊铺极少量新沥青混合料，以补充原路面由于长期运营造成的不均匀沉陷变形，恢复原设计路面横断面尺寸。同时，该再生后的沥青混合料处于 140 ~ 160℃的高温松软状态，这时不存在最小摊铺厚度的限制。

在国省干线、高速公路采用就地热再生工艺施工时，对原路面老化沥青混合料的试验、评价、分析结果得出，若原路面材料除了沥青老化外，其配合比（矿料的级配和油石比）都可能存在有一定问题时，往往会采用复拌就地热再生工艺。在施工的同时添加一定数量、特殊级配的新沥青混合料，新旧沥青混合料拌和均匀，按照需要对原路面沥青混合料的配合比、力学性能、规格、型号进行优化调整和改进。这样施工后局部特殊路段的沥青混合料级配不一定是设计手册中的标准级配，但调整或改性后的沥青混合料级配更好满足和适应当前运输状况变化的需求，如在兼顾沥青混合料整体性能合格的同时对某一特定参数，如抗车辙能力的动稳定度参数加强和提高，以延长车辙复现的周期、减小复现车辙深度的数量级。

3.7.4 原路面再生沥青混合料配合比优化调整所起到的作用

早期的一般市政道路施工中，绝大部分原路面沥青混合料为AC-10型，业主更希望在整形就地热再生施工的同时，能把原路面材料调整为AC-13或调整成为AC-16，之后再加铺1 ~ 2cm新的沥青混合料，并有一个全新的路面磨耗层。尤其是在城市快速路段，这样的施工技术方案既可以使路面材料结构保持合理，又增加路面的承载能力。目前沥青路面采用就地热再生维修施工时，可以根据当前路面缺陷评价、分析，对原路面再生沥青混合料的配合比进行优化调整，使其更好契合、对症下药，有针对性地治理路面缺陷。对原路面再生沥青混合料进行配合比优化调整时，一般均采用复拌就地热再生施工工艺。优化调整分为如下几种类型：

（1）非标准级配沥青混合料的优化调整

由于原路面在建造和施工过程的控制问题，再经过若干年的运营后，原来的标准级配在维修时已经并非原来的标准级配。在就地热再生施工时，为保持原路面沥青混合料的规格和型号，按照标准级配添加一定数量、特殊配合比的新沥青混合料，新沥青混合料的配合比可以根据原路面再生沥青混合料的状况做适当调整，使其与再生沥青混合料拌和均匀后，成为理想的标准配合比沥青混合料，再进行摊铺、压实。它更适合于在同规格、同型号但不同配合比的两种沥青混合料的优化调整时使用。

（2）标准沥青混合料中添加非标准级配的新沥青混合料

国省干线或高速公路除非路面已经出现比较严重的车辙才会采用整形工艺外，一般更常采用复拌就地热再生工艺施工。复拌就地热再生施工的同时，可以调整原路面沥青混合料的配合比，尤其是对矿料的级配进行优化调整，并可以改变原路面沥青混合料的规格和类型。例如由原来AK型开级配沥青混合料调整成为骨架悬浮的AC型，这样将会大大减小沥青混合料的空隙率，提高体积性能指标，同时提高其封水性能，减少沥青路面水损坏的概率。

为了提高路面的承载能力，经常需要把原路面沥青混合料规格调整至更粗的1~2档。

例如把 10 型的材料调整为 13 型或 16 型，并要求保持路面材料结构的合理性。所以，经复拌就地热再生施工后的路面路用性能更加理想。

（3）标准沥青混合料中添加另一种规格、型号标准级配的新沥青混合料

常用不同规格、不同型号的两种标准沥青混合料配合比进行优化调整。如在原路面 AC-10 沥青混合料中加入不同比例的 SMA-13 型新沥青混合料，对再生沥青混合料进行配合比的优化调整。其优化调整后的级配曲线如图 3-20 所示。级配优化调整后的沥青混合料油石比及矿料级配试验结果见表 3-8。该优化调整后沥青混合料矿料的级配仍然保持原悬浮骨架类型，级配优化调整施工后钻取芯样如图 3-21 所示。优化调整后沥青混合料室内试验体积指标、力学性能和现场检测试验结果见表 3-9。级配优化调整后沥青混合料的体积指标、力学性能曲线如图 3-22~ 图 3-24 所示。

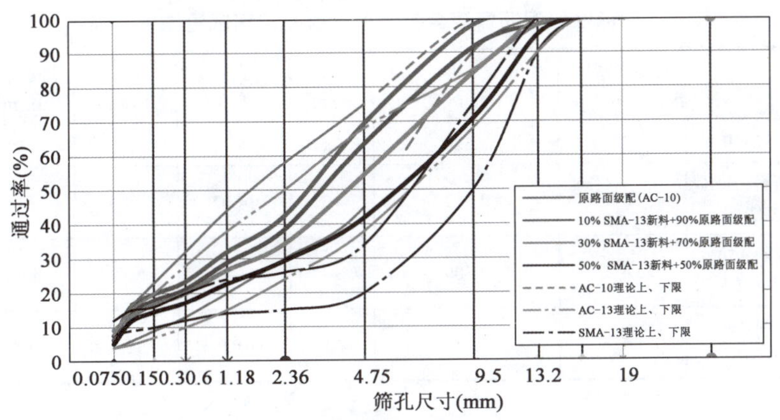

图 3-20 优化调整后沥青混合料级配曲线

（SMA-13）+（AC-10）非标准级配沥青混合料油石比及级配试验结果　表 3-8

级配类型	油石比（%）	筛孔尺寸（mm）										
		19.0	16.0	13.2	9.5	4.75	2.36	1.18	0.6	0.3	0.15	0.075
		通过率（%）										
原路面级配（AC-10）	5.1	100.0	100.0	100.0	98.0	69.4	42.5	32.0	23.4	19.8	16.1	6.3
10% SMA-13 新料 + 90% 原路面级配	5.1	100.0	100.0	98.1	91.4	63.4	38.6	28.9	21.2	17.9	14.2	7.6
30% SMA-13 新料 + 70% 原路面级配	5.2	100.0	100.0	98.0	84.0	54.4	34.3	26.7	20.0	16.8	13.2	9.2
50% SMA-13 新料 + 50% 原路面级配	5.4	100.0	100.0	95.2	70.8	41.9	29.4	22.7	17.2	14.5	11.7	5.2
AC-10	上限值	100	100	100	100	75	58	44	32	23	16	8
	下限值	100	100	100	90	45	30	20	13	9	6	4
AC-13	上限值	100	100	100	85	68	50	38	28	20	15	8
	下限值	100	100	90	68	38	24	15	10	7	5	4

续上表

级配类型	油石比（%）	筛孔尺寸（mm）										
		19.0	16.0	13.2	9.5	4.75	2.36	1.18	0.6	0.3	0.15	0.075
		通过率（%）										
SMA-13	上限值	100	100	100	75	34	26	24	20	16	15	12
	下限值	100	100	90	50	20	15	14	12	10	9	8

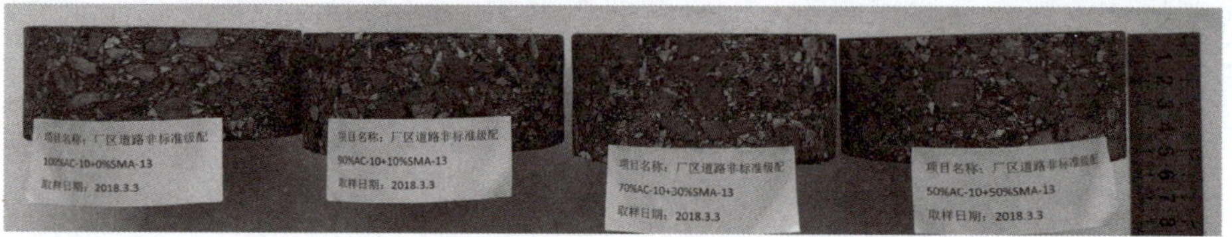

图 3-21　AC-10 中添加不同比例 SMA-13 施工后芯样

非标准级配沥青混合料室内试验及现场试验结果　　表 3-9

级配类型	毛体积密度（g/cm³）	理论最大相对密度（g/cm³）	空隙率（%）	马歇尔稳定度（kN）	流值（0.1mm）	渗水系数（mL/min）	构造深度 *TD*（mm）
原路面级配（AC-10）	2.381	2.520	5.5	16.29	25.7	不渗	0.42
10% SMA-13 新料 +90% 原路面 AC-10 级配	2.395	2.512	4.7	14.02	28.6	不渗	0.45
30% SMA-13 新料 +70% 原路面 AC-10 级配	2.412	2.489	3.1	11.82	30.9	不渗	0.50
50% SMA-13 新料 +50% 原路面 AC-10 级配	2.428	2.477	2.0	10.25	32.7	不渗	0.55

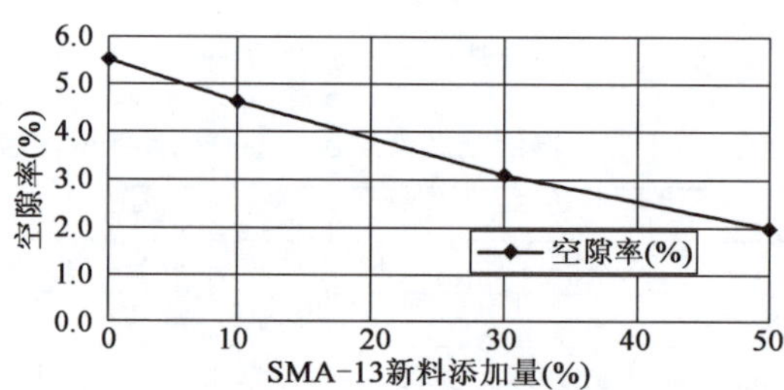

图 3-22　级配优化调整后的体积指标曲线

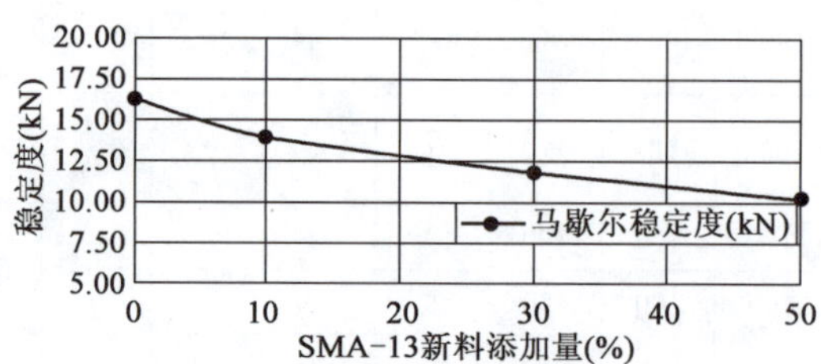

图 3-23　级配优化调整后稳定度曲线

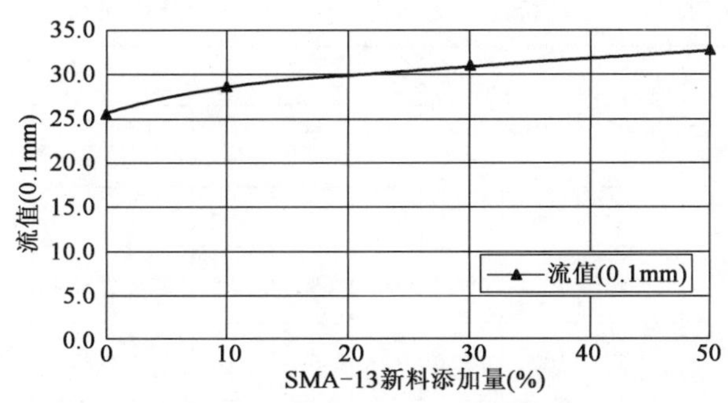

图 3-24 级配优化调整后的流值曲线

（4）相同规格、不同型号的两种沥青混合料的优化调整

最常用的是相同规格、不同型号的两种标准沥青混合料配合比的优化调整。实际上，沥青路面采用就地热再生养护施工工艺，若要求不改变原路面的高程，如双向两车道或以上的道路，在各方向只施工一个车道时，一般新沥青混合料添加的比例最高不会大于再生沥青混合料的 30%。

原路面为 AC-13 型沥青混合料中添加不同比例 SMA-13 型沥青混合料，对再生沥青混合料进行配合比优化调整，该级配优化调整后沥青混合料矿料的级配仍然保持原悬浮骨架类型。其优化调整后的级配曲线如图 3-25 所示。级配优化调整后的沥青混合料油石比及矿料级配试验结果见表 3-10。级配优化调整施工后钻取芯样如图 3-26 所示。级配优化调整后沥青混合料室内试验体积指标、力学性能和现场检测试验结果见表 3-11。级配优化调整后沥青混合料的体积指标、力学性能曲线如图 3-27~图 3-29 所示。

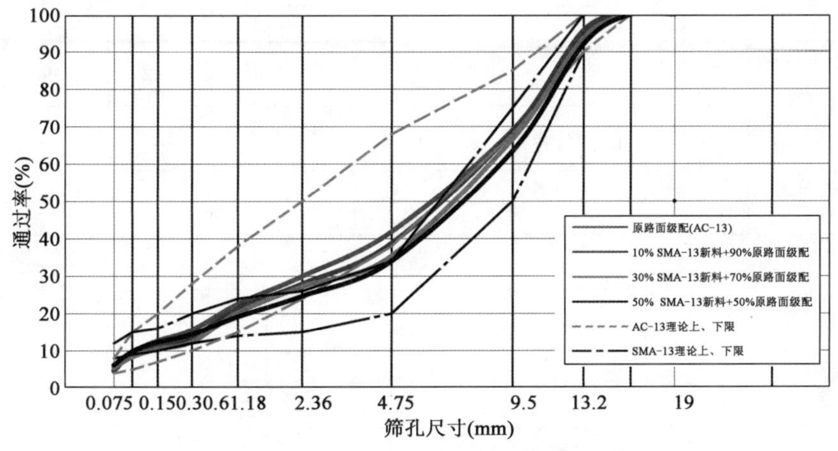

图 3-25 优化调整后的级配曲线

（AC-13）+（SMA-13）非标准级配沥青混合料油石比及级配试验结果　表 3-10

级配类型	油石比（%）	筛孔尺寸（mm）										
		19	16	13.2	9.5	4.75	2.36	1.18	0.6	0.3	0.15	0.075
		通过率（%）										
原路面级配（AC-13）	4.7	100.0	100.0	94.5	69.1	41.9	30.0	22.6	15.6	12.7	9.6	4.6
10%SMA-13 新料 +90% 原路面级配	5.1	100.0	100.0	95.8	68.7	38.8	27.9	21.4	13.7	11.6	9.1	4.9
30%SMA-13 新料 +70% 原路面级配	5.1	100.0	100.0	93.6	66.7	35.4	27.2	20.2	12.4	10.5	8.4	5.5
50%SMA-13 新料 +50% 原路面级配	5.3	100.0	100.0	92.1	63.5	34.0	24.7	19.1	14.4	12.3	9.8	6.2
AC-13	上限值	100	100	100	85	68	50	38	28	20	15	8
	下限值	100	100	90	68	38	24	15	10	7	5	4
SMA-13	上限值	100	100	100	75	34	26	24	20	16	15	12
	下限值	100	100	90	50	20	15	14	12	10	9	8

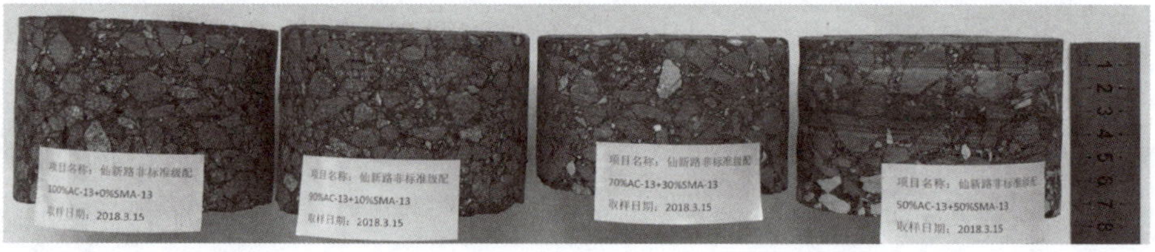

图 3-26　级配优化调整施工后钻取芯样

级配优化调整后沥青混合料室内及现场试验结果　表 3-11

级配类型	毛体积密度（g/cm^3）	理论最大相对密度（g/cm^3）	空隙率（%）	马歇尔稳定度（kN）	流值（0.1mm）	渗水系数（mL/min）	构造深度 *TD*（mm）
原路面级配（AC-13）	2.428	2.609	6.9	10.57	21.6	42	0.75
10% SMA-13+90% 原路面 AC-13 级配	2.465	2.597	5.1	13.50	22.2	29	0.72
30% SMA-13+70% 原路面 AC-13 级配	2.485	2.586	3.9	12.19	23.6	73	0.82
50% SMA-13+50 % 原路面 AC-13 级配	2.511	2.579	2.6	11.30	25.1	10	0.69

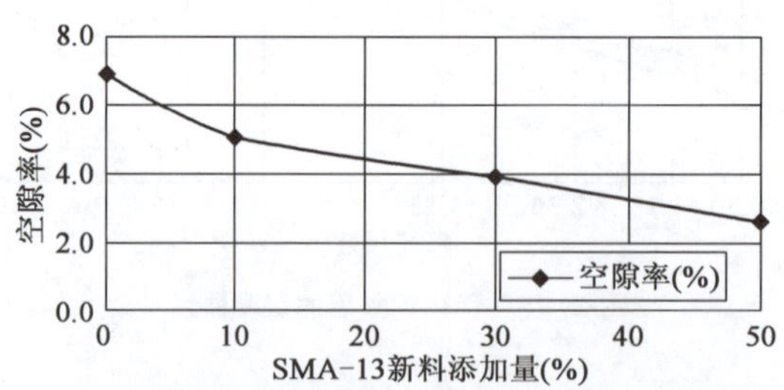

图 3-27　级配优化调整后的体积指标曲线

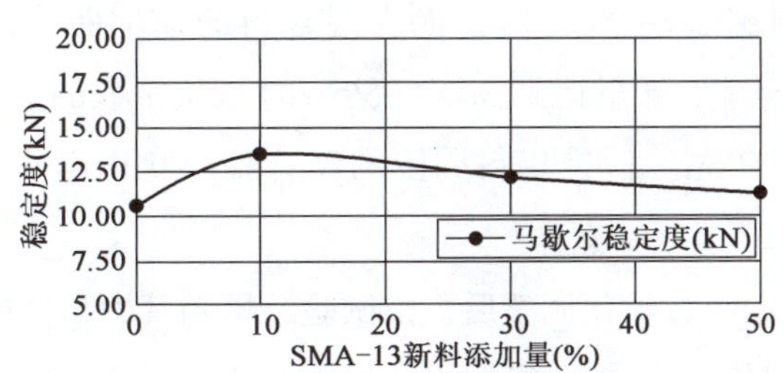

图 3-28　级配优化调整后稳定度曲线

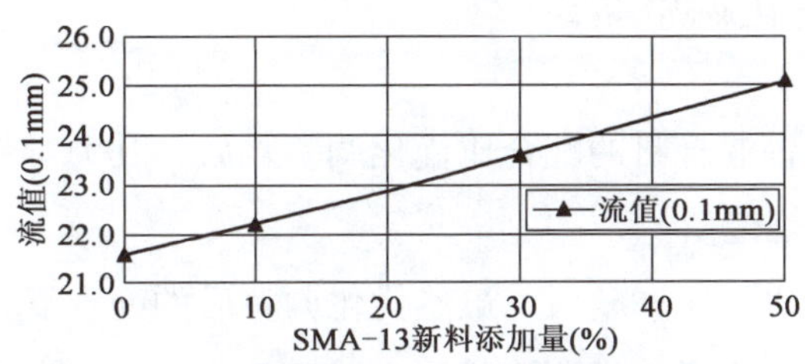

图 3-29　级配优化调整后的流值曲线

3.7.5　沥青混合料级配优化调整后的试验结果分析

在原路面 AC-10 型沥青混合料中加入不同比例的 SMA-13 新料，当加入量达到 30%~50% 时，沥青混合料级配由原来的 AC-10 型转变为 AC-13 型，并仍然保持为骨架悬浮型沥青混合料的特性。由于新添加沥青混合料中粗集料比例增加，使得集料级配曲线由于各档材料的通过率下降，故其级配曲线普遍呈平行下移趋势。又因其中粗集料比例的增加，其级配、集料的形状和表面特性对再生沥青混合料中集料的嵌挤作用明显加强，起到恢复和提高内摩阻力角 ϕ 的作用，等于提高了再生沥青混合料的弹性模量 E_r。所以,其承载能力将会有大幅度提高。尤其当 SMA-13 新料加入量达到 50% 时,由于 2.36 以上各档集料通过率一直贴近 AC-13 的下限值，对抗车辙的能力将会显著提高。但是应该注意加入 SMA-13 新沥青混合料的油石比不能太高，作为 AC-13 型沥青混合料，油石比在 5.2~5.4 是有些偏高的。随着集料上沥青胶膜的增厚，反而会增大沥青混合料的流动性和蠕变值，使得稳定性受到一定程度的影响。

由标准 AC-13 添加不同比例的标准 SMA-13 沥青混合料的试验结果可知，虽然两种沥青混合料中集料的最大粒径相同，但是由于 SMA 沥青混合料的性质决定，标准 AC-13 中加入一定比例的 SMA-13，相对原 AC-13，粗集料的比例仍在增加。所以，优化后的级配曲线各档集料的通过率仍是呈平行下移的趋势，只是幅度相对较小。这也同样说明优化后沥青混合料中集料的嵌挤作用在加强，内摩阻力角 ϕ 在提高。尤其是添加新的 SMA-13 料达到 30% ~ 50% 时，沥青混合料的级配曲线已经进入 SMA 沥青混合料的范围内，SMA 新料加入量达到 30%、50% 时，从钻取的这两个芯样也可以看出，虽然集料仍然处于悬浮状态。但是集料周围的沥青胶层状已经非常明显的显现为 SMA 类型的特征。

沥青混合料的配合比经过优化调整后，由试验结果知其力学性能和体积指标均满足原标准配合比的性能，通过施工后的现场试验，封水性能和构造深度指标也有所改善和提高。

3.7.6 沥青混合料优化调整结论

两种不同形式的沥青混合料的配合比优化调整之后，其力学性能和体积指标仍然满足新沥青混合料的设计规范值。

沥青混合料的配合比优化调整后，虽然优化调整后的沥青混合料级配与传统的标准级配曲线有一定的偏离，或者已经不再是原有路面的标准 AC 类型的沥青混合料，但其抗剪强度提高，比原路面标准级配沥青混合料具有更高的承载能力、更强的抗剪能力和抗变形能力。

配合比优化调整的最大优势是使得道路线形变化比较大或特殊区段路面的使用寿命延长到与道路线形不变的路段相同，消除了特殊路段路面出现的早期破坏因素，延长了特殊路段路面的维修保养周期。同时，提高了道路特殊区段路面的服务水平。

3.8 就地热再生质量控制

在施工时，坚持“质量第一”的原则，分三阶段加强质量控制，即施工前对路面进行巡查、试验，施工中加强过程控制，施工后定期观测评价使用效果。

3.8.1 路况巡查和试验

施工前应对路面进行详细调查，并对原路面沥青混合料进行试验，评价原路面沥青混合料中沥青的老化程度、矿料的级配、马歇尔试验等指标。

3.8.2 施工中过程控制

施工中加强过程控制，这是确保工程质量的关键。施工中应对试验数据进行详细的记录，特别是对温度的检测。对数据归纳、分析，根据分析结果指导后续施工。可委托当地有资质的试验室再检测和再验证。参考《公路养护技术规范》(JTG H10—2009)、《沥青路面再生技术规范》(JTG F41—2008)以及以往的工程经验，施工过程质量控制见表 3-12。

就地热再生施工过程中的质量控制 表 3-12

检测项目		频率	标准	检测方法
外观		随时	不打碎原路面集料	目测
接缝		随时	紧密平整、顺直、无跳车	目测
路表加热温度		随时	宜小于 190℃，瞬间最高小于 240℃	
再生层摊铺温度		随时	＞ 120℃	插入式温度计或红外线温度计实测
再生层初压温度		随时	＞ 120℃	
碾压终了温度		随时	＞ 85℃	
加热耙松深度		每 200m 一处	设计值 ±0.5cm	插入法量测
加热耙松宽度		每 200m 一处	不小于设计宽度	钢尺丈量
再生剂添加量		每天一次	符合设计要求	总量法
压实度		每天一次	不小于最大理论密度 94%	T 0922
马歇尔试验	稳定度	每天一组	符合混合料设计要求	T 0709
	流值			
	空隙率			T 0705

3.8.3 交工验收

完工后对施工路面质量进行检测，检测项目包括压实度、平整度、摩擦系数、渗水系数等，详见表 3-13。

复拌型就地热再生交工验收质量标准 表 3-13

检查项目		检查频度（每一侧车行道）	质量要求或允许偏差	试验方法	备注
外观		随时	表面平整密实，不得有明显轮迹、裂缝、推挤、油丁、油包等缺陷，且无明显离析	目测	
施工层厚度	代表值	每 1km 5 点	设计值的 -10%	T 0912	
	极值	每 1km 5 点	设计值 -20%		
压实度	代表值	每 $2000m^2$ 一组	不小于试验室标准密度的 97%	T 0924	JTG F40—2004
		每 1km 5 点	不小于最大理论密度的 94%		JTG F41—2008
	极值（最小值）	每 1km 5 点	比代表值放宽 1%（每 1km）或 2%（全部）	T 0924	

续上表

<table>
<tr><th colspan="2">检查项目</th><th>检查频度
（每一侧车行道）</th><th>质量要求或允许偏差</th><th>试验方法</th><th>备注</th></tr>
<tr><td>路表平整度</td><td>IRI</td><td>全线连续</td><td>< 3m/km</td><td>T 0933</td><td>JTG F41—2008</td></tr>
<tr><td colspan="2">摩擦系数</td><td>每 1km 5 点</td><td>符合设计对交工验收要求</td><td></td><td></td></tr>
<tr><td colspan="2" rowspan="2">路表渗水系数</td><td rowspan="2">每 1km 不少于 5 点，每点 3 处取平均值评定</td><td>≤ 300mL/min（普通 AC 混合料）</td><td rowspan="2">T 0971</td><td rowspan="2">JTG F40—2004</td></tr>
<tr><td>≤ 200mL/min（SMA）</td></tr>
</table>

3.9 本章小结

再生沥青混合料配合比的设计和就地热再生工艺流程的选择直接影响路面施工后的质量效果。与传统施工工艺不同，就地热再生工艺的施工质量受原路面状况、施工过程中的指标控制、施工后的检测及施工工艺的影响很大。因此，本章在对就地热再生可行性进行分析的基础上，对原路面状况的分析方法、就地热再生工艺类型的选择、再生剂评价方法和标准、再生剂用量和热沥青用量的确定及再生沥青混合料的配合比设计方法进行阐述。

为了避免特殊路段再次出现早期缺陷和损坏，在路面线形发生变化路段的路面维修时，采用复拌就地热再生工艺对原路面沥青混合料配合比进行优化调整，提高其弹性模量和抗剪强度，使线形发生变化和特殊路段路面与线形不变路段具有相同的使用寿命和服务水平。

为了保证施工质量，必须加强施工过程前、中、后的质量控制，本章也对各个环节的施工质量提出了明确的要求。

4 就地热再生技术对设备的要求

在选择好工艺类型，制订出对症下药的施工方案后，需要采用专业的就地热再生设备进行施工。根据不同的施工工艺和对症下药的施工方案，采用不同的设备组合来治理不同成因的路面病害，就地热再生设备的功能与特性直接影响热再生施工的效果。

养护维修工程除对施工质量有要求外，往往还对施工速度有较高的要求，尤其是在市政工程项目中，很多是由于某种大型活动的需要，要求在某一特定的时间内，必须对某一地区的道路进行维修、养护和出新处理。有时还需要对某一个城区进行路面的整体出新施工，在这样的条件下，往往对总的施工时间和每天的施工时间段有特别严格的要求。诸如，2014 年 8 月的南京青奥会前夕的河西地区和青奥会场馆周边地区路面出新工程、2011 年 6 月兰州国际马拉松赛道路面出新工程、2011 年 3 月海南亚洲博鳌论坛交通保证工程、2010 年番禺大学城亚运会赛道出新工程、2009 年北京长安街国庆 60 周年庆典前道路出新工程和济南第十届全国运动会前市政主要干道路面出新工程等，要求工程在很短的特定时间内，必须无条件完成，这也是承担这些非常重要工程项目的前提条件。

更为艰巨的市政施工是某些旧城区内沥青路面的维修，这些城区范围内的道路往往比较短小、狭窄。这就要求就地热再生施工设备必须具备非常强的机动性能。即必须在狭小的空间内灵活、快速、高质量地完成施工任务。因此，本章主要从施工工艺、施工质量的角度对就地热再生的施工设备提出最基本的要求，并通过行业内就地热再生设备的技术发展历程，分析目前部分早期就地热再生设备存在的问题，通过国际领先就地热再生施工设备所能实现对各种材料的精准控制的先进性能比较，介绍国际领先的就地热再生施工设备是如何解决和满足上述各类施工的严格要求，同时也妥善解决了城市道路施工时噪声与干扰、影响交通等问题。进而提出就地热再生施工设备在不同工况下应该满足施工质量、速度的基本性能要求。

4.1 就地热再生设备的基本组成和发展历程

随着沥青路面养护维修施工工艺、施工环境和施工质量要求的不断提高，以及沥青路面新材料的不断涌现，对就地热再生施工设备的要求也在不断提高，尤其市政狭窄道路的施工，不得不利用功能高度集成化的就地热再生施工设备，该设备集再生、摊铺于一机，如一种国际领先、专门为市政狭小沥青路面、桥头跳车、路面的不均匀沉陷病害的热黏罩面维修施工的 HiPav5 型就地热再生机。

总之，国际领先的就地热再生设备应该具有一个功能非常强大的设备库，该设备库中应该具备满足和适应不同施工材料、不同施工工艺要求的不同系类、不同规格、不同型号的设备。设备库中不同设备的模块化组合成就不同的施工工艺，用以治理不同成因形成的路面病害，以满足诸如高速公路、国省干线和市政道路沥青路面等不同要求和不同施工环境下的施工特点。

本章将按照沥青路面就地热再生机组中每类设备的发展历程，介绍加热机、再生机和提升复拌机的基本组成和技术发展历程，并分析各类设备的发展趋势。

4.1.1 加热机的组成及发展历程

加热机主要由发动机、加热系统、液压系统、操纵装置、行走机构等组成；加热系统主要由燃料罐、供风系统、燃烧装置、加热装置等组成，它的用途是将需要就地热再生处理的沥青路面均匀加热至要求的温度和深度。

就地热再生机组中加热设备常用的加热方式有明火加热方式、热风加热方式、红外线加热方式、间歇式热辐射加热方式。按照加热方式的发展历程，以下分别介绍每种加热方式的基本原理和特点。

（1）明火加热方式

明火加热方式是通过燃料燃烧产生的明火直接对沥青路面连续加热。

明火加热方式的优点：

加热对设备操作人员的技能要求和设备的要求低。

明火加热方式的缺点：

目前市场上所具有明火加热方式的设备，其结构和连续加热的控制方式决定了它的主要缺点是加热过程容易造成路表面材料过热、烧焦、碳化，导致热量渗透更加困难的恶性循环，造成加热深度不够，而且加热不均匀，严重影响后续施工质量；且施工现场烟雾大，严重污染环境。

（2）热风加热方式

热风加热方式是指加热器通过加热箱体内的喷嘴喷射燃料并燃烧，将燃料燃烧所产生的高温气体直接射向路面，实现路面材料的升温。同时循环风机将加热路面后仍具有较高温度的余气抽回燃烧室再次加热，使温度上升，形成热风循环连续加热。

热风加热方式的优点：

目前市场上热风加热设备能够在有限的施工宽度范围内无级调节加热路面的宽度。

热风加热方式的缺点：

现有的热风循环连续加热设备，绝大多数以柴油为燃料，其成分复杂不易完全燃烧，易产生有毒有害气体，加热能耗高、碳排放高；采用连续加热控制方式，加热不均匀，尤其是出风口温度过高，容易造成路表面材料过热、烧焦和碳化，导致热量渗透更加困难的恶性循环状态，造成加热深度不够；影响后续施工，仍未解决连续性加热的弊端。

（3）红外线加热方式

红外线加热方式是通过燃油或燃气燃烧激发红外辐射板或金属丝网产生红外辐射来加热路面的方法，最常用的燃烧加热器是金属板或金属丝网红外辐射加热器。

红外线加热方式的优点：

因为金属板或金属丝网受热所发出红外线波长较短，该短波红外线加热对路面材料有较强的热穿透能力。

红外线加热方式的缺点：

由于产生红外线加热的介质通常采用金属板或金属丝网，由于金属板或金属丝网的物理特性，加热时金属板或金属丝网只能连续散发热量对路面进行连续加热，路表也易出现过热、烧焦和碳化，且其对燃料品质要求很高。

（4）间歇式热辐射加热方式

间歇式热辐射加热方式是在施工前根据路面材料的性质，对设备的加热系统设定温度上限和温度下限，然后开始加热。当路表温度达到设定的温度上限时，设备的加热系统停止加热，此期间为保温状态，热量逐渐渗透到路面深层。当路表温度下降到设定的温度下限时，设备的加热系统再次启动开始加热，通过如此循环的间歇式加热，既保证了施工温度，又满足了加热深度的要求。

间歇式热辐射加热方式的优点：

①采用石油液化气为燃料，液化气成分单一，容易完全燃烧，加热效率高，能源利用率高。

②采用特殊陶瓷材料为热辐射体的间歇式路面加热板，加热过程中无明火，可以最大限度减少沥青在加热中的二次老化影响。

③经西安筑路机械测试中心试验证明，采用间歇式热辐射加热方式，对路面加热15min后，路面表层以下81mm处的温度可达104℃，加热深度和温度满足要求。

间歇式热辐射加热方式的缺点：

唯一缺点是在有限的加热宽度范围内只能有级调节加热宽度。

以上各种不同的加热方式中，明火加热、热风循环加热和红外线加热均为连续式加热。连续式加热方式存在两大问题：一是热能没有足够的时间渗透，导致路表面烧焦；二是深层沥青混合料温度不足，只能采用旋转铣刨强制切削方式翻松路面材料，这在翻松过程中会打碎集料，路面的材料被随机打碎导致原路面级配的改变，影响再生后路面的质量和使用寿命。

只有间歇式热辐射加热方式能做到将深层沥青混合料加热至施工温度，路表面不会过热。加热后的路面处于松软的状态，无须采用铣刨只需使用平行疏松耙翻松路面，保证了耙松后原路面材料中的集料不会被打碎。只有耙松不打碎集料，通过科学准确地添加一定比例、特定级配的新沥青混合料，才能将路面面层材料恢复或优化到目标级配。因此，间歇式热辐射加热是一种能源利用率高、更符合沥青路面就地热再生施工要求的加热方式。

间歇式热辐射沥青路面加热机的主要组成如图 4-1 所示，它主要由主控制系统、发动机、液压系统、行走驱动机构、加热装置等组成。

图 4–1　间歇式热辐射沥青路面加热机

1- 加热装置；2- 行走驱动机构；3- 液压系统；4- 发动机；5- 主控制系统

4.1.2　再生机的组成及发展历程

再生机主要由路面加热装置、翻松与收集装置、外加剂材料添加装置和再生沥青混合料的再加热装置等组成。

（1）翻松与收集装置

由于传统加热机的加热方式不合理，路面得不到充分加热，因此施工只能采用旋转铣刨切削的方式强制翻松路面。所以，这些再生机和混合料收集器只能安装旋转铣刨切削刀头，多年来由于部分就地热再生设备的加热方式没有本质的改进，一些厂家仍沿用至今。

间歇式热辐射加热方式，能使路面得到充分加热，加热后的路面处于松软状态，因此再生设备可以采用平行疏松耙对路面进行耙松，可通过液压和气动装置随时调整路面的耙松深度。耙松后的路面集料不会被打碎，集料仍完整地被沥青膜所裹覆，这样既保证了原路面承载能力不会下降，也保证了就地热再生施工后路面的级配是可控和已知的。

（2）外加剂材料添加装置

根据原路面材料的试验和标定结果，再生机将根据原路面材料的特性，添加适量的再生剂、热沥青、抗车辙剂和新沥青混合料等外加材料，以保证再生沥青混合料的优良性能。再生剂 / 热沥青洒布是一项非常复杂的技术，沥青混合料中沥青的含量仅为 5% 左右，而一般养护中再生剂用量仅为沥青用量的 5% ~ 15%。所以，必须保证如此微量的再生剂能严格按计量输出并均匀地洒布在整幅施工宽度范围内。常用的洒布方式有自流添加和螺旋盘式喷洒方式添加。

现对每种外加材料的添加、喷洒方式分析如下：

①自流添加不能保证洒布的均匀性，洒布量无法准确控制。

②螺旋盘式喷洒装置在施工全宽断面上由五个独立的旋转洒布盘构成，每个洒布盘均由独立的泵供应，而且洒布盘的伸缩机构可保证每个洒布盘在不同的施工宽度下距离均等。每个洒布盘的转速独立、无级可调，喷洒后的路面横断面形成 5 个相切的圆盘，保证了喷洒的均匀性。螺旋盘式洒布技术配以电脑程序控制系统，使得外加剂流量随设备行进的速度自动调整，保证了喷洒量的准确性，且设计人性化，操作简单。

在新沥青混合料添加方面，旋转铣刨翻松方式的就地热再生设备由于施工过程中原路面集料被随机性打碎，破坏了原集料表面的沥青膜和原有路面混合料的级配，同时存在部分花白料。所以，不得不添加大量的新沥青混合料，新料添加量超过再生料的 60% 以上，大多数情况下甚至超过再生料的 100%，使得原路面高程提高 3 ~ 4cm，破坏了原路面结构的合理性，施工后路面结构的路用性能有所下降。由于原路面高程大幅提升，因此必须整幅路面施工，而且道路的其他构造物也需要做相应的调整。这在市政道路的施工中，除了工程规模扩大、增加施工成本之外，对城市其他构造物的影响也是无法接受的。

采用间歇式热辐射加热和不打碎集料翻松技术的就地热再生设备，新料添加量可下降到再生沥青混合料的 30% 以内，大多数情况下新沥青混合料的添加量在 10% ~ 20% 范围内，基本不改变原路面高程，可以只再生施工一个车道。由于就地热再生施工时沥青混合料的级配已知、可调、可控，而且通过添加热沥青，可以使再生沥青混合料的油石比达到最佳状态。所以，再生后的路面可以直接作为路表磨耗层使用。

整形就地热再生机的组成如图 4-2 所示，它主要由发动机、液压系统、主控制系统、行走驱动机构、加热装置、再生剂喷洒系统、耙松机构、路面整形装置、熨平装置等组成。

图 4–2　整形就地热再生机

1- 主控制系统；2- 熨平装置；3- 路面整形装置；4- 耙松机构；5- 再生剂喷洒系统；6- 发动机；7- 液压系统；8- 加热装置；9- 行走驱动机构

为适应城市道路的就地热再生施工的需要，尤其是老城区中的较狭窄的道路就地热再生施工，需要一种结构更紧凑、功能集成化程度更高的就地热再生设备来施工。英达公司已经制造出并已投入施工的适应城市在这些狭窄道路进行就地热再生施工的设备是 HiPav5 型就地再生 / 热黏罩面摊铺机。

HiPav5 型就地再生 / 热黏罩面摊铺机主要组成如图 4-3 所示，它主要由发动机、液压系统、主控制系统、履带行走系统、新料添加装置、摊铺熨平板装置等组成。它是一种集就地热再生、摊铺于一体的功能高度集成化的就地热再生施工设备。

图 4–3　HiPav5 就地再生 / 热黏罩面摊铺机

1- 摊铺熨平板装置；2- 主控制系统；3- 液压系统；4- 发动机；5- 履带行走系统；6- 新料添加装置

履带式牵引车主要组成如图 4-4 所示。它主要由发动机及液压系统、主控制系统、履带驱动行走机构、主车架等组成，它的功用是牵引复拌型就地再生机。

图 4–4 履带式牵引车

1- 发动机及液压系统；2- 主控制系统；3- 主车架；4- 履带驱动行走机构

复拌就地热再生机主要组成如图 4-5 所示，它主要由加热装置、耙松机构、再生剂 / 热沥青喷洒系统、混合料收集装置、液压系统、发动机、沥青料带加热装置等组成。

图 4–5 复拌就地热再生机

1- 加热装置；2- 耙松机构；3- 再生剂喷洒系统；4- 热沥青喷洒系统；5- 混合料收集装置；6- 液压系统；7- 发动机；8- 沥青料带加热装置

4.1.3 复拌机的组成及发展历程

早期的复拌机主要有两种工作方式：

第一种方式，新沥青混合料输送至收集器后的料带上，再经过地面双轴拌和器与其中的旧料进行就地拌和，该方式无法保证新旧沥青混合料拌和的均匀性，且拌和过程中热量容易散失，不能保证正常的摊铺温度，影响施工质量。

第二种方式，采用双层摊铺熨平板结构，再生沥青混合料摊铺熨平后，在再生沥青混合料之上摊铺新料，新旧沥青混合料未进行拌和，无法调整和优化原路面级配。

上述两种早期的就地热再生设备，由于采用了旋转切削刀具翻松原路面的方式，施工中，尤其是在施工界面上，有部分粗集料被打碎。而且打碎的数量是与加热程度、翻松深度、施工速度相关的随机过程，使得原路面沥青混合料的级配被破坏，级配变为未知。

被打碎的集料上包裹的沥青膜被破坏或脱落，因此产生了大量随机不可控的花白料，如图 4-6 所示。其结果是施工界面形成比传统喷洒黏层油更差的弱界面，严重影响施工后路面的承载能力和使用寿命。

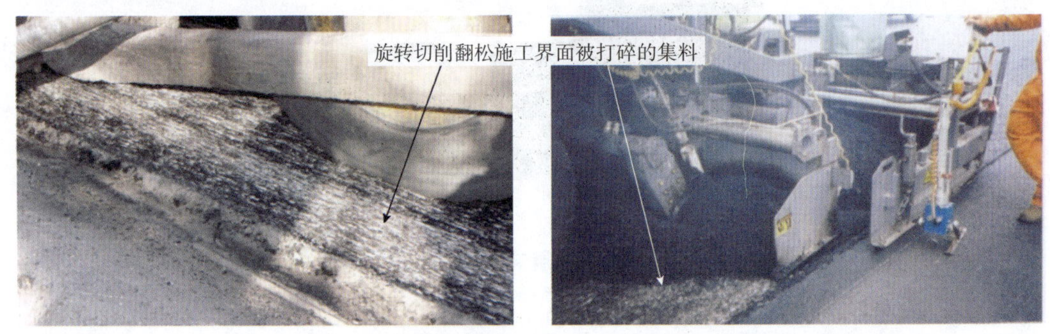

图 4–6　旋转切削翻松集料后导致施工界面的花白料

由于机器结构的限制，施工过程中无法对整个施工宽度范围内的下承层进行再加热，故无法做到施工界面的热黏结。

目前英达研发的国际领先的复拌就地热再生设备可再一次对原路面进行间歇式热辐射加热，并采用平行式液压、气动疏松耙翻松原路面。故施工过程不会打碎集料，不会破坏原路面沥青混合料的级配，更不会破坏集料上包裹的沥青膜而产生花白料。因此，可以确保施工界面上混合料的完好状态，如图 4-7 所示。

a)

b)

图 4–7　平行式液压、气动疏松耙翻松后的施工界面

这种国际领先的复拌就地热再生设备把新的沥青混合料严格按照设计比例添加到再生沥青混合料料带上，并通过设备提升至拌缸中拌和。新、旧沥青混合料的提升、拌和过程中，均设置有加热保温装置，避免了再生料温度不足和拌和不均匀的缺点。采用的刮板式提升机避免了沥青混合料的离析问题，拌缸中的全液压双轴拌和器对新旧料进行充分拌和。新旧料提升的过程中，提升机的加热板可对再生后的下承层顶面全断面进行再加热，保证了再生料摊铺层与下承层顶面沥青混合料的有效热黏结。

新沥青混合料的添加是通过一套可按照施工速度、再生沥青混合料的体积而设计准确比例添加的布料牵引机完成的。该沥青混合料布料牵引机的主要组成如图 4-8 所示，它主要由发动机及液压系统、接料斗及刮板输送机、主控制系统、主车架、履带行走机构等组成。它的功用是既可以独立行走并按照设定比例自动控制添加新的沥青混合料，也可在按照设定的比例自动添加新沥青混合料的同时，推动运料车，牵引提升复拌机同步行走施工。

图 4–8 沥青混合料布料牵引机

1- 接料斗及刮板输送机；2- 发动机及液压系统；3- 主控制系统；4- 主车架；5- 履带行走机构

提升复拌机主要组成如图 4-9 所示。它主要由发动机、液压系统、主控制系统、行走驱动机构、提升复拌机、下承层加热装置等组成。其功能是将添加的新沥青混合料、再生沥青混合料同时提升至拌和器的拌缸中进行充分、均匀拌和，并能对再生后的路面下承层进行全断面再加热，确保再生层与下承层之间的有效热黏结，消除层间弱界面。

图 4–9 提升复拌机

1- 主控制系统；2- 行走驱动机构；3- 发动机；4- 液压系统；5- 提升机；6- 下承层加热装置；7- 复拌机

4.2 施工工艺对就地热再生设备性能的要求

为使再生沥青混合料的性能达到理想的状态，本章将根据传统就地热再生设备所存在的问题，分析就地热再生工艺、材料对就地热再生设备的功能、性能的要求，详细解析利用国际领先就地热再生设备的功能、性能和特点，保证就地热再生施工后路面的正常使用寿命。

4.2.1 传统就地热再生设备存在的问题

按照沥青路面材料的性能标准，要求就地热再生后沥青混合料达到理想的力学性能，现有的传统就地热再生设备已不满足就地热再生技术的要求，通过对国内外就地热再生设备有关结构、功能的了解及性能分析，发现部分沥青路面就地热再生成套设备存在以下功能或性能问题：

（1）设备尺寸庞大、笨重，机动性差；转场、运输十分不便。

（2）路面加热器加热效率低，能耗大，不能使路面加热到理想的施工温度和深度。

（3）由于加热温度不够，势必采用强制铣刨切削方式翻松旧路面，造成旧路面沥青混合料集料被打碎，改变了原路面沥青混合料的级配，使得再生后沥青混合料级配不可控、不可知。因此，再生路面质量无法保证。

（4）部分设备采用新、旧沥青混合料在原路面上就地拌和方式，拌和均匀性得不到保证。

（5）将摊铺工序集成在再生设备上，摊铺时受整台设备行走、工作装置振动等诸多因素影响，摊铺质量，尤其是平整度难以得到保证。

（6）部分设备在添加新沥青混合料后才添加再生剂，再生剂将会与新沥青混合料直接接触，影响新沥青混合料的性能，使得再生后的沥青混合料的力学性能受到极大的影响，施工质量无法保证。

（7）再生剂添加方式不科学，采用集中自流添加方式，其均匀性依赖于新料与旧料的重新拌和，而这种新旧料的重新拌和过程很难保证集中自流添加的再生剂拌和均匀，这种结构同样使得再生沥青混合料的力学性能得不到保证。

（8）摊铺再生沥青混合料之前，下承层顶面未经过加热，无法保证再生料与下承层的热黏结，导致层间弱界面。

（9）由于机组设备单一，无法做到设备的模块化组合。所以施工工艺单一，添加所需新材料以及再生剂、改性剂的种类、范围受到极大的限制。无法把原路面旧沥青混合料改良成理想性能的状态。

4.2.2 国际领先就地热再生设备的特点

国际领先就地热再生设备融合了六大核心技术理念和具体的技术措施，其最大的特点是具有各种不同功能的设备库，就地热再生施工设备能做到根据不同的原路面材料和不同成因的路面病害等进行灵活、方便的模块化组合，通过设备的模块化组合能形成各种不同的施工工艺，用以治理各种不同成因所形成的路面病害，真正做到对症才下药的技术方案。所以，国际领先就地热再生施工设备除了已经妥善解决以上传统设备存在的问题外，完全能够满足和适应高速公路、国省干线、市政道路和机场跑道等各种施工环境下的工程项目施工需求。同时还完善地解决了施工质量、速度和节能减排等问题。尤其是功能高度集成化的 HiPav5 型沥青路面就地热再生机，能够最大限度地契合市政道路中狭小沥青路面的养护维修、桥头跳车、软土路基造成路面不均匀沉陷等路面病害的热黏罩面维修。

国际领先的就地热再生施工设备的功能已经可以满足在施工过程的适当工位添加各种需要添加的诸如机制砂、抗车辙剂、再生剂、热沥青、温拌剂等材料，使得各种再生后的沥青混合料性能得以改良，达到标准、规范要求。

4.2.3 就地热再生设备的工艺特征要求

根据就地热再生技术的施工工艺、工序，就地热再生机组主要由加热设备、再生设备、改性剂及新材料添加设备、提升复拌设备和标准的摊铺机、压路机等组成。从施工工艺角度出发，分析每类设备的用途，可对每类设备的功能与特性提出要求。

（1）加热设备

主要用途：加热设备主要是实现对原路面沥青混合料的加热，以便进行下一步再生。

对加热设备的要求：

①加热设备必须具备可由牵引车高速拖行和施工时的低速、稳定、自行功能。加热设备必须保证迅速进、退和转场时的高度机动性，必须做到半小时内完成所有进、退场工作。施工时的自行驱动系统必须具备一定的施工行进速度范围，而且在此速度范围内可实现无级调速功能。

②加热方式：为保证施工效果、施工安全及施工的连续性，不得采用具有电磁辐射的微波方式进行移动加热。建议采用具有国际领先水平的间歇式热辐射加热方式，以保证热量充分渗透，并且加热深度不小于6cm，同时不得使路面表层沥青混合料过度老化。加热设备应具备根据不同的路面材料和施工环境调整加热能量的功能。

③加热设备尺寸要求：施工时不需要对道路进行全封闭是就地热再生施工的一大优势，为保证这一优势，要求加热设备按照公路行驶车辆安全标准的行驶宽度，不得超过2.5m。工作时，加热宽度应根据施工车道的宽度变化而变化，即加热宽度可调。加热墙左右翼墙及保温板要与主墙在同一平面内，以实现最大加热宽度，整个加热墙必须具备垂直升降和左右平移的功能。

④为适应施工路线线形、施工宽度等可能的施工区域平面形状、尺寸的变化，以及可能存在的障碍物、凸起物等实际情况，加热装置（加热墙、加热板等）必须为分区设计独立控制；并且在正常工作中必须能进行平移、升降等必要功能，既保证施工连续性的效果和质量，又避免对道路构造物造成影响或破坏。

（2）再生设备

主要用途：路面再加热，路面耙松，再生剂/热沥青添加，沥青混合料的收集或初次整形。

对再生设备的要求：

①再生设备必须具备可由牵引车高速拖行的功能，运输状态最大行驶宽度按照公路行驶车辆安全标准不应超过2.5m；施工时具备低速、稳定、自行功能或由专用的牵引设备牵引施工的功能；再生设备必须保证迅速进、退和转场时的高度机动性，要求必须做到半个小时内完成所有进、退场工作；施工时的自行驱动系统必须具备一定的施工行进速度范围，而且在此速度范围内可实现无级调速。

②再生设备尺寸要求：施工时不需要对道路进行全封闭是就地热再生施工的一大优势，为保证这一优势，要求再生设备的行驶状态最大宽度不得超过2.5m；施工时，加热、再生、耙松、喷洒再生剂以及收集宽度应根据施工车道的宽度变化而变化，即宽度可调；加热墙左右翼墙及保温板要与主墙在同一平面内，以实现最大加热宽度；整个加热墙必须具备垂直升降和左右平移的功能。

③耙松装置：不打碎集料是就地热再生实现原路面材料100%再利用的前提，因此要求在施工时不采用旋转铣刨强制切削翻松的装置，应采用具有国际领先水平的平行疏松耙装置。即通过对加热后的路面耙松，实现原路面的翻松且不改变沥青混合料中集料的形状和尺寸，不改变原路面沥青混合料的级配，从而不降低其承载能力。该疏松耙的耙松深度应可调、可控。

为了保证层间黏结质量，提高沥青路面结构层间的抗剪强度，要求翻松后，下承层顶面具有足够的粗糙度，且施工界面无集料被打碎和花白料现象。

对原路面翻松时，机构必须具备自动避障功能，确保井盖等市政设施不会被破坏，而且保证施工的连续性。

④再生剂喷洒装置：再生剂的主要作用是还原老化沥青的性能，因此要求再生剂喷洒必须均匀，不得采用管式自流方式，建议采用具有国际领先水平的螺旋洒布盘式喷洒方式，以确保喷洒均匀、准确。计量系统应由电脑程序自动控制调整，确保用量准确、可控。再生剂必须只与原路面旧的沥青混合料直接接触。拌和均匀后再与新添加沥青混合料复拌，确保再生效果。为避免施工过程中施工设备变速对再生剂喷洒的影响，要求再生剂喷洒系统同时与再生设备的施工行进速度、施工宽度、深度等参数相关联。

⑤热沥青喷洒装置：为调整原路面沥青含量，保证最佳油石比，要求复拌再生设备必须具有喷洒热沥青的功能与装置，而且要求喷洒均匀、准确，喷洒量可控。为避免施工过程中施工设备变速对热沥青喷洒量的影响，要求热沥青喷洒系统同时与再生设备的施工行进速度、施工宽度、深度等参数相关联。

鉴于添加再生剂和热沥青有不同的作用和目的，再生设备应该同时具备独立的再生剂和热沥青喷洒系统，而且各系统必须具备独立准确控制的功能。

⑥原路面沥青混合料收集装置：为了避免施工过程中再生沥青混合料热量过多散失，同时也为复拌提升机准备合适的提升料带，要求再生设备必须具备再生料的收集功能。为适应不同路面厚度的要求，尤其是复拌再生设备的收集装置，要求其收集深度具备自动无级可调、可控功能。

（3）提升复拌设备

主要功能：将添加的新沥青混合料按照预定的比例，均匀添加到旧沥青混合料的料带上；将新、旧沥青混合料一并提升至拌缸，在提升和拌和过程中能按照预定的温度进行加热、保温；在提升和拌和过程中，应能对再生路面下承层顶面进行全施工断面再加热，以确保层间有效热黏结；新、旧沥青混合料拌和均匀后输送至摊铺机摊铺。

对提升复拌设备的要求：

①提升复拌设备必须具备由牵引车高速拖行的功能，运输状态的最大行驶宽度按照公路行驶车辆安全标准不应超过 2.5m；施工时具备低速、稳定、自行功能或由专用的牵引设备牵引施工的功能；再生设备必须保证迅速进、退和转场时的高度机动，即转场灵活，要求做到半小时内完成所有进、退场工作。

②施工时的专用牵引设备或自行驱动系统必须具有一定的施工行进速度范围，在此速度范围内可实现无级调速；加热宽度应根据施工车道的宽度改变而改变，即加热宽度

可调。

③新料添加设备：新沥青混合料的添加设备必须具有自行功能或牵引提升复拌设备的功能；施工过程中要严格按照预定比例控制新料添加量，因此要求新料添加系统必须与施工速度、施工宽度、施工深度等参数相关联，并由电脑自动控制；为保证施工后路面的平整度，新料添加过程不得影响摊铺机的匀速摊铺。

施工中需要对原路面混合料级配进行优化调整时，就地热再生设备必须具备调整和优化原路面沥青混合料级配的功能，且调整过程可控，新料添加计量系统由电脑程序自动控制调整，确保用量准确。

④提升复拌装置：为确保拌和温度和均匀性，拌和机必须封闭，且必须提升至机内拌和，为保证再生沥青混合料的施工温度，要求在混合料提升复拌整个过程中必须具有加热、保温功能与装置，并按照电脑预先设定的温度对其进行加热、保温。

再生混合料摊铺前，必须对施工全断面宽度内的下承层顶面进行再加热，加热后下承层表面温度不得低于100℃，确保沥青混合料的层间集料得以嵌挤和有效热黏结。

4.3 不同工况对就地热再生设备组合的要求

就地热再生工程的实施及最终的施工质量依靠施工设备来实现，而不同的施工工艺需要具有不同的施工设备组合。目前国际领先就地热再生施工设备系统具有一个功能强大、对症下药的设备库，该设备库中的设备针对裂缝、松散、变形等不同类型路面病害以及针对原路面沥青混合料的改良、改性，具有二十多种不同的设备组合方式。施工中可针对各种原路面材料状况和不同路面病害及成因，调整配备成不同的设备模块组合，从而形成不同的施工工艺，真正做到对症下药，确保施工工程质量，延长路面使用寿命。

4.3.1 原路面车辙

（1）当车辙深度小于40mm，原路面混合料级配良好时

此工况可采用整形就地热再生工艺进行治理，对原路面加热后，通过不打碎集料的耙松装置对路面进行翻松，使得波峰处路面翻松深度不小于路面上面层厚度，而波谷处路面正常加热后拉毛即可。因此要求耙松装置是分组设置且各组独立控制。整形就地热再生工艺的设备模块化组合如图2-18所示。

原路面翻松后，要求再生机的熨平板上的导料板能将翻松后波峰处的沥青混合料横

向推至波谷处，以充分利用波峰处混合料因沥青老化而增强的高温性能和波谷（轮迹带）处车辆荷载累积的压实功，即最大限度地保留原路面轮迹带处运营重载车辆对路面的强大压实功，提高轮迹带处路面的抗车辙能力，同时实现了层间热黏结；再生机熨平后添加少量新沥青混合料，新旧沥青混合料一起碾压，以恢复路面的原高程和路用性能。

（2）当车辙深度小于40mm，原路面混合料级配偏细时

当原路面混合料级配偏细，其承载能力相对较小，若原样再生利用，容易在短期内再次出现车辙。因此，要求再生设备必须具备优化调整原路面混合料级配的功能，将原路面沥青混合料的级配调粗或调整为不同于原路面型号的沥青混合料，以提高其抗车辙能力。

为了实现原路面级配的优化，要求再生设备必须采用不打碎原路面集料的翻松技术翻松加热软化后的路面，以保证不破坏原路面混合料级配。根据原路面沥青混合料的试验结果再添加一定比例、特定级配的新沥青混合料，新旧混合料一起拌和，从而达到优化级配的目的。

施工过程中添加再生剂和（或）热沥青时，再生机必须采用国际领先水平的旋转洒布盘或者更均匀的方式喷洒再生剂和（或）热沥青，保证再生剂和热沥青只与旧沥青路面材料直接接触，不与添加的新沥青混合料直接接触，确保原路面材料的再生和油石比的优化效果。添加再生剂、热沥青和新沥青混合料时，必须采用电脑自动控制，使得添加量和原路面相关参数、施工速度相关联，确保再生混合料的配合比（级配和油石比）可调、可控。

（3）当车辙深度大于40mm，原路面混合料级配良好时

当中面层、下面层混合料动稳定度满足规范、标准的条件时，为了保证车辙处治质量，要求再生机必须采用国际领先水平、不打碎集料的平行耙松或更先进的方式翻松原路面，耙松波峰混合料，拉毛波谷，采用再生机的特殊路面整形装置将因沥青老化而抗车辙能力增强的波峰混合料推至波谷，同时必须保证熨平后波谷处的松料比波峰处高2～3cm（根据原路面车辙的深度而定，车辙越深松料厚度高差取上限；反之亦然），这样在不添加新混合料的情况下，采用双驱双振压路机以低频、大振幅工况下碾压，以保证波谷处的压实度尽可能接近或达到原路面轮迹带处所吸收的压实功。

经充分碾压后对已经整形的路面再加热、耙松或拉毛原路面，添加少量新沥青混合料，并进行碾压成型，恢复路面原高程和路用性能。

（4）当车辙深度大于40mm，原路面混合料级配偏细时

此种情况有两种工艺可以选择：

①先铣刨波峰处偏细的旧沥青混合料，使车辙深度小于40mm，然后采用4.3.1（2）

中的工艺及设备组合进行治理。

②先铣刨波峰处偏细的旧沥青混合料，之后对路面加热耙松后，在波谷处填补稍高于原路面的中粒式或粗粒式沥青混合料，经充分碾压，保证层间具有良好的热黏结效果。

之后对已经整形的路面再加热、耙松或拉毛，添加并摊铺少量细粒式或中粒式沥青混合料，两层一次碾压成型。恢复路面原高程和路用性能。

4.3.2 原路面泛油

要求在加热原路面后，用一台加砂设备，均匀添加机制砂，然后再使用再生机和复拌提升机，对原路面进行耙松、喷洒再生剂，收集再生沥青混合料至车道中间并形成梯形截面的料带，添加新沥青混合料，提升、拌和、摊铺、碾压，对再生机和提升复拌机的技术要求同 4.2.3 节。对于泛油路面病害治理的设备模块化组合如图 4-10 所示。

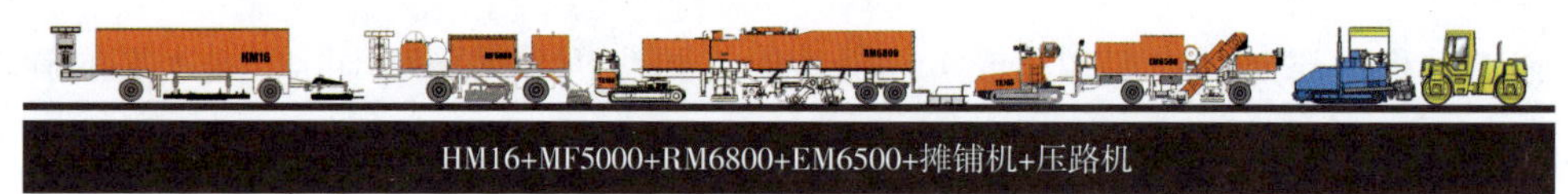

图 4–10 泛油路面治理的设备模块化组合

4.3.3 原路面混合料性能不理想

原路面混合料的级配、油石比等性能不能满足规范、标准要求，或业主要求调整、改变原路面沥青混合料的规格、型号，如从 AC-13 改变为 AC-16 或从 AK-16 改变为 AC-16 等，可采用复拌再生机组对原沥青路面混合料进行调整施工。复拌工艺设备的模块化组合如图 2-19 所示。

为了实现原路面级配优化，提高原路面的封水性能，要求再生机必须采用平行疏松耙装置耙松加热软化后的路面，以保证不破坏原路面混合料级配。根据原路面沥青混合料的试验结果再添加一定数量、特定级配的新沥青混合料，新旧混合料经提升、拌和均匀后摊铺、碾压，从而达到优化沥青混合料级配的目的。

为了确保再生沥青的性能和再生沥青的用量，施工中需要添加再生剂和热沥青，要求再生机必须采用国际领先的旋转洒布盘或者更均匀、准确的方式进行喷洒，而且能做到再生剂和热沥青只与原旧沥青路面材料直接接触，不与添加的新沥青混合料直接接触，确保再生和油石比的优化效果。

为了保证添加材料的准确性，添加再生剂、热沥青和新沥青混合料时，必须采用电脑自动控制，使得添加量和原路面相关参数、施工速度相关联，确保再生沥青混合料的配合比（级配和油石比）可调、可控。摊铺再生混合料前，复拌提升机必须对全宽度施工断面的下承层顶面进行再次加热，确保再生沥青混合料摊铺层和下承层实现集料嵌挤式热黏结，提高层间热黏结质量和层间封水性能。

对于早期建造的公路，在路面材料的使用方面，已经不能更理想地满足道路路面使用的要求。很多业主希望就地热再生在优化原路面材料的同时，在原路面上加铺一层新的、更高质量的沥青混合料，如改性沥青玄武岩、SMA 等。这时可以采用基本补强的就地热再生施工工艺，即在整形施工时加入更多的沥青混合料，以形成一个新的路面磨耗层，如图 2-18 所示。或采用优化补强的就地热再生施工工艺，如图 2-20 所示。优化补强就地热再生施工工艺是在对原路面旧沥青混合料再生、改性、调整的基础上，再加铺相同规格或另一种规格的新沥青混合料，与原再生路面材料一次碾压成型，在原路面的基础上形成新的磨耗层。

补强型就地热再生施工后将会改变原路面的高程。

4.3.4 原路面沥青混合料需要改性

当原路面为普通沥青混合料，其性能不能满足使用要求时，需要对原路面旧沥青混合料再生的同时进行改性以提高路用性能。施工时需要采用复拌或优化补强工艺的设备模块化组合。

在加热后的路面上均匀、准确添加改性剂，耙松、添加再生剂或热沥青，收集再生沥青混合料形成梯形截面的料带，在料带上添加新沥青混合料，新旧料一起提升至拌缸中拌和。或者在拌和过程中添加诸如抗车辙剂等改性剂，实现对普通沥青混合料的改性和改性沥青混合料的再改性，最后摊铺碾压。这就要求再生机或提升复拌机必须具有添加改性剂的装置和计量、控制系统，确保改性剂添加均匀、准确，同时与施工速度相关联。该工艺通过原路面沥青混合料改性，使路面的性能满足使用需求。

4.3.5 环境温度低于 5℃

采用复拌就地热再生工艺施工，在加热、耙松、添加再生剂或热沥青、收集再生沥青混合料至车道中间位置形成梯形截面的料带之后，在料带上添加新沥青混合料之前，需要采用一套专用加热机再次提高再生沥青混合料的温度，至少提高 40℃，以保证新旧料提升复拌后的再生沥青混合料温度和碾压温度，要求该加热机必须采用高压多维脉冲加热方式或更先进的加热技术，确保加热松散的沥青混合料时沥青不会快速老化。再生沥青混合料温度提升后再添加新沥青混合料，新旧料一起提升、拌和、摊铺、碾压。再生机和提升复拌机的技术要求同 4.2.3 节。低温环境状态下施工的设备模块组合如图 4-11 所示。

图 4-11　低温环境下施工的设备模块化组合

4.3.6　长大陡坡道路

当遇到长大陡坡时，就地热再生施工阻力将会大幅度增加，这就要求再生机和提升复拌机必须采用履带式行走机构进行牵引，提高设备在加热软化后的坡道路面上具有稳定的附着力，避免出现打滑或溜车现象，确保再生施工质量，同时不降低施工设备的工作速度和效率。

施工中所需要的工况可能更多，因此必须结合工程项目的特点，分析所提供的设备组合与工程的适应性和匹配合理性，以最大限度满足施工质量的要求。

4.3.7　桥头跳车和城镇短窄巷道的就地热再生施工

对于城市市政道路，尤其是一些旧城区的短小、狭窄的沥青路面，在进行养护维修施工时，一般道路上人、车分布密度往往比较大。受施工时间、施工空间的严格限制，必须采用机动性特别高、功能高度集成化的设备，集再生与摊铺功能于一体的就地热再生设备进行施工。城市短小、狭窄沥青路面就地热再生施工设备的模块化组合如图 4-12 所示。

图 4-12　城市短小、狭窄道路再生施工设备模块化组合

其他工况的设备模块化组合详见附录 C。

4.4 本章小结

就地热再生设备的工作原理、合理结构、可靠性以及不同设备的合理组合直接决定就地热再生的施工质量和效果。为适应就地热再生技术的发展和满足施工质量要求，就地热再生设备在不断更新和完善。按照就地热再生设备的发展历程，本章分析了传统就地热再生设备存在的问题，并从施工工艺角度分析了对就地热再生设备的要求，包括加热设备、再生设备和提升复拌设备的用途、应具备的功能、特性及必须达到的施工效果等。

就地热再生技术可治理多种成因的路面病害，而每种工况选用的设备组合不同，可形成不同的施工工艺，以治理不同成因的路面病害。本章对不同路面病害工况下的就地热再生设备提出功能与性能要求，以保证不同施工设备对不同工程项目的适应性，真正做到对症下药，从而确保就地热再生施工后的路面质量，延长使用寿命。

5 就地热再生施工工艺

和新建路面施工一样，就地热再生施工也包括4个阶段，即准备阶段、实施阶段、验收阶段和投入运营阶段。所不同的是，各环节的工作内容有所差异。本章将就各阶段的工作流程进行介绍。

5.1 施工前的准备工作

再生沥青混合料的基本设计思路与常规沥青混合料设计基本上是一致的，但与一般新建公路工程的沥青混合料设计存在着一些差异，主要应充分考虑到原路面混合料的性能状况和就地热再生施工的特点，必要时应参照原路面材料再生施工前的参数状况，对新拌沥青混合料的参数进行适当的调整。在保证满足再生沥青混合料的力学性能、路用性能的同时，还要做到因地制宜，便于施工。

（1）取样

设计再生混合料，首先要对原路面进行取样，国际领先就地热再生施工工艺一般采用沥青路面修补车模拟就地热再生施工的加热方式取样，条件不满足时也可采用钻取芯样、切块等方式。但是钻取芯样和切块取样的方法对原路面材料的试验结果会产生较大误差，会影响再生效果。混合料样品数量应不少于100kg，取样时应注意样品的代表性，避免在修补不久的路面区域内取样。

（2）旧混合料的沥青含量、级配测定

旧混合料中的沥青必须要回收，以测定其沥青的含量。一般采用离心分离法（T 0722—1993）进行沥青含量的测定；并对矿料级配进行筛分检验（T 0725—2000），检查对照原设计配合比和施工生产配合比的差异情况。

（3）旧沥青的回收与指标测定

抽提液中的沥青用阿布森法（T 0726—2011）或旋转蒸发器法（T 0727—2011）进行回收，回收时应尽量避免矿粉和三氯乙烯在沥青中残留，以免影响沥青三大指标的测定结果。回收后的沥青需要测定针入度、延度、软化点、黏度等指标，以检查沥青的老化程度。

（4）再生剂指标测定和选择

各种再生剂之间的性质差异较大，在使用之前需要对再生剂的有关指标进行检测，并根据沥青的老化程度选择相应类型的再生剂。

（5）再生剂掺量确定

为了还原老化沥青的原有性能，达到沥青再生的目的，需要在沥青混合料中掺加一定量的再生剂。再生剂类型确定之后，还需要确定再生剂的用量。再生剂掺加量一般采用试配的方法，可根据经验预先确定不同的比例，测定掺加不同比例的再生剂后沥青的各项性能指标的变化规律，不断调整沥青与再生剂的比例，直至再生沥青的各项指标，如针入度、软化点、延度以及黏度等参数达到或接近设定的最佳状态时的指标要求，并以此确定沥青路面热再生施工时再生剂用量。

（6）热沥青用量确定

当路面沥青含量低或者老化严重，在喷洒再生剂和添加新沥青混合料之后仍无法满足混合料质量要求时，可根据路面状况喷洒一定量的热沥青，喷洒的沥青用量根据沥青混合料的性能试验来确定。

（7）新沥青混合料的添加

由于就地热再生施工中100%利用原路面的旧沥青混合料，所以新混合料的加入量很少，不受设备能力的限制。在设计配合比时，根据原路面材料的试验检测参数和施工经验，确定新沥青混合料的级配、沥青含量等参数，新混合料添加的比例是根据路面和路面病害的状况来确定。通过新加入的沥青混合料来补偿由于原路面变形、集料级配不满足要求造成的缺陷。有时也可能需要通过改变沥青混合料的级配类型来改变原路面的状况，如原路面采用开级配（AK型）沥青混合料。由于开级配材料的封水性能差，在年平均降雨量大的地区，往往因雨水过量下渗而造成路面产生大量的路面病害。这时，需要在路面就地热再生施工的同时，添加一定数量、特定级配的沥青混合料，将原路面AK型沥青混合料调整成为标准AC型沥青混合料，形成更理想的封水面层。也可以在就地热再生施工的同时，在再生后的热路面材料上加铺一定厚度的新沥青混合料，新旧沥青混合料热黏结后形成全新的路面磨耗层和封水层，以控制路表水的过量下渗来改善路用性能，延长路面的使用寿命。

5.2 整形再生工艺施工流程及方法

整形就地热再生工艺是路面维修中最常用的再生方式，主要适用于路用功能下降需要恢复的道路，以及道路的预防性养护和整治出新。整形就地热再生施工工艺流程图如图 5-1 所示。

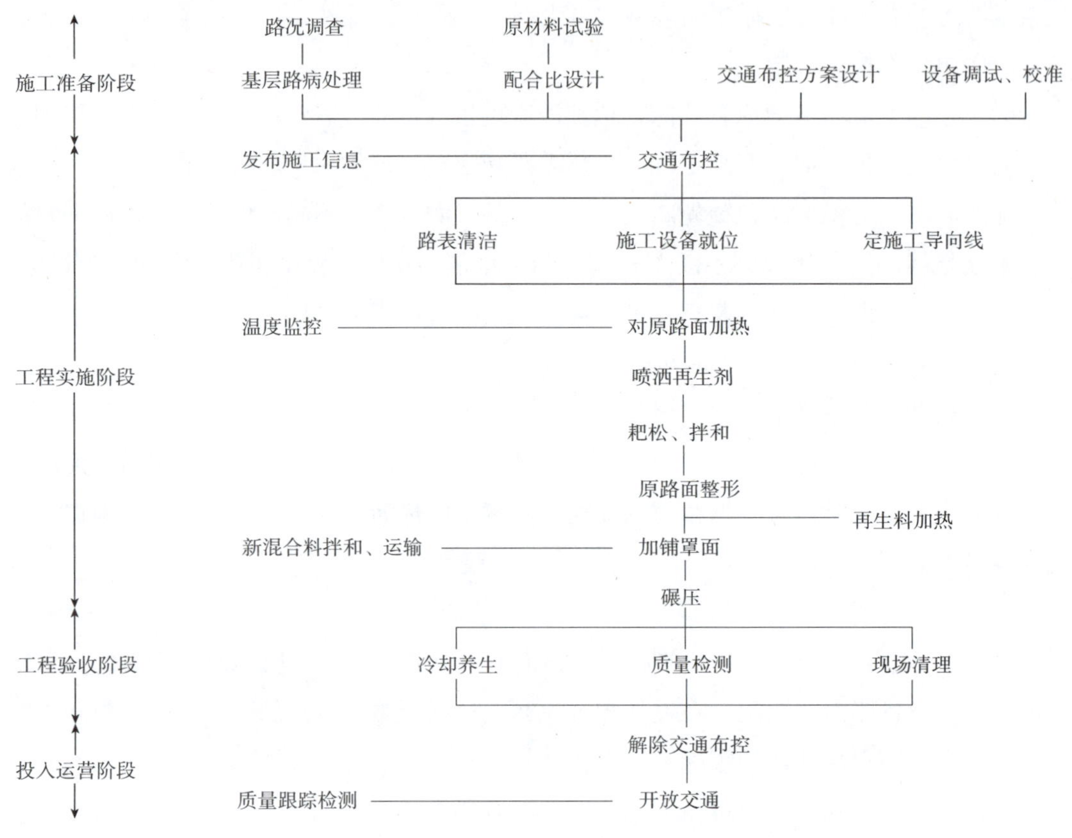

图 5-1　整形就地热再生施工工艺流程图

整形就地热再生施工步骤如下。

5.2.1　准备工作

施工前清除原路面上的突起路标，清扫路面杂物。为保证施工时边界线顺直，施工前要标定施工基准线，即再生设备行走基准线。也可以现有车道分道标线作为参考基准，将分道标线连成一条连续的基准线。基准线要平滑、顺直、明显，保证驾驶员、操作手易于观察和控制。为了保证施工开始后起点段纵向施工接缝的顺直，应从施工起点后延 30 ~ 50m，开始标定行走基准线，以便设备提前就位。

为保证施工起点处接缝的平整无错台，施工前用加热王对施工起点作预处理，将起点沥青路面加热至软化，加热范围横向 3.75m（根据车道宽度确定），纵向 2m，挖除原路表面 2cm 左右的混合料，如图 5-2 所示。

图 5-2 施工起点的处理

开始施工前，车辆按施工工艺顺序就位，然后预热再生机械、点燃长明火。驾驶员定好行走基准标杆，一切准备工作必须就绪后，报告现场负责人。

5.2.2 加热作业

准备工作完成后，就地热再生系列机组开始施工，如图 5-3 所示。就地热再生施工工艺中，施工温度是其灵魂，温度控制的好坏将直接影响施工质量，所以在加热过程中应严格控制加热工艺，加热作业必须满足两个要求：一是要达到施工要求的加热温度和加热深度，二是路表面混合料不会过热或碳化。只有路面加热充分而不老化，才能保障翻松路面时不打碎集料，进而保证就地热再生施工质量。

图 5-3 原路面加热

采用国际领先的英达间歇式热辐射加热技术对原路面进行加热，在确保热量不断、快速往下渗透、传递至路面 4 ~ 6cm 深度的同时，路面表层沥青又不会过热。间歇式加热技术，是通过设备的高精度传感控制系统，控制设备“加热—间歇”的自动加热循环，循环时间依据路表的加热温度确定。当温度传感器系统监测到路表温度高于某一预先设定的温度上限时，加热器自动关闭，路面已吸收的热量逐步向下传导和渗透。当监测到路面温度低于某一预先设定的温度下限时，加热器自动开启，继续加热路面，最终实现路面再生深度范围内的温度达到施工要求，同时避免了路面沥青二次老化。

各加热车辆统一按照设定的施工速度匀速行进，并尽可能缩短车辆之间的间距。实际上，就地热再生施工时，根据当时的环境温度，在 HM16 型预加热机之间适当增、减预加热设备的数量，便可达到非常理想的加热效果。为避免热量的过多散失，车辆底部和车辆之间的空隙可加装一定长度的保温板，如图 5-4 所示。通过以上措施保证加热的温度、深度符合施工控制要求。

图 5-4　施工设备上加装的保温板

为防止沥青混合料在加热时产生二次老化，施工中路面加热温度控制在 150 ~ 180℃之间。如果加热温度过低，则应调整预加热机的加热能量、降低施工速度或增加加热设备，确保路面充分加热至施工要求。

5.2.3　再生剂喷洒

再生剂用来恢复原路面沥青老化性能，再生剂的添加方式及添加量的准确控制直接影响其恢复老化沥青性能的效果。再生剂的喷洒量应根据原路面沥青材料的检测试验结果及再生沥青混合料性能恢复的最佳状态，并参考沥青指标的恢复情况来确定。开工前对喷洒系统进行检查和标定，喷洒要均匀，用量要准确。施工时注意路面变化，及时微调再生剂的用量。

传统的热再生设备施工采用直流式再生剂添加系统，无法保证添加的均匀准确，且在拌和时添加再生剂不仅接触原路面混合料，也和新添加的沥青混合料直接接触，这样再生剂会软化新添加沥青混合料中的沥青，改变新添加沥青混合料的性能，同时会削弱对原路面沥青混合料的再生效果，影响施工质量。

为保证再生剂喷洒的均匀性，国际领先就地热再生设备采用旋转盘式喷洒系统，如图 5-5 所示。在施工横断面上分布有 5 个可无级调速的旋转洒布盘，喷洒在路面上形成 5 个相切的圆，从而保证喷洒的均匀性和准确性，且施工时再生剂只和原路面旧沥青混合料直接接触，避免了对新沥青混合料的影响，保证了原路面混合料的再生效果。

再生剂采用自动控制系统进行喷洒，应每天检查、标定一次参数设置。

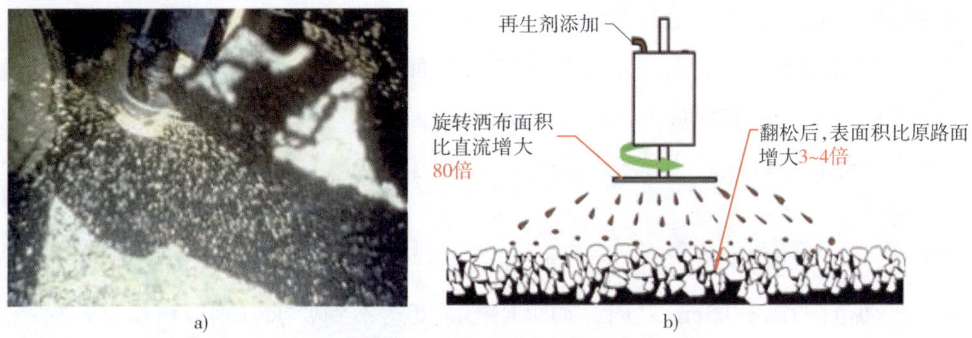

图 5–5 再生剂旋转盘式洒布盘

旋转盘式洒布技术配以电脑程序控制系统，如图 5-6 所示。使得再生剂流量随设备行进的速度自动调整供给量，确保再生剂添加比例准确、均匀，保证原路面旧沥青混合料的再生效果。

5.2.4 原路面耙松

为了保证施工质量，在收集路面材料时不能打碎原路面集料，不能出现花白料。传统的就地热再生设备采用铣刨切削的方式对原路面强制翻松，施工过程中会打碎大量原路面集料，一方面破坏了原路面级配，另一方面破坏了原路面混合料的沥青膜。为消除此翻松方法对施工质量的影响，往往需要加大新沥青混合料的添加用量，从而增加工程成本，且施工后对原路面高程会有较大影响。

为保证施工质量，国际领先就地热再生施工设备对原路面翻松时采用横向多组、纵向多排液压、气动双控升降的平行耙齿式沥青路面疏松耙，如图 5-7 所示。该装置可以在需要的范围内自动适应路面高低变化，均匀耙松已加热路面，保证施工过程中不会打碎原路面集料，从而保证其级配的可调、可控。该装置在目前世界上的就地热再生施工设备上是独一无二的。

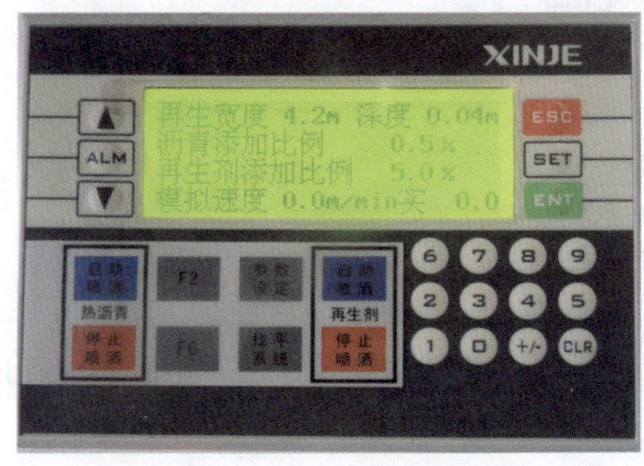

图 5–6 再生剂添加电脑控制系统

图 5–7 液压气动疏松耙耙松路面

这种类型的耙松装置为液压气动复合双控式疏松耙，依靠机械结构实现在已经过充分加热、均匀喷洒再生剂的路面上以匀速将原路面均匀耙松。操作人员需调整好疏松耙的气压，保证施工宽度和深度符合施工控制要求，而且遇到障碍物如检查井时，该疏松耙会自动升降避让。以这种方式耙松路面，不会打碎集料，因此不会改变原路面沥青混合料的级配。

在该工序中，应按照相关要求，每 200m 进行一次再生深度的检查（采用插入法），要求深度波动范围在 ±0.5cm 之内，如果耙松深度达不到要求，则应该调整疏松耙的深度。同时应该采用降低加热车的行进速度和调整预加热机的加热能量以及增加加热车数量等方式，提高路面加热温度和深度，使耙松深度满足施工要求。如果耙松深度过大，则可通过调整疏松耙的深度或气压值进行调整。

5.2.5 整形作业

耙松后的路面材料通过再生设备（RM6000 型公路王）自带的熨平板、前导板、螺旋输送器进行初步整形。尤其是希望通过热再生施工工艺来治理具有车辙的路面病害时，通过导料板将波峰的沥青混合料推到波谷，以保证再生设备后跟随摊铺机的摊铺质量。经再生设备初步整形后的路面效果如图 5-8 所示。

图 5-8 再生设备初步熨平效果

5.2.6 再生沥青混合料再加热

再生后的热路面上需要摊铺少量的新沥青混合料，根据原路面变形与路面病害性质的不同，一般新添加沥青混合料的比例为再生沥青混合料的 10% ~ 30%。为了使新添加的沥青混合料与原路面已经再生的沥青混合料具有良好嵌挤和热黏结效果，再生并初步整平后热路面，在摊铺新沥青混合料前，需要对再生路面进行再次加热，紧跟着摊铺新沥青混合料，新旧沥青混合料一次碾压成型，即可得到理想的热黏结路面的新面层。

5.2.7 摊铺、碾压作业

整形工艺需要在初熨平的再生层表面摊铺一层少量新沥青混合料，以弥补因原路面变形所缺失的沥青混合料，保证就地热再生施工后不改变原路面的高程及其他原设计的路面参数，其路用性能指标可达到新建公路的检验标准。其摊铺工艺和新建路面的摊铺工艺基本相同，加铺层混合料摊铺后与下面的热再生层一次性碾压，达到相近温度下的集料嵌挤和热黏结，从而达到层间热黏结的目的，而且由于沥青混合料中集料的相互挤嵌作用，不仅打破沥青混合料最小摊铺厚度的限制，同时大大增强了施工界面层间的抗剪强度。

传统就地热再生设备是将摊铺工序集成在再生设备上，这样摊铺时受整台设备行走、工作装置振动等诸多因素影响，摊铺质量，尤其是平整度难以得到保证。

国际领先的就地热再生施工设备是将再生设备与摊铺设备分离，如图 5-9 所示。摊铺施工质量不受再生设备的影响，只要调整好摊铺厚度、校准好各种自动控制仪表，保持摊铺机匀速、直线、平稳前进，就能保证摊铺质量。

碾压时，针对不同沥青混合料按照试验段确定的碾压工艺进行，并做好接缝处的碾压施工，摊铺、碾压工艺效果如图 5-10 所示。

图 5-9 再生设备与摊铺设备分离

图 5-10 热再生后的摊铺、碾压效果

5.2.8 施工结束

碾压工序结束，待路表面温度降至 50℃以下，方可进行必要的质量检测并开放交通。根据以往施工经验，夏季施工时，一般在完工后第二天开放交通比较适宜。在进行市政道路就地热再生施工时，如在交叉路口等交通非常繁忙的特殊区域和路段，确实需要立即或提前开放交通，可采取洒水措施降温，但此法不到万不得已应尽量避免使用。施工中要求做到“工完场清”，路面上不得遗留任何杂物与隐患。

5.3 复拌再生工艺施工流程及方法

当旧路面破损程度比较严重，或原路面表面层沥青混合料的级配或油石比不合适，影响路用性能时，可采用复拌就地热再生施工工艺进行维修。复拌就地热再生工艺最大的特点是可以调整、改变或优化原路面沥青混合料的级配，提高原路面材料的力学性能和路用性能。复拌就地热再生施工工艺流程如图 5-11 所示。

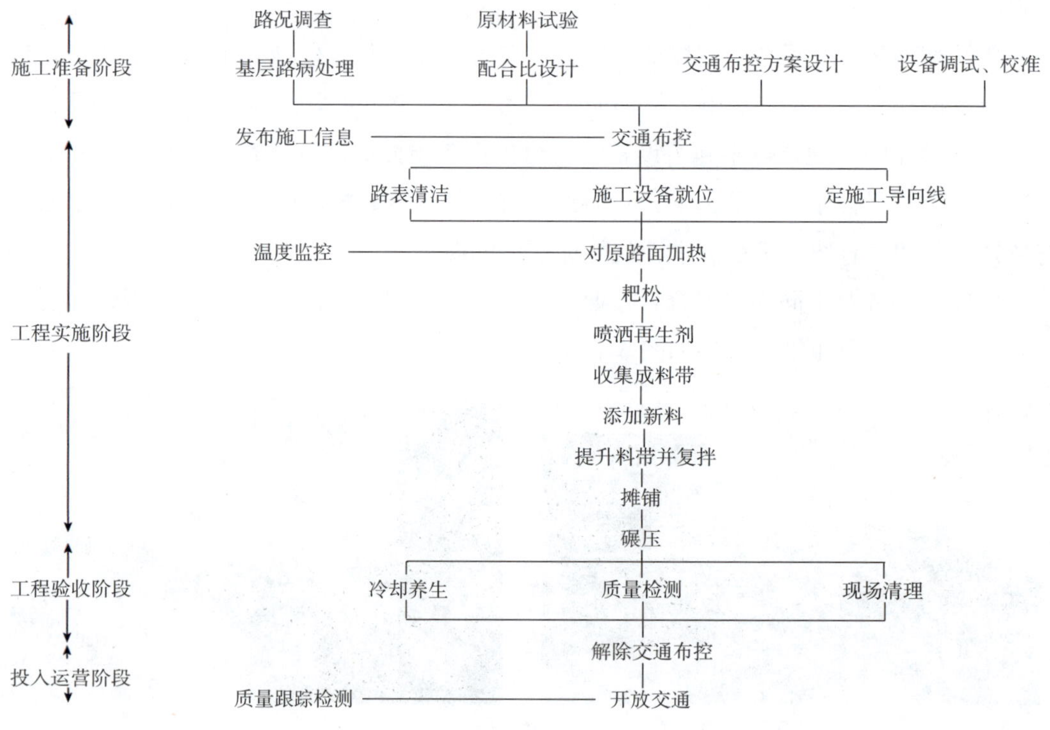

图 5-11　复拌就地热再生施工工艺流程图

复拌就地热再生施工步骤如下。

5.3.1　准备工作

准备工作阶段需做好交通布控、路面深层病害的预先处理和机械设备的调试、准备等。

5.3.2 加热作业

准备工作一切就绪后，就地热再生系列机组开始施工，在加热过程中应严格控制加热温度，各加热车辆统一按照设定的施工速度匀速行进，并尽可能缩短施工车辆之间的间距。就地热再生施工时，应该根据当时的环境温度，适当调整预加热设备的数量，以便达到理想的加热效果。为避免热量的过多散失，车辆底部和车辆之间的空隙可加装保温板，通过以上措施保证加热的温度、深度符合施工控制要求。

5.3.3 原路面耙松

RM6800 型公路王带有横向多组、纵向多排而又相互独立的液压、气动复合控制式平行疏松耙，依靠机械结构可匀速将已经过充分加热的路面耙松。操作人员需调整好疏松耙的气压，保证施工宽度和深度符合施工控制要求。以这种方式耙松路面，不会打碎原路面混合料中的集料，也不会改变集料的形状与尺寸。因此，不会改变原路面混合料的级配。

5.3.4 喷洒再生剂 / 热沥青

添加再生剂和热沥青的目的是恢复原路面沥青老化性能、改善油石比。再生剂和热沥青的添加方式以及添加量的准确控制对于能否充分恢复沥青老化性能、沥青混合料能否调整到最佳油石比，有直接的影响。再生剂 / 热沥青的喷洒量应该根据原路面沥青材料的检测试验结果，以再生混合料性能恢复到最佳状态为依据，按照再生混合料配合比设计用量，并参考沥青指标的恢复情况来确定。开工前对喷洒系统进行检查和标定，确保喷洒均匀，用量准确。施工时注意路面变化，及时微调再生剂的用量。

国际领先就地热再生设备将原路面耙松后，随即由再生剂、热沥青喷洒装置按照施工前标定的使用量，将再生剂、热沥青准确、均匀地喷洒到已经耙松的旧沥青混合料上，使其与旧混合料充分融合。为保证喷洒的均匀性，国际领先就地热再生设备采用旋转盘式喷洒系统，如图 5-12、图 5-13 所示。再生剂和热沥青只和原路面混合料直接接触，避免其对新添沥青混合料的影响，从而保证了对原路面混合料的再生效果。

盘式洒布技术配以电脑程序控制系统，使得设备的喷洒量随设备行进的速度自动调整材料供给，确保添加比例准确、均匀，优化再生效果。

图 5-12　再生剂喷洒

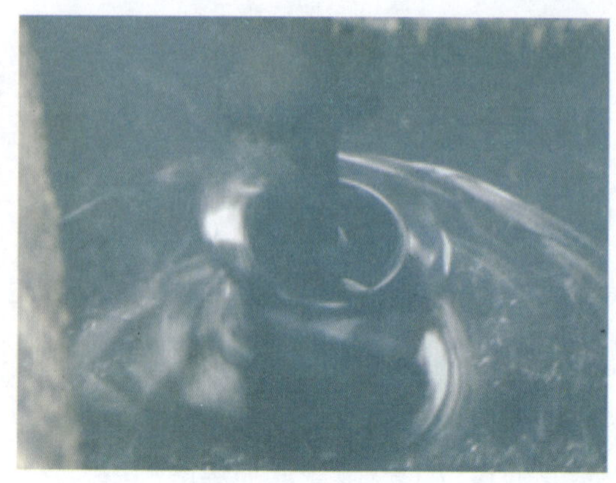

图 5-13　热沥青喷洒

5.3.5　原路面材料收集

原路面经加热、耙松、喷洒再生剂 / 热沥青后，螺旋收集器将再生沥青混合料收集到施工作业车道的中间，形成一个梯形截面的料带，达到初步拌和的作用。如图 5-14、图 5-15 所示。收集过程中，再生剂和热沥青与原路面沥青混合料得以充分融合、反应，起到恢复老化沥青性能和优化油石比的作用。

图 5-14　螺旋收集器

图 5-15　旧料收集成梯形截面料带

混合料收集作业过程中要观察再生混合料的性状，如出现干涩、松散，可以适当提高再生剂 / 热沥青的添加比例；收集过程中要注意不打碎集料和保证混合料的温度，采用螺旋收集器收集再生混合料，确保收集过程中也不打碎集料；为了减少再生沥青混合料温度的散失，采用专用保温料带加热器给料带再次加热，必要时也可采用保温布遮盖料带；收集器加装找平装置，确保收集面与原路面始终保持在同一个平行面上，并与路面具有相同横坡。

5.3.6 添加新沥青混合料与提升、拌和

根据试验确定的施工配合比，在再生混合料料带上按设定比例添加新沥青混合料。为了后续的提升复拌机和摊铺机能够连续匀速行驶，保证平整度，将新料添加与后面的提升复拌分离开，采用专门的设备往料带上按照设计比例添加新料，如图 5-16 所示。新料添加量由设备电子控制系统根据设定的施工参数（施工深度、宽度等）以及施工速度自动调节，并由提升机将再生料与新料一起提升到搅拌器内，经充分加热和搅拌均匀后，输送至摊铺机进行摊铺施工。

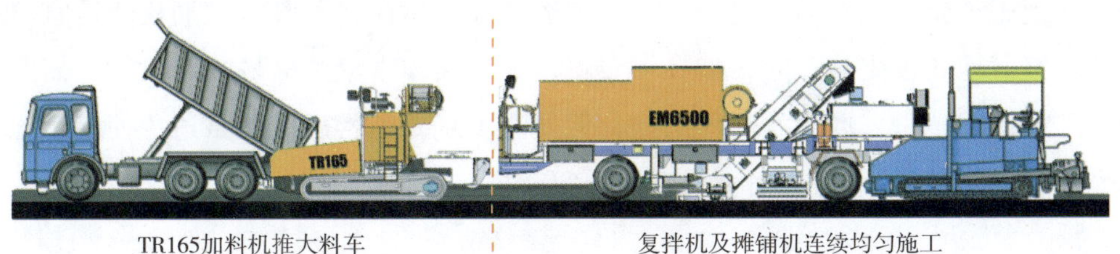

图 5-16 新料添加

料带提升采用刮板式提升机，刮板式提升机除了能够确保混合料在提升过程中不会发生离析之外，还能在提升和拌和过程中为混合料提供一个封闭加热、保温的空间，确保两种沥青混合料均匀提升、拌和。在混合料提升、拌和的全过程中，始终处于加热保温状态，保证混合料温度满足施工要求。当沥青混合料带被提升后，紧跟其后的加热墙对提升完再生料后的全宽施工路面中层顶面进行再次加热，如图 5-17 所示。确保再生层的沥青混合料摊铺后与下承层热路面材料之间形成有效的热黏结，消除沥青混合料层间的弱界面，施工后的路面材料层间集料嵌挤形成连续的受力体系，从而提高再生后的路面整体承载能力与质量，延长路面的使用寿命。

图 5-17 提升、拌和、摊铺底层再加热

5.3.7 摊铺、碾压作业

原路面旧沥青混合料与新沥青混合料拌和均匀后，直接送入摊铺机料斗进行摊铺作业，后续紧跟的压路机进行碾压作业，整个施工流程即可完成。

5.3.8 施工结束

碾压工序结束，待路表面温度降至50℃以下，方可进行必要的质量检测并开放交通。根据以往施工经验，尤其是在夏季施工，一般在施工后第二天开放交通比较适宜。在进行市政道路就地热再生施工时，如在平交路口等交通非常繁忙区域或路段确实需要立即或提前开放交通，可采取洒水降温措施，但此法不到万不得已应尽量避免使用。施工中要求做到“工完场清”，路面上不得遗留任何杂物与隐患。

5.4 补强再生工艺施工流程及方法

早期建造的高速公路随着车流量与重载车辆比例的增加，原路面状况已不能满足或不能适应车辆轴载增加的要求，出现严重的疲劳损伤或破坏，为此需要对原路面进行补强性养护和维修。

补强再生分基本型和优化型。基本型与整形再生施工流程及方法基本相同，优化型与复拌再生施工流程及方法基本相同。

基本型补强再生，就是用就地热再生机组将路面加热、添加再生剂、耙松、拌和、再生混合料摊铺；同时将根据需要的新沥青混合料直接摊铺于再生混合料之上，两层一次压实成型。该工艺适用于维修承载能力不足的路面。根据路面补强设计要求的加铺厚度来确定添加新沥青混合料的数量，这样新添沥青混合料除需补充原路面因变形而缺失的混合料外，还需要在原路面结构上，增加一定厚度的新路面层，从而改变原路面的高程。基本型补强再生施工工艺如图5-18所示。

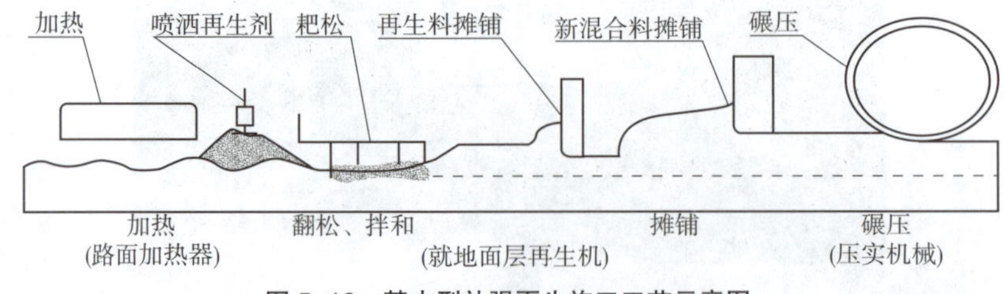

图5-18 基本型补强再生施工工艺示意图

优化型补强再生，是通过添加特定比例的再生剂恢复沥青老化性能，添加特定比例的热沥青提高原路面混合料沥青含量，达到最佳油石比。添加一定比例、特定级配的新料优化调整原路面混合料级配。将复拌后的再生混合料摊铺至路面，同时紧跟运料车和摊铺机，在未碾压的热再生混合料表面摊铺一定量的新料，再生料层与新料层两层一并压实。

与基本补强型所不同的是，先通过再生设备对原路面混合料配合比进行优化调整，摊铺调整后的再生沥青混合料，其上再加铺一层新沥青混合料，两层一起碾压成型，使新沥青混合料与再生沥青混合料以及原路面中层热黏结成一个连续的受力层体，从而起到对原路面的补强作用。

此工艺的主要流程为：路面加热、耙松、喷洒再生剂、喷洒热沥青（根据路面需要）、收集料带、添加特定级配新料、料带提升、拌和、摊铺再生混合料、摊铺标准级配新料、碾压、开放交通。优化型补强再生施工工艺如图 5-19 所示。

图 5-19 优化型补强再生施工工艺示意图

采用优化型补强再生施工后的路面平整，能够有效消除路面表层病害，在一定程度上改善原路面的级配和油石比，恢复路面结构承载力。优化补强再生施工后的路面还能大大延缓路基层反射裂缝的再次反射速度。

5.5 本章小结

本章详细介绍了国际领先就地热再生技术的三种工艺类型及其具体实施程序，在采用就地热再生技术进行施工前，要对原路面进行充分的调查，以选择恰当的工艺类型，确定不同的施工参数，施工过程中更要严格控制各工序施工要求。重点强调施工不能打碎沥青混合料中的集料，并均匀、准确喷洒再生剂、热沥青，以达到对沥青混合料进行调整、改良，保证路面材料的力学性能，保证施工质量。

6 就地热再生技术对沥青路面典型病害的治理

就地热再生能够有效地治理沥青路面常见的典型病害，如车辙、松散麻面、桥头跳车、微表处脱皮、坑槽、泛油等。本章主要介绍就地热再生治理这些病害的特点和工艺要求，并以工程案例进一步说明就地热再生的治理过程。

6.1 车辙

车辙病害是我国高速公路沥青路面的主要病害，而国省道、市政道路交叉口、公交车道和 BRT 专用车道等也经常会出现车辙病害。目前治理车辙最常用的传统工艺是铣刨重铺，根据我国多条道路养护经验，传统工艺治理车辙效果有限，往往在短期内车辙再次复发，而且车辙深度与铣刨前相差无几。根据大量的工程经验和理论分析，与传统工艺相比，就地热再生治理车辙有独特的特点和优势。对于就地热再生治理车辙的工艺流程、特点和施工效果等，本书第 7 章将作详细介绍。

6.2 松散麻面

6.2.1 松散麻面的成因及危害

沥青路面混合料松散，是指沥青路面粗细集料散失，结合料失去黏结力，在沥青路面表面形成脱皮、麻面、露骨、表面剥落、小坑洞等现象。其症状为沥青路面中沥青与集料的黏结力逐渐下降并丧失，在车辆荷载作用下表面层呈松散状态，面层中的细集料颗粒脱落，粗细集料散失起砂，路面磨损，路表粗糙，表层剥落，出现微坑，路面外观质量下降，封水性能恶化，导致过量雨水下渗。如不及时治理，它会从路表面快速向下不断发展，最终形成坑槽，严重影响行车舒适性和交通安全。

麻面产生的主要原因是沥青用量不足或因沥青质量低劣使黏结力过早衰减，集料的级配偏粗或嵌填料不足，以及在低温、雨季施工时路面未能成型，导致粒料脱落。对于麻面，如不及时处理，往往由于沥青面层碎裂渗水，可发展成为松散、坑槽等更为严重的路面病害。

6.2.2 传统治理方法与弊端

对于小面积的松散麻面，传统工艺采用乳化沥青或乳化沥青混合料作罩面封层局部修补。由于封层与原路面沥青层的黏结性较差，且封层本身厚度较薄，修补处很容易出现沥青罩面封层脱落。

大面积或局部严重的松散麻面，传统处理方法是开挖或铣刨面层，重新摊铺新沥青混合料。这种处理方法工作量很大，不仅造成环境污染、资源与能源浪费，而且填补的新沥青混合料与原路面混合料存在冷接缝，影响路面的正常使用品质与寿命。

6.2.3 就地热再生技术治理松散麻面的特点

对于面层大面积的松散麻面，先清扫表层松散的沥青混合料，再采用就地热再生技术进行施工；对于因路基层原因引起的局部松散，应先处理基层路病后再重铺沥青面层到正常高程，最后统一作就地热再生治理。

采用就地热再生技术，由于再生层与原路面下承层材料的结合是热黏结，两者嵌挤成为一个整体，避免了层间不良结合的问题，大大提高了热接缝和热黏结界面的抗剪强度。而铣刨摊铺的传统方法，其层间为冷结合，势必存在弱接缝和弱界面，界面的剪切强度远不如就地热再生的热黏结方式。此外，采用就地热再生技术施工时，周边接缝均为集料嵌挤型热黏结，与传统铣刨摊铺施工工艺的冷接缝完全不同，彻底避免了接缝处雨水下渗和层间界面脱离产生的病害。对于沥青老化或油石比不足引起的麻面松散，就地热再生施工过程中可以添加适量的再生剂和热沥青优化再生后沥青混合料的油石比，提高沥青混合料的路用性能。

6.2.4 就地热再生技术治理松散麻面的工程案例

以广珠东高速为例分析就地热再生技术治理松散麻面路面病害的过程。

1）原路面状况及病害分析

广珠东高速公路为双向六车道，该路段经过十年运营，路面出现了一些横向裂缝、泛油和车辙，其中路面受水冲刷严重，路表细集料流失较多，麻面较严重，如图 6-1 所示。

a)

b)

图 6–1　施工前路面麻面

在计划对该路段大规模维修的同时，英达公司在 2009 年 6 月参与了部分路段的维修施工，施工采用就地热再生工艺。具体施工路段为 K52+875.66 ~ K54+749.14，施工路段路面结构见表 6-1。

路面沥青层结构　表 6-1

上面层普通沥青 AK-16	4cm
中面层普通沥青 AC-20 Ⅰ	5cm
下面层普通沥青 AC-25 Ⅰ	6cm
半刚性基层	

通过现场调查和原路面材料试验分析可知，广珠东路面出现病害的原因主要有：

①路面运营 10 年，沥青已发生老化，延度只有 16.5cm，黏性下降，所以路面出现裂缝与细料严重流失的情况。

②路面长期受到超载车辆荷载的作用，造成路面车辙。

③广珠东高速公路地处华南地区，年平均降雨量较大，雨水对路面的冲刷和大量高速车辆的车轮真空吸力也是造成路面麻面的原因。

2）热再生治理方案

针对广珠东路面病害调查分析和原路面材料试验结果分析，本次就地热再生治理方案采用复拌工艺，即施工中通过喷洒再生剂恢复老化沥青性能，通过喷洒热沥青提高原路面的沥青含量，再添加一定数量特定级配的新沥青混合料，将原路面 AK-16 型沥青混合料调整为 AC-16 型沥青混合料，提高路面的封水性。具体治理过程如下：

（1）老化沥青再生

通过添加再生剂恢复沥青的性能，添加 5% 再生剂后，沥青三大指标有明显恢复，结果见表 6-2。

回收沥青添加再生剂后的三大指标 表 6-2

再生剂含量（%）	针入度（0.1mm）	软化点（℃）	延度（cm）
0	40.8	64	16.5
5	45.5	58	73.9

（2）混合料级配调整

由于设计的 AK-16 型沥青混合料标准空隙率较大，抗水损害能力较差，所以考虑将原路面 AK-16 级配调整为 AC-16 标准级配。根据目标级配分析，最终确定加入的新拌沥青混合料为 AC-10C 型。级配调整结果见表 6-3，调整后沥青混合料的合成设计目标级配曲线如图 6-2 所示。

新添加沥青混合料和合成沥青混合料级配 

筛孔尺寸（mm）		19	16	13.2	9.5	4.75	2.36	1.18	0.6	0.3	0.15	0.075
新加料	通过率（%）	100	100	100	99.6	63.2	37.0	24.1	17.9	14.4	10.8	7.9
合成料		100	90.6	77.2	60.6	42.9	30.7	23.0	17.1	11.9	8.4	6.3

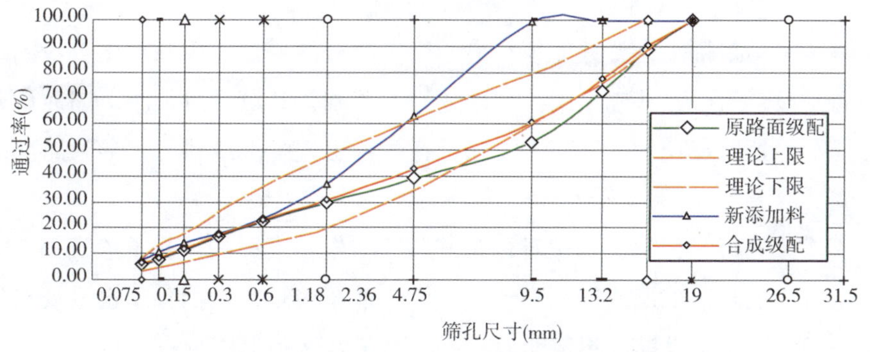

图 6–2 新添加沥青混合料和合成沥青混合料设计目标级配曲线

（3）复拌再生料性能验证

在原路面混合料中添加含量 5% 的再生剂，再按新旧混合料 16 ∶ 84 的比例添加新拌 AC-10C 型混合料，进行相关力学性能验证试验。添加再生剂、新沥青混合料后的复拌再生沥青混合料的试验结果见表 6-4。

复拌再生沥青混合料性能试验结果　　表 6-4

名称	试件密度（g/cm^3）	理论密度（g/cm^3）	空隙率（%）	稳定度（kN）	流值（0.1mm）	残留稳定度（%）
复拌再生混合料	2.408	2.492	3.4	14.37	25.4	88.2

试验结果表明，复拌再生料的各项性能指标满足规范要求。

3）施工后质量检测

施工三年后，业主委托广东省路面检测中心对施工路段进行全面检测，检测结果表明各项性能指标均满足规范要求，详见附录 D——广珠东高速就地热再生施工检测报告。

6.3　桥头跳车

桥头跳车是我国公路最常见的病害。高等级公路的通行要求安全、舒适、快捷，桥头跳车现象的存在给行车的舒适性和安全性带来很大的影响。由于行车的不断冲击，造成桥头伸缩缝损坏，大大缩短了桥梁伸缩缝的使用寿命。

桥头跳车一般是由于桥台附近路基压实不足引起的，所以，处治病害前应先对路基进行处理，使其压实稳定。可采用灌浆、冲压、土工格栅分层加固等，并做好排水设施。

6.3.1　桥头跳车的成因及危害

桥头跳车，是指桥头台背处的填料由于行车荷载的反复作用和填土自身固结沉降所产生的竖向变形，而桥台基础采用桩基础或扩大基础，其沉降量很小，因而桥台构造物与台背路堤衔接处出现较大的沉降差，在台背附近出现陡坡或错台，导致路面纵断面线形出现突变。

在车辆快速通行时，桥头跳车对行车舒适性产生较大影响，严重危及行车安全。由于结构、材料、工艺、工期的特性和特点，桥头跳车很难完全消除，也是公路最常见的路面病害。所以，需要定期或不定期地对桥头跳车路面病害进行修复。

6.3.2　传统治理方式与弊端

桥头跳车的治理，主要有两种方案，第一种是增大桥头填土的压密度，第二种是在采用路面材料对沉降路面进行填补的同时，结合注浆工艺对基层进行加固处理。第一种方式可以治本，但限于方案、工艺、投资、通行等方面的要求，较少使用；第二种方式比较容易实施，为目前主要的治理方式。

桥头沉陷的纵断面形式，在几十米长度范围呈严重的不均匀沉陷，近似为弧形，中部沉降大，深度约为几厘米甚至数十厘米，在沉陷两端的桥台和外支点以外的沉陷量渐变为零。对于分向行车道，最大沉陷点的位置与上桥、下桥方向有关，在车辆面向桥梁的上桥方向，最大沉陷点距离桥台较近，而在车辆背离桥梁方向的下桥方向最大沉陷点则距离桥台较远。即混合料填补的厚度变化规律是不同的，如图 6-3 所示。

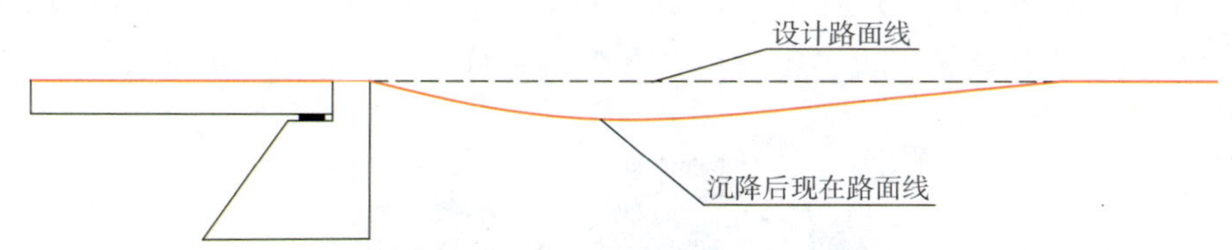

图 6-3　桥头沉降纵断面示意图

传统的热沥青摊铺工艺中，沥青混合料有最小摊铺厚度的要求，用传统工艺治理桥头跳车，在采用沥青混合料填补不均匀沉陷前，必须先对填补厚度不满足最小摊铺厚度的路段进行铣刨，而且必须在路幅全宽范围内进行。因此，必须封闭交通，影响道路的正常通行。此外，这种工艺方法不仅污染环境、施工周期长，更重要的是铣刨后的路表灰尘难以清除干净，降低了黏层油的作用；摊铺时新填补的沥青混合料与原路表存在温差，造成了新旧材料的不良黏结，形成周边弱接缝和层间弱界面。但在重要交通路段，由于施工时不能中断交通，在全横断面范围内不能一次摊铺成型，只能分幅摊铺，这样路面不可避免地出现纵向弱接缝。在重型车辆碾压下，雨水通过四周的弱接缝渗入，进入路面层间不良黏结处，将加速新旧材料的分离，降低路面承载力。层间水在车辆荷载的长期、反复作用下，浸入混合料内部，造成沥青膜与集料的分离，水分继续渗入基层，使得基层软化、松散，进而引起其他形式的路面和路基病害，缩短道路的使用寿命。

6.3.3　就地热再生技术治理桥头跳车的适应性

热再生技术应用于沥青路面养护，最核心的优势有两点：一是将混合料进行再生治理，有利于环保和原路面沥青混合料的循环利用，满足公路可持续发展的要求；二是施工后路面不存在弱界面和弱接缝，施工质量得到了保证。如果能采用热再生技术治理桥头跳车，对公路养护技术的提高与进步是一个极大的促进。

理论上来说，采用热再生技术处治桥头跳车，在施工质量、使用寿命等方面都是可行的。首先，热再生设备可以对填补厚度不满足最小摊铺厚度要求的路段进行热再生翻松处理，根据设计要求的厚度填补新料。然后将新填补的混合料和原路面再生混合料一并压实成型，形成同温度下的热黏结，这样便解决了最小摊铺厚度的问题；其次，分车道施工时，对已经完成的路面接缝进行适当加热，即使是分幅施工也能保证不存在纵向弱接缝问题，既保证了交通正常通行又保证了施工质量；另外，即使是摊铺层厚度满足最小摊铺厚度的路段，也可以通过热再生的施工方式加热、耙松原路表面，使新摊铺的混合料与老路面碾压成一个整体，层间无弱界面，提高施工后路面的承载能力。

桥头跳车就地热再生施工，也需专门的施工机械。如果沉降量较小、范围小，仅一台 PM500 就可以完成施工，设备组合可参考附录 C 序号 6，如图 6-4 所示。

图 6-4　沉陷长度＜ 20m 的桥头跳车治理机组

如果沉降量较大且沉降范围较大，考虑到施工周期等方面的要求，可使用大型就地热再生机组施工，如图 6-5 ~图 6-7 所示。设备组合也可参考附录 C 中序号 7、8 两种方式。

图 6-5　就地热再生工艺治理桥头跳车施工

图 6-6　沉陷长度≥ 20m、深度＜ 4cm 的桥头跳车治理机组

图 6-7 沉陷长度＜20m、深度≥4cm 的桥头跳车治理机组

6.3.4 就地热再生技术治理桥头跳车的工艺流程

采用就地热再生技术处治桥头跳车工艺流程如图 6-8 所示。

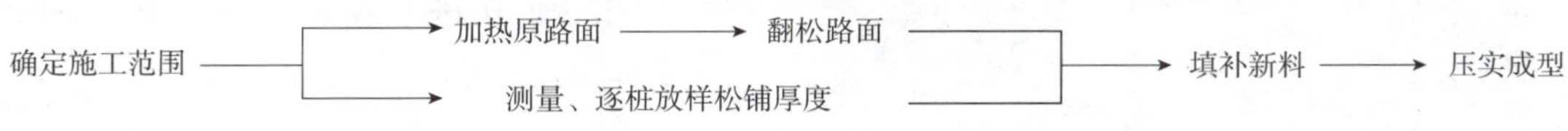

图 6-8 就地热再生治理桥头跳车流程

由于采用修路王治理桥头跳车的施工组织较为简单，下文仅以使用热再生机组施工为例描述，但其原理是相同的。

（1）确定施工范围

在施工开始前，首先确定出沉陷的范围，确定纵向起讫点。先目测或拉线绳，寻找出沉陷起讫点的位置。然后用水准仪沿线绳每隔一定距离测出各点的相对高程，间隔距离可根据沉陷的大小和严重程度而定，一般不大于 5m。测量高程时，在沉陷长度的两端外侧应加设 2 ~ 3 个测点，以复测道路实际纵坡。测量完成后，根据沉陷两端的相对高程，计算道路的实际纵坡。最后根据道路的纵坡推算各测点处应恢复的高程，与实测的高程比较，计算出高差，即测点处的沉陷深度，从而确定沉陷的纵向范围，如图 6-9 所示。

（2）放样、确定摊铺基准线

根据上述步骤测量计算出逐桩高差值，定出摊铺的基准线。定线时注意松铺系数的控制，控制压实成型后表面的平整度，如图 6-10 所示。

图 6-9 施工前对沉陷段进行测量、计算

图 6-10 根据测量结果进行摊铺高程放样

在治理桥头跳车时，根据当地地质条件和道路通车的年限，在正常使用寿命时段内，每个桥头跳车可能需要多次维修治理。对于通车年限较短就已经出现桥头跳车路面病害，且沉降尚未稳定的早期维修治理，应考虑该沉陷段摊铺压实后高程的预留量。即沉陷曲线的反镜像再乘以小于 1 的正数作为摊铺基准线，使维修治理后的桥头跳车路面具有尽可能长的使用寿命。

（3）路面加热

就地热再生系列机组开始加热施工时，在加热过程中应严格控制加热工艺，各加热车辆匀速行进，并尽可能缩短车辆之间的间距。在进行就地热再生施工时，应该根据当时的环境温度，适当调整预加热设备的数量。尤其是在冬季施工时，在车辆底部和车辆之间的空隙可加装保温板，以达到更理想的加热效果；加热到一定程度后对道路标线进行清除，保证加热的温度、深度符合施工要求，如图 6-11 所示。

图 6-11　热再生机组对沉陷路面加热

（4）再生剂喷洒

如果原路面老化严重，施工时应喷洒再生剂，以还原沥青混合料中老化沥青的性能。再生剂的喷洒量应该根据原路面沥青材料的检测试验结果，以沥青性能还原到最佳状态的掺配量为依据，确定再生剂的喷洒量。喷洒时要求计量准确、喷洒均匀，如图 6-12 所示。

（5）原路面耙松

耙松装置为液压气动复合式疏松耙，在充分加热、喷洒再生剂的路面上，匀速耙松路面。施工时根据摊铺厚度、路面老化程度等因素调整疏松耙的气压，保证施工深度符合施工控制要求，如图 6-13 所示。

图 6-12　均匀喷洒再生剂

图 6-13　再生机对路面耙松

（6）新料的摊铺填补

摊铺工艺和一般新建路面的摊铺工艺基本相同，即根据水准仪测量、预置的高程基准面摊铺混合料，如图 6-14 所示。在相邻路幅完成施工的情况下，在已完工的一侧，作为当前施工路面的摊铺基准，架设浮动平衡梁自动找平控制系统控制摊铺，另一侧仍用小滑靴 + 测量后确定的摊铺基准高程梁或钢丝绳为基准，如图 6-15 所示。加铺层混合料摊铺后与下面的热再生层两层结构共同碾压，通过沥青混合料中集料的相互嵌挤作用，达到层间热黏结的效果。

图 6-14 摊铺机两边按梁高程摊铺

图 6-15 左边用滑靴右边用平衡梁摊铺

（7）碾压

碾压时按照试验确定的碾压工艺进行，并做好接缝处的碾压施工。初压采用 8 ~ 10t 双驱双振钢轮压路机，复压采用 25 ~ 30t 轮胎压路机，终压采用 8 ~ 10t 双驱双振或静碾钢轮压路机以静碾方式碾压至完全消除轮迹为止。碾压顺序为先碾压接缝，然后按由低到高的顺序碾压，先慢后快。

接缝碾压要特别注意，新施工作业面与已完成车道的接缝碾压时，压路机必须保持 10 ~ 15cm 处于新铺路面上，以保证接缝的平整、密实，如图 6-16 所示。当相邻车道尚未施工时，双驱双振压路机钢轮不应超出摊铺边线，或最多仅允许超出摊铺边线 10 ~ 15cm，如图 6-17 所示。而轮胎压路机最外侧的胶轮绝对不能超出摊铺边缘，以防过量沥青混合料向外侧推移或将路面边缘线碾压成弧形。

采用就地热再生工艺治理桥头跳车，其施工质量符合规范对新建路面的要求，克服了传统工艺存在的缺陷，是目前最为合适的处理方式。鉴于热再生机组的施工特性，建议沉降影响范围在 20m 以下的桥头跳车治理采用修路王施工，沉降影响范围在 20m 以上的采用大型就地热再生机组施工。

采用就地热再生技术处治桥头跳车路面病害，从施工工艺、对交通的影响、环保、经济性等方面综合分析，是一项值得优先推荐的工艺技术。

图 6-16　纵向接缝的碾压

图 6-17　摊铺边缘接缝的碾压

6.3.5　就地热再生技术治理桥头跳车的工程案例

目前国内已经有大量采用就地热再生技术治理桥头跳车的工程案例，本节选取 2012 年实施的福建莆田迎宾大道案例进行介绍。

迎宾大道为莆田市政主干道，全长约 7.2km，起点为立交桥，终点为跨线桥方向向前延伸 550m，道路宽 24m。该道路通车不到 5 年，路面已出现不少病害，尤其是中间行车道，后期进行过多次修补及铣刨重铺，但效果不理想。路面病害以软土路基的不均匀沉陷、桥头跳车为主，存在局部泛油及少量网裂，影响行车的安全性和舒适性，需要进行维修处治。其中桥头跳车为全路段最严重的病害，全段共有 9 座桥梁，每座桥梁两端均有严重的桥头跳车现象，后期对沉陷较大的 5 ~ 10m 段落做过罩面处理，但罩面明显高出了桥头纵断面的高程，平整度依然很差，亟需处理，如图 6-18 所示。

a)

b)

图 6-18　桥头跳车

对于沉降尚未稳定、沉陷较大的桥头，在填补沉陷之前辅以注浆进行预处理，注浆材料采用灰浆混合料，设计配合比为质量比（水 ∶ 水泥 ∶ 粉煤灰 ∶ 膨胀剂 ∶ 早强剂）=（1.2 ∶ 1 ∶ 1 ∶ 0.01 ∶ 0.1），现场施工时根据注浆效果相应调整配合比。待桥头沉陷稳定之后，再用热再生工艺填补桥头沉陷。图 6-19 为桥头跳车病害经治理后的路面。

图 6-19 桥头跳车治理后路面

6.4 微表处脱皮

6.4.1 微表处脱皮的原因

目前很多高速公路都引进微表处技术治理路面车辙等病害。但微表处一般仅有 7 ~ 10mm 厚，在整个沥青路面结构体系中，只能作为表面保护层和磨耗层使用，而不起承重结构层的作用，不具备抗应变能力和补强能力。原路面的表面状况对微表处的使用效果及功能有很大影响，如原路面有裂缝，施工后裂缝将在极短的时间内再次反射至微表处面层。且原路面与微表处黏结不良，极易产生剥落脱皮的病害，如图 6-20 所示。

图 6-20 微表处脱皮路面

6.4.2 就地热再生技术治理微表处病害的特点

与其他沥青路面的就地热再生相比，经过微表处治理的路面有以下特点：

（1）加热困难，与其他路面相比，加热时，热量渗透速率更慢。而且微表处材料极易出现过热现象。

（2）在对微表处路面进行加热、耙松时，微表处材料将掺入原路面材料中，从而影响路面的级配，需要通过添加新沥青混合料来调整其级配。

针对微表处路面加热难的问题，为了满足施工温度的要求，传统就地热再生养护工艺是通过铣刨微表处层后再次进行加热，这既增加了工序，又浪费了资源。国际领先就地热再生加热技术，在保证施工温度的同时，又不会使路面微表处材料过热，可防止路面的二次老化。为了满足施工后路面的级配要求，施工时应采用可调整级配的复拌就地热再生工艺。

6.4.3 就地热再生技术治理微表处病害的工程案例

目前国内已经大量采用就地热再生技术治理微表处脱皮病害，本节选取两个案例进行介绍。

（1）广靖锡澄高速公路

在广靖锡澄高速公路锡广方向有部分路段采用微表处方法处治病害。该段路面结构为：微表处层 +4cm AK-16+6cm AC-16+7cm AC-20。由于微表处技术治标不治本，至 2008 年 7 月，微表处处理路段已经出现大面积脱皮、坑槽、裂缝等路面病害。为提高道路的路用性能，延长使用寿命，决定对上述路段进行就地热再生修复。由于微表处混合料混入原路面混合料中，使原路面混合料级配偏细，甚至某些粒径的集料通过率已经超过级配曲线的上限。根据试验结果分析，此次热再生施工决定采用复拌再生工艺。在就地热再生施工的同时，加入一定数量、特定级配的新沥青混合料，以调整和优化再生后路面的级配，使其达到标准级配，提高路用性能。调整后的路面沥青混合料级配见表 6-5，级配曲线如图 6-21 所示。复拌前后沥青混合料马歇尔试验结果见表 6-6。

试验与调整再生沥青混合料级配　　表 6-5

筛孔尺寸（mm）	19	16	13.2	9.5	4.75	2.36	1.18	0.6	0.3	0.15	0.075
旧料通过率（%）	100.0	99.0	92.2	76.8	39.2	29.5	21.5	15.9	11.4	8.8	6.7
新料通过率（%）	100.0	100.0	88.4	49.9	44.5	4.1	0.4	0.4	0.4	0.4	0.4
再生料掺配比例：15% 新料 +85% 旧料											
再生料通过率（%）	100.0	99.2	91.6	72.8	40.0	25.7	18.3	13.6	9.8	7.5	5.8
规范值（%）	100	100	92	80	62	48	36	26	18	14	8
	100	90	76	60	34	20	13	9	7	5	4
备注	旧料油石比为 5.3%，新料油石比为 2.0%，复拌再生料油石比为 4.8%										

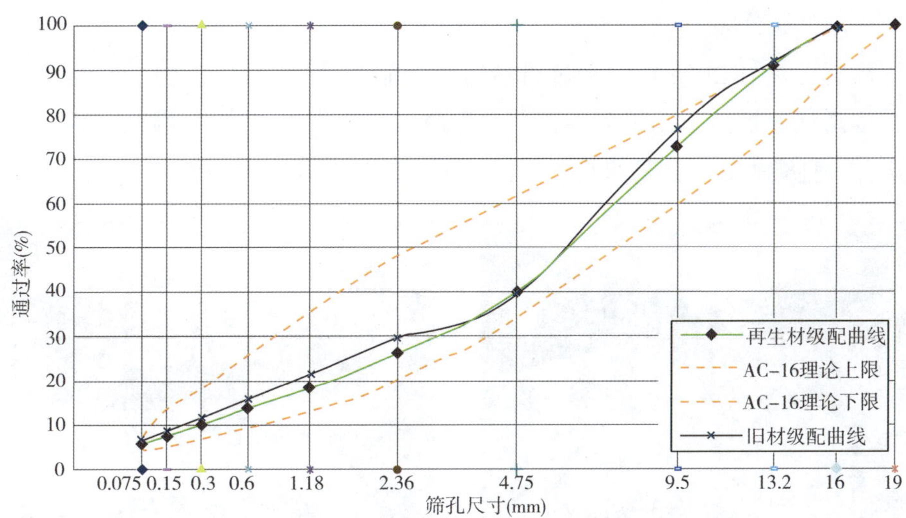

图 6-21 调整后再生沥青混合料目标级配曲线

复拌前后沥青混合料马歇尔试验结果 表 6-6

名称	毛体积相对密度（g/cm³）	最大理论相对密度（g/cm³）	空隙率（%）	稳定度（kN）	流值（0.1mm）
旧路混合料	2.585	2.632	1.8	9.72	22.5
复拌混合料	2.541	2.662	4.5	13.59	31.3
技术要求	—	—	3 ~ 6.5	≥ 8	15 ~ 40

由表 6-5 可以看出，为了使就地热再生施工后的沥青混合料达到 AC-16 型沥青混合料的标准级配，在新添加的沥青混合料中，2.36mm 以下的集料完全是原材料中的自然含量。由表 6-6 可以看出，再生后沥青混合料的力学性能满足规范标准的要求。广靖锡澄高速公路施工现场如图 6-22 所示，施工后的路面效果如图 6-23 所示。

图 6-22 广靖锡澄高速公路施工现场

图 6-23 广靖锡澄高速公路修复后效果

（2）京沪高速公路

京沪高速公路在2005年曾经进行过微表处施工，由于微表处只能治理路表病害，只是一种预防性养护措施，耐久性较差，寿命一般只有2～3年。路面又将出现裂缝、车辙等病害，且微表处路面易出现“脱皮”现象，如图6-24所示。

a)

b)

图6-24　京沪高速公路施工前微表处脱皮，采用复拌再生工艺进行施工

2009年9月京沪高速公路引进英达就地再生机组，对微表处路面裂缝、车辙等病害进行治理，并解决微表处路面的“脱皮”问题，施工后的路面如图6-25所示。

a)

b)

图6-25　施工后路面情况

6.5　其他病害

除了以上描述的几种路面病害，就地热再生工艺技术还可以治理横向裂缝、纵向裂缝、泛油、坑槽等各种沥青路面病害。其中由基层引起的路面病害，应先进行基层预处理，再采用就地热再生技术恢复沥青面层。

6.6 本章小结

本章主要介绍就地热再生对我国沥青路面常见的典型病害，如车辙、松散麻面、桥头跳车和微表处脱皮的治理。就地热再生的加热耙松工艺使其不受最小摊铺厚度的限制，可对桥头跳车病害进行治理；而其间歇式热辐射技术则保证了微表处路面的施工温度，级配调整技术又保证了通过施工消除微表处材料对原路面级配的影响。同时本章通过工程实例，对就地热再生技术在桥头跳车和微表处路面的适用性进行了验证。

7 就地热再生技术对车辙病害的治理

随着我国沥青路面修建水平和养护要求的不断提高，沥青路面早期病害正逐步减少，而车辙已成为沥青路面最主要的病害形式。目前治理车辙最常用的传统工艺是铣刨重铺，传统工艺治理车辙效果有限，往往造成短期内车辙再次复发，而且复发的车辙深度与铣刨重铺前相同甚至更深。

根据大量的工程经验和理论分析，与传统工艺相比，就地热再生治理车辙有其独特的特点和优势。本章主要是对我国沥青路面车辙发展的规律及目前影响车辙的主要因素进行分析，并通过理论分析、计算及工程实践，介绍就地热再生治理车辙的特点和实际效果。

7.1 车辙成因及影响因素分析

7.1.1 车辙成因分析

大量研究结果表明，沥青混合料在荷载作用下的变形经历以下 3 个阶段：

（1）迁移期：在荷载作用下，变形迅速增大，但应变速率随时间增加逐渐减小。

（2）稳定期：在荷载作用下，应变稳定增长，但应变速率基本保持不变。

（3）破坏期：在荷载作用下，应变、应变速率随时间增加迅速增大直至破坏。

为了更好模拟实际路面材料受力状态和行车荷载特性，设计沥青混合料的试验方案，采用三轴蠕变试验对 3 个应力水平和 3 个高温水平进行组合试验。

试验参数如下：

（1）预加载：以 5% 的轴心应力预压 90s。

（2）围压：138kPa，整个试验过程保持恒定。

（3）竖向应力水平：0.7MPa、0.8MPa、1.0MPa。

（4）高温水平：40℃、50℃、60℃。

（5）荷载波形：半正弦波间歇荷载，加载时间 0.1s，间歇时间 0.9s。

（6）不同高温水平下不同应力水平的沥青混合料永久应变变形曲线如图7-1～图7-3所示。

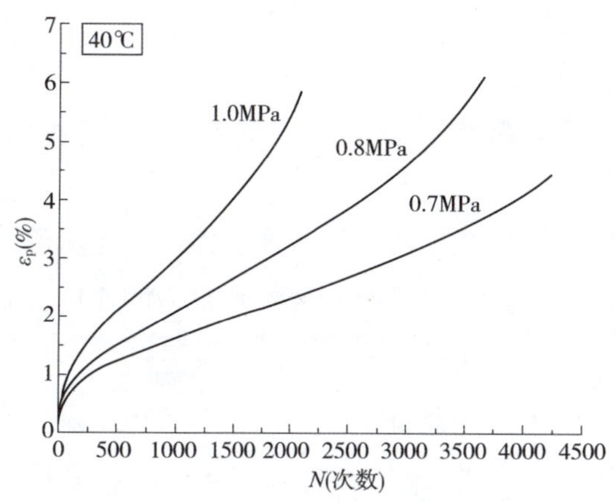

图7-1　40℃时不同应力水平蠕变曲线

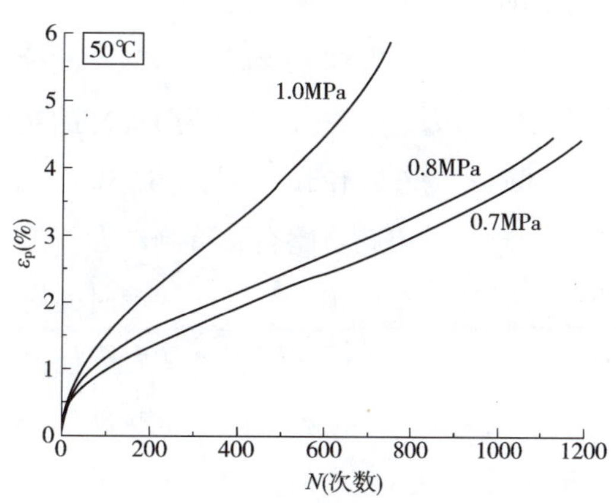

图7-2　50℃时不同应力水平蠕变曲线

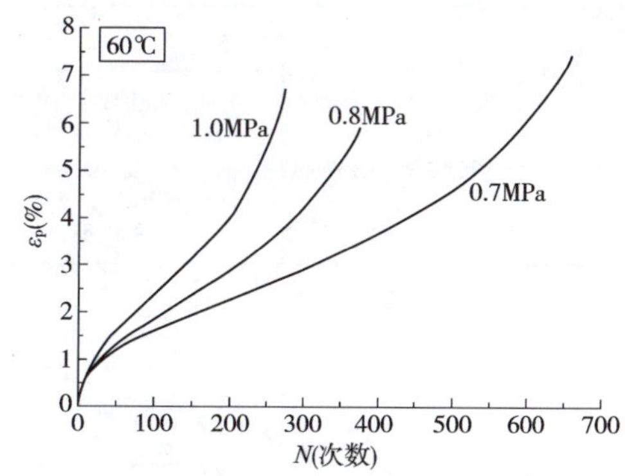

图7-3　60℃时不同应力水平蠕变曲线

由图7-1～图7-3可见，在相同的温度下，随着应力水平的增大，沥青混合料的变形加快，破坏期提前到来，说明重载将加速路面车辙的发展速度，使路面提前失去使用功能，所以，应当严格限制超载车辆的行驶。

将5%变形、不同温度和荷载条件下的作用次数进行对比，见表7-1。

在正常荷载、40℃的通行条件下产生5%的变形需要作用5058次，而超载、高温条件下只需作用230次即达到了5%的变形，作用次数缩短了22倍，即超载、高温使用1个月相当于正常使用22个月。

5%变形、不同温度和荷载条件下的作用次数对比　表7-1

应力	温度		
	40℃	50℃	60℃
0.7 MPa	5058	1304	535
0.8 MPa	3240	1210	338
1.0MPa	1880	672	230

（1）车辆起步、制动对路面的影响分析

对于沥青路面，尤其是轮胎—路面接触面附近的力学响应值，随轮胎接地压力分布的不同而有很大的差别。假设以下 3 种荷载工况：

①胎压为 0.7MPa，负荷为 25kN 的标准工况 1。

②胎压为 1.0MPa，负荷为 19kN 的超压欠载工况 2。

③胎压为 0.7MPa，负荷为 62.5kN 的超载工况 3。

针对一些市政道路交叉口制动多、停车时间长和频繁制动、减速、停车、起步等特点，分别计算车辆正常行驶与制动时的应力响应。正常行驶时，忽略水平力的作用，制动时只考虑水平力的作用，水平力按竖向力乘以系数 0.7 计算。

采用 ANSYS 有限元软件分析沥青路面在 60℃高温条件下、不同荷载工况下及不同行车状况下的剪应力值，如表 7-2、图 7-4 所示。

不同荷载工况、不同行车状况下，在温度为 60℃时的剪应力值（单位：MPa） 表 7-2

车辆工况	荷载工况		
	工况 1	工况 2	工况 3
行驶	0.163	0.225	0.294
制动	0.458	0.664	0.906

注：环境温度状况为高温 60℃。

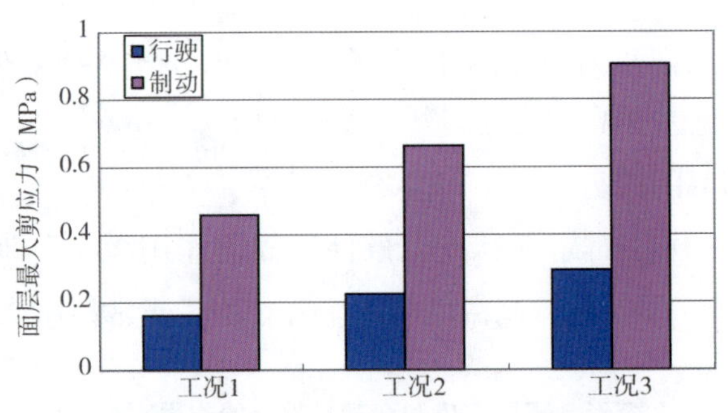

图 7-4 不同荷载及行车状态下剪应力情况

由表 7-2、图 7-4 可知，高温条件下，车辆的起步与制动所产生的剪应力是行驶过程中的 2.81 ~ 3.08 倍，且随着车辆负荷及轮胎压力的增加，倍数不断增大。重车超载或欠载高胎压等工况下，起步与制动状态对路面是非常不利的，因为这时所产生的剪应力绝对值很大，大于或接近混合料抗剪强度（0.6MPa 左右）。特别是车辆制动产生的剪应力高达 0.906MPa，是混合料抗剪强度的 1.5 倍，而在胎压为 0.7MPa、负荷为 25kN 的标准工况下制动所产生的剪应力只有 0.458MPa，满足使用要求。

（2）温度影响分析

为了模拟温度对路面车辙的影响，以 0.7MPa 胎压、62.5kN 负荷的超载工况 3 作为荷载模型，采用 ANSYS 有限元软件分析计算沥青路面在高温、常温和正常行驶速度、制动条件下的剪应力情况，其中 60℃表示高温，20℃表示常温，其结果见表 7-3。

不同温度、速度条件下剪应力状况 表 7-3

环境条件	高温		常温	
行驶工况	制动	高速	制动	高速
剪应力（MPa）	0.906	0.294	0.291	0.186

注：荷载为工况 3。

由表中数据可以得出：在高温制动情况下所产生的剪应力为 0.906MPa，是常温制动下产生剪应力的 3.11 倍，且大于混合料平均抗剪强度。制动条件下，温度对路面剪应力的影响很大，或者说温度敏感性很高；在高温高速情况下所产生的剪应力是常温高速下产生剪应力的 1.58 倍，高速行驶条件下，温度对路面剪应力影响相对较小。

（3）停车等候影响分析（交叉口）

对于沥青混合料来说，在恒定应力作用下，应变是随时间和温度的变化而变化的。因此，为了表示该材料的应力与应变关系，引入劲度的概念来描述沥青混合料的力学性质，如公式（7-1）：

$$S_{mix}(t, T)=\sigma/\varepsilon(t, T) \tag{7-1}$$

式中：$S_{mix}(t, T)$——荷载作用时间 t 和温度 T 条件下沥青混合料的模量，称之为劲度模量；

σ——荷载应力；

$\varepsilon(t, T)$——沥青混合料在荷载作用时间 t 和温度 T 时的应变。

劲度的表达式虽然同样是应力与应变的比值，在形式上也与弹性材料的胡克定律一样，但它是在特定的温度场和作用时间条件下应力与应变的关系，表征了材料的黏弹性性质。

为了分析车辆长时间停车等候对车辙的影响，对 AC-13 基质沥青混合料在 40℃、50℃、60℃、70℃ 4 个温度，以及 0.1MPa、0.3MPa、0.5MPa、0.7MPa 4 个荷载水平下，分别进行了单轴静载蠕变试验，蠕变曲线如图 7-5、图 7-6 所示。

由蠕变曲线可得到加载结束时沥青混合料的蠕变劲度模量，结果见表 7-4。

不同温度下的蠕变劲度模量 表 7-4

试验温度（℃）	40	50	60	70
蠕变劲度模量（MPa）	22.05	21.01	19.33	13.78

从图 7-5、图 7-6 的蠕变曲线可以看出，沥青混合料的变形由瞬时弹性变形、延迟弹性变形、黏性流动变形、弹性恢复、延迟弹性恢复、永久变形 6 部分组成。在加载的瞬间，即时间为 600s 时，沥青混合料发生瞬时弹性变形，变形量急剧增加，曲线斜率接近 tan 90°。随时间增加，沥青混合料变形速率逐渐减小并趋于稳定，这一段变形称为延迟弹性变形。随着作用时间的延长，沥青混合料逐渐表现为黏性流动。进入卸载阶段，沥青混合料首先出现弹性恢复，然后变形恢复又表现出短时延迟弹性恢复，最终残留的变形为沥青混合料的永久变形。

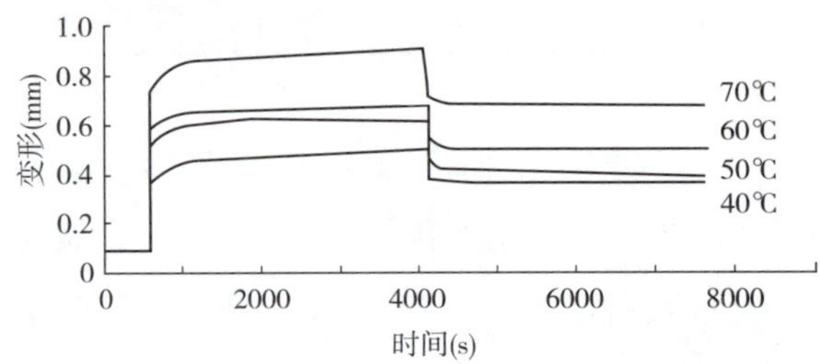

图 7-5　基质沥青混合料在 0.1MPa 条件下的静载蠕变曲线

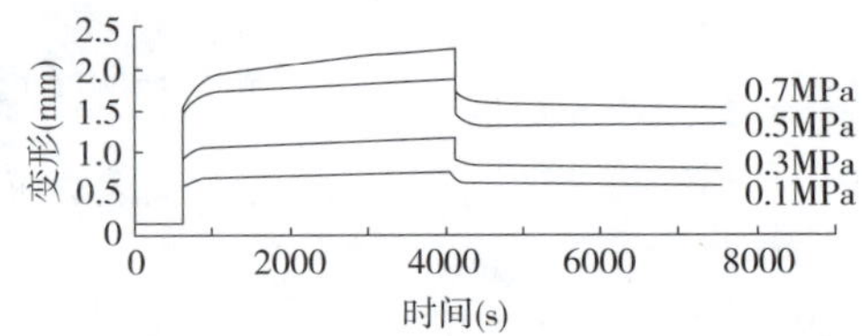

图 7-6　基质沥青混合料在 40℃条件下的静载蠕变曲线

从图 7-5 不同温度水平的蠕变曲线可以看出，加载阶段蠕变曲线的变形量随温度的增加而逐渐增加，而蠕变劲度随温度的增加逐渐减小，见表 7-4。试件在卸载时的残留变形也是随温度的增加而增加的，这即是夏季高温时期沥青路面更容易产生车辙的原因。

从图 7-6 不同荷载水平的蠕变曲线可以看出，随着荷载的增加，加载阶段沥青混合料的黏性流动变形增加，蠕变曲线斜率也增大，且试件在卸载时的残留变形也是随荷载的增加而增加的。

就每一条蠕变试验曲线而言，在加载阶段，沥青混合料的蠕变变形随作用时间的延长而增加。

7.1.2　车辙影响因素分析

作为沥青路面最常见的病害，我国对车辙的研究已经很成熟。目前研究重点主要放在沥青混合料性能上，即通过添加改性剂、抗车辙剂等外加剂来提高沥青混合料的动稳定度。但是在工程实践中，沥青混合料动稳定度满足要求的路面仍会出现车辙，针对这种情况，本书拟通过试验和工程实践来验证材料及路面结构对车辙的影响。

（1）沥青混合料材料的影响

在沥青路面设计中一般采用动稳定度表征混合料的抗车辙能力，本节选择对江苏润扬大桥路面原材料进行试验。润扬大桥连接线路面面层结构为 SMA-13+AC-20+AC-25。取样前经现场测量，路面最大车辙为 85mm，分别对最大车辙处的上面层、中面层及下面层进行取样和车辙试验，不同层次沥青混合料的动稳定度试验结果见表 7-5。

各层沥青混合料动稳定度试验结果　　表 7-5

沥青混合料	动稳定度（次 /mm）	沥青混合料	动稳定度（次 /mm）
上面层 SMA-13	5631	下面层 AC-25	3562
中面层 AC-20	4916		

通过以上试验可以看出，路面上、中、下面层沥青混合料动稳定度均满足，并远大于规范要求，但是路面仍出现严重车辙。为进一步验证车辙与动稳定度的关系，选择不同车辙深度的路面材料进行试验，取样时要求路面交通量一致，且通车时间一致。同一路段内不同车辙深度点上、同一层面沥青混合料的动稳定度试验结果见表 7-6。

不同车辙深度处路面材料动稳定度试验结果　　表 7-6

动稳定度（次 /mm）	车辙深度（mm）	动稳定度（次 /mm）	车辙深度（mm）
1580	37	5784	24
2314	31	6539	21
3672	27	8756	20
4983	28	9846	20

车辙深度与动稳定度的关系，如图 7-7 所示。由该图可以看出，除动稳定度为 4983 次 /mm 的点有些变异外，车辙深度普遍随动稳定度的提高而降低。但是当动稳定度超过 5000 次 /mm 后，动稳定度对车辙深度的影响逐渐减小，特别是动稳定度为 6539 次 /mm、8756 次 /mm 和 9846 次 /mm，车辙深度变化不大。

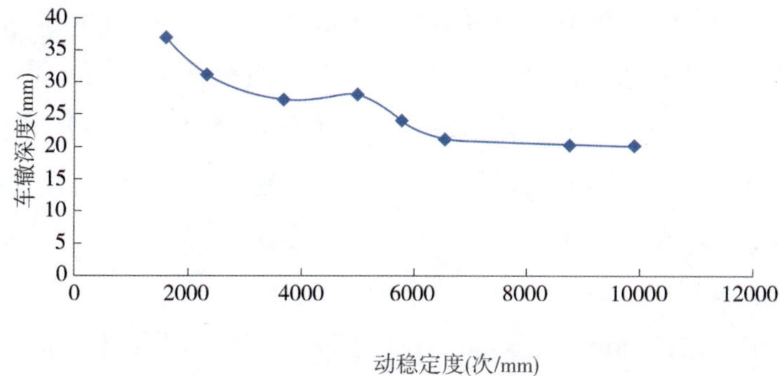

图 7-7　动稳定度与车辙深度的关系

根据试验结果可知，当动稳定度较小时，对车辙深度的影响较大；随着动稳定度的增加，对车辙深度的影响逐渐减小。特别是当动稳定度超过 7000 次 /mm 后，对车辙深度的影响更小。

道路车辙的产生，正如本章 7.1.1 节分析，与车辆频繁制动、急剧减速、停车、起步有直接关系。例如城市道路平交路口，在等待交通信号灯一端的车辙具有更加明显的上述特征，而且车辙的深度与红灯信号时间长短，即停车等待的时间长短密切相关。

根据路面承受的剪应力对车辙产生影响更大的结论，在坡道上，尤其是在长距离连续陡坡路段，当车辆必须减挡才能通过的路段，正常行驶的同吨位、同功率的车辆，其减、换挡的位置基本上是在相同的路段范围内。

当车辆由高挡位变换为低一级挡位，驾驶员完全抬起离合器踏板时，一般都会加大油门利用车辆惯性“冲坡”。特别是当踏板完全抬起后的几秒到十几秒钟的路段内，车轮对路面施加的剪应力要比正应力大几倍到十几倍。当车速逐渐恢复到当前挡位的正常车速时，剪应力也逐渐下降。该区段路面材料经过如此反复作用，沥青混合料所承受的剪应力远远超过沥青混合料的屈服极限，导致沥青混合料产生流动并产生黏塑性永久变形，该黏塑性永久变形的结果便形成较深的车辙、拥包、推移等缺陷。这对于交通繁忙、车流量大，且超载车比例大的长大上坡路段，可能产生 2 ~ 3 个有规律车辙的段落，而且路面材料往往带有不同程度的拥包和推移。所以，超重载车越多、车流量越大的路段，车辙越深。车辙严重路段的路面，将会同时发生拥包和推移。

上述车辙若不及时治理，变换的挡位越低，推移的波峰越高；严重时拥包波峰顶部的沥青混合料甚至会发生松散。

（2）路面结构对车辙深度的影响

为了解路面结构对车辙的影响，分别采用两种不同的工艺施工，然后对路面车辙深度进行跟踪调查。

以某城市道路平交路口车辙治理为例，由于车辆频繁制动、停车、起步等原因，路面车辙较严重，特别是公交车道，最深车辙达 88mm，如图 7-8 所示。

为分别验证材料及路面结构对车辙发展的影响，选择两个车辙严重且相邻交叉口区段的公交车道为例，采用不同的工艺治理方法。由于选择对比的是公交车道，两个相邻交叉路口的车流量、轴荷分布可看作近似相同。确定施工方案前曾对路面进行钻芯调查，结果表明路面基层状况完好，车辙主要是由于沥青层变形造成的。因此，处理方案主要针对沥青面层。

其方案一为传统的铣刨摊铺工艺，铣刨原路面三层沥青混合料并重新进行分层摊铺，施工后沥青层结构为上面层 SMA-13、中面层 AC-20、下面层 AC-25，且三层新沥青混合料均添加 0.4% 抗车辙剂。施工前对沥青混合料动稳定度进行检测，其结果显示加入抗车辙剂后，沥青混合料动稳定度得到大幅度提高，添加 0.4% 抗车辙剂后动稳定度试验结果见表 7-7。

a)

b)

图 7-8 城市交叉口公交车道严重车辙

沥青混合料动稳定度（方案一） 表 7-7

沥青混合料	动稳定度（次 /mm）
上面层 SMA-13	8842
中面层 AC-20	6654
下面层 AC-25	4415

方案一路段于 2011 年 7 月施工，2011 年 10 月对其进行跟踪调查时，发现车辙再次严重复发，且最深车辙已达到 80mm，如图 7-9 所示。

图 7-9 铣刨摊铺三个月后再次复发成为严重车辙

方案二采用就地热再生工艺对车辙进行治理，考虑到原路面混合料动稳定度满足要求，施工时不对原路面进行整体铣刨摊铺，而是充分利用路面在运营期间车辆荷载对路面轮迹带上所吸收的压实功。在施工时，仅对加热后的轮迹带的波谷部分路面拉毛，确保新添加的沥青混合料能与原路面材料有效热黏结，最大限度地保留运营期间轮迹带上已经吸收的压实功。

采用就地热再生工艺治理严重车辙时，应分为三个阶段：

第一阶段：铣刨波峰。

热再生施工前对波峰进行铣刨，铣刨至原路面高程以下 1 ～ 2cm。

第二阶段：对路面加热、拉毛，并在波谷处填充粗粒径沥青混合料。

对原路面进行正常加热、耙松之后（只对波谷进行拉毛处理），用专用设备在波谷处填充粗粒径混合料，提高波谷处路面的承载能力和抗车辙能力，添加粗粒径混合料的厚度除补充原路面车辙的深度外，还应比原路面高出 2 ~ 3cm。采用双驱双振压路机以低频、大振幅状态进行碾压，以保证原路面波谷处能吸收更强大的压实功，确保施工质量和压实效果。

第三阶段：全线就地热再生施工。

全幅路面采用整形就地热再生工艺进行施工。对原路面进行加热耙松，添加与原路面相同规格新沥青混合料并进行碾压。该市政道路采用就地热再生工艺进行车辙治理工程中，路面新添加混合料采用 SMA-13，并添加 0.4% 抗车辙剂。

施工各阶段路面横断面情况如图 7-10 所示。

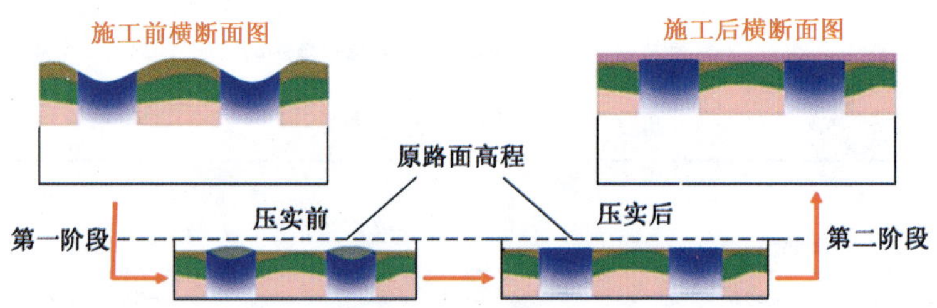

图 7-10　车辙处治各阶段路面横断面

方案二于 2011 年 5 月施工，施工后每三个月对路面车辙发展情况进行一次跟踪调查。就地热再生工艺治理平交路口车辙后的发展情况见表 7-8、图 7-11。

就地热再生工艺治理平交路口车辙后的发展情况（方案二）　表 7-8

时间（月）	施工后	3	6
最大车辙（mm）	0	29	32

图 7-11　交叉口车辙发展情况（方案二）

采取两种不同的方案对交叉口严重车辙进行治理：方案一为铣刨三层重铺，即利用新沥青混合料的动稳定度抵抗路面车辙的发展；方案二为采用就地热再生工艺技术，即利用再生沥青混合料高动稳定度的同时，充分利用原路面结构特别是车辆荷载对原路面施加的压实功以抵抗车辙的发展。从工程情况来看，分别采用两种施工方案后路面车辙都有一定程度的发展。这主要是由于施工路段交通量大、重车多的原因。而从车辙发展速率和深度的数量来看，方案一铣刨重铺施工后三个月车辙深度发展到 80mm，而方案二就地热再生施工后六个月车辙深度发展仅为 32mm。可以看出，就地热再生工艺对车辙的治理效果要远好于铣刨摊铺。这说明在治理车辙时，除了路面材料的动稳定度，更要注重路面结构的选择与调整。

通过室内试验和工程实践，对沥青路面车辙发展规律和车辙影响因素进行分析：

①沥青路面车辙发展速率和数量在施工后第一年内最快，特别是第一个高温季节，此后车辙发展速率逐渐减缓直至稳定。

②作为检验沥青混合料抗车辙能力的指标，当路面交通量较小时，动稳定度对路面抗车辙能力有很大影响。

③动稳定度只是影响车辙的一个因素，其与车辙产生及发展的关系还需进一步研究。

④与材料因素相比，路面结构对车辙的产生及发展影响更大。

7.1.3 车辙敏感区（车辙域）

长安大学延西利教授研究团队的最新研究成果表明，沥青路面车辙产生的力学原理是高温温度场和较大应力场组合效应作用的结果。在这两者组合的几何范围内，即为车辙容易发生的区域范围，称为车辙敏感区或车辙域。

通过对高速公路沥青路面连续两年的温度实测，路面高温温度场如图 7-12 所示。若以沥青的软化点为基准，则高温温度场的影响大致发生在路面深度 0 ~ 12cm 内。

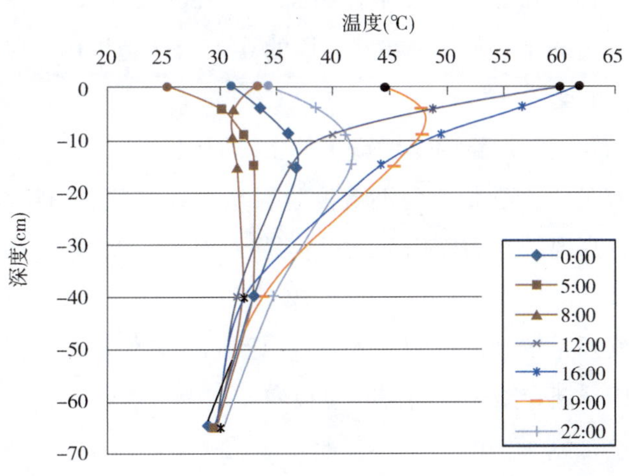

图 7-12 沥青路面高温温度场的实测结果

通过有限元数值计算，分析不同车辆荷载水平下沥青路面的最大正应力 δ_{1max} 和最

大剪应力 τ_{max}，如图 7-13 所示。由此可见，最大正应力的较大值产生于路面深度 0 ~ 6cm，最大剪应力的较大值产生于路面深度 4 ~ 8cm，亦即对于三层沥青层路面，表面层车辙主要由正应力产生，中面层车辙主要由剪应力产生。

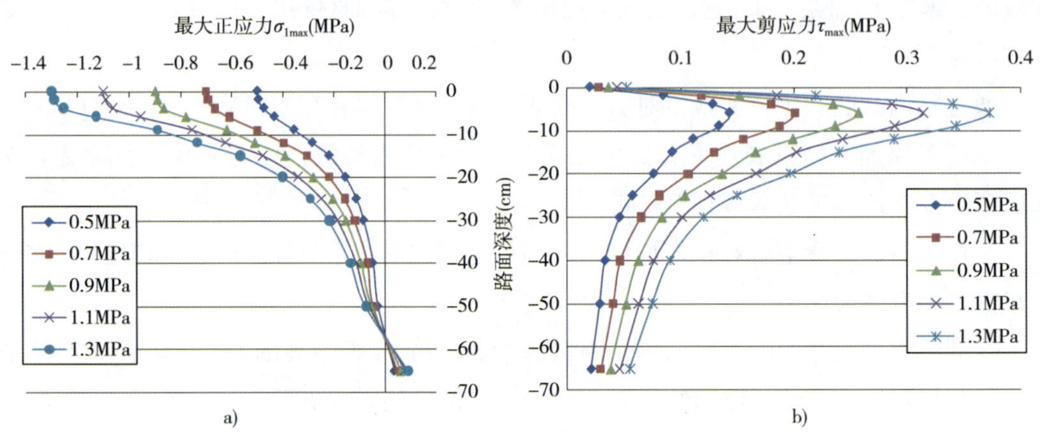

图 7-13　车辆荷载作用下沥青路面的最大正应力和最大剪应力分布

由以上在相同环境温度下，温度随路面深度的变化规律试验以及最大正应力、最大剪应力随路面车辙深度变化规律试验结果可以得出以下结论：

（1）车辙敏感区即车辙域＝高温温度场＋较大应力场（最大正应力场＋最大剪应力场）。

（2）在三层沥青层路面中，表面层车辙主要由正应力产生，中面层车辙主要由剪应力产生。

（3）车辙敏感区即车辙域主要发生在路面 0 ~ 12cm 深度内，在此范围内，需要重点防治车辙，进行强化设计，尤其是在路面层的 0 ~ 6cm 范围内，是最大正应力与最大剪应力复合作用最强的交织叠加范围。

根据以上分析，我国沥青路面车辙产生的主要原因包括：

（1）沥青混合料的先天性特性。沥青混合料是一种典型的颗粒性和弹黏塑性材料，对温度十分敏感，在高温和外力作用下，很容易发生压密和黏塑性永久变形，沥青路面极易产生车辙。

（2）高温渠化交通是车辙产生的根本条件。路面的工作状况是温度交替变化、车辆荷载重复及渠化作用，沥青路面在高温时段很容易产生车辙。

（3）坡道路段会加剧车辙的产生。正如在 7.1.2（1）中描述的那样，尤其在转弯的斜坡道上，汽车的行驶速度较慢，特别是重载车辆，车辆对路面施加复合力的作用时间大大延长；再加上车辆行驶在弯道上，由于离心力作用使路面产生横向剪应力，最终会产生更大的复合剪应力，从而导致沥青路面面层材料产生更大的流动变形，即黏塑性永久变形，路面面层材料表现为车辙，甚至出现拥包、推移，严重的拥包、推移在波峰还可能引起沥青混合料的松散。

（4）重载车辆使车辙进一步恶化。在我国，载重车超载始终是一个无法解决的难题，巨大的车辆荷载使得沥青路面在高温时不堪重负，出现严重的车辙。

7.2　车辙发展规律

车辙是沥青路面最常见的病害，特别是在高速公路收费站、市政道路交叉口、公路长大上坡路段等特征位置更易发生。车辆低速行进、频繁制动、起步加速都会大大增加沥青路面在特征区域所承受的正应力和剪切应力，从而加快车辙发展的速率。为了解路面车辙随运营期间的发展规律，于 2006 年 8 月开始至今，对多条高速公路、国省干线和市政道路的车辙采用就地热再生工艺技术进行治理。这里仅对部分典型路段车辙处治的效果进行对比分析。

2006 年 8 月曾对河南漯平高速公路的严重车辙进行治理，施工前路面主线车辙深度为 40 ~ 50mm，个别服务区进出口最大车辙深度达 110mm，如图 7-14 所示。采取就地热再生对其治理后，到 2011 年 12 月为止，已经运营五年半，仅局部路段车辙有轻微复发，最大为 18mm，如图 7-15 所示。这说明就地热再生工艺治理漯平高速车辙病害效果明显。

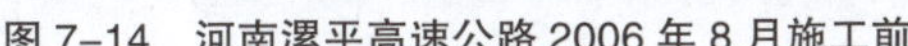

图 7-14　河南漯平高速公路 2006 年 8 月施工前

图 7-15　就地热再生施工 5 年后的状况调查

施工后，分时段定期对就地热再生施工治理后的车辙进行跟踪调查，并绘制车辙深度随运营时间发展的规律曲线，如表 7-9 和图 7-16 所示。从车辙发展情况来看，施工一年内车辙发展为 14mm，相对较快，此后车辙发展速率逐渐减缓，一年后车辙发展的曲线基本趋于平缓或不再增加的稳定状态。

河南漯平高速公路车辙发展状况　　表 7-9

时间	2006 年 6 月施工前	施工后运营时间（月）								
		0	3	6	12	18	24	36	48	66
车辙深度（同一位置，mm）	110	0	9	12	14	14	15	15	15	18

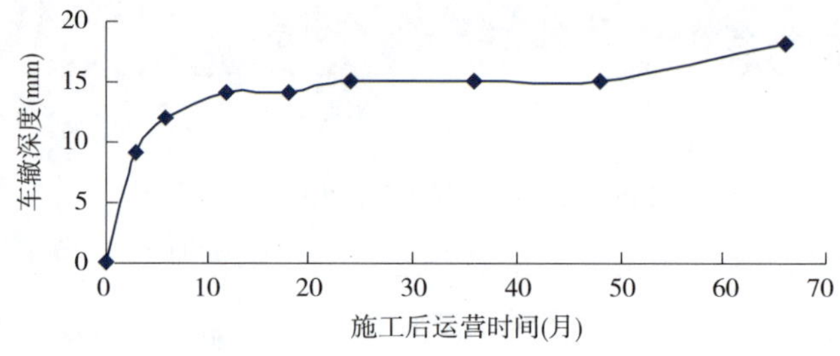

图 7-16　河南漯平高速公路车辙深度随运营时间的发展规律

2014 年 5 月经由 CiCS Ⅲ型路面综合检测车检测结果表明，就地热再生施工第 8 年时，道路的平整度综合评定结果仍然为良。路面车辙虽有轻微复发，但综合评定结果为良和中。每段车辙 *RD* 平均值分别为 6.9mm、8.8mm、12.7mm、10.3mm。最大车辙深度为 25mm，如图 7-17 所示。

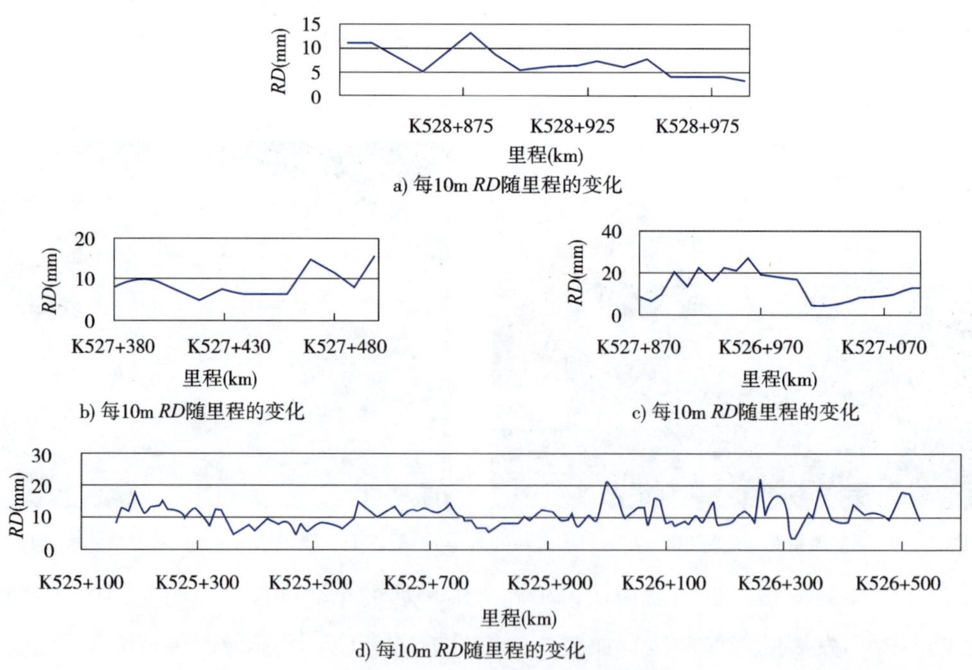

图 7-17　不同桩号处每 10m *RD* 随里程的变化

由该工程项目的施工、定期跟踪检测结果可以说明：

（1）就地热再生技术可以在很大程度上延长车辙的发展周期，延缓车辙的产生。

（2）就地热再生施工后，车辙复现深度数量级大大减小，一次治理道路的使用期限至少为 8 年以上。

江苏润扬大桥连接线，主要是在主线收费站前后等待收费路段，尤其是扬州至镇江方向西幅路面，由于路面上的测速记录装置和收费站前后超载严重、重载车辆频繁制动、急剧减速、停车、起步，导致路面车辙较深。施工前路面最深车辙达 85mm。

2009 年 12 月，对该路段采用就地热再生工艺技术进行治理，由于车辙深度大于 40mm，施工时采用复式再生治理的工艺技术。施工治理前后及定期跟踪调查，如图 7-18 所示。

a)

b)

图 7-18 润扬大桥 2009 年 12 月施工前及 2011 年 12 月的路面状况

经过就地热再生工艺治理后，对原路段车辙进行定期跟踪调查，结果见表 7-10。车辙深度随运营时间发展的规律如图 7-19 所示。

润扬大桥车辙发展状况 表 7-10

时间	2009 年 12 月施工前	施工后运营时间（月）					
		0	3	6	12	18	24
车辙深度（同一位置，mm）	85	0	9	13	21	24	25

由上述两个就地热再生工艺治理车辙的工程实例可以看出，由于施工的季节不同，与河南漯平高速车辙发展速率相比，润扬大桥施工后 8 ~ 12 个月的车辙发展速率较快。这主要是润扬大桥为冬季 12 月施工，而施工 6 个月后进入当地第一个最高气温季节，高温再次加速了路面车辙的发展，故在此阶段车辙复现曲线出现一个明显的上扬波动。过了高温季节之后，一年内车辙发展速度逐渐减慢，直至曲线达到平缓的稳定趋势。

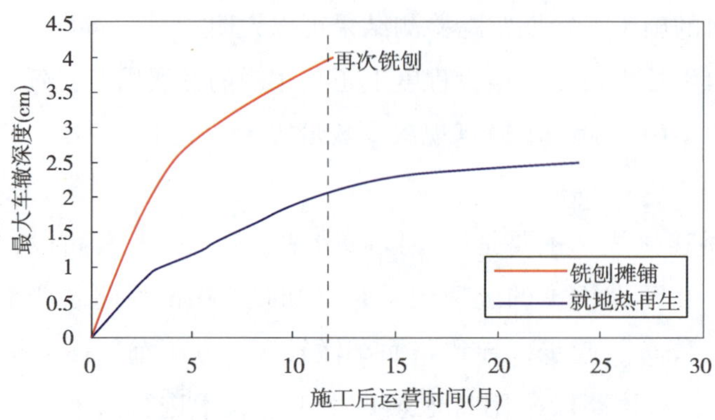

图 7–19　润扬大桥车辙深度随运营时间的发展规律

7.3　不同工艺治理车辙的特点

国内外关于沥青路面抗车辙技术的研究与应用，可以归纳为 4 种技术类型：①路面结构优化组合设计；②优化路面层材料级配；③应用改性技术；④应用绝热材料。这些抗车辙技术的原理及应用情况见表 7-11。

抗车辙技术综述　　表 7-11

技术方法	抗车辙原理	技术应用评述
①路面结构优化组合设计	优化路面结构层的组合，发挥各结构层的最大功能，从而综合改善沥青路面的高温稳定性	一般在沥青混合料面层下设置 ATB 柔性基层，既可节约沥青用量，又可提高其动稳定度，目前应用较多
②优化路面层材料级配	c-φ 值中的内摩阻角对温度不是很敏感，故优化级配，采用骨架密实结构的混合料，在一定程度上可以提升高温强度	综合各种路用性能，集料的级配优化范围有限，且对高温稳定性改善幅度较小，一般可作为混合料质量控制的手段
③应用改性技术	通过沥青的改性或混合料的改性，有效降低沥青混合料的高温变形，从而改善抗车辙性能	改性技术可以显著改善抗车辙能力，国内外普遍采用；特别是混合料外掺改性技术，效果更佳
④应用绝热材料	在路表设置绝热层，减弱热量传递，降低沥青层温度，从而改善温度稳定性	路表绝热材料的研究，仍处于探索阶段，路用技术还不成熟，目前尚未有大面积应用的报告

7.3.1　微表处治理车辙

微表处，是一种快捷、经济的改善上封层结构路面摩擦性能的处理方法，有时也可作为临时应急处理车辙的方式，但是微表处对原路面状况的要求较严格，如果车辙部位两边的拥起较高则不适用。一般来说，微表处适用于处治深度在 10mm 以内的车辙，而目前我国路面特别是高速公路路面由于交通量大、超载、重载车多，导致路面车辙比较大。

另考虑到路面车辙深浅的分布通常是不均匀的，这也不适于采用微表处工艺进行处理。

微表处技术是一种以聚合物改性乳化沥青为黏结料的密级配快凝型冷拌沥青罩面技术。其施工工艺简单、成本低、污染小，可以迅速改善原沥青路面的磨损、老化、光滑、松散等病害，但是对路面车辙微表处的处理效果很有限，其不足之处有：

（1）微表处无法治理路面的结构性破坏（如沉陷、坑槽等）。由于其单层厚度只有5～10mm，在整个沥青路面结构体系中，只能作为表面保护层和磨耗层使用，达不到结构承重的作用，不具备结构抗应变的能力和结构补强能力，因此微表处要求原路面稳定，无结构性破坏。

（2）原路面的表面状况对微表处的使用效果及功能有很大影响，如原路面有裂缝，则裂缝仍然会快速反射至微表处表面层。

（3）原路面与微表处黏结不良，易产生剥落脱皮等病害，如图 7-20 所示。

（4）有关研究与实际运行发现，经过微表处的路面行车“噪声”和普通沥青路面相比明显增大。

（5）微表处填补车辙时，往往仅填补行车道的双轮迹带，横断面形成“凸”形抛物线形状，路面横坡的起伏对路面排水和舒适性有一定影响，道路的表观形象也受到影响。

图 7-20 某高速公路微表处脱皮

7.3.2 传统铣刨摊铺工艺治理车辙

车辙的传统处理方法通常是对出现车辙的路面进行铣刨摊铺，用这种方式进行处理后，路面车辙很容易复发，同时也易产生坑槽、脱皮等病害。究其原因，主要是工艺本身的弊端引起的，不太容易避免。如果只铣刨原路面面层厚度（或上中面层厚度），由于路面各层均有变形，车辙导致沥青混合料层间界面不再是一个平面，而是在横断面上因车辙变形形成了一个波浪形曲面，冷铣刨后路面将会在层间留下一个三角区的松散夹层，如图 7-21 所示阴影部分。此外，经过铣刨后，表面难以彻底清理干净，同时黏层油的喷洒工艺及后续运输、摊铺工序都会导致黏层油的不均匀，用传统铣刨工艺施工，新

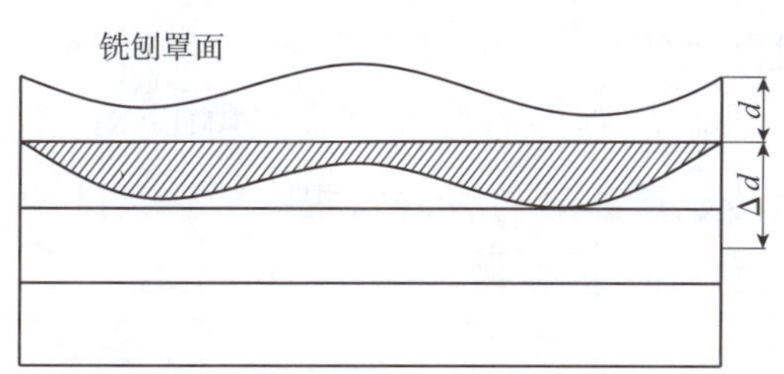

图 7-21 铣刨路面造成的松散夹层

路面与下层原路面之间的弱界面无法避免，新沥青混合料与原旧路面的不良结合，形成了周边的弱接缝和层间的弱界面，如图 7-22 所示。这样的层间并非连续的受力体系结构，与路面结构设计时的假设前提条件截然不同。从而导致路面层间抗剪强度大大降低。

由于铣刨后界面清扫的不干净会使铣刨摊铺施工接缝与原路面间形成冷接缝，破坏施工路面的整体性，如图 7-23 所示，容易造成接缝过量渗水，从而降低路面强度，大大缩短路面的使用寿命。

图 7-22　传统施工和铣刨摊铺工艺形成的层间弱界面

图 7-23　铣刨摊铺路面与原路面的接缝

7.3.3　层间热黏结就地热再生工艺治理车辙

与传统铣刨摊铺施工工艺相比，采用层间热黏结的就地热再生工艺治理车辙具有以下特点。

（1）优化路面级配和油石比

对于原路面沥青混合料的级配和油石比不满足要求的路面，可以采用就地热再生工艺施工的同时，优化原路面级配和油石比，降低空隙率，提高再生沥青混合料的抗车辙能力，延长道路使用寿命。

（2）提高层间抗剪强度

采用就地热再生工艺技术施工时，沥青路面层间接触为热黏结且施工中会对原路面充分加热后翻松，不存在松散夹层，层间界面处有粗集料相互嵌挤，做到无缝、无界面热黏结。经东南大学试验检测，与传统的喷洒黏层油后直接罩面相比，采用层间热黏结技术的试验段，其芯样的完整性由传统罩面工艺的 36% 提高到热黏结的 100%，层间界面抗剪强度由传统罩面工艺的 0.27MPa 提高到热黏结的 0.64MPa。

（3）纵、横向热接缝

就地热再生施工时，加热宽度大于施工宽度可减小或消除接缝两侧沥青混合料的温度梯度，使得纵、横向接缝均为热接缝，如图 7-24 所示。保证接缝不渗水，降低因水损害等因素造成沥青混合料强度降低的可能性。

a)

b)

图 7-24 热再生单车道施工与原路面施工接缝

（4）充分利用沥青混合料使用过程中性能的变化

沥青混合料摊铺到路面，随着荷载的反复碾压作用，沥青与集料的裹覆状况和稳定性越来越好。除此之外，沥青混合料在使用过程中沥青性能会逐渐发生变化，在指标上表现为针入度下降、延度下降、软化点升高，这一特性有利于提升沥青混合料的高温抗车辙能力。沥青老化虽然对高温性能有益，而对低温性能则有负面影响，故施工中需要添加再生剂，以恢复已经老化的沥青性能。

采用国际领先就地热再生工艺治理车辙路面病害的很多工程，施工时添加适量再生剂的再生沥青混合料的动稳定度仍远远高于新沥青混合料的设计规范要求，部分经就地热再生的工程项目，再生沥青混合料的动稳定度参数列于表 7-12。

部分工程经就地热再生后沥青混合料的动稳定度检测结果　表 7-12

工程项目	再生料动稳定度（次 /mm）	规范要求值（次 /mm）	检测单位
北京长安街	5454	≥ 2800	北京市建设工程质量第三检测所
京沈高速公路	6218	≥ 3000	北京奥科瑞交通发展有限公司
润扬大桥连接线	5272	≥ 3000	南京八方建设工程检测有限公司
广靖高速公路	7958	≥ 2800	江苏省交通科学研究院

（5）充分利用公路运营期间车轮荷载对路面的压密作用

统计表明，渠化交通车辆沿车道单向行驶时，在宽度为 3.75m 的车道上，两条轮迹带范围内的荷载作用分布频率最高，达到此车道总累计轴数的 60% 左右，高速公路甚至达到 90% 以上，即道路通车后，轮迹带处受到比其他位置更大的累计荷载作用，如图 7-25 所示。

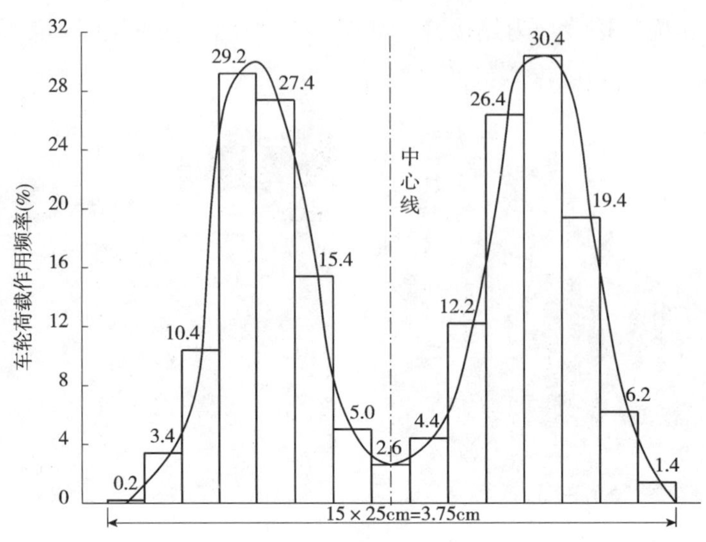

图 7-25　一个车道内车轮荷载作用频率的横向分布曲线

道路使用一段时间后，轮迹带在车辆荷载的反复作用下会发生变形，但是它同时也吸收了车辆荷载作用下强大的压实功，这种压实功是传统施工工艺根本无法达到的，即目前路面轮迹带处的混合料更趋于稳定、压实度更密实、抗车辙能力更高。在这种情况下，若采用铣刨、重新摊铺工艺，则完全破坏和释放了原路面轮迹带所吸收的强大压实功。在轮迹带范围内新的沥青混合料将重新接受车辆荷载的碾压，必然会导致继续变形直至达到新的稳定平衡状态，再进入一个新的稳定期。尤其是同时铣刨、摊铺二层甚至三层原路面材料，由于这二层或三层新摊铺的沥青混合料在重车碾压下同时快速产生变形，在很短时间内形成新的平衡点，即在短时期内新的车辙甚至比铣刨摊铺前更深的车辙将会出现。这就是工程中经常会遇到的，一次性铣刨重新摊铺的层数越多，车辙复发的周期越短、车辙越深的缘故。

就地热再生治理车辙的理念是，既然路面产生车辙后，轮迹带比其他位置更加坚硬、密实，那么不应该破坏或者尽可能少破坏轮迹带已经吸收的强大压实功（即不对其铣刨），而应对其加以利用。实际上，在道路运营状态下，荷载要求路面应该具有坚强而稳定的骨架结构。相对于新摊铺的沥青混合料来说，是处于一个承载能力更强、更加稳定的状态。

热再生施工时应充分利用道路运营期间车轮反复荷载作用对轮迹带施加的压实功，最大限度地减少施工对已吸收压实功的扰动和释放，施工时只对轮迹带范围内加热拉毛，确保新旧沥青混合料热黏结为一个整体，以保持波谷处原有的密实度和坚硬的路面骨架。就地热再生施工后可恢复路面原设计的横截面形状和高程。

（6）通过对沥青混合料进行改性，提高路面抗车辙能力

关于沥青混合料的改性技术，基于国内路面材料状况、使用条件和对路面的养护要

求及就地热再生的技术水平，就地热再生最新的工艺应用技术已由“沥青的改性”发展为“沥青混合料的改性”，改性方式也由“内掺式”转变为“外掺式”，这两种改性技术的路用性能比较见表 7-13。外掺式改性技术能极大地改善高温稳定性，剂量在 0.4% 时的沥青混合料动稳定度可达 8000 次 /mm，同时能兼顾水稳定性和低温抗裂性；内掺式改性技术（如 SBS 改性沥青）则在低温抗裂性方面更胜一筹，水稳性好，动稳定度一般在 4000 次 /mm 左右。从提高抗车辙能力方面来看，选择外掺式改性技术比较好。

目前常用两种改性方式的路用性能对比　　表 7-13

路用性能	沥青的改性（内掺式）	混合料的改性（外掺式）
高温稳定性	良 +	优
低温抗裂性	良	良 -
水稳定性	良	良 -
抗离析稳定性	差（目前大多为物理法）	优（随用随改性）

采用就地热再生技术，可通过设备更新、改造等方式增强其功能，对原路面沥青混合料现场准确、均匀添加抗车辙剂，提高原路面沥青混合料的抗车辙能力。

7.4 就地热再生工艺治理不同类型车辙的方法及案例分析

根据车辙形成机理，沥青混凝土路面的车辙一般分为 4 种类型：磨耗型车辙、压密型车辙、失稳型车辙和结构型车辙。当路面结构稳定，车辆行驶时，轮胎磨损路表而产生的车辙为磨耗型车辙，车辙深度一般在 5mm 以内，这类车辙属正常现象，除非路面摩擦系数下降到无法满足运营标准，一般不需特别处理。以下将根据其余 3 种类型车辙产生的成因和特点，分析就地热再生工艺技术治理车辙的效果，并列出相应的车辙治理案例分析。

7.4.1 压密型车辙

1）压密型车辙成因及就地热再生治理工艺

压密型车辙主要是由于沥青混凝土面层受重载车轮反复碾压作用后的压密形变造成的，压密型车辙一般呈“V”字形，深度一般为 5 ~ 20mm，这类车辙在正常道路上对行车安全没有太大的影响，如图 7-26 所示。但是对于桥梁铺装路面层，尤其是跨海长桥和北方的桥梁，这类车辙对行车安全的影响是维修所考虑的重要因素之一。

图 7-26　压密型车辙

压密型车辙深度较小，可直接采用就地热再生工艺治理，通过添加新沥青混合料，恢复路面横截面形状和行驶要求。对于建设期压实度不足形成的压密型车辙一般采用整形就地热再生工艺治理，而对于因沥青混合料本身的原因，如空隙率较大等形成的压密型车辙，一般采用复拌就地热再生工艺治理。

2）就地热再生工艺治理苏嘉杭高速公路压密型车辙工程案例

近几年来，苏嘉杭高速公路随着交通量的快速增长，路面整体服务水平开始呈现逐年下降的趋势，全线范围内出现了不同程度的车辙、裂缝、松散、坑槽等病害，尤其是车辙状况较为严重，呈逐年递增趋势。2010 年、2012 年，曾先后对部分车辙严重路段采用就地热再生工艺技术进行治理。

施工前对车辙成因进行调查和分析，车辙深度平均 20mm 左右，且已基本趋于稳定，主要车辙类型为压密型车辙。采用就地热再生工艺技术对路面车辙进行治理，施工前、后路面车辙分别如图 7-27、图 7-28 所示。

图 7-27　施工前路面车辙

图 7-28　施工两年后路面车辙

施工后对就地热再生路段路面车辙状况进行定期跟踪检测和统计，分析就地热再生路段的车辙处理效果。

（1）就地热再生路段车辙状况统计与分析如图 7-29、图 7-30 所示。

（2）就地热再生路段车辙深度指数（RDI）状况统计与分析如图 7-31、图 7-32 所示。

从苏杭方向和杭苏方向 2009 年、2010 年、2011 年和 2012 年的车辙检测结果可以看出，2010 年就地热再生施工前，苏嘉杭高速调查路段车辙普遍较大，所有检测点车辙均在 10mm 以上，最大点达到 19mm；2010 年就地热再生施工后，路面车辙病害得到了治理，且其在施工后三年内车辙发展较缓慢，施工后三年内最大车辙仅为 7mm，说明就地热再生工艺在延缓车辙发展速度方面有较大的优势。

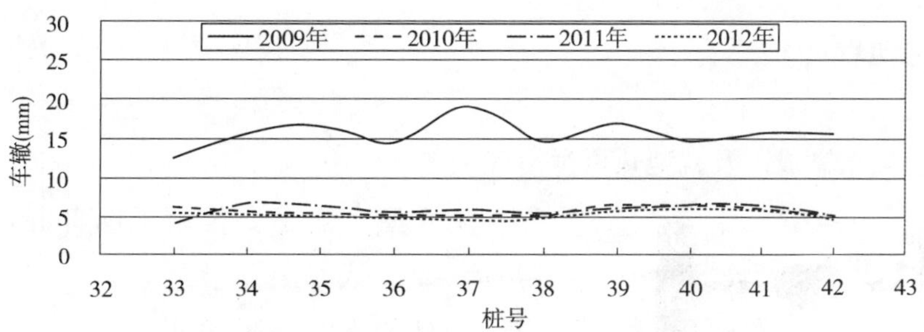

图 7-29 苏杭方向行车道公里段车辙平均值随里程的变化

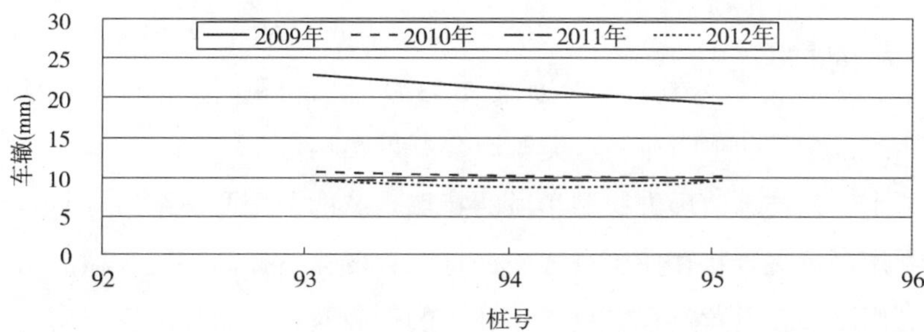

图 7-30 杭苏方向行车道公里段车辙平均值随里程的变化

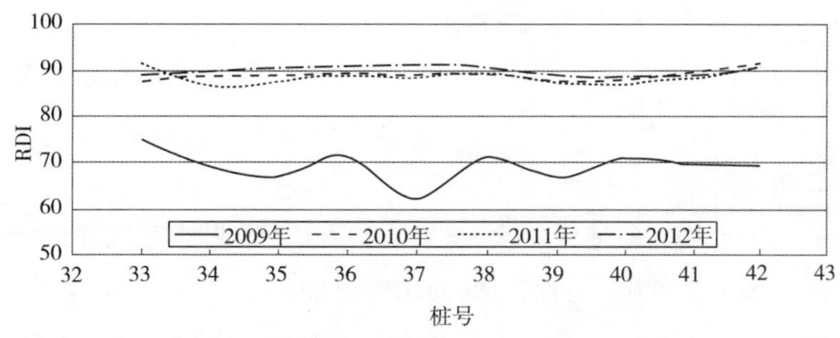

图 7-31 苏杭方向行车道 RDI 值随里程的变化

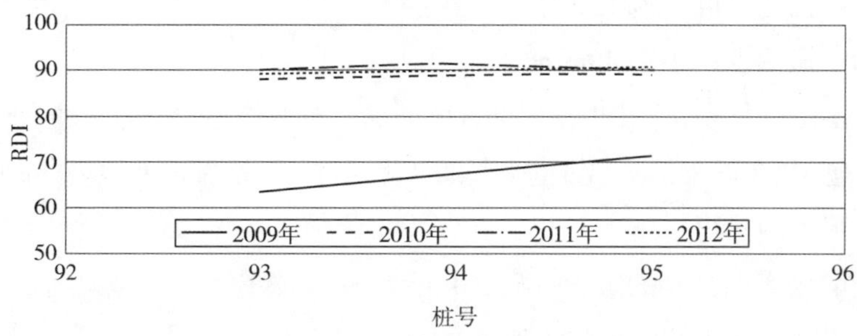

图 7-32 杭苏方向行车道 RDI 值随里程的变化

从图 7-29 ~ 图 7-32 中就地热再生施工后路段的检测数据可以看出，经过就地热再生工艺处治的路段路面公里段，车辙深度平均值在 5mm 左右，路面车辙状况得到明显改善，同时提高了行车的安全性。维修后经过两年的运营，路面车辙状况未发生明显变化。

7.4.2 失稳型车辙

1）失稳型车辙成因及就地热再生治理工艺

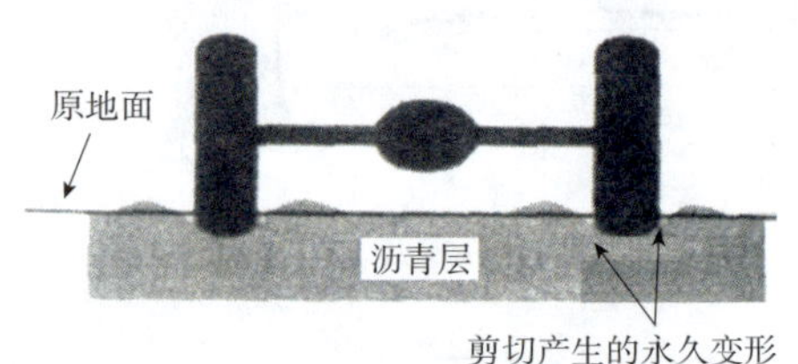

图 7-33 失稳型车辙的形成机理

失稳型车辙主要是由于沥青混合料高温稳定性不足，或车辆超载严重，引起沥青混合料产生剪切永久变形的结果。这类车辙有明显的隆起现象，整个车辙断面呈“W”形，深度达 20 ~ 50mm，严重的车辙深度可达 80 ~ 100mm，如图 7-33 所示。严重时局部隆起的波峰将出现大面积松散破坏，行车跳动感明显，这类车辙会严重影响行车安全。

就地热再生工艺技术治理失稳型车辙的特点是“两利用两黏结”，即：

①充分利用沥青混合料在使用过程中沥青参数变化所提高的抗车辙能力。

②充分利用路面在运营过程中重、超载车的荷载对路面施加的压实功。

③层间集料嵌挤形成热黏结，提高层间抗剪强度。

④周边接缝热黏结，防止雨水过量渗入。

根据不同类型的车辙和深度，采用不同的就地热再生治理工艺与方法，具体治理过程如下所述。

（1）平均车辙深度小于 40mm

小于 40mm 的失稳型车辙使用一次就地热再生施工工艺治理，根据不同的路面材料试验结果采用不同的工艺措施。如果原路面车辙发展趋于稳定，可采用整形就地热再生工艺。若原路面材料的级配或油石比不合适而需要在施工中作调整或沥青混合料需要改性，则采用复拌就地热再生施工工艺。

（2）平均车辙深度不小于 40mm

不小于 40mm 的失稳型车辙根据原沥青路面的抗车辙能力，分为两种不同的治理方案，即复式整形就地热再生施工工艺和铣刨隆起的波峰后进行一次整形就地热再生施工工艺。

①复式整形就地热再生施工工艺。

当波峰处的沥青混合料的级配良好，仍有足够的抗车辙能力时，则采用复式整形就地热再生施工工艺，其工艺过程如下所述。

首先，用就地热再生设备对路面加热耙松，注意耙松时对波峰处的耙齿需要施加较大压力，而对波谷处的沥青混合料则施加较小压力，对轮迹带的波谷范围的原路面拉毛。

其次，用设备上的刮料板将波峰处耙松的沥青混合料刮向两侧波谷处，使波谷处的再生沥青混合料比波峰处高出 2 ~ 3cm（根据原路面车辙的深度决定），以保证碾压时波谷直接承受压路机整机重量和压路机所产生最大激振力的碾压。压路机应以低频大振幅的状态进行碾压，使轮迹带吸收更强的压实功，如图 7-34 所示。

图 7-34　刮料后波谷比原波峰处高 2 ~ 3cm

最后，经初次整形后，为保证路面良好的平整度和路用性能效果，全线进行复式（二次）整形就地热再生施工，对加热的路面耙松时只对初次整形的路面拉毛，确保新添加的沥青混合料与原路面材料通过集料嵌挤形成热黏结，形成连续的受力整体。

②铣刨波峰后进行一次整形就地热再生施工工艺

当波峰处的沥青混合料较细，不能满足沥青混合料的级配标准，且没有足够强的抗车辙能力时，可采用铣刨波峰后进行一次整形就地热再生施工工艺。

首先，采用铣刨机将波峰处的细料铣刨清除，为保证原路面高程，铣刨后原波峰区域的高程应该与原正常路面相同或比原路面低 1 ~ 2cm。对路面加热耙松后，在波谷处填充粗粒径沥青混合料，填充后波谷处的高程高出波峰（2 ± 0.5）cm。其后采用双驱双振压路机以低频大振幅状态进行压实。初步完成治理，最后再次进行全线、全宽范围的整形就地热再生施工。

2）就地热再生工艺治理失稳型车辙案例

采用就地热再生工艺治理深度小于 40mm 的失稳型车辙，以 2011 年的徐州 S322 省道车辙为例进行分析。不小于 40mm 的失稳型车辙，以 2009 年润扬大桥车辙治理的工程为例进行分析。

（1）徐州 S322 省道就地热再生工艺治理车辙工程

徐州 S322 省道路面结构见表 7-14。由于车流量较大，其中重型和超载车辆较多，路面发生严重车辙，经现场调查，车辙平均深度为 20 ~ 30mm，属于失稳型车辙，如图 7-35 所示。车辙路段的波峰与波谷芯样如图 7-36 所示。

徐州 S322 省道路面结构　　表 7-14

结构名称	厚度（cm）	结构名称	厚度（cm）
AC-13 普通沥青石灰岩上面层	4	透层	—
乳化沥青黏层油	—	水泥稳定碎石基层	20
AC-16 普通沥青石灰岩下面层	5		

a)

b)

图 7-35　S322 省道施工路段路面情况

通过各层沥青混合料室内试验，分析评价其抗车辙能力。

图 7-36　车辙波峰（左）及波谷（右）取芯对比情况

①下面层沥青混合料试验分析。

路况调查发现，S322 省道路面病害以车辙为主，从取芯情况看，取芯处车辙为 25mm，其中上面层车辙约 15mm，下面层车辙约 10mm。施工前对下面层沥青混合料进行试验，检测下面层沥青混合料性能，并对其抗车辙能力进行评价。试验结果见表 7-15、表 7-16 和图 7-37。

S322 省道下面层沥青混合料筛分结果　　表 7-15

筛孔尺寸（mm）		19	16	13.2	9.5	4.75	2.36	1.18	0.6	0.3	0.15	0.075
通过率（%）		100	96.1	88.0	75.9	56.3	40.5	29.6	21.7	14.6	10.9	7.8
AC-16	上限值	100	100	92	80	62	48	36	26	18	14	8
	下限值	100	90	76	60	34	20	13	9	7	5	4
沥青含量：4.8%												

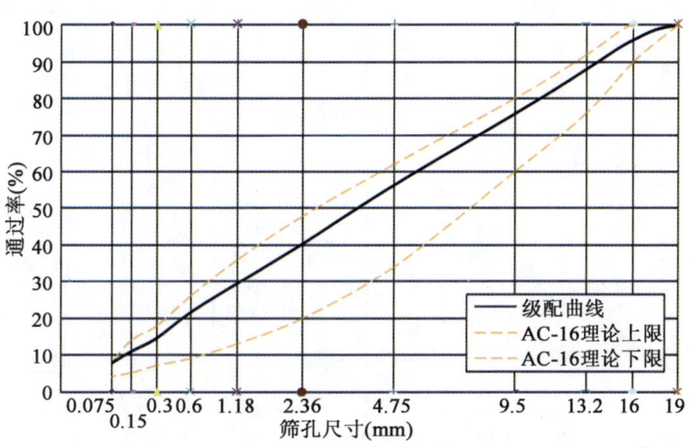

图 7-37　S322 省道下面层沥青混合料级配曲线

图 7-37 的沥青混合料级配曲线表明，各点数值均在规范要求的范围之内。但各档材料的通过率偏高，更接近上限，说明该路段沥青混合料的级配偏细。这也证实该路段级配偏细是出现严重车辙的主要原因之一。

S322 省道下面层沥青混合料性能试验结果见表 7-16。

S322 省道下面层 AC-16 沥青混合料性能试验结果　　表 7-16

试验项目	空隙率（%）	马歇尔稳定度（kN）	流值（0.1mm）	动稳定度（次 /mm）	残留强度比（%）
试验结果	4.6	14.56	31.5	3658	77.9
规范要求	3 ~ 6	≥ 8	20 ~ 40	≥ 1000	≥ 75

从表 7-16 所示试验结果可以看到，S322 省道下面层沥青混合料为 AC-16，从其混合料性能试验结果分析，目前满足需要，而其动稳定度为 3658 次 /mm，应该具有较强的抗车辙能力。

②上面层沥青混合料试验分析。

经过室内试验分析，原路面上面层沥青混合料的级配情况如表 7-17 和图 7-38 所示。

S322 省道上面层沥青混合料筛分结果　　表 7-17

筛孔尺寸（mm）		16	13.2	9.5	4.75	2.36	1.18	0.6	0.3	0.15	0.075
通过率（%）		100	98.3	82.4	57.5	40.6	31.0	23.2	14.5	9.8	8.0
AC-13	上限值	100	100	85	68	50	38	28	20	15	8
	下限值	100	90	68	38	24	15	10	7	5	4
沥青含量：5.6%											

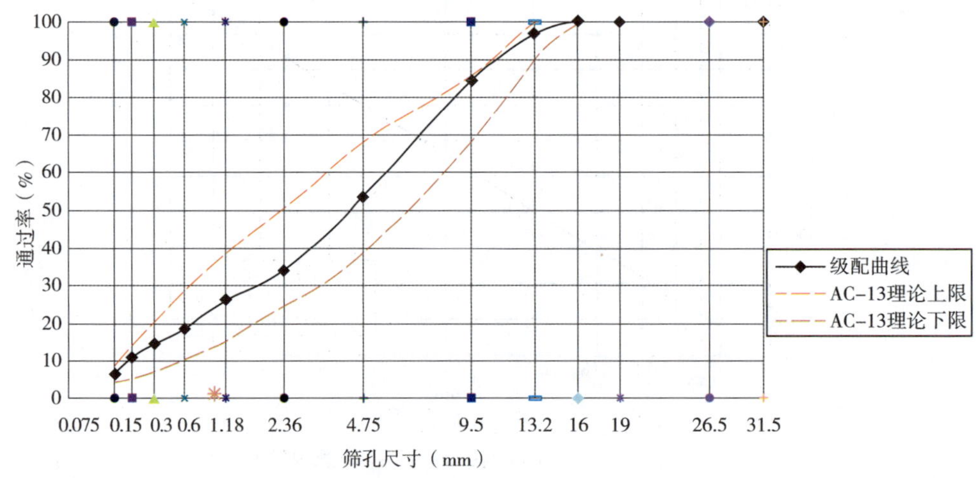

图 7-38　S322 省道上面层沥青混合料级配图

S322 省道上面层沥青混合料试验结果见表 7-18。试验结果表明，S322 省道原路面沥青性能老化并不严重。

S322 省道上面层 AC-13 沥青混合料试验结果　　表 7-18

试验项目	空隙率（%）	沥青三大指标			马歇尔稳定度（kN）	流值（0.1mm）	动稳定度（次 /mm）	残留强度比（%）
		针入度（0.1mm）	软化点（℃）	15℃延度（cm）				
试验结果	4.2	57.3	58.6	＞ 100	22.15	34.1	3032	79.7
规范要求	3 ~ 6	60 ~ 80	≥ 45	≥ 100	≥ 8	20 ~ 40	≥ 1000	≥ 75

③治理方案。

为提高沥青混合料的抗车辙能力，S322 省道路面采用复拌再生工艺进行治理，施工时将原路面 AC-13 的沥青混合料级配调整为 AC-13C，级配调整曲线如图 7-39 所示。

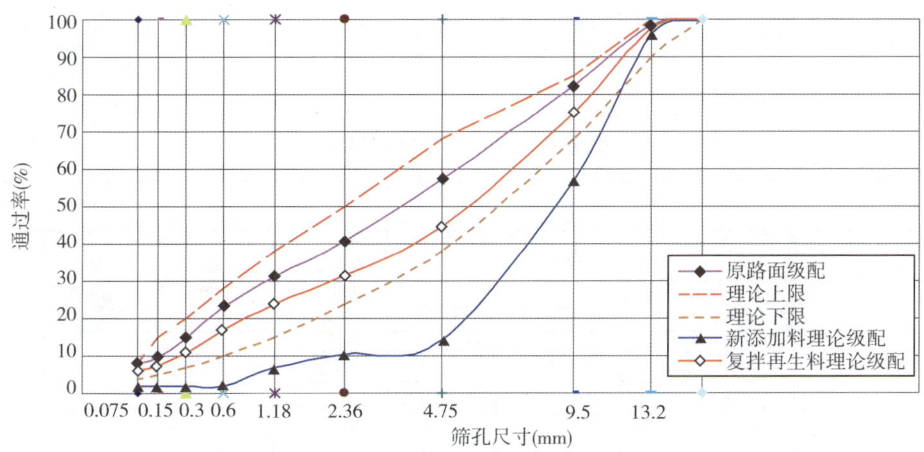

图 7-39 S322 省道复拌再生沥青混合料级配

对调整级配后的复拌再生沥青混合料进行性能试验，试验结果见表 7-19。

S322 复拌再生 AC-13C 沥青混合料试验结果 表 7-19

试验项目	空隙率（%）	马歇尔稳定度（kN）	流值（0.1mm）	残留稳定度（%）	动稳定度 DS（次 /mm）
试验结果	3.9	14.18	22.1	86.2	3576
规范要求	3 ～ 6	≥ 8	20 ～ 40	≥ 80	≥ 1000

由以上试验结果可以看出，调整级配后的路面再生沥青混合料各项指标均满足规范要求。徐州 S322 省道施工现场如图 7-40 所示。

a)

b)

图 7-40 徐州 S322 省道施工现场

④施工后现场检测结果。

施工后对 S322 路面的渗水系数、平整度、压实度等进行检测，结果见表 7-20 ～

表7-24。试验结果表明，经过复拌就地热再生施工后，S322省道路面各项指标均能满足规范要求。

摩擦系数（摆值）检测结果　　表7-20

天气情况	—							设计值	45（BPN）		
桩号	横距（m）	摆值（BPN）						路面温度（℃）	换算成20℃摆值	平均值（BPN）	路面外观描述
		1	2	3	4	5	均值				
K32+180	距边2.5	53	52	52	52	52	52	35	57	57	路面平整密实
		53	52	52	52	52	52	35	57		
		52	52	52	52	52	52	35	57		
K32+980	距边2.0	52	51	50	50	50	51	35	56	56	路面平整密实
		53	52	52	52	52	52	35	57		
		52	51	51	51	51	51	35	56		
K34+380	距边2.5	53	52	52	52	52	52	35	57	57	路面平整密实
		51	50	50	50	50	50	35	55		
		53	52	52	52	52	52	35	57		
K33+380	距边2.5	53	52	52	51	52	52	35	57	56	路面平整密实
		51	50	51	50	50	50	35	55		
		53	52	52	51	52	52	35	57		
K33+480	距边2.5	52	51	50	50	50	51	35	56	56	路面平整密实
		53	52	52	52	52	52	35	57		
		52	51	51	51	51	51	35	56		
K35+180	距边2.5	53	52	52	52	52	52	35	57	57	路面平整密实
		51	50	50	50	50	50	35	55		
		53	52	52	52	52	52	35	57		
K62+500	距边2.5	51	52	52	51	52	52	35	57	56	路面平整密实
		52	51	51	51	51	51	35	56		
		51	50	51	50	52	51	35	56		
测点数	平均值（BPN）			标准差（BPN）			变异系数（%）		合格点数		合格率（%）
7	57			0.30			0.5		7		100
结论	依据JTG E60—2008规程试验，符合技术规范要求，摩擦系数BPN（20℃）≥45，摩擦系数合格										

构造深度检测结果 表 7-21

测点位置		砂的体积（cm^3）	铺砂直径 D（mm）		构造深度 TD（mm）		备注
桩号	横距（m）		1	2	单值	平均	
K32+150	距边 2.5	25	190	190	0.88	0.82	—
			195	200	0.82		
			205	200	0.78		
K33+150	距边 2.5	25	190	200	0.84	0.83	—
			190	190	0.88		
			205	205	0.76		
K34+200	距边 2.5	25	190	200	0.84	0.83	—
			190	190	0.88		
			205	205	0.76		
K34+400	距边 2.0	26	200	200	0.80	0.80	—
			205	205	0.76		
			190	200	0.84		
K35+260	距边 2.5	25	195	200	0.82	0.79	—
			200	200	0.80		
			205	205	0.76		
K33+760	距边 2.5	25	195	195	0.84	0.80	—
			205	200	0.78		
			195	205	0.80		
K31+660	距边 2.5	25	195	195	0.84	0.80	—
			205	200	0.78		
			195	205	0.80		
设计值（mm）		0.55	平均值（mm）	0.81	标准差（mm）		0.02
变异系数（%）		1.9	测点数	7	合格率（%）		100
结论	依据 JTG E60—2008 规程试验，符合技术规范要求，$TD \geqslant 0.55$mm，TD 合格						

渗水系数检测结果 表 7-22

测点编号	桩号	横距（m）	外观描述	渗水情况读数（mL）			渗水系数（mL/min）	备注
				1min 末	2min 末	3min 末		
1	K32+620	2.5	密实、干燥、无杂物、无破损	100	130	190	30	—
2	K32+820	2.0	密实、干燥、无杂物、无破损	150	170	210	37	—
3	K33+020	2.0	密实、干燥、无杂物、无破损	100	180	240	47	—

续上表

测点编号	桩号	横距（m）	外观描述	渗水情况读数（mL）			渗水系数（mL/min）	备注
				1min 末	2min 末	3min 末		
4	K33+770	2.0	密实、干燥、无杂物、无破损	100	170	200	33	—
5	K34+370	2.5	密实、干燥、无杂物、无破损	100	160	220	40	—
6	K35+250	2.0	密实、干燥、无杂物、无破损	100	160	210	37	—
7	K34+550	2.0	密实、干燥、无杂物、无破损	100	170	200	33	—
8	K34+350	2.0	密实、干燥、无杂物、无破损	100	160	230	43	—
9	K32+050	2.5	密实、干燥、无杂物、无破损	100	160	220	40	—
10	K62+100	2.0	密实、干燥、无杂物、无破损	100	160	230	43	—
平均值（mL/min）		标准差（mL/min）			变异系数（%）			
38		5.3			13.7			
结论	该检测段渗水试验结果符合设计文件的沥青路面渗水系数不大于 50mL/min 要求，渗水系数合格							

平整度检测结果（3m 直尺检测） 表 7-23

测点位置		1	2	3	4	5	6	7	8	9	10	平均值（mm）	合格率（%）
桩号	横距（m）												
K32+230	—	1.6	1.0	1.4	1.2	1.6	1.4	1.6	1.6	1.6	1.2	1.4	100
K33+030	—	1.0	1.0	1.8	1.6	1.2	2.0	2.0	1.8	1.4	1.2	1.5	100
K33+750	—	1.6	2.8	1.8	1.2	1.6	1.6	2.4	2.0	1.4	1.6	1.8	100
K33+950	—	2.0	2.4	1.8	1.6	1.2	1.6	1.8	1.8	1.4	1.2	1.7	100
K34+150	—	1.8	2.2	2.0	1.8	1.6	1.6	2.2	2.8	1.4	1.6	1.9	100
K34+350	—	2.0	1.6	1.2	1.4	1.6	1.0	1.4	1.4	1.4	1.8	1.5	100
K35+450	—	2.6	2.2	2.0	1.8	1.6	1.6	2.2	2.8	1.4	1.6	2.0	100
K33+950	—	2.0	1.6	1.2	1.4	1.6	1.0	1.4	1.4	1.4	1.8	1.5	100
K34+750	—	1.8	1.6	1.4	1.6	1.2	2.0	2.0	1.8	1.4	1.4	1.6	100
K31+850	—	1.8	1.6	1.4	1.6	1.2	2.0	2.0	1.8	1.4	1.4	1.6	100
K32+250	—	1.8	2.2	2.0	1.8	1.6	1.6	2.2	2.8	1.4	1.6	1.9	100
K33+650	—	1.6	2.0	2.2	1.8	1.6	1.8	2.0	2.2	1.6	1.6	1.8	100
平整度规定值（mm）		1.7	总尺数		12		合格尺数			12		合格率（%）	100
结论	依据 JTJ 059—1995 规程试验，符合 JTG F40—2004 要求，平整度≤ 3.0mm，平整度合格												

压实度检测结果 表 7-24

取样位置		层次	空气中重（g）	水中重（g）	表干重（g）	密度（g/cm³）	最大理论密度（g/cm³）	马氏压实度（%）	最大理论密度压实度（%）
桩号	横距								
K33+950	2.0	上	1021.2	610.5	1023.9	2.470	2.516	—	98.2
K33+150	2.0	上	996.4	594.5	999.2	2.462	2.516	—	97.9
K34+750	2.0	上	1106.6	655.6	1109.0	2.441	2.516	—	97.0
K35+650	2.5	上	988.4	589.5	991.1	2.461	2.516	—	97.8
K35+450	2.0	上	1106.6	655.6	1109.0	2.441	2.516	—	97.0
K33+950	2.5	上	1015.6	604.4	1018.3	2.454	2.516	—	97.5
K34+750	2.5	上	987.6	585.5	992.1	2.429	2.516	—	96.5
K31+650	2.0	上	1019.2	606.5	1024.9	2.436	2.516	—	96.8
K32+850	2.0	上	1021.2	610.5	1023.9	2.470	2.516	—	98.2
测点数	小于极值点数		标准差（%）	变异系数 C_v（%）		马氏压实度代表值（%）	马氏压实度合格率（%）	最大理论密度压实度合格率（%）	
9	0		0.61	0.6				100	
结论	符合《公路工程质量检验评定标准》(JTG F80/1—2004) 中的技术要求，压实度值＞94%，压实度合格								

通过前期试验结果和方案比选，徐州 S322 省道选择复拌就地热再生工艺进行治理，施工后经现场检测，路面各项指标均能满足新建沥青路面施工规范要求。

为了解 S322 省道施工后路面使用情况，2011 年 8 月 9 日对其进行工程回访，发现路面状况较好，施工一年后路面车辙基本无复发，最大值为 6mm，路面尚无其他病害。施工后运营一年路面接缝与整体状况如图 7-41、图 7-42 所示。

图 7-41 S322 省道路面施工后运营一年接缝状况

图 7-42 S322 省道路面施工后运营一年整体状况

（2）润扬大桥二次整形车辙治理工程

润扬大桥连接线自通车至今，承担了较大的交通量。超载超限车辆的行驶使路面产生了严重的车辙病害。经现场调查，该路段为镇江方向靠近润扬大桥收费站处，由于车流量很大，货车、重车很多，加上收费站前车辆刹车频繁，导致路面车辙病害严重，在测速路段，由于车辆的制动，车速骤然降低，越过测速线后又开始加速。重载车辆的频繁减速、加速、再减速使路面承受着巨大而且频度很高的剪切推移。路面车辙最大为 85mm，而其他路段的车辙深度为 30 ~ 40mm。润扬大桥连接线重载超载车辆是造成车辙的主要因素，而且属于失稳型或称为流变型车辙。施工前路面车辙如图 7-43 所示。

a)

b)

图 7-43　润扬大桥连接线施工前严重车辙

通过试验得出，路面上面层结构为 SMA-13，且混合料级配在规范要求范围之内，不需要进行调整。通过沥青老化试验及添加再生剂的试验，确定再生剂添加用量为 3%。根据旧路路况调查及试验分析，润扬大桥连接线维修工程适合采用沥青路面就地热再生工艺，因车辙深度较大，采用复式整形就地热再生工艺施工。

施工分两个阶段，第一阶段为热再生初次整平，不需要摊铺新料，仅对路面加热、耙松后，使用 RM6000 型再生机上的熨平板和导料板将车辙波峰处的混合料填筑到波谷处，并进行初次整平。再用双驱双振压路机以低频大振幅工况进行压实。此次碾压不需要收光。第二阶段再进行一次全线施工，根据路面情况添加一定数量符合要求的新沥青混合料。若原路面车辙较大，恢复至原路面高程，需要添加较多的新沥青混合料。两个阶段的具体施工工艺如下：

①初次整平阶段。

采用 HM 型预加热机、RM6000 型再生机等进行加热、耙松与初步整平，主要是对车辙深度大于 40mm 处路段进行施工。其施工工艺过程为对路面进行加热、耙松后，采用 RM6000 型再生机附带的熨平板上的导料板对横断面沥青混合料进行重新分配，即将波峰处混合料填筑到波谷处，且要求分配后波谷处要高于波峰处 2 ~ 3cm（根据原路面车辙的深度而定），以保证碾压时波谷处直接接受压路机总激振力的碾压，使原路面轮迹带范围内吸收更强的压实功。施工前与第一次整平施工的路面如图 7-44 所示。

a)

b)

图 7-44　第一阶段初次整平

②全线就地热再生施工。

对全幅路面进行就地热再生翻新施工，采用整形热再生施工工艺处理，再对原路面进行第二次加热、耙松、喷洒 3% 的再生剂、初步整平路面，之后用摊铺机添加新的沥青混合料碾压成型，恢复到原有路面的高程。该施工工艺可以提高路面封水能力，避免过量雨水下渗引起水损坏，改善路面平整度，消除原路面车辙病害，恢复和提高原路面路用性能，改善路面的外观效果，确保良好的施工效果，延长道路的使用寿命。第二次整形就地热再生施工如图 7-45 所示。

a)

b)

图 7-45　第二阶段就地热再生施工

就地热再生施工前、施工中和施工后的路面如图 7-46 所示。

a)

b)

c)

图 7-46 润扬大桥施工前、中、后路面情况

为跟踪了解润扬大桥连接线采用就地热再生工艺治理深度车辙施工后的效果，每三个月定期对施工后的路面进行回访检测，图 7-47 所示为施工两年后路面整体情况。

a)

b)

图 7-47 施工两年后润扬大桥路面整体情况

除部分路段车辙有小幅度复发之外，其他路段车辙很小，路面整体状况良好。不同施工路段现场测量的车辙复现深度如图 7-48 ~ 图 7-50 所示。

a)

b)

图 7-48 K2+952 行三道（1.8mm 车辙）

a)

b)

图 7-49 K1+200 行三道（3mm 车辙）

a)

b)

图 7-50 K10+300 行三道（1.8mm 车辙）

润扬大桥连接线施工前路面最大车辙为 85mm，主要发生在测速龙门架前、后与主线收费站之间路段，该路段车辆严重超载以及车辆频繁制动、减速、加速导致路面产生较深车辙。2009 年 12 月采用就地热再生工艺技术进行治理，施工两年后车辙虽有一定复发，但最大车辙深度仅为 25mm。而在采用就地热再生之前，曾多次采用传统方式进行铣刨摊铺维修施工，即铣刨三层沥青层再重新摊铺新的沥青混合料，施工一年后车辙就超过 50mm，说明就地热再生工艺对车辙的治理效果要明显优于传统铣刨摊铺工艺。

7.4.3 结构型车辙

1）结构型车辙成因及就地热再生治理工艺

结构型车辙主要是由于路面结构设计不合理、施工过程质量控制不严引起的，如结构层压实度不足、材料离析、整体性差，尤其是路基承载能力不足。这类车辙往往横向分布较宽，两侧没有明显的隆起现象，横断面成U形（凹形），常伴有裂缝，并且在短期内还会发展。随着时间的延续，车辙深度及其他路面破坏状况会不断加剧，由于后期交通量及轴载的增加，导致路面产生结构性车辙，这种状况在低等级道路及早期修建的城镇道路中较为常见，结构型车辙的形成机理如图7-51所示。

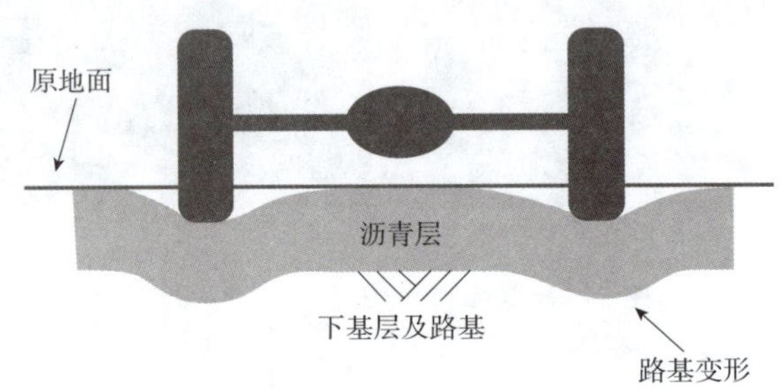

图7-51 结构型车辙的形成机理

对于基层问题引起的结构型车辙，无论采用传统的铣刨摊铺工艺或者采用就地热再生技术，沥青面层都会因为基层强度不足而很快发生变形，车辙会再次严重复发。对于此类车辙，正确的治理方法是对道路的结构层直接进行彻底维修施工、加固，以保证恢复道路结构层的承载能力和质量。

目前已自主研发出一种开挖快速回填材料，即在基层材料中添加特殊试剂（一种可使基层材料在凝固过程中不收缩而且能快速形成路面层所要求强度的特殊材料）制成的高温强固回填材料（Freetech High Temperature Strength Solidification Material，FHTSSM），简称海泰索玛。

FHTSSM回填材料主要由固化剂A（固态）、固化剂B（液态）、水、矿料按特定比例拌制而成，其配合比见表7-25。

高温强固回填材料（FHTSSM）配合比　　表7-25

材料	掺量	材料	掺量
固化剂A（固态）	4%	最佳含水率	4.7 ~ 6.0%
固化剂B（液态）：水	1 : 60	最大干密度	2.32g/cm^3

FHTSSM回填材料具有如下特点：

①回填后经高温加热能快速固化，且固化过程收缩量小。

②根据路面结构和层次的需要可设计成不同的强度。

③经过加热器适当加温烘烤，能快速达到摊铺路面材料所要求的强度。两小时强度

不小于 1.0MPa，能满足后续施工的强度要求。

④路基下方设有如管、线等市政设施，该材料便于再次开挖。

相比传统工艺，该快速开挖回填工艺技术的特点为：

①基层回填高温强固材料，不易沉陷，保障了基层强度。

②快速开挖回填，当天恢复交通，不影响通车。

③实现层间热黏结，提高沥青层的层间抗剪强度。

该快速开挖回填施工工艺流程如图 7-52 所示。

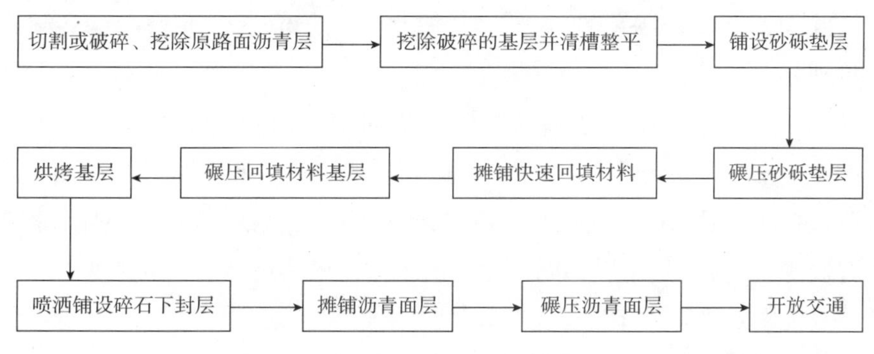

图 7-52　快速开挖回填施工工艺流程图

2）就地热再生工艺治理乌鲁木齐北京路 BRT 车道结构型车辙工程案例

BRT 快速公交系统，是一种介于快速轨道交通与常规交通之间的大运量公共客运系统，BRT 车辆吨位大、载客量大，要求道路的承载能力与结构强度比普通道路高得多，而且由于该车道具有渠化交通的特点，更容易出现车辙、变形等路面病害。

（1）工程概况

2013 年 5 月，乌鲁木齐北京路 BRT 车道因重载车轮反复碾压，出现基层路面病害。特别是 BRT 车站附近出现了严重的车辙和大面积沉陷，车辙类型为结构型车辙，最大车辙深度达到 130mm，车辙病害如图 7-53、图 7-54 所示。施工前对病害路面进行检测分析，由于十年前道路建设时未考虑后期改建 BRT 车道的需求，道路结构强度不足，改建 BRT 车道后经大轴载长期反复渠化碾压，基层材料出现松散，最终形成结构性车辙及翻浆、松散病害。彻底修复路面，需要对路面结构进行针对性设计，使道路结构强度能满足实际交通荷载的需求。同时，修复施工要求在每日 00：00 ~ 06：00 的 BRT 车道关闭期间完成，不能影响 BRT 车辆的正常运营，对施工组织和材料性能的要求与传统维修方式有很大不同。针对这种特点，采用特殊的工艺和海泰索玛（FHTSSM）材料对该 BRT 车道结构型车辙进行修复。

图 7-53　BRT 车站处车辙

图 7-54　BRT 行车道车辙

（2）治理方案

处治方案是对 BRT 车道的基层进行开挖回填，回填后沥青面层采用 3cm AC-16+6cm AC-25。恢复面层前，首先在已经固化的快速回填料上方铺设碎石封层，摊铺路面沥青混合料面层时采用层间热黏结技术，使上下面层黏结成一个整体，把车轮荷载和冲击力有效传递、分散到基层，彻底恢复 BRT 车道的路用性能，并实现了“当天开挖、当天回填、当天恢复路面并开放交通”。

根据 BRT 车辆轴载及渠化交通的实际情况，本次维修路面的结构层设计厚度为 70cm，各结构层如图 7-55 所示（宽度可根据各段实际情况进行调整）。

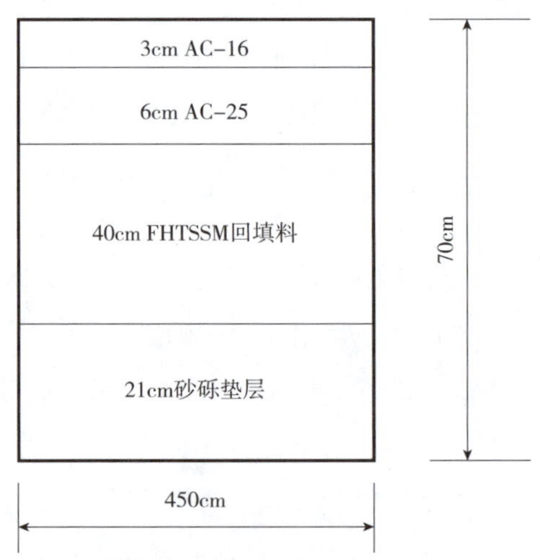

图 7-55　维修车道结构层

具体的施工流程与施工现场如图 7-56 ~ 图 7-63 所示。

①对原路面 BRT 车道沥青层进行切割、破碎、开挖；清运破碎的路基、路面材料，清运挖出 70cm 深的沟槽，整平沟槽底部，如图 7-56 所示。

②用碎石砂砾铺设 21cm 厚的垫层，如图 7-57 所示。用 20t 或以上的组合式压路机对砂砾垫层进行碾压，用低频、大振幅至少碾压 4 遍。

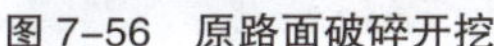

图 7-56 原路面破碎开挖

图 7-57 回填碎石垫层并压实

③用摊铺机摊铺第一层拌和好的 FHTSSM 材料，如图 7-58 所示。

④采用 20t 或以上组合式压路机对已摊铺好的第一层 FHTSSM 材料进行碾压。首先采用低频、大振幅碾压至少 4 遍，再用高频小振幅碾压 4 遍。要求压实完成的厚度为 20cm，压实度不小于 95%，如图 7-59 所示。

⑤用摊铺机摊铺第二层拌和好的 FHTSSM 材料，采用 20t 或以上的组合式压路机对第二层 FHTSSM 进行碾压。首先采用低频大振幅碾压至少 4 遍，再采用高频小振幅碾压 4 遍，最后静压 2 遍。压实完成后，要求压实厚度至少为 20cm，压实度不小于 96%。压实度测量合格后，采用 HM7 型或 HM16 型预加热机（根据施工面而定）对已经压实的 FHTSSM 材料进行烘烤，烘烤时以 3.0 ~ 4.0m/min 的速度加热 3 遍，如图 7-60 所示。

图 7-58 FHTSSM 材料摊铺

图 7-59 FHTSSM 材料碾压

⑥对完成回填、碾压的路基顶面喷洒热沥青，用同步碎石封层设备铺设单一粒径碎石下封层，如图 7-61 所示。

图 7-60　对 FHTSSM 加热

图 7-61　碎石封层车喷洒热沥青及撒布石屑

⑦摊铺路面下面层 6cm AC-25 普通沥青混合料，采用 12t 双驱双振压路机、26t 或以上轮胎式压路机进行碾压，如图 7-62 所示。按照沥青路面施工规范要求碾压，压实度不小于 97%；待 3 ~ 4d 后，积累一定长度的施工作业面（800 ~ 1000m）后，统一铺设 3cm 厚的 AC-16 上面层；采用 12t 双驱双振压路机、26t 或以上轮胎式压路机进行碾压，按照沥青路面施工规范要求碾压，压实度不小于 97%。准备开放交通如图 7-63 所示。

图 7-62　恢复沥青路面下面层

图 7-63　准备开放交通

（3）施工后回访检测

2013 年 8 月对修复后的 BRT 车道的使用情况进行了质量回访检测，包括车辙和弯沉检测。经过一个高温季节的运营后，部分路段出现了极轻微的车辙，最大车辙深度仅为 6mm，路面整体性良好，路面结构层材料已经稳定，如图 7-64 所示。

a)

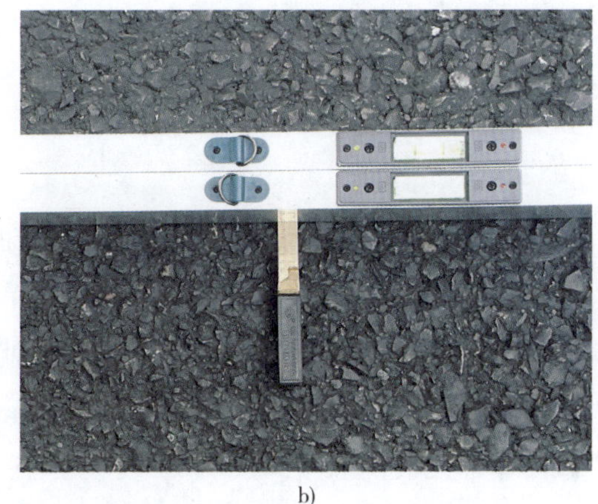

b)

图 7-64 轮迹带轻微车辙（最大车辙深度为 6mm）

与此同时，还对开挖快速回填车道和与此相邻车道的弯沉用贝克曼梁法进行检测，对比这两个车道的弯沉值，检测与对比结果见表 7-26。

乌鲁木齐北京路贝克曼梁测定路面弯沉试验记录表（对比汇总） 表 7-26

<table>
<tr><th rowspan="3">测点序号</th><th rowspan="3" colspan="2">测点桩号
科学院→铁路局</th><th rowspan="3">路表温度（℃）</th><th colspan="6">开挖快速回填施工（BRT）车道</th><th colspan="6">与（BRT）同一侧的相邻车道（未施工）</th></tr>
<tr><th colspan="3">左侧</th><th colspan="3">右侧</th><th colspan="3">左侧</th><th colspan="3">右侧</th></tr>
<tr><th>初读数</th><th>终读数</th><th>弯沉</th><th>初读数</th><th>终读数</th><th>弯沉</th><th>初读数</th><th>终读数</th><th>弯沉</th><th>初读数</th><th>终读数</th><th>弯沉</th></tr>
<tr><td>1</td><td>科学院</td><td>0</td><td>20</td><td>107</td><td>101</td><td>12</td><td>53</td><td>48</td><td>10</td><td>63</td><td>38</td><td>50</td><td>52</td><td>22</td><td>60</td></tr>
<tr><td>2</td><td rowspan="8">↓</td><td>20</td><td>20</td><td>61</td><td>54</td><td>14</td><td>18</td><td>11</td><td>14</td><td>111</td><td>77</td><td>68</td><td>74</td><td>36</td><td>76</td></tr>
<tr><td>3</td><td>40</td><td>20</td><td>25</td><td>17</td><td>16</td><td>88</td><td>81</td><td>14</td><td>72</td><td>46</td><td>52</td><td>42</td><td>24</td><td>36</td></tr>
<tr><td>4</td><td>60</td><td>20</td><td>79</td><td>74</td><td>10</td><td>15</td><td>11</td><td>8</td><td>36</td><td>11</td><td>50</td><td>44</td><td>23</td><td>42</td></tr>
<tr><td>5</td><td>80</td><td>20</td><td>74</td><td>68</td><td>12</td><td>31</td><td>24</td><td>14</td><td>85</td><td>55</td><td>60</td><td>139</td><td>98</td><td>82</td></tr>
<tr><td>6</td><td>100</td><td>20</td><td>104</td><td>95</td><td>18</td><td>86</td><td>79</td><td>14</td><td>60</td><td>35</td><td>50</td><td>110</td><td>82</td><td>56</td></tr>
<tr><td>7</td><td>120</td><td>20</td><td>43</td><td>35</td><td>16</td><td>59</td><td>51</td><td>16</td><td>95</td><td>51</td><td>88</td><td>119</td><td>76</td><td>86</td></tr>
<tr><td>8</td><td>140</td><td>20</td><td>56</td><td>46</td><td>20</td><td>30</td><td>24</td><td>12</td><td>89</td><td>61</td><td>56</td><td>90</td><td>59</td><td>62</td></tr>
<tr><td>9</td><td>160</td><td>20</td><td>34</td><td>26</td><td>16</td><td>13</td><td>8</td><td>10</td><td>90</td><td>68</td><td>44</td><td>61</td><td>34</td><td>54</td></tr>
<tr><td>10</td><td>铁路局</td><td>180</td><td>20</td><td>37</td><td>27</td><td>20</td><td>12</td><td>5</td><td>14</td><td>18</td><td>3</td><td>30</td><td>34</td><td>7</td><td>54</td></tr>
<tr><td colspan="2">测点数</td><td colspan="2">平均回弹弯沉</td><td colspan="3">标准差</td><td colspan="3">弯沉代表值</td><td>测点数</td><td colspan="2">平均回弹弯沉</td><td>标准差</td><td colspan="2">弯沉代表值</td></tr>
<tr><td colspan="2">10</td><td colspan="2">14</td><td colspan="3">3.2</td><td colspan="3">19.3</td><td>10</td><td colspan="2">57.8</td><td>15.7</td><td colspan="2">83.6</td></tr>
</table>

注：弯沉代表值单位为 0.01mm。

对比 BRT 车道换填路基材料施工后与相邻一侧原路面的道路弯沉值，通过表 7-26 中的实测弯沉值的对比表明，采用开挖快速回填工艺技术施工的路面弯沉值大幅降低，路面整体强度也得到大幅度提高。

7.5 本章小结

在对我国沥青路面车辙病害发展规律和车辙影响因素分析的基础上，通过大量的工程案例，分析了就地热再生工艺技术治理车辙病害的特点，并根据具体的工程案例，说明不同类型车辙的不同治理方案及效果。就地热再生技术在实现原路面材料 100% 就地再生利用的前提下，可通过施工提高原路面的抗车辙能力，延缓车辙复发的速率，大幅度减小车辙发展的深度。

8 就地热再生工程案例分析

为便于读者更深刻地了解就地热再生这一新型道路养护施工技术，本章将对就地热再生工程实践进行介绍，主要是对采用不同就地热再生工艺类型的案例进行分析，通过案例分析了解就地热再生养护设计流程及施工后的路面状况。

8.1 整形再生工程案例分析

8.1.1 南京洪武北路沥青路面整形再生工程

1）工程概况

南京市洪武北路是通往繁华商业中心——新街口的城市主干道之一，交通繁忙，车流量大。路面为三层沥青混凝土结构，上面层为 3cm AC-13，中面层为 5cm AC-16，下面层为 6cm 沥青碎石，路面基层是厚度为 30cm 石灰稳定土。

就地热再生施工前，进行了现场勘察和路面病害分析。本路段内的路面病害主要类型为：坑槽、龟裂、车辙、沉陷、不规则裂缝等，如图 8-1 ~ 图 8-4 所示。因大量路面病害的存在，行车舒适度较差，在车辆荷载的反复作用下，导致本路段总体平整度很差，与道路景观效果很不协调。

图 8-1 交叉口车辙

图 8-2 网裂沉陷

图 8-3　井盖沉陷

图 8-4　轮迹带处网裂

由于地下管网较多，病害路段曾经过多次开挖、回填，埋设各类管线，但在路面恢复施工时，考虑交通状况，工期要求都非常紧，再加上施工队伍不够专业、施工工艺不尽合理、使用材料不符合技术要求等原因，导致回填路段路基强度不足，恢复路面结构材料不合理（各沥青面层为同一种类型），路面基层病害的回填料及路面压实度不够，接缝处理不好，最终导致雨水过量下渗。在车辆荷载的反复作用和地表水等外界因素的影响下，路面层大面积损坏，出现裂缝、沉陷、坑槽以及窨井井盖严重沉陷等病害。

2）技术方案

根据路面病害类型的勘察及路面病害成因的分析，施工中采取三个步骤对洪武北路路面进行出新整治。

（1）对全线的各种窨井井座进行高程调查，对低于现有路面高程的井座先行抬高调整，恢复至现有路面的高程。

（2）对基层薄弱、严重沉陷、网裂的路面进行开挖，重新进行路面基层和沥青面层的恢复施工，基层开挖深度由路面病害破损的严重程度决定。但为了确保施工后路面的使用寿命，要求最小开挖深度为 50cm，基层使用具有专利技术的快速回填料（FHTSSM）进行换填，然后按照原有沥青路面材料要求分层恢复面层结构。

（3）对全幅路面进行就地热再生翻新，采用热再生整形施工工艺进行处理。对原路面层材料加热、掺加适量再生剂后耙松 3cm，并在此热再生后的热路面上加铺一层 1.5cm 的 AC-13F 型沥青混合料罩面，对路面不平整的地方进行调平，同时达到路面封水处理的目的，避免发生水损坏，确保良好的施工效果。施工采用具有国际领先水平的 HM16 型、RM6000 型等就地热再生施工设备。

3）工程实施

（1）窨井井盖调整

使用建筑用砖、水泥砂浆等材料对高程不符合要求的窨井井座进行高程调整。如图 8-5 所示。

图 8-5 窨井井盖高程调整

（2）深层基础路面病害预处理

对网裂和沉陷严重的路段进行开挖，根据实际状况决定开挖深度，一般控制开挖深度不小于 50cm，达到控制高程后，进行人工清底，并使用小型手扶振动压路机或振动夯板对基底进行初压实。路基开挖施工如图 8-6、图 8-7 所示。

图 8-6 基层开挖

图 8-7 沟槽清底并初压实

回填施工采用快速回填技术，快速回填料（FHTSSM）在专用拌和厂拌和，用水泥搅拌运输车运到现场后，直接卸入沟槽内。基层回填后，用插入式振捣器充分振捣，顶面由人工配合进行初步整平。紧接着用加热设备进行烘烤，以加速回填料的快速反应、固化，使其达到路面层所需要的抗压强度（＞ 1.0MPa）。

该快速回填料（FHTSSM）非常适用于市政设施开挖回填工程和道路通行时限要求高的基层病害快速修补，实现“当天（夜）开挖、当天（夜）回填、当天（夜）恢复面层并开放交通”的要求。该快速回填料具有以下 4 个特点：

①具有极好的流动性和施工和易性，能完全填满基坑的空穴。

②能快速形成一定的强度和承载能力。

③固化过程不收缩，便于后续工序施工。

④强度可以调整（根据不同场合、不同用途、不同层位等要求调节强度）。

回填完成后可用 PM400 型沥青路面修补车或就地热再生预加热机进行加热烘烤，分别从沟槽两边进行，边行走边加热。完成烘烤后基层抗压强度不小于 1.0MPa，以满足沥青路面施工的基本要求，快速回填料的回填施工如图 8-8、图 8-9 所示。烘烤结束后紧接着进行沥青路面的恢复施工，用沥青混合料分层回填、分层压实，恢复到要求的路面高程。

图 8-8　使用快速回填料进行基层回填

图 8-9　烘烤快速回填料

（3）就地热再生施工

基层路面病害处理完成后，可进行全幅路面就地热再生施工，本次施工采用 RM6000、HM16、HM7 等就地热再生设备。采用普通沥青石灰岩 AC-13F 型沥青混合料，由专业沥青拌和厂直接供应。施工过程和施工后的路面如图 8-10 ~ 图 8-15 所示。

图 8-10　施工前清除路面上的杂物

图 8-11　标记井盖位置并清理覆盖的材料

图 8-12 摊铺碾压施工

图 8-13 施工后井盖状况

a)

b)

图 8-14 南京市内其他干道就地热再生施工前、后路面状况对照（一）

a) b)

图 8-15 南京市内其他干道就地热再生施工前、后路面状况对照（二）

这一阶段实施的难点是路面井盖较多，路中有大量灯杆、标杆及人行道护栏杆，交通流量大，施工准备场地受限等。针对各阶段的施工特点和难点，应采取相应措施，精心组织施工。

4）施工后质量检测

整个工程施工完成后，由南京市政公用工程质量检测中心站对路面的压实度、平整度、构造深度、摩擦系数、渗水系数等进行了全面检测，各项指标均满足热再生规范和城市道路施工验收标准的要求。

本工程的实施，为就地热再生技术成功应用于城市沥青路面养护积累了经验，为在城市大面积推广就地热再生施工技术奠定了良好的基础。

8.1.2 南京绕城高速公路整形再生工程

1）工程概况

该就地热再生技术以南京绕城高速公路作为依托工程，施工路段及其路面结构见表8-1。

路 面 结 构　　表8-1

K0+000 ~ K2+400	K2+400 ~ K3+000
5cm AC-16 改性沥青玄武岩 上面层	4cm SMA-13 改性沥青玄武岩上面层
7cm AC-20 中面层	6cmAC-20 中面层
22cm 连续配筋水泥混凝土下面层	8cmAC-25 下面层
	36cm 二灰稳定碎石基层

南京绕城高速公路路面病害以车辙和横向裂缝为主，车辙自南向北逐渐加深，最深处为35mm。

K2+400 ~ K3+000段SMA路面车辙很轻，只有几毫米。横向裂缝基本属于反射裂缝，且经过灌缝处理，已稳定。此外，在个别管线修补处有坑槽发生，施工前原路面状况如图8-16 ~图8-19所示。

2）试验分析

就地热再生施工前对南京绕城高速公路进行了原路面材料室内试验分析，结果如下：

（1）上面层沥青混合料性能试验分析

西半幅外侧车道K1+500处车辙深度为25mm，在此处对波峰和波谷分别钻取芯样，波峰芯样如图8-20所示，正常位置（紧急车道）芯样如图8-21所示，波谷芯样如图8-22所示。

图 8-16 车辙

图 8-17 横向反射裂缝

图 8-18 管线修补处裂缝

图 8-19 管线修补处坑槽

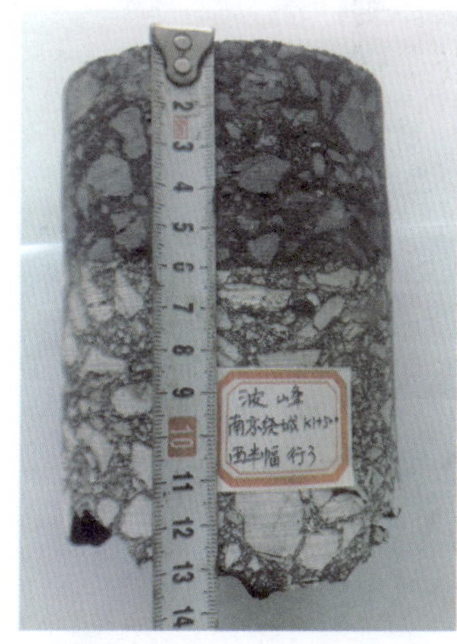

图 8-20 波峰芯样

图 8-21 正常位置芯样

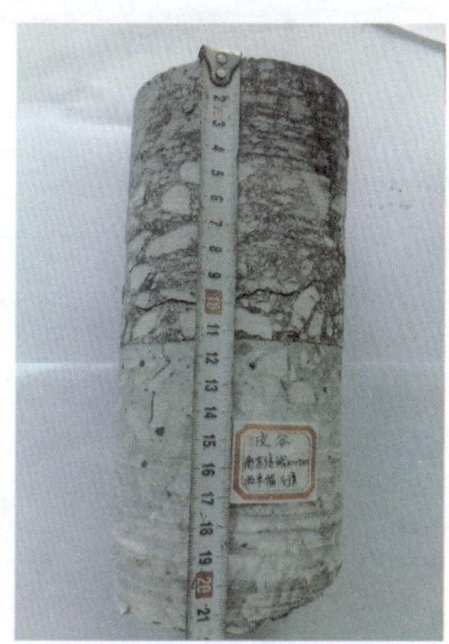

图 8-22 波谷芯样

由图 8-20 ~ 图 8-22 可以看出，波峰处路面结构为 6cm+7cm，正常位置路面结构为 5cm+7cm，波谷处路面结构为 4cm+7cm，车辙主要发生在上面层。

由于当时就地热再生技术一般处理深度为 4cm 左右，即暂时无法对下面层进行处理，因此施工前需要对上面层沥青混合料进行性能试验。AC-16 路面上面层沥青混合料车辙试验结果见表 8-2。

AC-16 路面上面层沥青混合料性能试验结果 表 8-2

试验项目	空隙率（%）	马歇尔稳定度（kN）	流值（0.1mm）	动稳定度（次 /mm）	残留强度比（%）
AC-16	4.1	16.73	28.3	2107	82.7
规范要求	3 ~ 6	≥ 8	20 ~ 40	≥ 1000	≥ 75

从表 8-2 所示试验结果可以看到，路面上面层 AC-16 沥青混合料性能满足要求，而其动稳定度为 2107 次 /mm，具有较好的抗车辙能力。

（2）上面层沥青混合料级配试验分析

经过室内抽提筛分试验分析，原路面沥青混合料的级配情况见表 8-3 和图 8-23。

上面层沥青混合料筛分结果 表 8-3

筛孔尺寸（mm）		19	16	13.2	8.5	4.75	2.36	1.18	0.6	0.3	0.15	0.075
通过率（%）		100	95.6	87.2	73.1	55.2	39.5	30.7	21.4	14.2	10.8	6.4
AC-16	上限值	100	100	92	80	62	48	36	26	18	14	8
	下限值	100	90	76	60	34	20	13	9	7	5	4
油石比：5.1%　　沥青含量：4.8%												

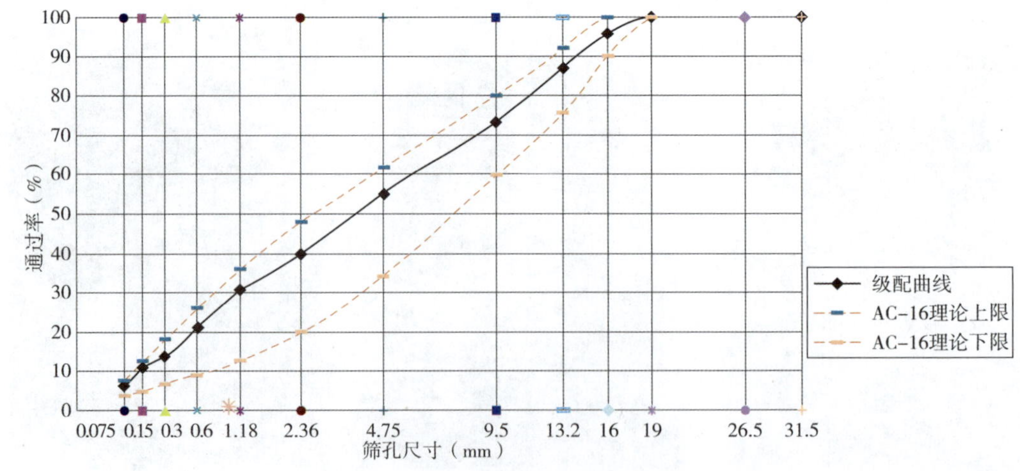

图 8-23　上面层沥青混合料级配曲线

由表 8-3 可以看出，原路面沥青混合料的沥青含量和油石比合适。由图 8-23 所示上面层沥青混合料级配曲线可以看出，其各档材料的通过率均偏高，说明原路面材料的级配偏细。

（3）上面层沥青性能试验分析

上面层沥青混合料中沥青试验结果见表 8-4。

路面上面层 AC-16 沥青性能试验结果 表 8-4

试验项目	沥青三大指标		
	针入度（0.1mm）	软化点（℃）	5℃延度（cm）
AC-16	26.8	55.0	5.9
规范要求	60 ~ 80	≥ 55	≥ 30

试验结果表明，AC-16 路面沥青老化程度比较严重。

（4）整形再生方案试验分析

①新添加沥青混合料试验分析。

整形再生方案不对原路面级配进行调整，因此新料级配可与原路面上面层级配相同，即为 AC-16 型级配。但考虑到原路面级配偏细，新添加沥青混合料可为 AC-16 偏粗型。

根据工程经验，确定新料 AC-16 级配如表 8-5 所示，沥青混合料的级配曲线如图 8-24 所示。

路面整形再生新添加 AC-16 混合料理论通过率 表 8-5

筛孔尺寸（mm）	19	16	13.2	8.5	4.75	2.36	1.18	0.6	0.3	0.15	0.075
AC-16	100	96.3	83.4	63.0	40.6	27.1	19.6	14.9	11.1	8.4	7.0
AC-16 上限	100	100	92	80	62	48	36	26	18	14	8
AC-16 下限	100	90	76	60	34	20	13	9	7	5	4

新添加沥青混合料性能试验结果如表 8-6 所示。

路面整形再生新添加 AC-16 混合料试验结果 表 8-6

试验项目	空隙率（%）	马歇尔稳定度（kN）	流值（0.1mm）	动稳定度 *DS*（次 /mm）	残留强度比（%）
新料 AC-16	4.1	12.6	34.4	2989	87.9
规范要求	3 ~ 6	≥ 8	20 ~ 40	≥ 2400	≥ 80

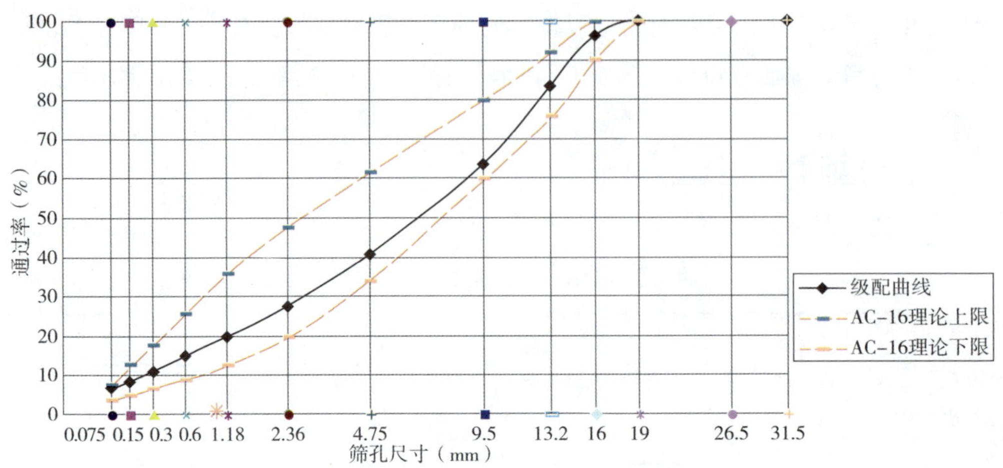

图 8-24　路面整形再生新添加 AC-16 混合料的理论级配

②整形再生沥青混合料试验分析。

原路面上面层再生沥青和 AC-16 再生沥青混合料试验结果分别见表 8-7、表 8-8。试验结果表明，原路面沥青性能老化比较严重，掺加 3% 再生剂之后，再生沥青和再生沥青混合料的性能指标基本能够满足使用要求。

路面上面层 AC-16 再生沥青试验结果　　表 8-7

试验项目	回收沥青中再生剂掺量（%）			试验方法
	0	1	3	
针入度（0.1mm）	26.8	30.1	37.7	T 0605—2000
软化点（℃）	55.0	53.8	52.9	T 0608—2000
延度（cm）	5.9	7.2	10.4	T 0607—1993

原路面上面层 AC-16 再生沥青混合料试验结果　　表 8-8

再生剂掺加量（%）	空隙率（%）	马歇尔稳定度（kN）	流值（0.1mm）	残留强度比（%）
0	5.3	18.22	36.7	—
1	4.8	17.10	38.2	86.0
3	3.6	14.23	32.0	89.1

从以上试验结果可以看出，原路面上面层 AC-16 在添加 3% 再生剂的条件下，沥青三大指标基本恢复，混合料的马歇尔试验也满足要求。AC-16 路面再生混合料的性能试验结果见表 8-9。

原路面上面层整形再生 AC-16 沥青混合料试验结果 表 8-9

试验项目	空隙率（%）	马歇尔稳定度（kN）	流值（0.1mm）	残稳（%）	动稳定度 *DS*（次 /mm）	残留强度比（%）
AC-16 再生料	3.6	17.10	38.2	89.1	3367	85.4
规范要求	3 ~ 6	≥ 8	20 ~ 40	≥ 85	≥ 2400	≥ 80

（5）复拌再生方案试验分析

针对本项工程，复拌再生方案不对原路面级配进行调整，只需要对复拌后再生沥青混合料的性能指标进行试验验证即可。

复拌再生沥青混合料性能试验结果见表 8-10。

路面复拌再生 AC-16 沥青混合料试验结果 表 8-10

试验项目	空隙率（%）	马歇尔稳定度（kN）	流值（0.1mm）	残稳（%）	动稳定度 *DS*（次 /mm）	残留强度比（%）
再生料 AC-16	3.7	21.34	37.4	85.3	2897	82.5
规范要求	3 ~ 6	≥ 8	20 ~ 40	≥ 85	≥ 2400	≥ 80

3）方案比选

对原路面上面层 AC-16 采用整形再生和复拌再生两种沥青混合料的试验结果进行比较，从表 8-9 和表 8-10 的试验结果可以看出，上面层采用整形工艺的再生沥青混合料动稳定度性能要比复拌工艺好。因此，南京绕城高速公路就地热再生施工路段的 AC-16 路面推荐采用整形就地热再生施工工艺。

4）施工后质量检测

为了解整形就地热再生施工效果，施工后对绕城公路路面进行渗水系数、平整度、压实度等检测试验，试验检测结果见表 8-11 ~ 表 8-14。由检测结果可知，就地热再生施工后，绕城公路沥青路面各项指标均能满足规范要求。

渗水系数检测结果 表 8-11

测点编号	桩号	横距（m）	外观描述	渗水仪读数（mL）			渗水系数（mL/min）
				1min 末	2min 末	3min 末	
1	K2+430	2.0	密实、干燥、无杂物、无破损	210	280	340	65
2	K2+645	2.0	密实、干燥、无杂物、无破损	190	265	345	78
3	K2+890	2.5	密实、干燥、无杂物、无破损	220	280	370	75
4	K3+155	1.0	密实、干燥、无杂物、无破损	205	265	345	70
5	K3+370	2.5	密实、干燥、无杂物、无破损	225	290	370	73
6	K3+630	1.0	密实、干燥、无杂物、无破损	180	274	350	85
平均值（mL/min）		标准差（mL/min）		变异系数（mL/min）			
74		7		0.09			
结论	该检测段渗水试验结果符合设计文件的沥青路面渗水系数不大于 100mL/min 要求，渗水系数合格						

摩擦系数、构造深度检测结果 表 8-12

摩擦系数检测										
桩号	摆值					平均值 F_{BT}（BPN）	路表温度（℃）	修正后摆值	标准	结论
	1	2	3	4	5					
K2+430	39	40	39	41	40	39.8	35	46.8	≥ 45	合格
K2+645	43	42	43	43	43	42.8	35	49.8	≥ 45	合格
K2+890	45	44	45	45	45	44.8	35	51.8	≥ 45	合格
K3+155	40	42	42	41	42	41.4	35	48.4	≥ 45	合格
K3+370	40	41	41	41	42	41.0	35	48.0	≥ 45	合格
K3+630	42	42	42	42	41	41.8	35	48.8	≥ 45	合格
构造深度检测										
桩号	摊砂直径（cm）			表面构造深度（mm）			平均值 *TD*（mm）		标准	结论
	1	2	3	1	2	3				
K2+430	23.0	22.0	22.0	0.60	0.63	0.63	0.62		≥ 0.55	合格
	23.0	23.0	23.0							
K2+645	23.0	23.0	22.0	0.63	0.63	0.63	0.63		≥ 0.55	合格
	22.0	22.0	23.0							
K2+890	22.0	23.0	22.0	0.69	0.63	0.63	0.65		≥ 0.55	合格
	21.0	22.0	23.0							
K3+155	23.0	22.0	22.0	0.60	0.63	0.69	0.64		≥ 0.55	合格
	23.0	23.0	21.0							
K3+370	22.0	21.0	23.0	0.63	0.69	0.66	0.66		≥ 0.55	合格
	23.0	22.0	21.0							
K3+630	21.0	21.0	23.0	0.69	0.72	0.63	0.68		≥ 0.55	合格
	22.0	21.0	22.0							
结论	该检测段试验结果符合要求									

压实度检测结果 表 8-13

取样位置		层次	空气中重（g）	水中重（g）	表干重（g）	毛体积密度（g/cm^3）	标准密度（g/cm^3）	最大理论相对密度	马氏压实度（%）	最大理论相对密度压实度（%）
桩号	横距									
K2+430	4.5	上	964.0	588.7	965.9	2.556	2.569	2.701	99.5	94.6
K2+645	4.0	上	1026.5	623.6	1027.1	2.544	2.569	2.701	99.0	94.2
K2+890	4.5	上	908.3	551.8	909.0	2.543	2.569	2.701	99.0	94.1
K3+155	4.0	上	1068.9	650.1	1069.4	2.549	2.569	2.701	99.2	94.4
K3+370	4.5	上	802.1	488.1	803.0	2.547	2.569	2.701	99.1	94.3
K3+630	4.0	上	1001.3	610.7	1003.9	2.547	2.569	2.701	99.1	94.3
测点数	平均值（%）		标准差（%）	变异系数 C_v（%）		马氏压实度代表值（%）	最大理论密度压实度代表值（%）	马氏压实度合格率（%）	最大理论密度压实度合格率（%）	
6	94.3		0.17	—		—	—	—	100.0	
结论	符合《公路工程质量检验评定标准》（JTG F80/1—2004）中的技术要求，压实度≥ 94%，压实度合格									

平整度检测结果 表 8-14

路面结构类型			AC-16		检测层次			面层	
平整度规定值（mm）			≤ 1.2		测量仪器			连续式平整度仪	
实测数据（mm）									
1	2	3	4	5	6	7	8	9	10
K1+278 ~ K3+678（二桥方向中道）									
0.66	0.58	0.87	0.61	0.71	0.85	0.87	1.05	0.58	0.81
0.57	0.68	0.85	0.75	0.52	0.66	0.93	0.43	0.47	0.66
0.58	0.87	0.61	0.75						
K1+278 ~ K3+678（三桥方向边道）									
0.53	0.76	0.65	1.04	0.97	0.81	0.74	0.95	0.97	0.74
0.74	0.64	0.75	0.57	0.58	0.75	0.75	0.57	0.58	0.89
1.04	0.84	0.78	0.92						

5）施工效果回访检测

2011 年 4 月 15 日，对南京绕城高速公路就地热再生工程进行了质量回访。该工程施工结束已有半年，从现场情况看，路面有轻微的车辙，车辙最深为 5.5mm。具体情况如下：

（1）西半幅

K2+000 处下坡路段车辙测量如图 8-25、图 8-26 所示，车辙深度约为 2.0mm。

图 8-25 下坡路段车辙

图 8-26 车辙深约 2.0mm

（2）东半幅

距东杨坊出口 2km 处，热再生施工前车辙深度约为 20mm，如图 8-27 所示。

施工半年后车辙深度约为 3.5mm，如图 8-28 和图 8-29 所示。

距东杨坊出口 1km 处，热再生施工前车辙深度约为 20mm，如图 8-30 所示。

图 8-27　施工前路面

图 8-28　施工后路面

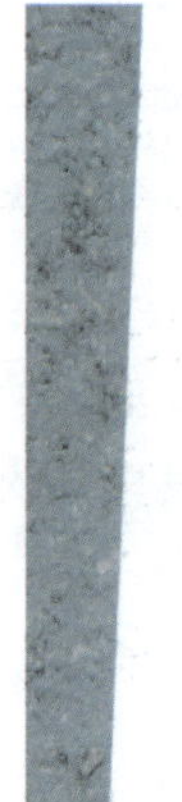

图 8-29　车辙深约 3.5mm

图 8-30　施工前路面

施工半年后的路面车辙深度约为 1.0mm，如图 8-31、图 8-32 所示。

图 8-31　施工后路面

图 8-32　车辙深约 1.0mm

靠近东杨坊出口的爬坡路段，热再生施工前车辙深度约为 35mm，如图 8-33 所示。施工半年后的路面车辙深度约为 5.4mm，如图 8-34 ~ 图 8-36 所示。

图 8-33 施工前路面

图 8-34 施工后路面（一）

图 8-35 施工后路面（二）

图 8-36 车辙深约 5.4mm

（3）结论

热再生施工半年后，路面车辙轻微，平均深度在 3.0mm 以下，说明热再生治理车辙的效果明显。

8.1.3 新疆 S221 塔城—额敏公路整形再生工程

1）工程概况

S221 项目起点位于塔城市，终点位于额敏县，双向四车道，二级公路，是进出塔城的交通要道。该公路于 2006 年 10 月建成通车，路面结构为：3cm AC-13 沥青混凝土上面层 +4cm AC-16 沥青混凝土下面层 +30cm 水泥稳定砂砾基层 +33cm 天然级配砂砾底基层。路面设计年限内一个车道累计标准当量轴次为 413 万次，路面设计弯沉值为

28.5（0.01mm）。公路路基宽度 25.5m，横断面组成为中央分隔带 2m+ 路缘带 2×0.5m + 行车道 4×3.75m + 硬路肩 2×3.00m + 土路肩 2×0.75m。

2）路面病害调查及分析

经过多年使用，路面出现了裂缝病害，考虑到当地冬季降雪量大，气温低，夏季高温，昼夜温差大，为了及时修复路面，避免雨水、雪水融化下渗破坏基层，拟对此路段路面实施养护维修。

2012 年 6 月 10 日对该路段进行了现场病害调查并取芯。调查发现，路段内主要病害以纵横裂缝为主，局部网裂严重。取芯结果表明，额塔方向路面状况好于塔额方向。此外，塔额方向路面网裂面积大，下面层普遍松散，需要更换沥青面层。额塔方向裂缝多数只存在于上面层，下面层还是成型的，基层完好，说明裂缝属于自上向下发展的温缩、干缩裂缝，此类裂缝病害适合采用就地热再生技术进行治理。施工前的路面如图 8-37、图 8-38 所示。

图 8-37 原路面裂缝

图 8-38 裂缝处芯样

3）试验分析

对新疆 S221 原路面沥青混合料进行了室内试验分析，试验结果分析如下：

（1）原路面沥青混合料的抽提、筛分试验

现场取样，进行室内沥青混合料的抽提、筛分试验，试验结果见表 8-15，沥青混合料的级配曲线如图 8-39 所示。

S221 路表面层沥青混合料筛分试验结果　　表 8-15

筛孔尺寸（mm）		16	13.2	8.5	4.75	2.36	1.18	0.6	0.3	0.15	0.075
通过率（%）		100.0	95.2	75.8	51	31	24	17.6	13.1	8.8	6.9
AC-13	上限值	100	100	85	68	50	38	28	20	15	8
	下限值	100	90	68	38	24	15	10	7	5	4
油石比：4.5%　　沥青含量：4.3%											

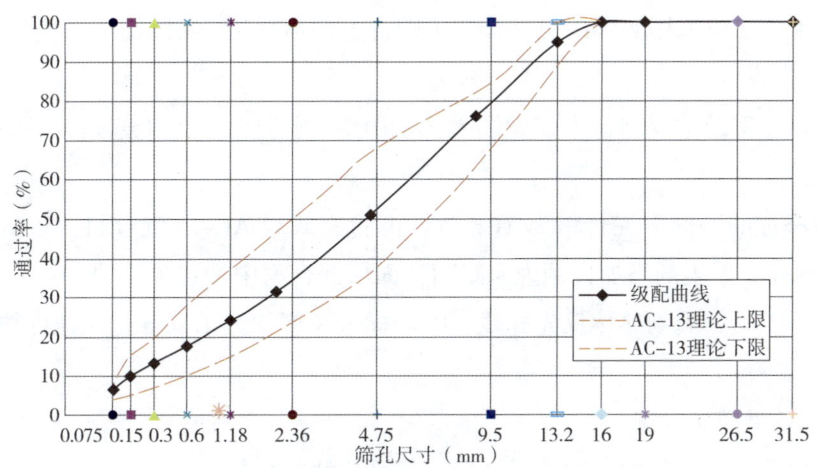

图 8-39 表面层沥青混合料级配曲线

（2）沥青及沥青混合料再生前后试验

对回收沥青分别掺加 3% 和 5% 再生剂后的三大指标进行试验，同时对回收沥青混合料分别掺加 3% 和 5% 再生剂后的混合料性能进行试验，试验结果见表 8-16、表 8-17。

回收沥青的再生剂添加量试验结果 表 8-16

试验项目	回收沥青中再生剂掺量（%）			试验方法
	0	3	5	
针入度（0.1mm）	40.3	52.6	67.9	T 0604—2000
软化点（℃）	67.3	63.1	57.2	T 0606—2000
延度（cm）	8.5	28.7	60.6	T 0605—1993

再生前后面层沥青混合料试验结果 表 8-17

再生剂掺加量（%）	空隙率（%）	马歇尔稳定度（kN）	流值（0.1mm）
0	6.7	8.5	42.52
3	5.8	11.3	38.24
5	4.3	13.2	32.48

由表 8-16、表 8-17 可以看出，添加 5% 再生剂后，原路面沥青性能恢复较好；在掺加 5% 再生剂后原路面混合料空隙率降至规范范围内，马歇尔稳定度和流值均满足要求，所以确定再生剂用量为 5%。

再生剂喷洒采用国际领先的英达自动控制螺旋转盘式洒布设备进行洒布，确保再生剂洒布均匀、一致。开工前对喷洒系统进行检查和标定，要求喷洒均匀、用量准确。再生剂用量检验方法可采用实际用量计算法（即再生剂消耗量 / 实际施工面积）。

4）技术方案

根据设计方案及原路面调查试验结果，采用整形就地热再生工艺施工，施工后原路面高程不变。

施工中添加的新沥青混合料为 SBS 改性沥青玄武岩 AC-13 混合料，新料添加量为面层厚度 1.5cm。再生剂添加比例为原路面上面层混合料中沥青含量的 5%。

热再生施工后，施划热熔反光标线，一般标线厚度约为 1.5mm，减速标线厚度约为 4.5mm。

5）施工效果回访检测

施工半年后对施工路面进行质量回访，各项检测指标均满足规范要求。

8.1.4 济南玉函高架桥沥青面层整形再生工程

1）工程概况

济南玉函立交桥东西向车道是 1998 年修建的，全长近 1000m，玉函立交路面层为普通 70 号重交沥青石灰岩沥青混合料。通车至今 11 年左右的时间，路面车流量比较大，随着路面使用年限的增加，互通立交路面需要进行中修。施工段落见图 8-40 中红色箭头线标注的立交方向部分。

图 8-40　济南玉函立交

2009 年维修主要针对东西方向两车道的路面，路面为桥梁结构，防水层情况基本良好，主要病害为沥青铺装层局部裂缝、坑槽等，尤其是上坡段车道轮迹带上坑槽比较多，而且基本上可见桥梁结构层顶面。其他病害较少，路面坑槽、裂缝如图 8-41、图 8-42 所示。

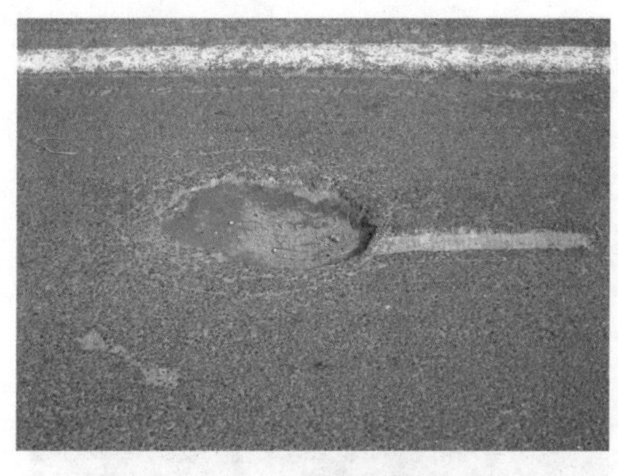

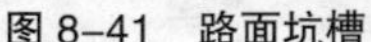

图 8-41 路面坑槽

图 8-42 路面裂缝

经现场调查，路面结构为沥青（普通沥青）混凝土 + 玻纤格栅 + 钢筋混凝土结构，其中沥青铺装层很薄，仅为 3cm 左右，坑槽处钢筋混凝土已外露，因此考虑在施工时适当提高路面沥青混凝土铺装层的厚度，即在进行施工时增加新沥青混合料的添加比例。

2）技术方案

根据原路面路况调查和材料试验分析，玉函立交路面修复采用沥青路面整形就地热再生工艺，为保证原路面在桥梁伸缩缝处的高程不变，就地热再生施工时，需对桥面伸缩缝前后 5m 范围内采取特殊调整措施，保证施工完成后路面的平顺性。

（1）整形再生

原路面沥青铺装层厚度只有 3cm，本次施工先对原路面进行加热，对其表面进行拉毛，喷洒再生剂后添加 AC-10 型新沥青混合料，添加新料后路面高程提高 2cm。

（2）桥面伸缩缝处理措施

经现场考察，立交桥路面伸缩缝比较多，要充分考虑施工对其的影响，保证在进行大型就地热再生施工后，伸缩缝处高程不发生变化。

在施工过程中，伸缩缝位置采用的处理方法是：HM16 加热车经过前，采用隔热布或废旧沥青混合料等材料对伸缩缝进行覆盖保护，当 HM16 加热车依次从隔热布上经过之后再去除隔热布或废旧沥青混合料，当 RM6000 公路王经过伸缩缝时，升起耙齿，通过伸缩缝后再放下，确保不破坏伸缩缝和损伤设备。对于伸缩缝附近已经加热过但未耙松的路面采用人工配合的方式进行耙松，一次摊铺成型。

为了消除路面高程提高对伸缩缝的影响，采用的处理方法是：在公路王 RM6000 经过后，对于没有耙松的部分，由人工在伸缩缝两侧开沟槽，并保证一定的纵向线形，然后一起摊铺，这样通过沟槽处的高程过渡，可以做到伸缩缝前后路面高程不发生变化。

3）施工效果回访检测

施工 4 年后，2013 年 12 月对就地热再生施工过的路面进行质量回访，路面整体性能良好，未出现任何相关病害。施工 4 年后的路面状况如图 8-43 所示。

a)

b)

图 8-43　施工四年后路面状况

8.2　复拌再生工程案例分析

与整形就地热再生相比，复拌就地热再生最大的施工工艺特点是增加了新旧沥青混合料提升、拌和的过程，即通过施工过程调整原路面混合料的级配、沥青含量等。根据沥青混合料级配、油石比调整的要求，复拌再生又包括以下几种施工工况：

（1）原路面混合料级配不满足规范标准，如原路面有微表处层和原路面上面层沥青混合料混在一起后，不能满足规范标准。通过复拌就地热再生施工加入一定数量、特定级配的新沥青混合料后，沥青混合料级配可以调整到满足规范标准。

（2）原路面沥青混合料级配满足规范标准，但是混合料的力学性能不理想。如 AK 型开级配上面层材料，在年平均降雨量较高的地区，由于混合料的设计空隙率比较大，封水性能差。后期使用过程中由于水损坏的因素会严重影响路面的使用寿命，采用复拌就地热再生技术施工调整成 AC 型密级配，沥青混合料的力学性能和路用性能可得到较大改善，更加符合当地公路运营的实际需要。

（3）原路面沥青混合料级配满足规范标准，施工后的混合料不改变级配类型仍满足规范标准。但级配不够理想时，需要在施工过程中对其进一步优化。

（4）原路面沥青混合料的油石比不符合规范标准，采用复拌就地热再生施工，通过添加适量的热沥青或加热机制砂，可以将原路面材料优化成最佳油石比状态。

现将各种工况相关的工程案例分析如下。

8.2.1 北京长安街沥青路面复拌再生工程

1）工程概况

（1）长安街简介

长安街始建于明代，是北京紫禁城、皇城和内外城最主要的道路，有“神州第一街”之称。长安街是世界上最宽的街道，也是中国最重要的街道。

现在的长安街及其延长线以天安门广场的中轴线为界，分为东、西长安街两段，东到北京市东部的通州区，西达北京市西部的石景山区，路面宽度为 50 ~ 100m，总长约 47km。

（2）长安街建养历史

第一阶段：孕育发展期（中华人民共和国成立初期至 20 世纪 50 年代末）。

1959 年，东起建国门、西至复兴门的长安街全部拓宽为 35 ~ 80m。

第二阶段：建设停滞期（20 世纪 60 年代初期至改革开放前）。

20 世纪 60—70 年代，长安街的建设处于停顿状态。

第三阶段：建设成熟期（改革开放后至 20 世纪 90 年代末期）。

20 世纪 80 年代，修建了复兴门立交桥、建国门立交桥、大北窑立交桥，提高了长安街交通通行能力，在天安门广场北侧建设了地下通道，解决了行人横穿长安街与机动车相互干扰的问题。

20 世纪 90 年代，修建了公主坟立交桥和木樨地立交桥，沿长安街修建了地下通道和人行天桥，保证了行人与行车安全。

第四阶段：提高完善期（20 世纪 90 年代末期之后）。

1998 年，为迎接新中国成立 50 周年大庆，北京市委、市政府对长安街及其延长线进行全面整顿。经过近一年的时间，长安街沿线的各类设施有了统一的标准，形成了庄重、素雅、大方、协调的长安街面貌。

2007 年，长安街养护，养护路段西起公主坟，东至大望桥。对国贸桥、复兴门桥和建国门桥进行加固修复，在不中断交通的基础上，整治范围东起四惠桥，西至首钢东门，全长 27.19km。

2009 年长安街大修：自 1998 年以来，长安街一直没有进行过大规模的结构性维修，道路结构存在不同程度的损坏，有些地方还比较严重，大修迫在眉睫。同时道路两侧人行道经过 10 年踏磨，砖石老化、褪色、破损、碎裂明显，雨雪天也不防滑。为了改善路面使用状况，同时也为了迎接新中国成立 60 周年国庆庆典活动，定于 2009 年 3—8

月对长安街道路进行中、大修。

为了响应国家号召，节约成本，减少资源浪费，本项目业主北京公路联接线责任有限公司决定采用新技术、新工艺，针对不同路段的道路现状采用不同的维修方法。其中对于一些路面基层完好、仅表面层出现损坏的沥青路面，以及路面面层结构不合理的路段决定采用就地热再生技术维修。

（3）就地热再生施工路段的路况调查

经现场调查，长安街路面经过1998年维修后十多年使用，路面已经出现较为严重的损坏，主要包括裂缝（横向裂缝、纵向裂缝、网裂）、麻面、车辙、多处修补补丁等，如图8-44～图8-47所示。

图8-44 横向裂缝

图8-45 纵向裂缝

图8-46 修补补丁与龟裂

图8-47 龟裂

进行就地热再生施工的路段路面面层材料为3～4cm SMA-10型沥青混合料，路面面层材料结构随着养护时期的不同而不同。

经过北京市政工程设计研究院设计，决定对长安街表面层损坏的沥青路面采用就地热再生工艺维修。

鉴于长安街的特殊地位，本项目业主早在两年前就开始对国内数家就地热再生施工的单位进行比较，经现场考察和施工试验段考察，对各单位的技术能力有了客观的把握。在工程实施前，业主邀请了国内业界数十位知名专家对各单位的再生技术方案进行严格的评审，最终决定采用英达公司提出的采用复拌就地热再生施工工艺来优化原路面级配和路面结构的技术方案。

2）技术方案

本次长安街大修工程沥青路面就地热再生主要面临三方面的难题。一是技术难题，如何对原路面老化的沥青性能指标进行有效恢复，100% 再利用原路面材料，并将原路面混合料级配进行适当调整，使再生后的路面结构更为合理，混合料的路用性能得到较大的提升；二是工艺难题，由于施工地点是首都的"心脏"，如何有效地降低噪声，减少烟尘、气体的排放；三是施工组织难题，长安街交通流量非常大，可施工时间只能是晚上 11：30 至凌晨 4：30，从设备进场到施工结束后路面恢复正常通行只有短短的 5 个小时，这对施工管理者来说是个不小的难题和挑战。

（1）施工难点分析

①技术难点。

a. 路面级配优化。

为确定本工程是否适合采用就地热再生工艺，在施工前，对长安街路面材料进行了试验。根据路面结构的需要，在就地热再生施工后，除了其再生混合料的性能需满足规范要求外，通过添加新料，还需要将原路面的 SMA-10 调整为 AC-13，并针对原路面试验结果以及事先确定的目标级配进行相关试验，验证再生沥青混合料的配合比。

原路面沥青混合料抽提筛分试验结果及添加新沥青混合料级配情况见表 8-18，均匀拌和、合成后的新旧料筛分试验结果如图 8-48 所示。

抽提筛分试验结果 表 8-18

筛孔尺寸（mm）		16	13.2	8.5	4.75	2.36	1.18	0.6	0.3	0.15	0.075
原路面通过率（%）		100	100	98.7	61	31.6	24.3	20.5	16.8	14.4	13.1
SMA-10	上限值	100	100	100	60	32	26	22	18	16	13
	下限值	100	100	90	28	20	14	12	10	9	8
新添加料											
集料 1（10 ~ 15mm）		100.0	75.0	20.0	0.0	0.0	0.0	0.0	0.0	0.0	0.0
集料 2（机制砂）		100.0	100.0	100.0	100.0	81.7	48.9	30.4	10.6	7.5	2.4

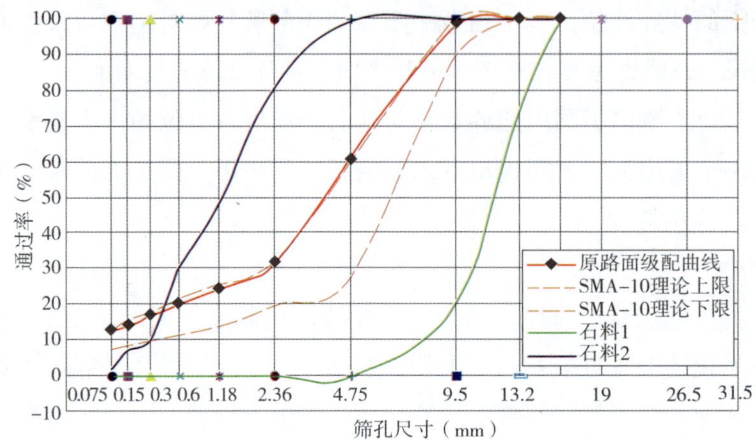

图 8-48　新旧混合料筛分曲线

要求将原路面的 SMA-10 调整为 AC-13，基于国际领先的英达就地热再生成套设备和成熟的混合料设计理论与经验，提出了针对长安街路面实际情况的技术目标，按此目标进行相应试验，验证结果见表 8-19，再生料设计抽提筛分曲线如图 8-49 所示。

再生料设计抽提筛分试验结果　　表 8-19

筛孔尺寸（mm）	16	13.2	8.5	4.75	2.36	1.18	0.6	0.3	0.15	0.075
设计再生料通过率（%）	100.0	98.1	83.3	47.2	29.6	22.2	18.3	14.4	12.3	10.9

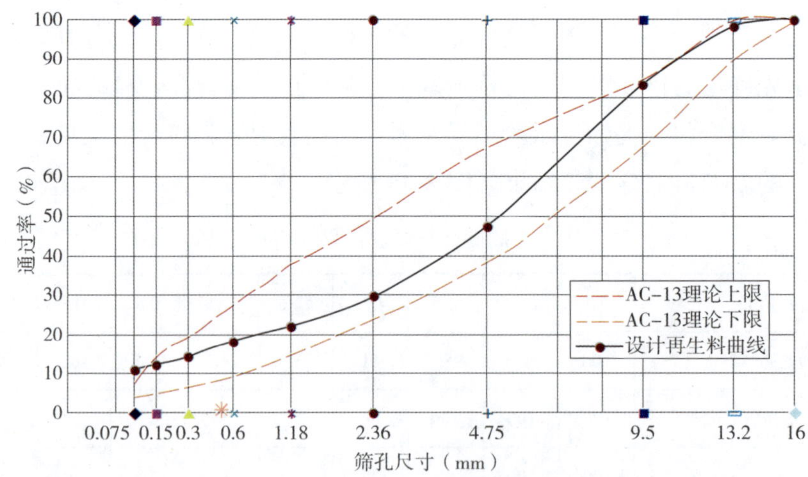

图 8-49　再生料抽提筛分曲线

b. 老化沥青性能指标的恢复。

为了能更好地评价长安街路面沥青混合料中沥青的老化程度，对原路面沥青混合料中经添加再生剂后的沥青指标进行试验，试验验证结果见表 8-20。

老化沥青、再生沥青试验结果 表 8-20

序号	再生剂掺量（%）	针入度（0.1mm）	软化点（℃）	5℃ 延度（cm）
1	0	17.5	65.6	1.6
2	5	26.1	60.4	4.5
3	8	33.8	57.4	5.0
4	10	42.6	55.6	6.9

从试验结果可以看出，原路面沥青针入度、5℃延度下降较大，而软化点上升幅度也较大，说明混合料中的沥青老化比较严重；添加再生剂后，各指标均有一定的改善。为了进一步确定和优化添加再生剂的比例，对不同添加量的再生沥青混合料力学性能进行试验，试验验证结果见表 8-21。

沥青混合料马歇尔试验结果 表 8-21

序号	再生剂掺量（%）	空隙率（%）	马歇尔稳定度（kN）	流值（0.1mm）	残留稳定度（%）
1	0	5.9	24.25	27.2	—
2	5	3.6	18.61	27.8	88.2
3	8	3.3	21.71	35.8	99.3
4	10	2.1	15.06	28.1	—

根据老化沥青和原路面混合料中分别掺加不同掺量再生剂的试验结果，确定长安街沥青路面就地热再生的再生剂用量为 8%。

为了验证再生沥青混合料配合比设计，对上述再生沥青混合料配合比进行体积指标、马歇尔试验、车辙试验和冻融劈裂试验等，试验验证结果见表 8-22、表 8-23。

再生料体积指标验证 表 8-22

检测项目	单位	实测值	标准值	单项判定
毛体积相对密度	—	2.444	—	—
理论最大相对密度	—	2.580	—	—
空隙率	%	5.3	3 ~ 6	合格
马歇尔稳定度	kN	13.0	≥ 8	合格
流值	0.1mm	24	15 ~ 40	—

再生料性能验证 表 8-23

检测项目	单位	实测值	标准值	单项判定
车辙试验（60℃），动稳定度	次 /mm	4727	≥ 2800	合格
浸水马歇尔试验，残留稳定度	%	89.1	≥ 85	合格
冻融劈裂试验，强度比	%	83.8	≥ 80	合格

试验结果表明，所有指标均满足新建路面规范中有关沥青混合料的标准要求。

②工艺难点。

目前我国正大力提倡“环境保护、节能减排”，同时考虑到长安街道路的特殊地位，此次施工对环境的要求特别严格。不仅要减少固态排放物也要减少气体排放和噪声污染。

一方面，由于施工作业在夜间实施，为了减少对街道附近机关、居民正常工作与生活的影响，必须尽量降低施工噪声。这方面可通过为设备特殊设计的消音装置得以实现。

另一方面，由于就地热再生施工工艺的灵魂就是对路面加热温度的控制，施工时需要多辆加热机同时对路面进行预加热。如果预加热温度高于沥青冒烟界限温度，就不可避免会产生烟雾。因此，为了减少和消除烟雾，同时又能保证正常施工温度，所有预加热设备均采用间歇式热辐射加热方式，并采取增加预加热机数量降低单台加热机预加热温度等措施。一共采用了 4 台 HM16 型预加热机进行预加热，从而严格控制路面的最高加热温度，始终确保沥青不产生烟雾。

③施工组织管理难点。

a. 长安街施工作业的特殊性。

与其他道路相比，长安街具有其特殊的地位，除了举世闻名的天安门和天安门广场，长安街两侧还有人民大会堂、中南海和其他中央政府机关。此外，长安街两侧还有很多文化、商业设施。

正是由于长安街独特的地位，对施工组织管理的要求极其严格，这既是对施工管理人员和施工作业队伍专业性的考验，也是对施工团队作业能力的严峻考验和挑战。

b. 施工作业时间短。

根据长安街的交通状况，交管部门要求本次长安街大修所有施工均安排在夜间，施工的时间区间为每天夜间 11：30 至次日凌晨 4：30，每天全部施工只有 5 个小时的时间，其中包括进出场时间、交通安全布控时间、现场清理时间及各种不可预见因素所需要的时间。如何有效利用很短的可施工时间，这对就地热再生施工工艺和施工管理提出了更高的要求。为此，公司对热再生设备进行了专门改造，进场采用外挂牵引汽车底盘自行的方式从停车场行驶至施工作业地点。施工时卸下牵引车头，施工设备采用自行方式行走施工，拆装非常方便，一台车 5 ~ 10min 之内即可完成，大大缩短了进退场时间，增加了可施工作业时间，使工期得到保证。

c. 车流量大。

由于长安街特殊的政治、经济地位，长安街车流量很大，即使夜间施工，施工作业区段范围内仍有很大的车流量。由于就地热再生施工工艺连续、快捷，不需要对道路进行全幅封闭，施工作业时仅封闭施工车道，对交通的影响降到了最低。

（2）施工方案

根据路况调查和试验结果，施工范围内路面经过长时间的使用，在各种因素的作用下，路面级配已发生变化，且试验表明，路面沥青老化严重，需要添加新料和再生剂来改善路面的性能。

综合考虑各种因素，本次施工采用复拌就地热再生工艺。复拌就地热再生工艺一方面可以调整原路面混合料的级配，另一方面可以通过添加再生剂来恢复原路面沥青的性能，达到改善路面状况、提高路面使用性能的目的。

3）复拌就地热再生施工

本次施工投入的主要设备有：预加热设备 HM16 型加热机四台，RM6800 型热再生主机公路王一台，EM6500 型提升复拌机一台。另配备美国进口 PF5500 型摊铺机一台，13t 双驱双振钢轮压路机一台，30t 轮胎压路机一台，8t 双钢轮静碾压路机一台，有力地保证了整个就地热再生施工的顺利进行。

按照既定的施工方案和施工流程进行施工，施工现场如图 8-50 ~图 8-53 所示。

图 8-50 施工前路面状况

图 8-51 四台 HM16 依次预加热

图 8-52 长安俱乐部前正在进行施工

图 8-53 施工后路面效果

4）施工后质量检测

为了检验施工效果，确保路面维修质量，业主分别委托北京市建设工程质量第三检测所、北京路桥路兴物资中心试验室、北京新德瑞乐工程检测科技有限公司等单位对施工后的路面性能质量进行检测。按照《公路沥青路面施工技术规范》（JTG F40—2004）对新建沥青路面进行评定，结果各项指标均满足规范要求。

（1）就地热再生施工后路面级配状况

为了检测施工后路面级配状况，委托北京市建设工程质量第三检测所对再生沥青混合料进行抽提筛分试验，试验结果见表8-24。结果表明，再生沥青混合料的实测级配与设计级配吻合，再生沥青混合料实测级配曲线如图8-54所示。

再生沥青混合料抽提/筛分试验结果　表8-24

筛孔尺寸（mm）		16	13.2	8.5	4.75	2.36	1.18	0.6	0.3	0.15	0.075
再生路面通过率（%）		100.0	99.7	79.9	45.2	28.3	19.5	15.7	12.2	10.1	7.3
AC-13	上限值	100	100	85	68	50	38	28	20	15	8
	下限值	100	90	68	38	24	15	10	7	5	4

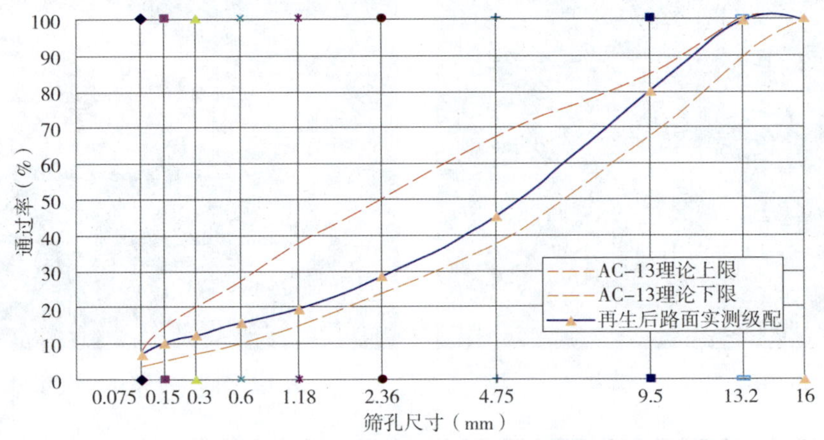

图8-54　再生沥青混合料实测级配曲线

（2）再生沥青混合料马歇尔、高温稳定性能检测结果

再生沥青混合料马歇尔、高低温稳定性能检测结果见表8-25。

再生沥青混合料马歇尔、高低温稳定性能试验结果　表8-25

检测项目	单位	实测值	标准值	评定结果
马歇尔稳定度	kN	10.88	＞8	合格
流值	mm	3.2	1.5～4	合格
动稳定度（60℃）	次/mm	5454	≥2800	合格
残留稳定度	%	91.3	≥85	合格
冻融劈裂试验，强度比	%	86.9	≥80	合格

（3）再生路面平整度、构造深度、摩擦系数、渗水系数检测结果

再生路面平整度、构造深度、摩擦系数、渗水系数检测结果见表 8-26。

再生路面平整度、构造深度、摩擦系数、渗水系数试验结果　　表 8-26

序号	平整度百米 σ 值（mm）	构造深度（mm）	摩擦系数（BPN）	渗水系数（mL/min）
1	1.24	0.64	55	6
2	1.22	0.65	55	8
3	1.30	0.65	56	7
平均	1.25	0.65	55	7
规范值	≤ 2.5	≥ 0.55	≥ 45	≤ 300
评定结果	合格	合格	合格	合格

（4）再生路面密度、压实度检测结果

再生路面密度、压实度检测结果见表 8-27。

再生路面密度、压实度试验检测结果　　表 8-27

桩号	厚度（cm）	密度（g/cm^3）		压实度（%）	
		实测密度	最大理论密度	实测压实度	设计压实度
K4+170	4.4	2.432	2.571	94.7	≥ 94
K4+420 三车道中	4.7	2.433		94.6	
K4+520 三车道右	4.8	2.423		94.2	
K5+565 左	4.6	2.468		96.2	
K5+565 右	4.5	2.466		96.1	
K4+930	3.6	2.427		94.5	
K5+115	4.8	2.422		94.3	

通过北京市建设工程质量第三检测所、北京路桥路兴物资中心试验室、北京新德瑞乐工程检测科技有限公司等单位的检测，施工后再生沥青混合料各指标均合格，路面压实度合格率达到 100%。通过路面就地热再生施工，路面各种病害得到有效治理，路面整体使用性能得到了很大的提高，同时在整个施工阶段，做到节约资源、保护环境，100% 再利用原路面旧的沥青混合料，同时在施工中也尽可能地把对交通的干扰减小到最低限度。

8.2.2 汾灌高速公路复拌再生工程

1）工程概况

汾灌高速公路于 2002 年 10 月建成通车，其中新沭河大桥段（3.5km）于 1999

年9月建成通车、汾灌二期（1.35km）于2006年11月建成通车。设计时速120km/h，双向四车道。所属桩号范围为K760+000 ~ K845+000，全长约85.686km。汾灌高速公路原有面层结构类型共有三种。其中，K760+000 ~ K785+460面层结构类型为：4cm AK-13+6cm AC-20I+7cm AC-25I；K785+460 ~ K812+000面层结构类型为：4cm SMA-13+6cm SUP-20+7cm SUP-25；K812+000 ~ K845+000面层结构类型为：4cm SMA-13+6cm AC-20I+7cm AC-25I。

选取路面检测综合指标较差的段落作为2013年养护施工段落，需热再生路段分布于汾灌方向K773+224 ~ K843+320段和灌汾方向K766+724 ~ K842+700段，共计30.087km。

2）病害调查分析

自2002年10月建成通车以来，经过数年的行车运营，在交通荷载、自然因素和超载车辆的作用下，汾灌高速公路部分路段的行车道出现不同程度的车辙、裂缝、泛油等病害，路面的整体服务性能降低。

根据检测数据，汾灌高速公路路面总体技术状况较好，路面结构强度满足要求，路面行驶质量和抗滑性能较好，路面破损少，病害集中在行车道，以纵、横裂缝和车辙为主。

经检测，路面横缝周边无沉陷、网裂等病害，路面强度较好，属于非荷载横向裂缝。经现场取芯调查显示路面横向裂缝基本上都是基层反射裂缝引起的，路面纵横向裂缝如图8-55所示。

汾灌方向行车道车辙深度大多小于20mm，大于20mm的车辙主要集中在K760 ~ K780和K820 ~ K845桩号范围内。灌汾方向行车道车辙深度大多小于20mm，大于20mm的车辙主要集中在桩号K780 ~ K815位置处，其中最大车辙深度为30mm。对车辙处路面取芯，从芯样厚度量测结果可以看出，上面层变形量在3mm左右，中面层变形量在5mm左右。车辙产生的原因是沥青路面结构层在车轮荷载作用下被压密，从而形成压密型车辙，如图8-56所示。

图8-55 纵横向裂缝

图8-56 轻微车辙

3）试验结果及分析

（1）取样

施工路段面层有两种材料，分两处取样分别是：

1——灌汾方向，K777+000，AK-13 路面。

2——汾灌方向，K808+000，SMA-13 路面。

（2）抽提筛分试验

1 号料的油石比为 5.0，抽提筛分曲线如图 8-57 所示。

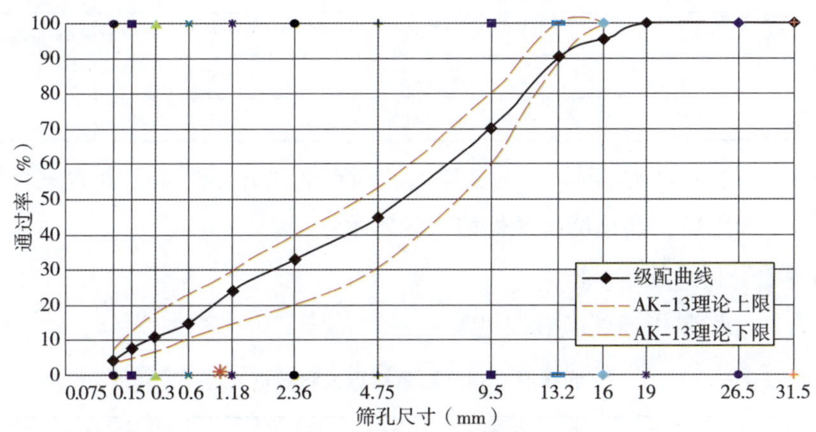

图 8-57　1 号料的抽提筛分曲线

根据以上筛分曲线，1 号料基本符合 AK-13 混合料类型，出现少量超过 16mm 粒径的集料，可能为取料时带出中面层的混合料。

2 号料的油石比为 6.4，抽提筛分曲线如图 8-58 所示。

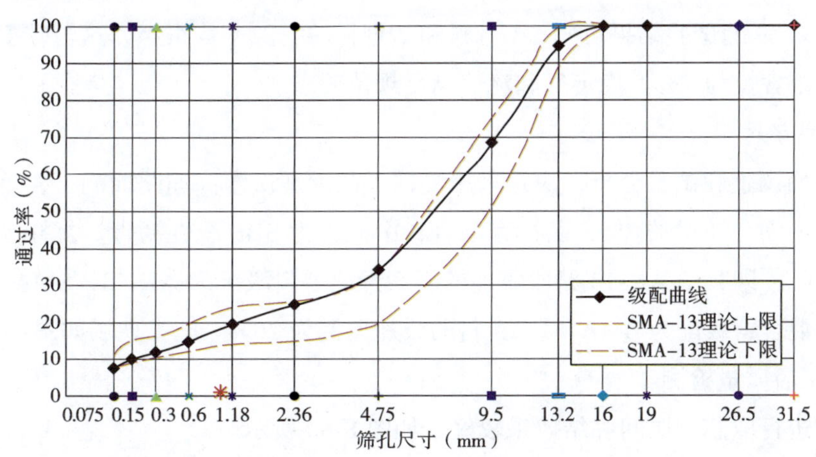

图 8-58　2 号料的抽提筛分曲线

根据以上筛分曲线，2 号料基本符合 SMA-13 混合料类型，但曲线偏上限，甚至 4.75mm 粒径材料的通过率已经达到上限值，说明级配偏细。试验过程中发现混合料较黏，其中木质纤维含量较多，约为 7‰。

（3）沥青三大指标试验

沥青三大指标试验数据见表 8-28。

沥青三大指标试验数据　　表 8-28

混合料	再生剂掺量（%）	5℃延度（cm）	软化点（℃）	针入度（0.1mm）
1 号	0	8.8	55.8	63.5
	3	10.4	51.2	69.5
2 号	0	12.1	57.5	69.3
	3	20.0	53.9	72.2

根据表 8-28 的试验结果可知，两处路面的沥青老化并不严重，沥青三大指标较好。添加 3% 的再生剂之后，老化沥青的性能得到基本恢复。

（4）沥青混合料马歇尔试验

沥青混合料马歇尔指标试验数据见表 8-29。

沥青混合料马歇尔指标试验数据　　表 8-29

混合料	再生剂掺量（%）	击实条件	理论密度（g/cm^3）	毛体积密度（g/cm^3）	空隙率（%）	稳定度（kN）	流值（0.1mm）
1 号	0	150℃，75 次	2.663	2.558	3.9	14.03	40.0
	3	150℃，75 次	2.616	2.555	2.3	11.74	40.2
2 号	0	150℃，75 次	2.565	2.528	1.5	8.52	40.5
	3	150℃，75 次	2.551	2.531	0.8	8.07	34.3

根据表 8-29 的试验结果可知，1 号料和 2 号料的空隙率均很小，这与较多的纤维含量有关，纤维含量为 7‰。稳定度和流值满足规范要求。

4）治理方案

根据路面调查和试验分析，决定采用复拌工艺治理汾灌高速路面病害，再生剂的添加量为旧路面沥青质量的 3%，新沥青混合料中沥青为 SBS 改性沥青。复拌再生不改变原路面的级配，即其中 AK-13 路段添加的新沥青混合料级配为 AK-13，SMA-13 路段添加的新沥青混合料级配为 SMA-13，新料的添加比例为 20%。施工现场如图 8-59 所示。

5）施工后质量检测

施工后进行取芯，层间黏结效果较好，如图 8-60 所示。

第三方检测单位对施工后的路面各项性能指标进行检测，检测结果见表 8-30。

a)

b)

图 8-59 施工现场

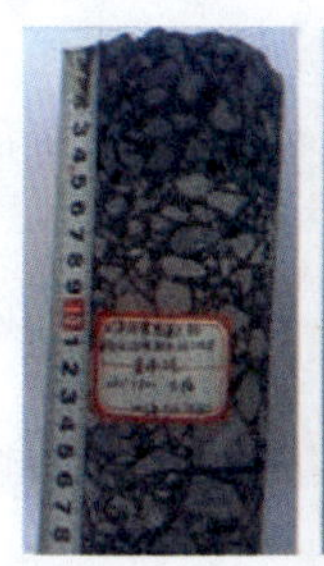

图 8-60 施工后芯样

汾灌高速公路路面性能指标检测结果 表 8-30

检测项目	马氏压实度（%）	理论压实度（%）	构造深度（mm）	渗水系数（mL/min）	摩擦系数（BPN）	厚度（mm）	平整度 IRI（m/km）
平均值	99.9	96.3	0.89	7	59	4.4	1.15
代表值	99.9	96.2	—	—	—	—	—
技术要求	≥ 98	94 ~ 97	≥ 0.6	≤ 80	≥ 55	3.5 ~ 4.5	≤ 1.2
合格率（%）	100	100	100	100	100	100	100
结论	合格	合格	合格	合格	合格	合格	合格

8.2.3 湖南潭邵高速公路复拌再生工程

1）工程概况

G60 沪昆高速公路（潭邵段）是国家高速公路网 G60 沪昆（上海至昆明）国道主干线湖南境内的一段。沪昆国道主干线横贯上海、浙江、江西、湖南、贵州和云南五省一市，全长约 2374km，是连接华东、中南及西南地区的主要交通运输通道，是我国国道主干线系统中东西向主要干线之一。潭邵高速公路起于湘潭市境内莲易高速公路的终点株易路口，接京珠高速公路殷家坳互通，沿线穿越湘潭、娄底、邵阳三市，止于邵阳市隆回县周旺铺镇，与 G320 国道相接，于 2002 年 12 月 26 日建成通车。该段高速公路为双向四车道，路面结构为 4cm AC-13+5cm AC-16+6cm AC-20+54cm（共三层）水泥稳定碎石。路面面层沥青混合料为 70 号重交沥青石灰岩。本次维修路面车道为行车道。

2）路况调查及再生沥青混合料配合比设计

（1）路面病害调查及取样分析

2012 年 6 月经现场调查，潭邵高速公路路面主要病害为车辙、麻面、松散、裂缝等，如图 8-61、图 8-62 所示。车辙路段分散，每段在 100 ~ 500m 长度不等，最大车辙深度达 40mm。对于车辙严重路段，应提前进行预处理。根据路面情况，针对未处理过的原路面、铣刨重铺路段、微表处路段及曾经热再生路段分别进行取样、试验和标定。

图 8-61　路面麻面坑槽

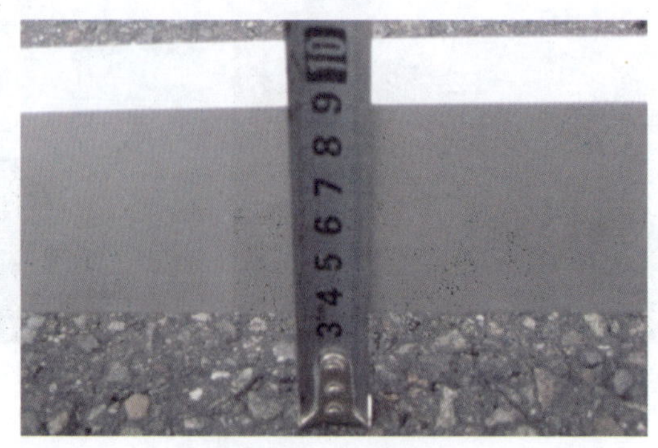

图 8-62　路面车辙

图 8-63　坑槽路段层间污染严重

对于路面坑槽等病害，通过取样发现上面层和中面层之间污染严重，如图 8-63 所示，主要原因为新建时或者进行路面养护施工时层间清理不干净造成的层间黏结不好。

（2）再生沥青混合料配合比设计

由于原路面车辙较深，最大车辙深度为 40mm，要求恢复原路面线形，需添加大量的新沥青混合料，尤其在连续上坡路段，根据试验确定了最深车辙处复拌沥青混合料的新料最大添加比例约为原路面材料的 30%。由于旧沥青混合料油石比为 4.6%，油石比偏低。因此，就地热再生施工的过程中在旧沥青混合料中添加 0.3% 的新沥青，新加沥青混合料所用沥青为 SBS 改性沥青，油石比为 4.9%，再生剂添加量为旧沥青混合料中沥青质量的 5%，施工时添加新沥青混合料中抗车辙剂比例为新沥青混合料质量的 0.4%。

新添加沥青混合料矿料级配试验结果见表 8-31，施工时原路面沥青混合料和新添加沥青混合料复拌后矿料级配试验结果见表 8-32，复拌后的沥青混合料矿料级配曲线如图 8-64 所示，复拌沥青混合料的马歇尔试验结果见表 8-33。

新添加沥青混合料矿料级配试验结果　　表 8-31

类型	筛孔尺寸（mm）										
	添加比例	16	13.2	8.5	4.75	2.36	1.18	0.6	0.3	0.15	0.075
10 ~ 15	18%	100	74.9	4.9	0.2	0.1	0.1	0.1	0.1	0.1	0.1
5 ~ 10	55%	100	100.0	70.3	0.8	0.3	0.2	0.1	0.1	0.1	0.1
3 ~ 5	8%	100	100.0	100.0	90.6	8.9	4.2	2.3	1.9	1.5	1.0
0 ~ 3	15%	100	100.0	100.0	100.0	89.2	75.6	48.5	34.5	19.3	5.5
矿粉	4%	100	100.0	100.0	100.0	100.0	100.0	97.6	97.1	96.6	92.0
合成级配		100	95.5	66.5	26.7	18.4	15.8	11.4	8.3	7.0	4.7

原路面沥青混合料和新添加沥青混合料矿料级配试验结果　表 8-32

类型	筛孔尺寸（mm）									
	16	13.2	8.5	4.75	2.36	1.18	0.6	0.3	0.15	0.075
新加料级配	100	95.5	66.5	26.7	18.4	15.8	11.4	8.3	7.0	4.7
原路面级配	100	92.8	73.3	49.6	37.8	29.0	17.0	13.3	10.1	7.9
复拌 AC-13	100	93.7	71.0	41.8	31.2	24.5	15.1	11.9	8.1	6.8

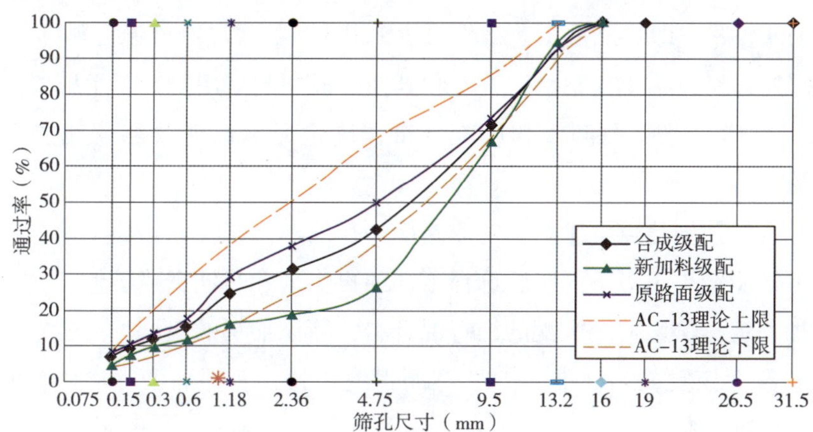

图 8-64　复合沥青混合料矿料级配曲线

复拌再生沥青混合料马歇尔试验结果　表 8-33

沥青混合料类型	空隙率（%）	马歇尔稳定度（kN）	流值（0.1mm）
复拌再生 AC-13	4.4	13.14	29.1

由上述试验结果和再生沥青混合料的级配曲线证明，经就地热再生施工后所有再生沥青混合料的性能均满足新沥青混合料的规范标准。

根据原路面沥青混合料级配的变异情况，由于车辙深度不同，要求添加新沥青混合料的比例也不同。所以，在不同的施工路段，对复拌再生沥青混合料进行有针对性的级配调整，使施工后所有施工段落的再生沥青混合料的级配均为标准级配，且级配变异性控制在尽可能的最小范围内。

针对原路面车辙病害，为了提高再生沥青混合料的动稳定度，再生沥青混合料的级配在 2.36mm 以上集料的通过率尽可能接近级配曲线的下限。为提高路面的封水性，减少路面水损坏病害，再生沥青混合料级配在 2.36mm 以下集料的通过率尽可能接近级配曲线的中值。最终将再生沥青混合料的级配调整为 AC-13 型。

3）技术方案

根据原路面的级配及沥青试验结果，采用复拌就地热再生工艺对原路面混合料的级配进行调整改善，同时对沥青进行再生。复拌就地热再生施工工艺就是对出现病害的沥青混凝土路面，利用就地热再生机组进行加热、翻松，加入再生剂、热沥青及一定比例、特定级配的新沥青混合料，充分拌和后摊铺碾压成型的一种工艺。采用该种施工工艺施工后的路面平整，能够有效消除车辙、裂缝、坑槽、麻面等路面表层病害，在一定程度上改善原路面的级配和油石比，恢复路面结构承载力，提高路面抗车辙能力，延长车辙的复发周期，减小复发车辙的深度。

针对分散的严重车辙路段，为保证施工后使用质量，在复拌就地热再生施工之前可先对其进行初步整平，即对严重车辙路段加热、耙松后，将波峰处混合料推移到波谷处，并对其进行碾压，经过第一次整平后，再和其他路段一起采用复拌再生施工。

根据潭邵高速公路路况调查和试验分析，确定潭邵高速公路就地热再生处治方案为：

（1）采用复拌就地热再生工艺，对原路面进行加热，耙松原路面上面层。

（2）根据试验结果，对不同路段选择不同的再生剂和热沥青喷洒量。

（3）添加一定比例、特定级配的沥青混合料，新添加料的级配见配合比设计。

（4）沥青路面恢复成为标准 AC-13 型沥青混合料，复拌后沥青混合料的性能可在新料试拌完成后进行验证。

4）试验段施工后质量检测

试验段施工结束后，对试验段路面各项指标进行检测，检测结果如下：

（1）室内试验

取复拌再生混合料进行室内试验，再生沥青混合料的马歇尔试验结果见表 8-34。

马歇尔试验结果　　表 8-34

级配类型	油石比（%）	空隙率（%）	稳定度（kN）	流值（0.1mm）
复拌再生 AC-13 混合料	4.9	4.6	11.94	29.0
技术要求	—	3-6	≥ 8	20 ~ 40

复拌再生沥青混合料的抽提筛分试验如表 8-35 和图 8-65 所示。

复拌再生沥青混合料的抽提筛分试验结果　　表 8-35

级配	油石比（%）	通过筛孔（方孔筛，mm）百分率（%）									
		16	13.2	8.5	4.75	2.36	1.18	0.6	0.3	0.15	0.075
筛分结果	4.9	100	91.5	70.6	41.5	34	21.4	13.9	11.5	8.5	7.2
控制上限	5.2	100	100	85	68	50	38	28	20	15	8
控制下限	4.6	100	90	68	38	24	15	10	7	5	4

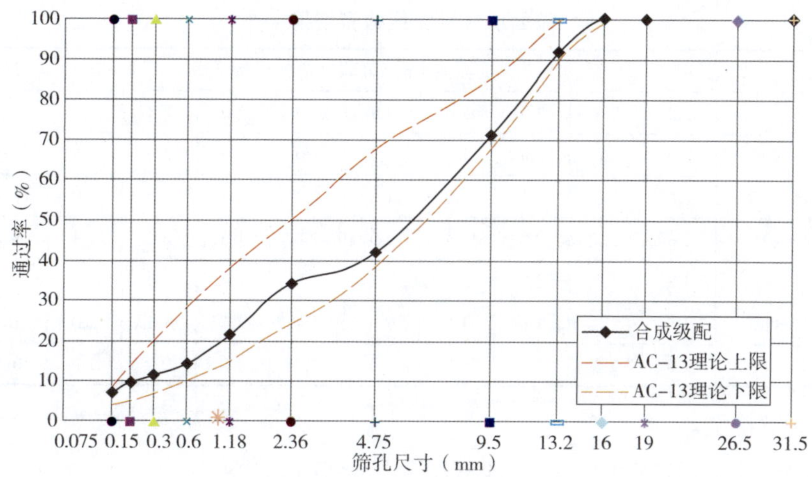

图 8-65　复拌再生沥青混合料级配曲线图

以上各项试验的结果均满足沥青混合料的设计规范要求。

（2）现场试验

①芯样厚度、压实度检测。

现场取芯采用随机取样方法，通过芯样检测再生料层厚度、压实度，芯样位置及试验检测结果见表 8-36。

芯样位置及现场描述　　表 8-36

芯样编号	桩号	芯样位置	现场描述	芯样厚度（cm）	芯样密度（g/cm³）	最大理论密度（g/cm³）	压实度（%）
1	K1146+510	横距 3.0m	试验段路面外观较为均匀，无明显离析现象	4.5	2.402	2.541	94.5
2	K1146+630	横距 4.5m		4.7	2.413		94.9
3	K1146+750	横距 4.0m		4.2	2.399		94.4
4	K1146+810	横距 5.0m		4.2	2.455		96.6
5	K1146+960	横距 6.0m		4.0	2.406		94.7
6	K1147+040	横距 4.5m		4.1	2.374		93.4
7	K1147+180	横距 3.0m		4.2	2.480		97.6
平均值				4.3	—	—	95.2
要求				4 ± 0.5	—	—	≥ 94

注：横距是以紧急停车道的右边线为基准。

②平整度检测。

采用三米直尺检测平整度，平整度检测结果见表 8-37。

路面现场平整度检测结果　　表 8-37

序号	桩号	实测值（mm）（设计值：＜3mm）										合格率
1	K1146+510	3.2	2.4	2.0	2.6	2.8	1.0	2.6	1.8	1.8	1.4	90
2	K1146+630	2.0	1.6	2.0	1.0	1.4	1.0	1.0	2.0	1.6	2.0	100
3	K1146+750	2.0	1.6	1.0	2.0	1.8	2.2	1.6	1.8	2.0	1.0	100
4	K1146+810	1.6	1.2	2.0	1.4	1.0	2.4	1.0	2.0	1.4	1.4	100
5	K1146+960	1.8	1.0	2.2	2.0	1.0	2.8	1.4	1.0	2.0	1.8	100
6	K1147+040	1.6	1.0	1.6	1.8	2.0	1.4	1.6	1.2	2.0	1.2	100
7	K1147+180	2.0	2.0	1.4	1.2	1.6	1.4	4.0	2.0	1.0	0.8	90

③构造深度检测。

采用铺砂法检测构造深度，构造深度检测结果见表 8-38。

构造深度检测结果　　表 8-38

芯样编号	桩号	测点位置	构造深度 *TD*（mm）
1	K1146+560	横距 3.0m	0.70
2	K1146+740	横距 6.0m	0.67
3	K1146+950	横距 5.0m	0.80
4	K1147+020	横距 3.5m	0.69
5	K1147+190	横距 3.5m	0.66

以上检测结果表明，试验段路面各项技术指标均满足规范要求。

5）施工效果回访检测

自 2012 年 9 月热再生工程施工后近 9 个月，为评价就地热再生的施工效果，于 2013 年 6 月对就地热再生施工路段进行了质量回访。

（1）外观检测

经过现场调查，潭邵段就地热再生施工段落大部分路段整体外观较好，如图 8-66、图 8-67 所示。

图 8-66　整体效果较好

图 8-67　接缝平顺

（2）车辙检测

潭邵段就地热再生施工段落整体车辙发展缓慢，经测量，局部最大处车辙深度为7mm，其他大部分车辙深度在5mm以下，如图8-68、图8-69所示。

图8-68　潭邵K1232+900车辙深度2mm

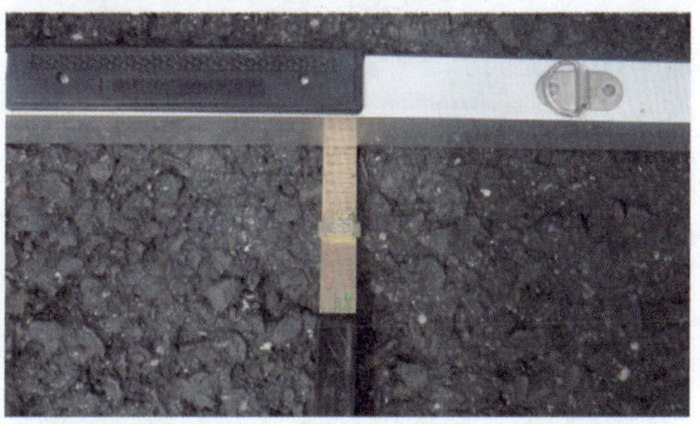

图8-69　邵潭K1245+500车辙深度1mm

8.2.4　青海平阿高速公路复拌再生工程

1）工程概况

青海省平阿高速公路于2006年10月1日建成正式通车，起自青海省海东地区平安县，终点位于华隆回族自治县扎巴乡阿岱镇，全长约41.2km，平阿高速海拔在2000～3000m。路幅结构设计为双向四车道，有中央分隔带，施工路段有连续上坡和连续下坡。原路面沥青层采用4cm AC-13+5cm AC-16+6cm AC-20结构，路面表层材料为普通90号重交沥青玄武岩，本次就地热再生只施工行车道。

青海省平阿高速公路为青海省重要的运输通道之一，重型货车行驶较多，部分路段路面已出现不同程度的病害。为保护高速公路，保证高速公路行车的平顺性和安全性，提高高速公路服务质量，现需要对病害路面进行现场热再生养护施工作业，修复路面病害。

2）路面病害调查及分析

平阿高速公路（平安县—阿岱镇）全线主要病害为车辙、少量横缝、纵缝，如图8-70～图8-72所示。

图8-70　车辙

图8-71　横缝

a) b) c) d)

图 8-72 纵缝

经现场踏勘，平阿高速公路双向行车道部分路段车辙较为突出，车辙深度最大达87mm，其他基本在10mm以上。行车道车辙的产生是由于施工时没有充分压实或料温不够等施工原因导致的沥青面层压实不足，通车后经过第一个高温季节，沥青混合料在行车荷载作用下，发生横向蠕变变形。

通过对横缝及轮迹带纵缝处取芯发现，裂缝已全部贯穿整个沥青面层，主要是由于青海当地气候早、中、晚温差较大，基层干缩、温缩裂缝引起的反射裂缝，就地热再生施工之前需对其进行预处理，芯样状况如图8-73、图8-74所示。

a)

b)

c)

图 8-73 横缝贯穿沥青面层

a)

b)

c)

图 8–74 纵缝贯穿沥青面层

本次维修路段桩号为：

上行：K17+170 ~ K18+500、K22+892 ~ K30+600、K34+050 ~ K39+600（其中 K34+050 ~ K34+150 应急道也需施工）。

下行：K34+050 ~ K39+600。

施工段落总长约 20.2km。

3）对原路面沥青混合料试验分析

（1）上行 K22+892 ~ K39+600 沥青路面行车道

①原路面沥青混合料级配试验分析。

经过室内对原路面沥青混合料试验分析，平阿高速公路（K22+892 ~ K39+600 上行行车道）沥青路面上面层沥青混合料的级配试验结果如表 8-39 和图 8-75 所示。其原路面沥青混合料设计级配类型为 AC-13。

原路面上面层沥青混合料抽提筛分试验结果 表 8-39

筛孔尺寸（mm）		16	13.2	8.5	4.75	2.36	1.18	0.6	0.3	0.15	0.075
通过率（%）		100	96.9	84.0	53.2	33.4	26.1	18.4	14.5	10.8	7.4
AC-13	上限	100	100	85	68	50	38	28	20	15	8
	下限	100	90	68	38	24	15	10	7	5	4
油石比（%）：5.0 沥青含量（%）：4.8											

经过试验检测分析结果证明，其原路面沥青混合料的级配满足 AC-13 型的级配规范要求。

②回收沥青和再生沥青混合料的试验检测。

依据要求对原路面沥青混合料进行沥青回收，然后分别进行回收沥青中掺加 0%、1% 和 3% 再生剂后的三大指标试验，再生沥青掺配试验结果见表 8-40。

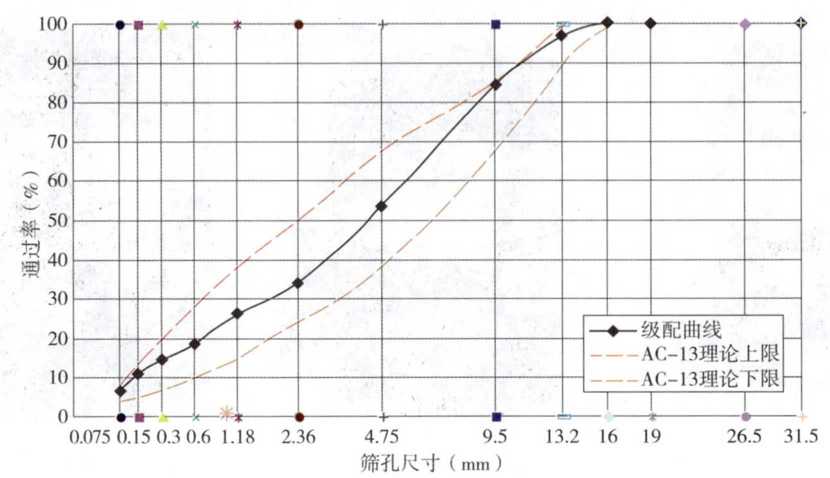

图 8-75 上面层沥青混合料级配曲线

再生沥青掺配试验结果 表 8-40

试验项目	回收沥青中再生剂掺量（%）			试验方法
	0	1	3	
针入度（25℃，100g，5s）(0.1mm)	82.6	85.2	90.9	T 0604—2011
软化点 $T_{R\&B}$（℃）	57.0	55.5	50.5	T 0605—2011
延度（15℃，5cm/min）(cm)	10.5	15.2	24.2	T 0606—2011

从表 8-40 可以看出，原路面沥青性能相对较好，老化程度较小，通过添加少量再生剂，来还原原路面沥青的老化性能。

③体积指标验证。

分别在旧料中掺加沥青含量的 0%、1%、3% 再生剂后，对再生沥青混合料进行马歇尔试验，掺加不同用量再生剂后试验结果见表 8-41。

再生沥青混合料的马歇尔试验结果 表 8-41

再生剂掺加量	试件密度 (g/cm^3)	理论密度 (g/cm^3)	空隙率 (%)	马歇尔稳定度 (kN)	流值 (0.1mm)
0%	2.455	2.542	3.4	10.18	26.2
1%	2.459	2.539	3.2	10.08	26.8
3%	2.461	2.526	2.9	8.89	25.3

注：理论密度为实测值。

由表 8-41 在原路面材料掺加不同比例的再生剂后的马歇尔试验结果可以看出，原路面沥青混合料中掺加 1% 的再生剂后，再生沥青混合料的体积指标最佳。因此，确定平阿高速公路上行 K22+892m ~ K39+600m 路段行车道沥青路面就地热再生施工时，再生剂添加比例为上面层沥青混合料中沥青含量的 1%。

（2）下行 K34+050 ~ K39+600 行车道

①原路面混合料级配检测。

经过室内试验分析，平阿高速公路（K34+050 ~ K39+600 下行行车道）沥青路面上面层沥青混合料的级配情况见表 8-42，级配曲线如图 8-76 所示。其原设计级配为 AC-13，经过试验检测分析，其级配基本满足 AC-13 的级配范围要求。

上面层沥青混合料抽提筛分结果　　表 8-42

筛孔尺寸（mm）		16	13.2	8.5	4.75	2.36	1.18	0.6	0.3	0.15	0.075
通过率（%）		100.0	96.2	81.2	49.1	32.2	25.5	19.6	16.4	13.2	8.4
AC-13	上限	100	100	85	68	50	38	28	20	15	8
	下限	100	90	68	38	24	15	10	7	5	4
油石比（%）：4.7　　沥青含量（%）：4.5											

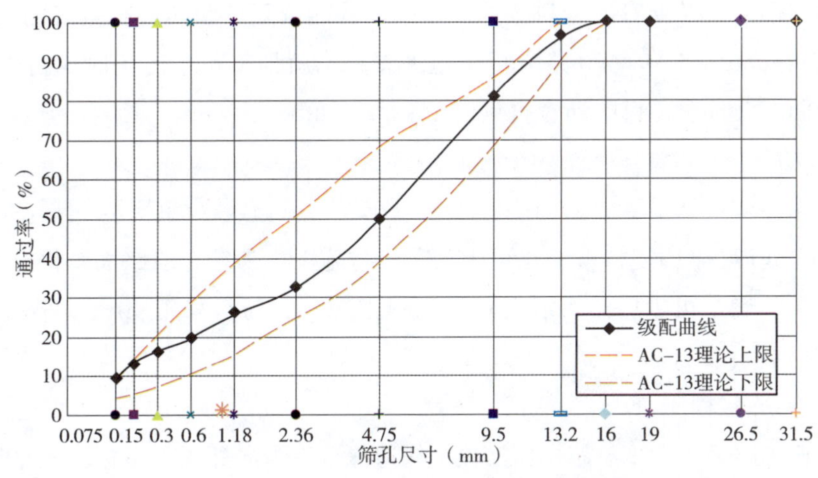

图 8-76　原路面上面层沥青混合料级配曲线

②回收沥青和再生沥青的试验检测。

依据要求对旧路面沥青混合料进行沥青回收，然后分别进行回收沥青掺加 0%、1% 和 3% 再生剂后的三大指标试验，结果见表 8-43。

再生沥青掺配试验结果　　表 8-43

试验项目	回收沥青中再生剂掺量（%）			试验方法
	0	1	3	
针入度（25℃，100g，5s）（0.1mm）	88.7	93.2	96.7	T 0604—2011
软化点 $T_{R\&B}$（℃）	51.5	48.5	46.5	T 0605—2011
延度（15℃，5cm/min）（cm）	10.8	12.2	14.8	T 0606—2011

从表 8-43 看出，原路面沥青性能相对较好，老化程度较小，通过添加少量再生剂，可还原原路面沥青的老化性能。因此确定再生剂添加比例为 1%。

③体积指标验证。

分别在旧沥青混合料中掺加沥青含量的 0%、1%、3% 再生剂后，对再生沥青混合料进行马歇尔试验，掺加不同用量再生剂后试验结果见表 8-44。

再生沥青混合料的马歇尔试验结果 表 8-44

再生剂掺加量	试件密度（g/cm^3）	理论密度（g/cm^3）	空隙率（%）	马歇尔稳定度（kN）	流值（0.1mm）
0%	2.416	2.538	4.8	10.15	23.4
1%	2.420	2.534	4.5	10.06	24.5
3%	2.433	2.529	3.8	8.95	24.9

注：理论密度为实测值。

根据原路面沥青及沥青混合料添加再生剂的性能恢复试验结果，最终确定平阿高速公路下行 K34+050 ~ K39+600 路段行车道沥青路面就地热再生施工时，再生剂添加比例同样为上面层沥青混合料中沥青含量的 1%。

4）技术方案

根据原路面调查结果，原路面病害主要以车辙、纵缝、横缝为主，且与业主沟通后裂缝无须预先处理，采用复拌就地热再生工艺进行施工。为补充原路面磨损及车辙变形，根据试验结果，确定再生后沥青混合料中新料占 20%，新料采用 90 号，普通沥青玄武岩 AC-13 型沥青混合料。

5）施工后质量检测

施工后检测路面平整度、芯样压实度、构造深度、渗水等各项指标均满足规范要求。其中压实度和平整度指标分别见表 8-45、表 8-46。

芯样压实度检测结果 表 8-45

序号	桩号	类型	厚度（cm）	钻取芯样密度（g/cm^3）	理论密度（g/cm^3）	压实度（%）
1	K1+155 上行行车道	AC-13	3.9	2.391	2.517	95.0
2	K2+000 上行行车道		3.9	2.401	2.517	95.4
3	K3+100 上行行车道		3.8	2.397	2.517	95.2
4	K13+360 上行行车道		4.0	2.396	2.517	95.2
5	K25+300 上行超车道		4.0	2.383	2.517	94.7
6	K3+690 下行行车道		4.1	2.409	2.517	95.7
7	K6+300 下行紧急停车道		4.2	2.379	2.517	94.5
8	K5+700 下行紧急停车道		4.2	2.404	2.517	95.5
9	K5+100 下行紧急停车道		4.2	2.396	2.517	95.2

续上表

序号	桩号	类型	厚度（cm）	钻取芯样密度（g/cm^3）	理论密度（g/cm^3）	压实度（%）
10	K4+500 下行紧急停车道	AC-13	4.3	2.393	2.517	95.1
11	K4+000 下行紧急停车道		4.2	2.387	2.517	94.8
12	K3+900 下行紧急停车道		4.3	2.365	2.517	94.0
13	K6+500 下行行车道		4.1	2.371	2.517	94.2
14	K6+000 下行行车道		4.1	2.390	2.517	95.0
15	K5+500 下行行车道		4.1	2.393	2.517	95.1
16	K5+000 下行行车道		4.0	2.389	2.517	94.9
17	K4+500 下行行车道		4.0	2.388	2.517	94.9
18	K4+000 下行行车道		4.0	2.381	2.517	94.6
19	K3+700 下行行车道		4.0	2.374	2.517	94.3
20	K6+100 下行超车道		4.1	2.379	2.517	94.5
21	K5+400 下行超车道		4.1	2.383	2.517	94.7
22	K4+800 下行超车道		4.4	2.389	2.517	94.9
23	K4+100 下行超车道		4.5	2.391	2.517	95.0
24	K3+800 下行超车道		4.4	2.406	2.517	95.6

注：表中理论密度为实测值。

平整度检测结果 表 8-46

桩号	检验项目	规范值或设计值（mm）	检测结果 σ（mm）							测试点数	合格点数	合格率(%)
			1	2	3	4	5	6	7			
K1+095 ~ K1+350 上行行车道	平整度	≤1.2	0.82							1	1	100
K1+954 ~ K2+017 上行行车道	平整度	≤1.2	0.88							1	1	100
K3+040 ~ K3+142 上行行车道	平整度	≤1.2	0.92							1	1	100
K13+330 ~ K13+393 上行行车道	平整度	≤1.2	0.85							1	1	100
K25+234 ~ K25+333 上行超车道	平整度	≤1.2	0.68							1	1	100
K3+700 ~ K3+674 下行半幅	平整度	≤1.2	0.58							1	1	100
K6+900 ~ K3+795 下行紧急停车道	平整度	≤1.2	0.76	0.65	0.52	0.96	1.02	0.66	0.89	16	16	100
			0.87	0.95	1.01	0.46	0.56	0.66	0.64			
			0.82	0.46								
K6+900 ~ K3+795 下行行车道	平整度	≤1.2	0.66	0.65	0.64	0.84	1.00	1.05	0.46	16	16	100
			0.87	0.85	0.47	0.98	0.68	0.66	0.66			
			0.84	0.67								
K6+900 ~ K3+795 下行超车道	平整度	≤1.2	0.65	0.66	0.61	0.56	1.03	0.89	0.75	16	16	100
			1.03	0.92	0.49	0.87	0.74	0.68	0.56			
			1.04	0.87								

注：表中平整度是以连续式平整度仪测量路面标准差 σ 的结果。

8.2.5　长沙黄花机场滑行道面复拌再生工程

1）工程概况及病害调查

黄花机场滑行沥青道面主要病害是由于飞机在滑行道上滑行时的渠化作用，在飞机两组后轮较大正压力的作用下，滑行道中间黄线两侧对称分布的道面出现三条比较深的轮辙带。该轮辙处曾经过多次铣刨重铺治理，但效果很不理想。道面主要缺陷是由于飞机后轮对道面作用而产生剪应力的非均匀性，使得轮辙深度极不均匀，而且深度差比较大。道面中心线右侧三条不均匀轮辙病害如图 8-77 所示。这种轮辙致使飞机在道面上滑行会产生较大的阻力，严重到飞机在比较深的轮辙处滑行产生强烈颠簸，甚至导致无法正常滑行。轮辙最大深度达到 30mm。

图 8-77　滑行道轮辙病害

黄花机场本次维修范围为滑行沥青道面，其中局部不连续，道面维修宽度为滑行道中心线两侧各 4m 宽的轮辙带。原道面主要有两种结构，一种是“白改黑”道面，沥青层厚 15cm，6cm SMA-16+9cm AC-20；另一种是水稳基层道面，沥青层厚 21cm，6cm SMA-16+7cm AC-20+8cm AC-20。所有原道面面层 6cm SMA-16 沥青混合料中均含有 0.4% 的抗车辙剂。

2）就地热再生技术处理轮辙的优势

（1）保留了轮迹带上已吸收的压实功，最大限度地减少压密型轮辙的再次产生，如图 8-78 所示。

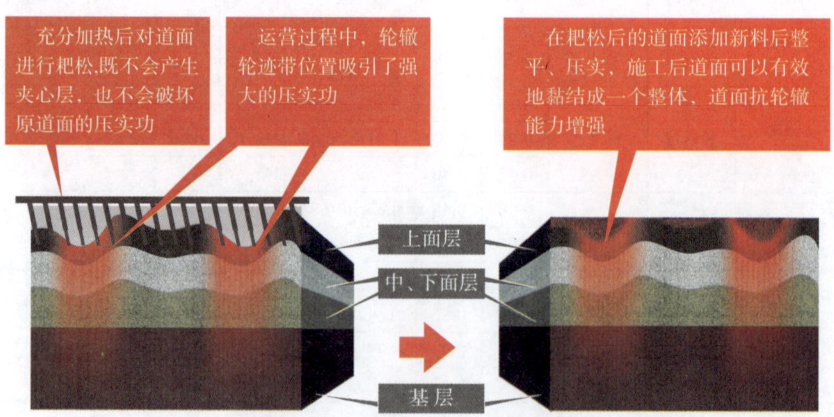

图 8-78　轮迹带吸收压实功示意图

（2）利用再生混合料动稳定度高及黏度变大的特性，最大限度地减少失稳型轮辙的再次产生。

试验结论证明：新沥青混合料随着使用时间的增长，沥青与集料的裹覆能力在车（机）轮反复作用下逐渐加强，稳定性能逐渐提高；就地热再生 100% 利用原道面材料，再生料的稳定性能远远高于新沥青混合料的性能。此外，施工过程中对原道面进行加热，上下两层间集料的相互嵌挤作用有效地阻止了集料因强大剪应力作用而产生的横向位移，从而增强了抵抗轮辙能力。新沥青混合料与再生沥青混合料稳定性能随时间变化规律如图 8-79 所示。

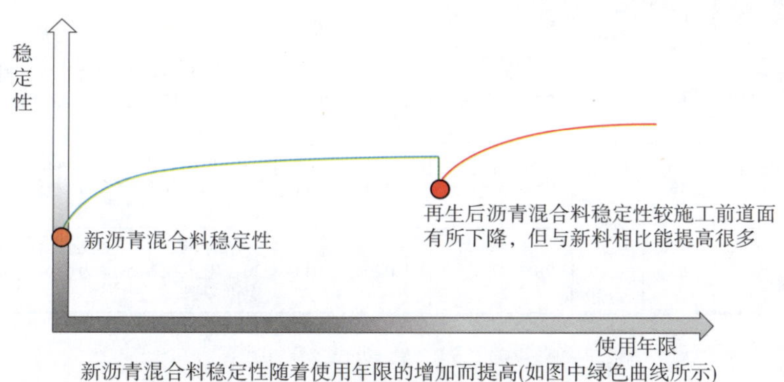

图 8–79　新沥青混合料与再生沥青混合料稳定性能变化规律

3）试验分析

业主委托湖南省通达工程试验检测有限公司对原道面沥青混合料进行取芯和材料性能试验，发现结构层和材料本身没有问题，适合采用就地热再生工艺技术进行治理。

4）就地热再生技术方案

经过调查及病害分析，确定原道面采用复拌就地热再生进行施工，能够有效消除轮辙、坑槽等道面病害，在一定程度上改善原道面的级配和油石比，恢复道面结构承载力，增强道面的抗变形能力。

复拌就地热再生施工后原道面级配为标准 SMA-16，本次施工添加 1cm 新料，新料采用 SMA-16 改性沥青玄武岩。

考虑到提高原道面抗轮辙能力，新沥青混合料中在 2.36mm 以上集料的通过率尽可能靠近设计下限，并在新沥青混合料中添加 0.5% 纤维，添加 0.6% Domix 抗车辙剂。同时，在原道面热再生施工时（加热后耙松前），在原道面面层沥青混合料中已经含有 0.4% 的抗车辙剂的基础上，再均匀撒布 0.2% Domix 抗车辙剂。

本次施工只对原道面上面层 4cm SMA-16 进行再生，即加热耙松原道面 4cm。原道面材料已使用 1 年左右，施工的同时添加原道面上面层 4cm 沥青含量 2% 的再生剂。

5）施工后质量检测

施工后，业主委托第三方进行施工道面的质量检测，包括芯样的厚度、密实度、抗压强度，沥青混合料的油石比、矿料级配、压实度等检测项目，所有检测数据均满足设计规范要求，其中主要的指标检测结果见表8-47、表8-48。

芯样的抗压强度　　表8-47

序号	检测项目	计量单位	技术要求	检测数据	判定结论	检验方法
1	抗压强度	MPa	—	5.9	—	T 0554—2005

压实度检测结果　　表8-48

序号	检测项目	计量单位	技术要求	检测数据	判定结论	检验方法	备注
1	沥青混合料压实度（上面层）	%	—	98.1	—	T 0705—2011	沥青混合料上面层芯样，结构类型为SMA-16，施工控制密度为2.409g/cm^3，由委托单位提供
2	沥青混合料压实度（中面层）	%	—	98.0	—	T 0705—2011	沥青混合料中面层芯样，结构类型为AC-20，施工控制密度为2.440g/cm^3，由委托单位提供
3	沥青混合料压实度（下面层）	%	—	98.2	—	T 0705—2011	沥青混合料中面层芯样，结构类型为AC-20，施工控制密度为2.440g/cm^3，由委托单位提供

8.3 补强再生工程案例分析

8.3.1 石家庄青园街基本补强再生工程

1）工程概况

石家庄市青园街为南北双向二车道，于20世纪80年代建成，后因铺设管道，局部路段经过维修，本次采用就地热再生维修的路段位于中山东路至石栾路之间，施工段通过石家庄市政府正门，全线连续，长4.5km，宽9m，全部为快车道。

青园街路面结构不一致，基层为二灰稳定碎石或二灰土，沥青面层有以下三种结构：

（1）4cm AC-13沥青混凝土+AC-20/AC-25沥青混凝土。

（2）5cm AC-13沥青混凝土+7cm沥青碎石。

（3）6cm AC-13沥青混凝土+7cm沥青碎石。

2）路面病害调查分析

现场调查发现，青园街主道病害以网裂、沉陷和坑槽为主，还有少量的砖块路面，网裂和坑槽主要分布在井盖周围，该路总体状况东半幅好于西半幅，路面病害如图8-80～图8-89所示。

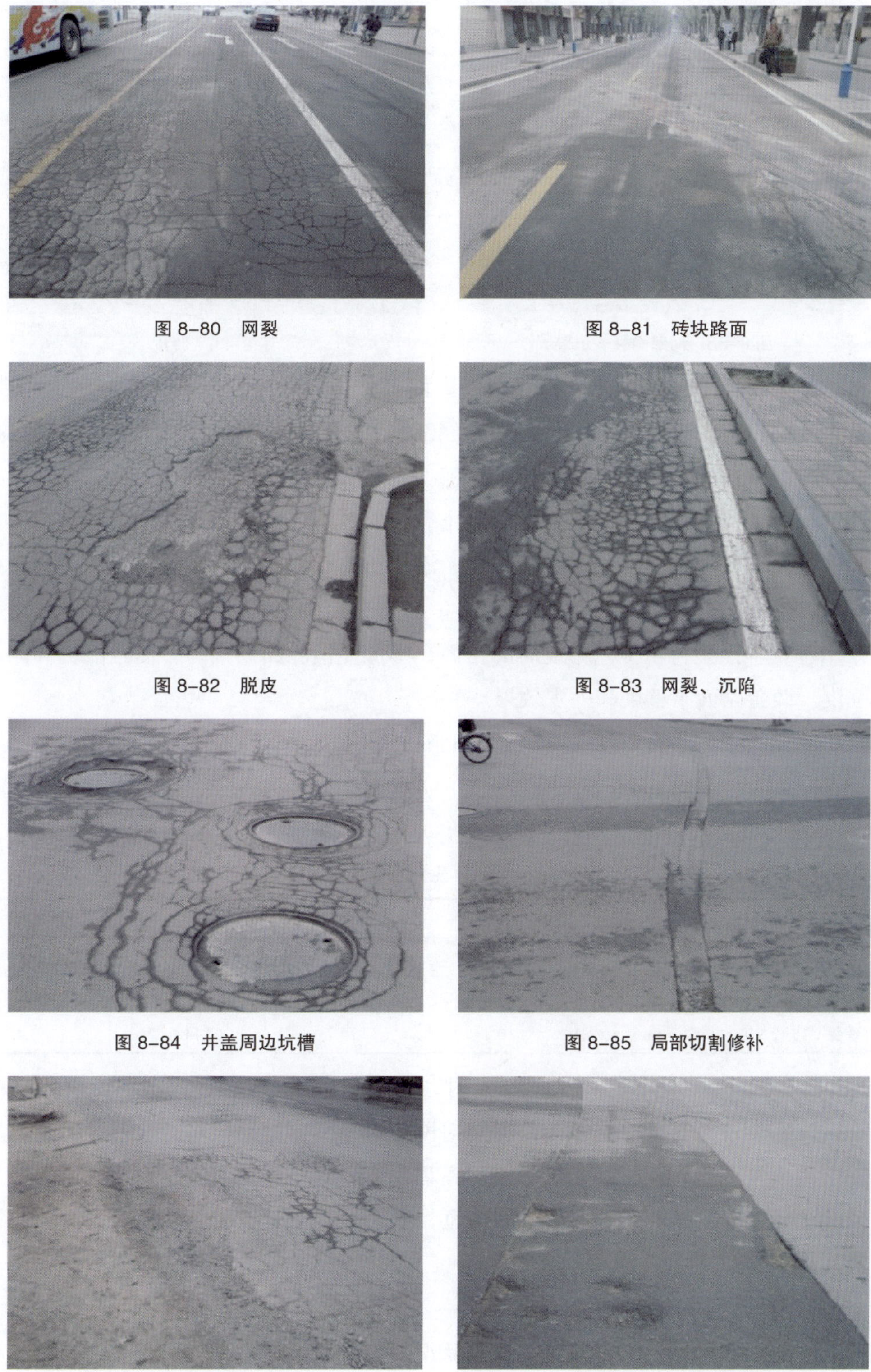

图 8-80 网裂

图 8-81 砖块路面

图 8-82 脱皮

图 8-83 网裂、沉陷

图 8-84 井盖周边坑槽

图 8-85 局部切割修补

图 8-86 啃边

图 8-87 切割修补后坑槽

图 8–88　局部网裂、沉陷

图 8–89　脱皮

从以上路况调查可以看出，该路因沥青面层较薄，层间黏结差，外力集中在表面，导致网裂的早期出现，网裂进一步发展成坑槽，严重病害位置后期使用了砖块恢复路面。

3）就地热再生技术方案

为了提高沥青路面结构层的强度，防止裂缝的发生，采用基本补强型就地热再生工艺进行维修施工，就地热再生厚度为 4cm，添加 3.5cm 的新沥青混合料，提高原路面高程约 2.5cm。

采用基本补强型再生工艺修复后的路面，不但能消除路面病害，而且能提高路面的整体强度，改善路面平整度和外观效果。

施工时路面两侧平石不动，直接在其上喷洒乳化沥青后摊铺新料。

原路面面层沥青混合料中采用普通 70 号重交沥青，原路面面层沥青的再生剂掺配再生试验结果见表 8-49。

原路面沥青的再生剂掺配再生试验　　表 8-49

再生剂掺量（%）	0	3	5	7
针入度（25℃，100g，5s）（0.1mm）	18	30	47	56
软化点 $T_{R\&B}$（℃）	61	56	50	46
延度（15℃，5cm/min）（cm）	10.2	26.7	44.1	53.4

根据试验结果，再生剂添加量为 5% 时，可恢复沥青性能，满足道路使用需求。

在对原路面进行热再生施工前，需要对网裂严重的局部路段进行基层预处理，重新做好基层后恢复沥青路面，并保持原路面高程不变。对沉陷井盖要进行预处理，提升井盖 2.5cm，用冷补料重新做好井盖周边路面。本工程施工时添加的新沥青混合料为改性沥青玄武岩 AC-13 型混合料。

4）施工效果回访检测

施工一年后，经回访调查，路面使用状况良好，没有发生任何路面病害。施工一年后的路面如图 8-90 所示。

a)

b)

图 8-90 石家庄青园街施工一年后的路面

8.3.2 珠海迎宾南路优化补强型再生工程

1）工程概况

迎宾南路北起翠微东路，穿过板障山，南至友谊路，全长约 4.3km，于 1999 年建成通车，是珠海城区内最为繁忙与最具特色的景观道路之一，平常车流十分密集。

本次热再生施工路段为迎宾南路板障山隧道南口至友谊路之间的部分，该部分全长约 2.7km。

原路面行车道分布为双向六车道和双向八车道两段，其中，隧道南口至联安路路段行车道分布为双向八车道，路面宽 30m。该路段下行行 4 车道上有井盖（将板障山隧道至友谊路方向定为“上行”），位置为行 4 车道外侧，如图 8-91 所示。

联安路至粤华路路段行车道分布为双向六车道，路面宽 22.5m。该路段上下行行 3 车道上均有井盖，位于行 3 车道内侧，如图 8-92 所示。

粤华路至友谊路路段行车道分布为双向八车道，路面宽 30m。该路段下行行 4 车道上有井盖，位置为行 4 车道外侧，如图 8-93 所示。

图 8-91 行 4 车道外侧井盖

图 8-92 行 3 车道内侧井盖

图 8-93 行 4 车道外侧井盖

迎宾南路为“白改黑”路面，路面全线两侧无平石，有中央绿化带。沥青混凝土路面层为两层，总厚度为 7cm，上面层为 3cm　AC-13 改性沥青混凝土，而且两层沥青混合料之间铺设有玻纤格栅。运营至现在，由于后期使用过程中受环境的影响，表层沥青混合料松散、剥落严重，现局部路段路面上面层沥青混合料厚度不足 2cm。

2）路面病害调查及分析

经过路巡发现，本路段的面层病害较严重，包括裂缝、松散麻面及轻微变形等病害，部分井盖周边路面破损、井盖下沉。

（1）裂缝病害

本路段路面为“白改黑”路面，水泥板施工时设置了各种施工缝，这些施工缝很快反射到沥青面层，形成纵横向反射裂缝，原路面所有裂缝均已灌缝处治，如图 8-94 所示。

a)

b)

图 8-94　水泥板反射裂缝

（2）松散麻面病害

现场调查发现，该路段路面全线都产生了严重的麻面、松散病害，部分路面还存在脱皮、坑槽病害，如图 8-95、图 8-96 所示。导致松散麻面病害的因素很多，如路面严重老化、层间黏结较差等。

a)

b)

图 8-95　麻面、松散、坑槽

a)

b)

图 8-96 脱皮

（3）变形病害

本路段局部存在路面轻微沉陷，主要发生在水泥板板缝处，沉陷是由于水泥板在板缝处的不均匀沉降所致，图 8-97 所示为水泥板沉陷形成的错台及路面沉陷。热再生施工前需要对其进行预处理。

该路段公交站台处由于公交车频繁制动、停车和起步，导致公交站台处的路面材料拥包、推移，如图 8-98 所示。热再生施工前也需要对其进行局部预处理。

图 8-97 水泥板错台、路面沉陷

图 8-98 推移、拥包

（4）井盖破损

本路段部分井盖周边路面破损，井盖及周边路面材料下沉，如图 8-99 所示。原路面所有井盖在热再生施工前需进行维修及提升预处理。

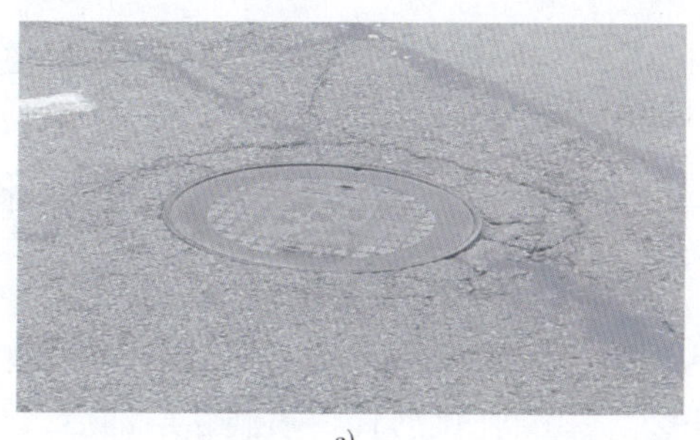
a)

b)

图 8-99 井盖破损

除了局部基层损坏的路段，本路段全线整体较好，适合采用就地热再生工艺对其进行养护维修。

3）施工技术方案

本次施工分两阶段进行，即路面基层病害预处理施工阶段和路面就地热再生施工阶段。

（1）预处理施工阶段

①局部水泥板块断板、错台预处理。

原路面局部存在水泥板断板及错台现象，由于处治面积较小，采用传统的挖补方法进行施工。具体方法为：根据板块损坏的部位挖出沥青结构层 7cm，清除已经损坏的水泥板块 24cm，若基层出现损坏则继续挖出损坏部分基层，然后采用贫水泥混凝土 C10 回填至水泥路面高程，养生完成后洒布透层油，最后采用 AC-13 改性沥青混凝土分层回填压实恢复至当前路面高程。

②反射裂缝预处理。

反射裂缝为原路面主要病害，是水泥板的伸缩变形所致，如果要消除反射裂缝的再次产生，必须对水泥板缝进行预处理。具体方法：沿裂缝纵向 1m 宽挖除沥青结构层，清除伸缩缝中的杂物，填充沥青砂等热熔型材料，喷洒热沥青（喷洒量控制在 0.7 ~ 0.9kg/m^2 为宜），加入 SBS 改性沥青防水卷材（国标，3mm 厚），铺设时应平整无褶皱，局部不到位时采用人工辅助处理，接口处要相互搭接 15cm，最后分层铺筑 AC-13 沥青混合料恢复至当前路面高程。

③井盖维修提升预处理。

原路面井盖大多已出现不同程度的沉陷及周边破损，热再生施工前需对这些井盖进行维修及提升预处理。具体方法：将井盖周边已破损路面清除，提升井盖至设计高程，即热再生施工结束时应该达到的路面高程。井盖提升前，需要检查、清除井内堵塞、淤积的杂物和淤泥，疏通窨井。井盖提升后、热再生施工前，人工用沥青混凝土填补井盖与周围沥青路面之间的台阶，消除安全隐患。

井盖的维修、提升，配合使用英达“修路王”进行热修补处理，速度更快，质量更好。

④喇叭口、边角的处理。

对热再生设备不易施工到的边角、加宽段、喇叭口等范围，采用先铣刨摊铺处理，然后再整体热再生施工。

按照规定的宽度及深度，对喇叭口、公交车港湾站台进行铣刨，并对铣刨后的路面及时清扫。洒布适量黏层油，黏层油宜采用快裂、中凝乳化沥青。喷洒黏层油后，严禁车辆和行人通过。

直接摊铺新沥青混合料，但是对于路缘石边上缺料处及摊铺不到的边、角位置进行人工补料。压路机进行碾压时，应遵循由低向高、由内向外的碾压顺序，确保接缝顺直美观。对于靠近路缘石边缘无法压实的部位采用手扶式振动压路机反复振压，直至接缝平顺。路面碾压结束后，采取相应的保护措施，待路面温度降至50℃后开放交通。

（2）原路面沥青和沥青混合料试验分析

①再生沥青混合料的配合比试验。

现场取原路面材料进行室内抽提、筛分试验，通过添加新沥青混合料，最终形成再生沥青混合料的级配。原路面及再生沥青混合料级配筛分试验结果见表8-50。级配曲线如图8-100所示。

再生沥青混合料级配试验结果 表8-50

筛孔尺寸（mm）		19	16	13.2	8.5	4.75	2.36	1.18	0.6	0.3	0.15	0.075
原路面级配 AC-13		100	100	90.2	72.6	35.3	25.1	15.9	11.1	8.7	5.7	3.7
10～18	20	100	100	78.6	11.8	0.4	0.1	0.1	0.1	0.1	0.1	0.1
6～11	26	100	100	100	99.5	1.4	0.2	0.2	0.2	0.2	0.2	0.2
3～6	12	100	100	100	99.1	69.0	10.0	5.7	4.0	2.6	1.7	0.9
0～3	38	100	100	100	100	97.1	71.4	54.5	36.6	28.2	21.1	12.4
矿粉	4	100	100	100	100	100	100	100	99.0	96.5	86.5	76.5
新料级配		100	100	95.7	82.1	49.6	32.4	25.5	18.4	15.0	11.8	8.0
再生混合料级配		100	100	92.4	76.4	41.0	28.0	19.7	14.0	11.2	8.1	5.4
AC-13	上限值	100	100	100	85	68	50	38	28	20	15	8
	下限值	100	100	90	68	38	24	15	10	7	5	4

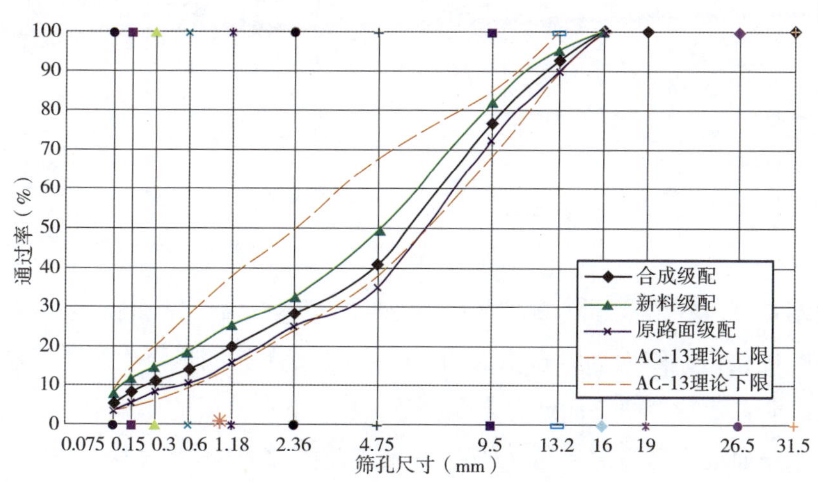

图8-100 原路面及再生沥青混合料级配曲线

根据了解，迎宾南路原路面上面层混合料为AC-13，通过试验发现，道路经过多年使用，混合料级配基本在AC-13范围内，但由于细集料松散、脱落，致使整体偏粗，原路面混合料中沥青用量只有4.0%，沥青含量少且老化严重，影响沥青与集料的黏附性，造成路表细料脱落、跑料严重，这是造成路面麻面严重和原路面沥青混合料整体偏粗的主要原因。

②沥青及沥青混合料再生前后试验。

为验证原路面沥青老化程度及确定再生剂用量，依据要求对原路面沥青混合料进行沥青回收，然后分别进行回收沥青的三大指标、回收沥青掺加一定比例再生剂后的三大指标试验，再生剂添加量试验结果见表8-51。

回收沥青的再生剂添加量试验结果 表8-51

试验项目	回收沥青	3%	5%	7%
针入度（25℃，100g，5s）（0.1mm）	15.2	20.4	28.8	33.6
软化点 $T_{R\&B}$（℃）	82.9	28.6	75.7	70.8
延度（5℃，5cm/min）（cm）	脆断	7.7	11.8	14.1

本项目采用RAF0020型沥青路面再生剂。再生剂喷洒采用国际领先的英达自动控制盘式洒布设备进行洒布，确保再生剂洒布均匀、数量准确一致。开工前对喷洒系统进行检查和标定，要求必须做到喷洒均匀，用量准确。再生剂用量检验方法可采用实际用量计算法（即再生剂消耗量/实际施工面积）。

对原路面沥青混合料及添加特定比例再生剂后的混合料性能指标进行试验验证，试验结果见表8-52。

再生剂添加用量对沥青混合料性能的影响 表8-52

再生剂、新沥青掺加量	毛体积密度（g/cm³）	最大理论密度（g/cm³）	空隙率（%）	马歇尔稳定度（kN）	流值（0.1mm）
0%，0%	2.250	2.462	8.6	14.82	22.1
3%，0.5%	2.256	2.454	5.8	13.42	28.5
5%，0.5%	2.266	2.448	4.9	12.43	26.7
7%，0.5%	2.275	2.445	3.8	11.08	33.4

从试验结果可以看出，原路面混合料级配虽然基本在AC-13范围内，但整体偏粗，需要对其进行优化；原路面沥青含量仅为4.0%，需要在就地热再生施工时添加新的热沥青，以提高沥青含量；原路面沥青老化严重，在5%再生剂的作用下，其性能得到较大改善。但原路面混合料空隙率达8.6%，超出规范要求的3%～6%，添加再生剂及新沥青后空隙率能够下降到规范范围内。

（3）HIR 技术方案——优化补强

根据迎宾南路路面病害情况及试验结果，采用优化型补强就地热再生工艺进行施工，即通过复拌调整原路面级配和空隙率，通过补强增加面层厚度，延缓反射裂缝的反射速率，并通过喷洒新沥青补充原路面沥青含量的不足，使其达到最佳油石比。

本项目采用优化补强就地热再生技术的具体方案：

①耙松原路面上面层 3cm 深，原路面沥青混合料中喷洒沥青含量 5% 的再生剂和 0.5% 的新沥青，添加 1cm AC-13 新沥青混合料，新料采用 1-D 型 SBS 改性沥青辉绿岩。

②加铺 1.5cm AC-13 新料（1-D 型 SBS 改性沥青辉绿岩），施工后路面高程比原路面高约 2cm。

③车道中间的井盖在热再生施工前需进行提升，提升高度为 2.5cm。施工过程现场如图 8-101 所示。

图 8-101　施工过程现场

（4）施工后路面状况

施工后路面状况如图 8-102 所示。

a)

b)

图 8-102　施工后路面状况

8.3.3 湖南临长高速公路优化补强再生工程

1）工程概况

临长高速公路是京珠国道主干线湖南境内最北和最后动工兴建的一段，是国家和湖南省“九五”期间公路建设的重点工程之一，它北起湘鄂两省交界处的坦渡河，南至长沙县星沙镇牛角冲。主线长 182.78km，6 条联络线共长 50.24km，总里程 233.02km。该工程于 2000 年 5 月底全面开工建设，2002 年 11 月 30 日建成通车。

2）路况调查

就地热再生施工路段的路面结构为 5cm AC-16 改性沥青玄武岩混合料 +6cm AC-20+7cm AC-25+60cm（共三层）水稳碎石基层。路面主要病害为纵向裂缝、横向裂缝、唧浆、修补补丁等，具体路面病害如图 8-103 所示。

a)

b)

图 8–103 原路面状况

根据 2012 年 6 月的现场调查，选择部分病害严重路段采用就地热再生技术进行维修施工。施工路段为右幅 K1310+000 ~ K1317+000、K1471+000 ~ K1478+000，左幅 K1310+000 ~ K1317+000、K1464+000 ~ K1471+000，施工包括行车道和超车道。其中右幅 K1471+000 ~ K1478+000、左幅 K1464+000 ~ K1471+000 路面病害情况较严重，首先进行施工，其他路段根据实际情况进行调整。

3）试验分析

为了解路面原材料状况，为就地热再生施工提供试验依据，对临长高速公路路面材料进行取样试验。

现场对 K1471+010 处路面进行取样，首先对原路面沥青混合料级配、沥青含量进行试验，级配试验结果见表 8-53，级配曲线如图 8-104 所示。

K1471+010 原路面沥青混合料级配试验结果　表 8-53

筛孔尺寸（mm）		19	16	13.2	8.5	4.75	2.36	1.18	0.6	0.3	0.15	0.075
通过率（%）		100.0	96.7	84.1	60.4	42.2	31.0	23.7	18.4	12.4	8.3	6.3
AC-16	上限值	100	100	92	80	62	48	36	26	18	14	8
	下限值	100	90	76	60	34	20	13	9	7	5	4
沥青含量：4.1 %												

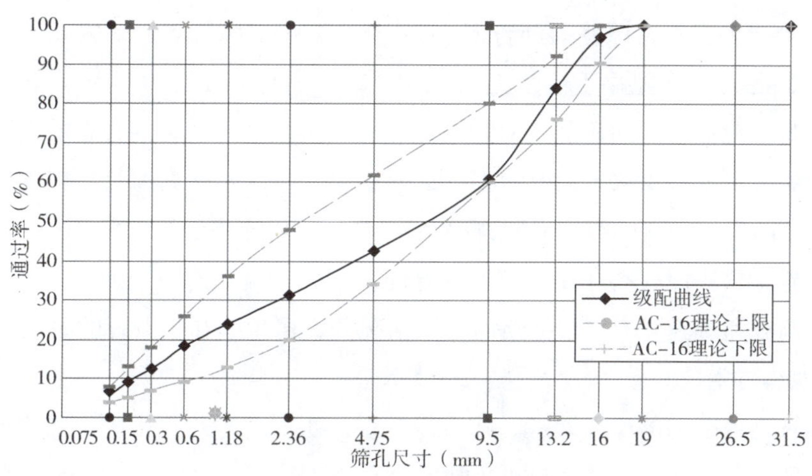

图 8-104　K1471+010 级配曲线

从试验结果来看，原路面级配基本满足要求，但是沥青含量只有 4.1%，不能满足规范要求，需要通过施工对原路面沥青混合料中补充新的热沥青，调整到最佳沥青含量。

为了解原路面沥青老化程度，对原路面沥青混合料进行抽提，检测原路面沥青三大指标，并通过添加再生剂，检测再生剂对老化沥青的恢复效果，分别添加 5%、8% 的再生剂，再生剂掺配试验结果见表 8-54。

原路面沥青老化及再生剂掺配试验结果　表 8-54

再生剂掺量	5℃ 延度（cm）	软化点（℃）	针入度（0.1mm）
0%	10.4	69.1	34.2
5%	20.7	62.8	44.8
8%	28.9	59.2	50.2

根据沥青三大指标试验结果，原路面沥青的三大指标均不能满足规范要求，添加再生剂后三大指标均得到一定程度的改善，其再生剂用量越多，恢复效果越好。

原路面沥青含量仅为 4.1%，根据沥青混合料沥青含量要求，本次就地热再生施工时拟添加 0.3% 的热沥青，检测添加再生剂、热沥青后混合料的体积指标及性能，试验结果见表 8-55。

添加再生剂、热沥青后的混合料试验结果　　表 8-55

再生剂掺量	击实条件	理论密度（g/cm³）	毛体积密度（g/cm³）	空隙率（%）	稳定度（kN）	流值（0.1mm）
0%	150 ℃ 双面各 75 次	2.626	2.507	4.5	17.64	33.4
0.3% 热沥青 + 5% 再生剂	150 ℃ 双面各 75 次	2.612	2.518	3.6	15.37	28.6
0.3% 热沥青 + 8% 再生剂	150 ℃ 双面各 75 次	2.606	2.529	2.9	11.44	36.7

以上试验结果表明，原路面沥青混合料空隙率为 4.5%，空隙率偏大，添加再生剂和热沥青后，混合料空隙率下降。但是添加 0.3% 热沥青 +8% 再生剂后空隙率下降到 2.9%，不满足规范要求。而添加 0.3% 热沥青 +5% 再生剂后沥青混合料的空隙率、稳定度和流值均能满足规范要求。因此，根据试验结果，本次临长高速公路就地热再生施工时，在原路面沥青混合料中添加 0.3% 热沥青 +5% 再生剂。

考虑到施工路段原材料存在一定的变异性，因此，施工前一天提前对将要施工的下一路段进行调查和试验分析，根据路面实际情况调整再生剂和热沥青的添加用量。

4）就地热再生技术方案

对于临长高速公路的反射裂缝、唧浆等基层病害，就地热再生施工前需要完成基层病害的预处理，再整体采用就地热再生技术进行治理。

根据试验分析，再生剂添加用量控制在 5% 左右，可根据现场施工情况适当调整。部分路段存在麻面、沥青含量少等情况，针对这些路段，可选择喷洒 0.3% 左右的热沥青，并根据现场路面具体情况进行适当调整。同时再加铺新的普通 AC-13 型沥青混合料。

本工程采用优化补强型就地热再生工艺的特点是不仅恢复原路面老化沥青性能，而且增加路面沥青层厚度和全新的路面磨耗层，提高了路面承载能力和使用寿命。

5）施工效果回访检测

为分析病害形成原因，评价就地热再生的施工效果，施工近十个月后，于 2013 年 6 月对就地热再生施工路段进行了质量回访，路面整体状况良好。如图 8-105 所示。

图 8-105　施工后 10 个月路面状况

8.3.4 沪宁高速公路南京连接线工程质量分析

1）工程概况

沪宁高速公路南京连接线于1996年建成通车，为双向四车道+紧急停车道，设计时速为80km。西起点于南京市中山门，途经卫岗隧道后，一直向东延到与沪宁高速公路对接的终点界牌，全长6713.9m，并按照当时的高速公路标准建造。路面层结构为4cm AC-16F+6cm AC-20普通沥青石灰岩沥青混合料。

经过12年运营，路面出现坑槽、网裂/沉陷和车辙等路病。为了改善路面状况，于2008年曾对沪宁高速公路南京连接线全线双向四条行车道采用15mm厚的稀浆封层工艺进行预防性养护。紧急停车道则保持原来新建时的状态。但是从稀浆封层处理后的车道运营情况来看，治理和改善的效果有限。

2010年3月，沪宁连接线路面病害主要表现在沥青路面不均匀沉陷造成局部路面在阴雨天气严重积水、稀浆封层局部严重剥落，路面出现脱皮、坑槽、纵横裂缝和车辙等常见病害，且部分路段出现连续纵向裂缝。

作为南京市与外界连接的一条重要纽带，也是G40/沪宁高速公路、G36/宁洛高速公路东进南京市区一条重要窗口型道路，它的运营状态和服务质量直接关系到南京市的形象。所以，沪宁连接线的整治出新已刻不容缓。

2010年初，南京市政府发布了《2010年南京城市规划、建设和管理任务组织实施方案》和《南京市城市环境综合提升三年行动计划》，力求将南京市打造成国际级品质城市、宜居城市。南京市计划整治主城范围内的全部主干道、重要次干道、老城与绕城公路间的进出城快速干道，共计“10纵10横6射”；整治分布在8区46个街道未达标的街巷（支路）。本次沪宁高速公路南京连接线整治出新工程也位列其中。

为了改善现有道路状况，提高路面整体路用性能，决定采用就地热再生施工工艺技术对其进行维修治理。热再生路段为沪宁高速公路南京连接线全线，即自南京市中山门，通过卫岗隧道至终点路段的终点界牌（K0+000 ~ K6+713.189）。该连接线养护维修路段全长为6713.189m，如图8-106所示。

沪宁连接线施工路段为双向、全断面施工。根据设计院对路面病害的调查，施工路段出现的局部不均匀沉陷，路面纵坡或竖向线形发生较大变化路段需要提前进行调整。热再生施工前，应对路基深层各种病害进行预处理，还需对道路的结构强度进行检测，确保其道路的结构强度足够，并适合采用就地热再生施工工艺技术维修出新。

图 8-106　沪宁高速公路南京连接线示意图

2）路面病害类型、原路面沥青混合料试验与评价

2010 年 2 月，在采用就地热再生工艺养护维修之前，从现场路况调查来看，施工路段全线行车道加铺了约 15mm 的稀浆封层，经过一年多的使用后，沪宁连接线路面主要存在不均匀沉陷造成沥青路面局部积水、网裂 / 沉陷、纵横裂缝、稀浆封层局部剥落和大量坑槽、修补补丁造成的平整度差、局部路段行车道存在 3 ~ 4cm 深度车辙等病害，如图 8-107 所示。为了改善当时道路的路用性能与外观状况，提高其整体性能，2010 年采用就地热再生施工技术对其进行了维修出新。

图 8-107　2010 年沪宁连接线就地热再生施工前路面病害主要类型

路面维修前，对行车道 15mm 稀浆封层 + 原路面 4cm AC-16F 和紧急停车道路面材料分别进行取样、抽提筛分试验，筛分试验结果见表 8-56、表 8-57。集料级配曲线如图 8-108、图 8-109 所示。

沪宁高速南京连接线行车道路面沥青混合料抽提筛分试验结果　　表 8-56

筛孔尺寸（mm）	比例	沥青含量	19	16	13.2	9.5	4.75	2.36	1.18	0.6	0.3	0.15	0.075
原路面级配	80%	4.4%	100	100	91.5	82.1	59.4	39.1	30.5	23.6	17.2	12.7	8.5
新添加料	20%	4.0%	100	100	96.3	36.6	6.4	5.1	5	5.1	5.2	4.7	4.8
合成级配	热沥青	0.5%	100	100.0	92.5	73.0	48.8	32.3	25.4	19.9	14.8	11.1	7.8
AC-13	上限值		100	100	100	85	68	50	38	28	20	15	8
	下限值		100	100	90	68	38	24	15	10	7	5	4

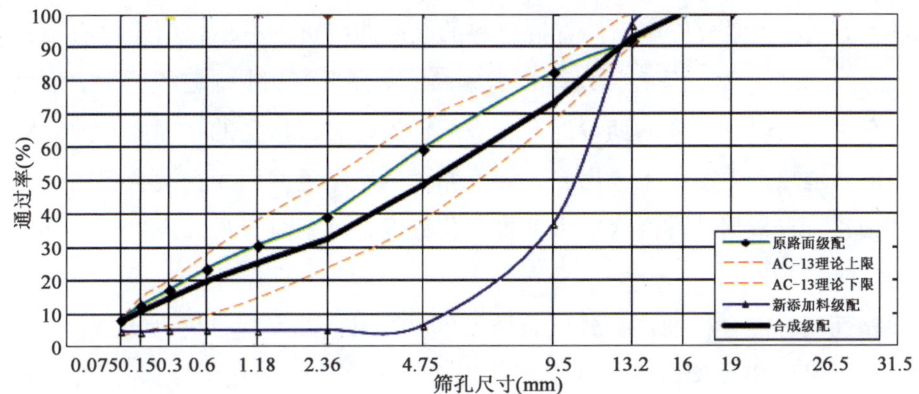

图 8-108　沪宁高速公路南京连接线行车道路面集料级配试验曲线

沪宁高速公路南京连接线紧急停车道路面沥青混合料抽提筛分试验结果　　表 8-57

筛孔尺寸（mm）	比例	沥青含量	19	16	13.2	9.5	4.75	2.36	1.18	0.6	0.3	0.15	0.075
原路面级配	70%	4.2%	100	97.7	84.2	70.0	44.7	26.6	19.4	14.6	11.6	9.3	8.0
新添加料	30%	4.7%	100	96.8	82.9	59.7	44.1	27.0	20.4	13.4	10.3	7.5	3
合成级配	热沥青	0.4%	100	97.4	83.8	66.9	44.5	26.7	19.7	14.2	11.2	8.8	6.5
AC-16	上限值		100	100	92	80	62	48	36	26	18	14	8
	下限值		100	90	76	60	34	20	13	9	7	5	4

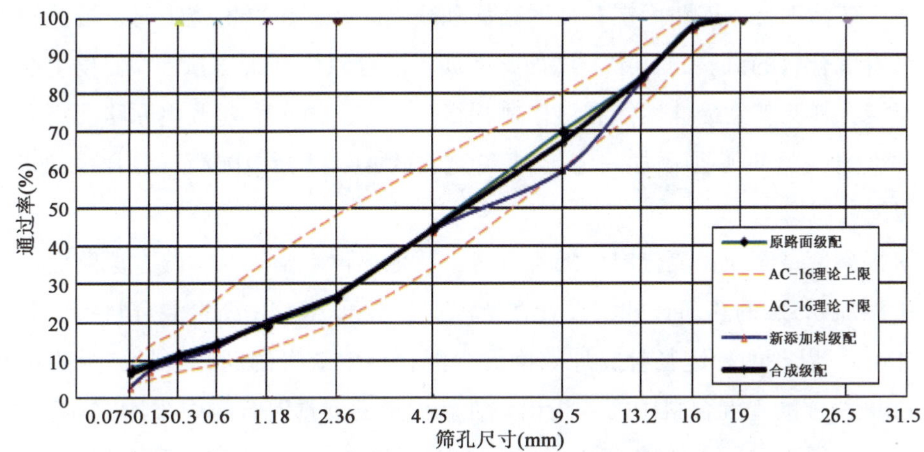

图 8-109　沪宁高速公路南京连接线紧急停车道路面集料级配试验曲线

从图 8-108 中双向行车道、超车道沥青混合料中集料的级配试验曲线可以看出，由于 15mm 厚的稀浆封层材料混合在原路面 4cm AC-16F 沥青混合料中，使得各档集料通过率普遍偏高，而且集料的级配更接近于 AC-13 型沥青混合料，尤其是 5 ~ 10mm 档的集料通过率都非常接近 AC-13 沥青混合料的理论上限。混合料级配整体偏细，经过第一次试验段施工调整后，特别是混合料中 0 ~ 5mm 粒径的含量仍然偏高，说明原路面沥青混合料级配太细，在进行就地热再生施工时，必须对原路面沥青混合料的集料级配进行调整。

从图 8-109 所示紧急停车道沥青混合料的级配曲线可以看出，由于没有覆盖稀浆封层材料，虽然 9.5mm 这点集料通过率稍微偏高，如图 8-109 中绿色线所示。但由于它不是正常行车道，所以，这样的沥青混合料级配偏差是可以接受的。因此，建议紧急停车道采用整形就地热再生施工工艺出新，即对原紧急停车道路面沥青混合料的集料级配不做矫正性调整，只根据沥青混合料中沥青老化程度，施工时只添加再生剂，部分还原老化沥青的性能。

从原路面沥青混合料抽提筛分试验结果可以看出，沥青含量仅为 4.2% ~ 4.4%。而部分路段，如灵谷寺高架桥面上面层沥青混合料中沥青含量仅为 3.5%，可见原路面沥青混合料的沥青含量明显严重偏低。建议就地热再生施工时，必须添加热沥青，以提高再生后沥青混合料中的沥青含量。

从沥青针入度、软化点和延度三大指标试验结果可知，原路面沥青混合料中沥青老化严重。建议就地热再生施工时，添加路面上面层沥青混合料中沥青含量 5% 的再生剂，再生沥青混合料的性能、体积指标均达最佳再生状态。

3）就地热再生施工方案

2010 年 4~5 月份分别在沪宁高速公路南京连接线全线双向四条行车道采用复拌就地热再生工艺治理行车道路面层存在的路病和缺陷。就地热再生施工时，按照施工前对原路面沥青混合料的试验与标定，添加路面沥青混合料中沥青含量 5% 的再生剂，将原路面沥青混合料调整到最佳性能和最佳体积指标状态。由于需要调整原路面沥青混合料中集料的级配，施工时必须添加一定比例、特定新的 AC-13 断级配沥青混合料，如图 8-108 中蓝色级配曲线所示。

为了提高原路面沥青混合料中沥青含量，就地热再生施工时，除在原路面再生沥青混合料中添加 0.5% 的热沥青外，设计在新添加断级配 AC-13 沥青混合料中，沥青含量提高到 4.0%，以此两种途径补充原路面沥青混合料中缺失的沥青含量。为防止新添加的 AC-13 断级配沥青混合料中沥青析出，在新添加的沥青混合料中添加 5‰纤维。使得原路面 15mm 稀浆封层 + 原路面 4cm AC-16F+ 新添加的 AC-13 断级配沥青混合料，三部分沥青混合料在提升复拌机中拌和均匀，合成后恢复成为标准级配、标准沥青含量的AC-13 沥青混合料，如图 8-108 中黑色曲线所示。

由于新添加沥青混合料的数量较多，故施工后双向四条行车道的高程将会比原路面提高 1.5 ~ 2cm，同时，这也是对行车道路面承载能力的补强。

为了节约施工经费，而又能使维修施工后道路外观整体协调一致，对沪宁高速公路连接线全线、双向的紧急停车道采用整形就地热再生进行出新维修施工。整形就地热再生施工时，只对加热后的路面 AC-16F 沥青混合料喷洒 5% 的再生剂，还原已经老化的路面沥青混合料性能。最后在再生后原路面的 4cm AC-16F 热沥青混合料上直接加铺新的标准配合比 AC-13 沥青混合料。

由于施工后行车道的高程已经比原路面提高 1.5 ~ 2cm，所以，在紧急停车道进行就地热再生出新施工时，摊铺新的标准级配 AC-13 沥青混合料，沿行车道一侧与行车道的高程平顺结合，而靠近安全护栏一侧则与原路面高程相同并平顺联接。这样一来，施工后的紧急停车道横坡较施工前稍有增大。经就地热再生施工后的整幅路面面层材料均调整成为标准 AC-13 型沥青混合料，道路的整体形象和平整度都有很大的改善和提高。2010 年 4 月份沪宁高速公路南京连接线就地热再生施工现场如图 8-110 所示。

图 8-110　沪宁高速公路南京连接线就地热再生施工现场

4）就地热再生施工后的路面质量跟踪

为了对就地热再生施工后路面使用状况做定期跟踪检测与评价，2015 年 4 月、2018 年 3 月份分别对沪宁连接线路面，采用 CICSIII 型路面多功能综合检测车对就地热再生施工 5 年后、施工 8 年后路面路用性能进行检测、分析、评价。2015 年 4 月检测时的路面状况如图 8-111 所示。2018 年 3 月对路面检测时的路面状况如图 8-112 所示。

图 8-111　2015 年 4 月检测就地热再生施工 5 年后路面实景

图 8-112　2018 年 3 月检测就地热再生施工 8 年后路面实景

（1）路面国际平整度指数 IRI 检测结果

对 2015 年和 2018 年路面质量回访检测的路面国际平整度指数数值进行对比分析，沪宁连接线经就地热再生施工，使用 5 年后和使用 8 年后路面国际平整度指数对比分析如图 8-113a）、b）所示。

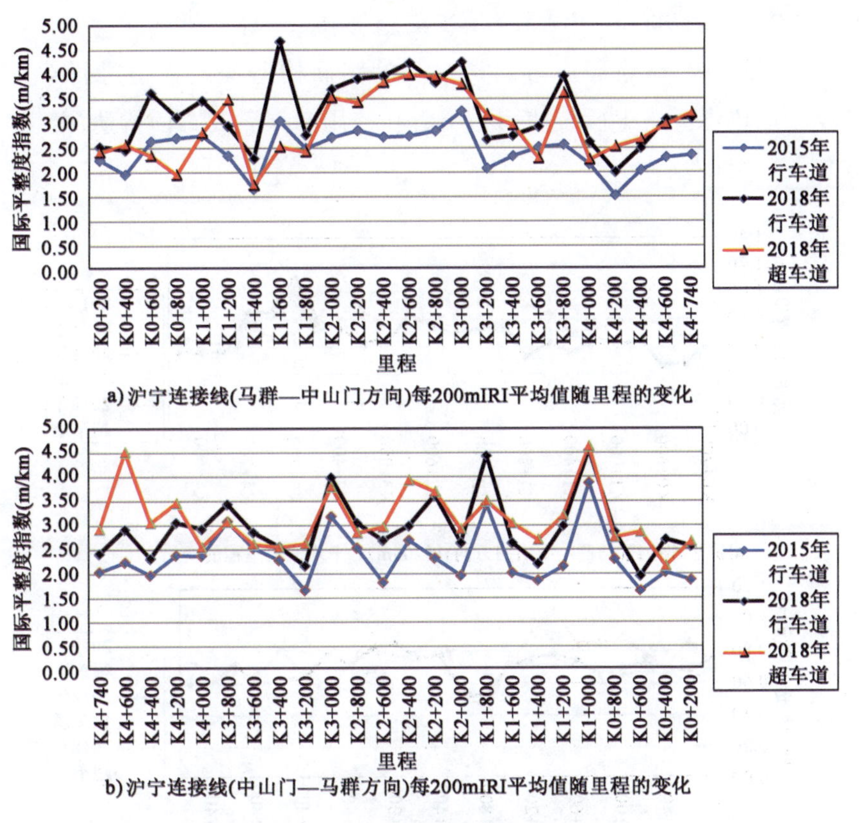

a) 沪宁连接线(马群—中山门方向)每200mIRI平均值随里程的变化

b) 沪宁连接线(中山门—马群方向)每200mIRI平均值随里程的变化

图 8–113 路面国际平整度指数检测

根据图 8-113a）、b）所示路面的国际平整度指数检测对比曲线可以看出，就地热再生施工后，经过 5 年和 8 年的使用，道路平整度一直保持在较好的水平。同时，从数据上也反映出 2018 年相对于 2015 年平整度普遍有所降低，说明在车辆荷载的长期作用下，竖向变形越来越大。目前最大国际平整度指数值出现在图 8-113a）所示行车道 K1+500m，最大国际平整度指数为 4.65m/km，出现的概率为 4.17%，而行车道 87.5% 的国际平整度指数值仍保持在 4.0m/km 以下。除个别（如遇桥梁的伸缩缝处）点以外，绝大多数正常路面的平整度都在允许的范围之内。

2015 年检测行车道的国际平整度指数的数值如图 8-113b）所示，行车道最大国际平整度指数为 3.8m/km，出现在行车道 K1+100m 处，出现的概率仅为 4.17%，而 87.5% 的指数值都保持在 3.0m/km 以下。到目前为止，平整度的衰减也符合道路正常使用规律。但是道路经过8年正常使用后，平整度与2015年行车道的最大国际平整度指数相比，如图8-113b）所示，就连超车道的最大国际平整度指数也有快速上升的趋势，超车道最大国际平整度指数已经高达4.5m/km。这说明在近3年来，路面平整度质量已经有比较快速和明显的降低，所以，目前需要再次对路面整体进行出新养护。

（2）路面构造深度TD检测结果

对2015年和2018年路面质量回访检测的路面构造深度数值进行对比分析，沪宁连接线经就地热再生施工后，使用5年后和使用8年后的路面构造深度检测曲线如图8-114a）、b）所示。

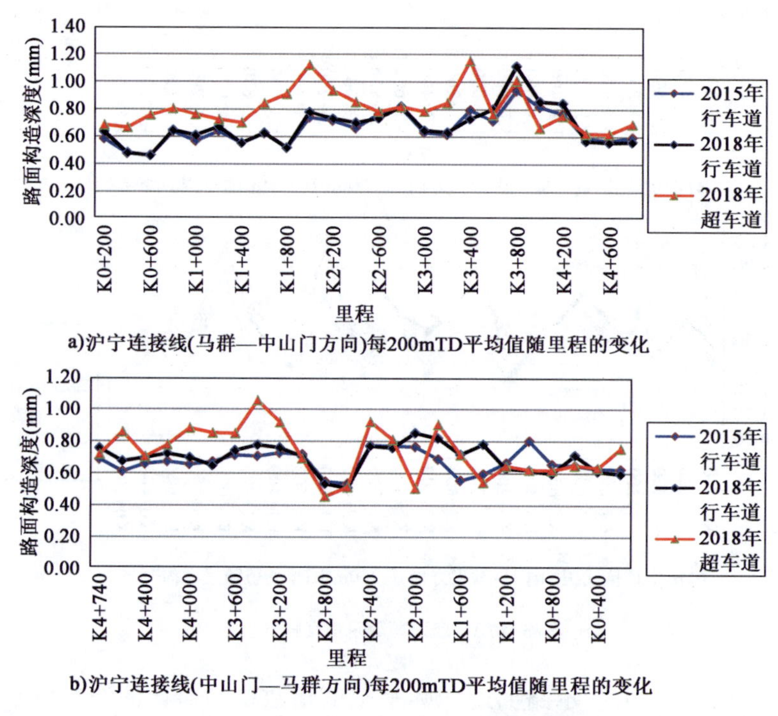

a)沪宁连接线(马群—中山门方向)每200mTD平均值随里程的变化

b)沪宁连接线(中山门—马群方向)每200mTD平均值随里程的变化

图8-114　路面构造深度检测

根据图8-114a）、b）所示路面构造深度检测曲线可以看出，沪宁连接线经8年使用以来，构造深度一直满足道路使用要求；2018年对全幅路面进行检测，发现超车道构造深度增大速度比较快，而且也相对较高，说明抗滑能力相对于行车道较好。但是从另一个角度衡量，随着道路使用年限延长，路面沥青混合料中沥青逐渐老化相对程度加重，有可能造成超车道路面表面细集料有部分脱落现象，故超车道路面构造深度快速增高，最大构造深度出现在如图8-114a）所示的超车道K3+300m，最大构造深度为1.16mm，出现概率仅为8.3%，91.7%的构造深度值保持在0.92以下。而行车道经过8年使用，有一定的压密现象。

（3）路面车辙深度 RD 检测结果

对 2015 年和 2018 年路面质量回访检测的路面车辙深度数值进行对比分析，沪宁连接线经就地热再生施工后，使用 5 年后和使用 8 年后路面车辙深度复现的状况检测曲线如图 8-115a）、b）所示。

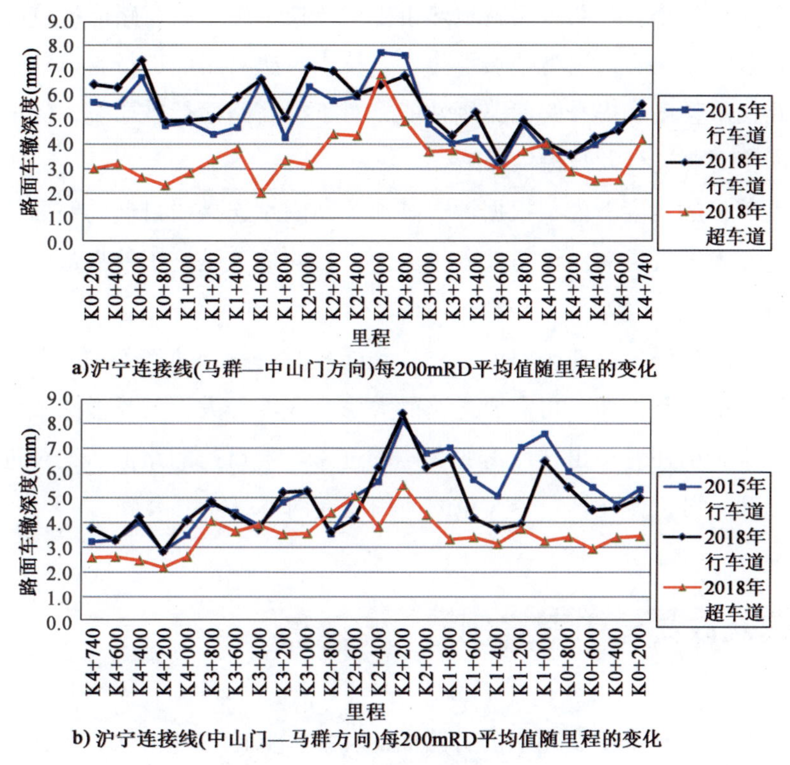

a)沪宁连接线(马群—中山门方向)每200mRD平均值随里程的变化

b)沪宁连接线(中山门—马群方向)每200mRD平均值随里程的变化

图 8-115　路面车辙深度检测

从图 8-115a）、b）所示双向路面车辙深度检测曲线可以看出，沪宁连接线经过就地热再生施工工艺维修 8 年以来，交通量一直在不断增长，但是道路车辙的发展一直比较缓慢。这是因为在就地热再生施工的同时，充分利用了“两利用、两黏结”工艺的明显优势，即：沥青混合料使用一定年限之后利用沥青老化变硬特性；利用运营期间超重载车轮施加于轮迹带上强大的压实功效应、就地热再生施工时层间界面和周边热黏结的明显优势之后，路面在抵抗车辙方面，由于其动稳定度的大幅提高，加上施工界面和周边接缝的有效热黏结，大大提高施工界面和接缝处的抗剪强度。实践证明就地热再生工艺在治理沥青路面车辙病害方面具有非常突出的优异效果，其复现的周期会大大延长，而车辙深度数量值会大大减小。

从检测车辙深度曲线图 8-115b）可以看出，沪宁高速公路连接线在正常使用 8 年之后，其最大车辙深度出现在图 8-115b）行车道 K2+100m 处，车辙最大深度仅为 8.4mm，而且车辙最大深度出现的概率仅为4.17%，95.83%的车辙深度数值保持在6.5mm以下。

5）工程质量评价

综上分析，沪宁高速公路南京连接线经就地热再生工艺技术施工8年后，路面国际平整度指数有所衰减，路面构造深度仍满足使用规范要求，路面车辙复现周期大大延长、车辙深度数值大大减小。证明采用就地热再生工艺技术施工后，路面抵抗高温变形能力增强。对于目前的路况若采用就地热再生工艺技术再次对路面进行整体整治出新，将会进一步改善路面平整度，提升路面路用性能，对于提高路面行驶质量，保证下一个8年的运营周期内不需要进行大修提供保障。

从预防性养护的角度考虑，根据沪宁高速公路南京连接线目前的路面状态，采用就地热再生工艺技术进行再一次预防性养护出新，目前应该是施工效果最好、施工成本最低的最佳时机。

可以预测，如果沪宁高速公路南京连接线能及时进行预防性养护，它将更接近目前所说的长寿命周期道路，即不再需要道路的大修，或者是大大延长道路大修周期，减少大修次数。至少目前还看不出任何需要大修的迹象。若目前的路面状况再进行一次就地热再生工艺出新，可以保证下一个8年的使用周期内不会需要大修。

8.4 新建及改扩建工程案例

目前就地热再生技术主要用于沥青路面的养护，其施工速率快、节能环保、交通干扰少，得到了越来越多道路管理工作者的青睐。除养护工程外，就地热再生的层间热黏结、施工热接缝工艺也适用于沥青路面新建及改扩建道路工程中。

8.4.1 就地热再生在新建工程中的应用

我国在新建道路时，经常存在路面下层沥青层施工后，间隔很长时间才加铺上层沥青层的情况，而层间黏结仅靠黏层油是无法保证黏结效果的，施工后的层间界面上会留下各种缺陷。因此，为了避免这种缺陷，可以在加铺上层沥青层之前，先采用就地热再生加热设备对下层沥青层进行加热、拉毛，使得层间界面上的集料互相嵌挤，更好地保证层间热黏结。

英达公司已于2013年研发出一台具有高度集成化的新型HiPav5设备，该设备集耙松、再生、摊铺于一体。在对已经摊铺完成的下面层用加热设备加热后，同时用HiPav5

实现上面层的耙松、摊铺新沥青混合料，保证沥青面层各层间沥青混合料的集料嵌挤形成完全连续的受力体，极大提高了层间抗剪强度。HiPav5 施工现场如图 8-116 所示。

图 8–116 HiPav5 施工现场

8.4.2 就地热再生在改扩建中的应用

目前我国很多地区普遍实施道路升级改造，如补强增加沥青层厚度、一级公路升级为高速公路、二级公路升级为一级公路或道路拓宽等。传统工艺一般采用的方法为直接加铺沥青层或直接拓宽路面，再加铺沥青层。这样需要增加的沥青层厚度较大，且传统方式无法保证层间热黏结。直接拓宽的路面和原路面之间的施工缝极大影响了道路的美观和使用性能。其实就地热再生技术不能简单地理解为养护技术，其层间热黏结技术和热接缝技术均可适用于加铺路面和拓宽路面工程中，按车道进行施工时，也可采用加热设备来保证各车道之间的纵向接缝为热接缝。

就地热再生工艺应用于扩建中的第一个工程为鄂尔多斯东康线。东康线是鄂尔多斯市东胜区至康巴什新区的城市快速路，为满足日益增长的交通量需求和提高道路的服务能力，鄂尔多斯市建委计划对东康线进行改扩建施工，将原有双向四车道的中央绿化分隔带拆除，改建为单向四车道路面，以适应日益增加的交通流量需求。

1）“一改高”项目设计方案

新疆某一级公路，原路面结构为 4cm AK-13+6cm AC-20+30cm 水稳层。后计划升级为高速公路，原设计方案为传统的铣刨摊铺，如图 8-117 所示左侧。它是将原路面沥青混合料层全部铣刨，再铣刨 2cm 水稳层，之后回铺 4cm AC-13+5cm AC-20+7cm AC-25，高程比升级改造前原路面提高 4cm。后经推荐采用就地热再生施工方案，结构如图 8-117 所示右侧。推荐就地热再生施工方案是将上面层 4cm AK-13 通过复拌就地热再生工艺调成 5cm AC-16，作为中面层使用，其上面再加铺 3cm AC-13，高程同样提高 4cm。但是原路面的沥青混合料经就地热再生后可以 100% 再生利用。

原设计方案	现状路面	HIR设计方案
回铺4cm AC-13		热黏结3cmAC-13
回铺5cm AC-20	4cm AK-13	HIR 4cm AK-13复拌调整为5cm AC-16
回铺7cm AC-25	6cm AC-20	6cmAC-20
28cm水稳基层	30cm水稳基层	30cm水稳基层

图 8-117　改建设计方案

通过这两个方案的对比，可知就地热再生方案有如下优点：

（1）无废料。通过前期对路面上、下层沥青混合料取样试验，发现各层沥青混合料性能完好，可利用价值较高。通过就地热再生，原路面材料可以 100% 原价值再利用，节约大量路面材料，而且无须往返运输新、旧路面材料。

（2）环保。施工过程中不铣刨，噪声小，粉尘少。

（3）层间抗剪强度高。加铺 3cm AC-13 之前，对原路面 4cm AK-13 进行加热、耙松，添加再生剂和一定数量、特定级配的新沥青混合料，调整为 5cm AC-16 型沥青混合料。由于施工时对下承层顶面进行再加热，可保证层间热黏结，这样的工艺实施可使路面三层沥青料的两个界面均为热黏结状态，可大大提高层间抗剪强度。传统的喷洒黏层油方案由于存在层间弱界面和周边弱接缝，所以，层间界面和周边接缝的抗剪强度远不及就地热再生的效果好。

（4）交通干扰少。施工只占用一个车道，其他车道可正常通行。而传统工艺施工时需半幅封闭交通，影响车辆正常通行。

（5）施工速度快。每天可施工单车道 1.5 ~ 2km。

通过对这两个方案的比较，最终选择使用就地热再生改造方案。

2）鄂尔多斯东康线改扩建工程

本次改扩建工程采用基本补强就地热再生工艺对原有路面病害进行治理，有效延长了道路的寿命；热黏结效果，提升了改扩建后道路的抗剪强度和封水性能，保证了施工质量；同时，就地热再生工艺技术在改扩建中同样体现出节能、环保、施工速度快、交通干扰小等优势。就地热再生施工现场情况如图 8-118 所示。

在道路改扩建中，英达就地热再生技术具有 5 大技术优势：

（1）利用原有已稳定的路基、路面，符合节能、环保的循环经济原则。

（2）施工速度快、效率高。就地热再生机组的流程化施工，使施工一次性完成，减

图 8-118 就地热再生施工现场

少了施工环节，提高了施工的速度和效率。

（3）单股车道施工，减少交通干扰。就地热再生施工只占据一个车道，无须全幅封路，减少了对交通的干扰。

（4）实现热黏结，保证了施工质量。采用就地热再生施工，实现了层间热黏结与各车道热接缝，提升了施工后的路面抗剪强度、封水性能等，保证施工质量优异。

（5）治病与加铺一体，延长道路寿命。改扩建中对原路面病害进行充分的治理，降低了路面病害反射、复发的概率，延长道路使用寿命。

8.5 本章小结

本章具体介绍了英达公司曾经做过的就地热再生整形工艺、复拌工艺和补强工艺治理不同路面病害的部分工程案例，通过各项工程的实施可以看出，每条道路的损坏状况和通行环境需求都不尽相同。在进行路面热再生施工前，需要对原路面结构与材料进行有针对性的诊断和检测，根据检测、试验结果制订对症下药的养护施工方案及施工组织设计。

通过工程案例充分验证了就地热再生工艺技术治理车辙病害，充分利用“两利用、两黏结”工艺技术，即：利用沥青混合料使用一定年限之后沥青老化变硬的特性；利用运营期间超重载车轮施加于轮迹带上强大的压实功效应、就地热再生施工时层间界面和周边热黏结的优势。再生沥青混合料动稳定度的大幅提高，大大提高施工界面和接缝处的抗剪强度。凸显就地热再生工艺在治理沥青路面车辙病害方面，与传统工艺比较具有非常优异的效果。

随着就地热再生养护工艺技术的发展，该技术不仅可以应用于养护工程，还可以应用于公路的新建及改扩建工程。本章通过具体案例介绍就地热再生技术在改扩建中的应用情况，虽然该技术还未在新建工程中应用，但随着 HiPav5 的问世，其已经具备了在新建工程中的施工能力。

9 总结与展望

9.1 总结

本书通过沥青材料的老化机理，沥青混合料的性能，体积指标理论分析，原路面路用性能参数和路面结构强度检测，沥青混合料试验、标定、评价和已经实施施工案例分析，根据原路面路况，对养护施工后沥青路面材料的要求和需要达到的目标，明确给出对症下药的就地热再生施工方案。国际领先的就地热再生成套设备和施工工艺技术在沥青路面养护、维修和专项工程中，无论是质量、效率、社会效益和经济效益；设备施工速度快、施工周期短；国际领先施工设备解决了具有极高的机动性，尤其是在城市繁华地段、交通要道施工时，根据需要，设备可以在极短时间快速撤离施工现场，并使正在施工车道迅速恢复正常开放交通的状态；施工期间对交通的干扰以及在公众出行安全等方面都已经凸显出其独特的优势和巨大的社会效益以及经济效益。

在当今国家对材料节约、循环再利用和环境保护方面的要求越来越高，标准越来越严格的情况下，沥青路面就地热再生工艺在创新出六大核心理念和技术措施的前提下，就地热再生养护维修工艺技术都是最佳选择。因为这种对原路面材料就地加工还原成接近新沥青混合料的力学性能和体积指标，可大幅度改善和提高原沥青路面路用性能的再生工艺技术。由于合理使用间歇式热辐射加热专利技术和液压气动控制的多组、多排平行式疏松耙机构，其不会破坏原路面现有沥青混合料的配合比，尤其是不改变集料的形状和尺寸，即不会破坏原路面沥青混合料中集料上所裹覆的沥青膜和级配，实现了施工过程中沥青混合料的配合比可以根据要求可控、可调的优化技术。

就地热再生施工过程通过螺旋喷洒盘均匀喷洒的方式添加再生剂或热沥青，而且再生剂和热沥青只与原路面沥青混合料直接、均匀接触，并能得到尽可能长时间的融合过程，使得原路面沥青混合料在再生剂还原沥青的三大指标后得以 100% 原价值再生利用。所以，沥青路面就地热再生施工工艺是沥青路面材料各种再生利用工艺技术中，再生利用的循环链最短、施工代价最低而得到的利益最高的一种老化沥青混合料再生利用的工艺技术。

由于就地热再生技术可以得到理想的施工接缝和界面的热黏结，新旧沥青混合料中集料可以得到有效的嵌挤，使得施工接缝和施工界面上的抗剪强度提高至传统铣刨重铺工艺的2 ~ 3倍，从而经热再生施工后的路面使用寿命将大幅度延长。

就地热再生工艺技术治理车辙路病，可以充分利用沥青混合料中沥青随着使用年限的延长而老化变硬，从而使得沥青混合料的动稳定度比新的沥青混合料的动稳定度大幅提高；充分利用沥青路面运营期间，重载车轮施加于车道轮迹带上强大的压实功；施工接缝、界面上的有效热黏结和集料的嵌挤，使得沥青路面经过就地热再生施工后，车辙复现的周期大幅延长、车辙深度的数量级大幅降低，这也是治理车辙时，就地热再生施工工艺与传统铣刨重铺工艺的最大区别与优势所在。

由于就地热再生施工采用了间歇式热辐射加热技术，其加热均匀、渗透深度大，可以确保再生沥青混合料中集料的形状和尺寸不发生改变，即不会破坏原路面沥青混合料中集料的级配。根据施工后对沥青混合料的要求，通过施工工艺过程中添加不同配合比、不同规格、不同型号的新的沥青混合料和添加不同用途的改性添加剂，具有对再生沥青混合料的配合比、力学性能及体积指标进行现场优化和改性的工艺技术。这在目前只有国际领先的就地复拌热再生施工工艺技术才能达到。

目前已就国际领先的就地热再生成套设备和工艺技术编制出市政系统和公路系统的《城镇道路沥青路面就地热再生施工与验收规程》（DGJ 32/TJ 149—2013）、《沥青路面就地热再生施工技术规范》（DB 32/T 3134—2016）和中国工程建设标准化协会出版的《城市道路沥青路面就地热再生技术规程》（T/CECS 502—2018）”以及地方施工补充定额等。实践证明就地热再生施工技术由于它的节能、环保和材料100%原价值循环再用、施工安全、快捷、优质的特点，一定是今后沥青路面养护的优选工艺类型，同时也是今后沥青路面养护维修主要发展方向性施工工艺技术。

根据公路结构设计的特点，大多数情况下，无论需要经过日常预防性养护或维修，中修或专项工程维修，以致需要中大修的路面，多少不等都会不同程度地存在一些由于路基层强度不足而引起的路面深层或路基层路病和缺陷。这些路病必须在实施就地热再生路面出新之前进行必要的预处理。最佳的预处理工艺为非开挖路基补强的注浆工艺技术，确保基层结构强度达到规定的标准。

工程实践中，部分路基深层次的缺陷的面积和严重程度即使对基层路病进行预处理，采用注浆工艺技术已经无法使路基结构强度达到理想的状态，已不适合采用就地热再生施工工艺进行路面再生。在这样的路况下，由此而衍生出就地冷再生施工工艺技术。

就地冷再生施工工艺是将路面层沥青混合料和部分路基层材料，通过机具进行铣刨、翻拌的同时添加新的添加剂并拌和均匀，再生成新的路基层的一种路面维修工艺技术。

传统就地冷再生与就地热再生施工工艺比较它的特点：

（1）把高价值的沥青路面沥青混合料变成价值较低的路基材料；

（2）施工周期长，施工后需要经过养生期才能实施后续工艺。

由于上述两个缺陷，为了缩短施工周期，尤其是在城市繁华地段道路施工，

必须追求当天施工完成所有道路施工工序，并能当天完工正常开放交通。

目前已经发明出一种特殊的添加剂，在冷再生铣刨和搅拌时按照比例加入该添加剂，就地冷再生施工整平压实度达到要求后，也是冷再生料水化和初凝完成时，采用间歇式热辐射加热器对已经冷再生路面进行加热，冷再生料的强度在 1 ~ 2h 之内可达到 1.5MPa 以上，这是满足摊铺路面层新的沥青混合料的施工条件。再经压实合格，路面沥青混合料冷却后即可正常开放交通。这样的施工工艺被称为就地优化冷再生。它的最大优势是添加剂可以通过加热提供恢复路面沥青混合料的条件，免除养生过程，当天完工正常开放交通。

其中传统的添加剂可以是水泥、乳化沥青或设备上随机制备的泡沫沥青。经就地优化冷再生施工后的路基成为新的半刚性路基层或新的柔性路基层。

这种材料和施工技术同样适用于城市道路开挖回填、管道开挖回填和城市设施铺设后的路面恢复工程施工，可以当天完工正常开放交通。该施工工艺技术经过多年工程实践，已是成熟工艺技术，而且建立江苏省市政系统《城镇道路开挖、回填、恢复快速施工及验收规程》（DGJ 32/TJ 148—2013）和中国工程建设标准化协会《城市道路开挖及快速回填技术规程》（CECS 459: 2016）。

9.2 展望

多年来就地热再生工程实践足以证明，相当部分沥青路面出现各种缺陷，不单是路面材料的问题，而是与路面的中、下面层沥青混合料的状态有关，甚至与路面基层或路基状况有关。因此，目前迫切需要能够同时再生沥青路面面层和中层的双层，甚至多层同时再生的就地热再生施工设备和工艺技术。随着就地热再生施工设备、路面材料和工艺技术的发展，相信沥青路面双层或多层再生设备与工艺技术将很快会诞生并得到推广应用。

双层或多层沥青路面就地热再生施工设备和施工工艺技术的面世，将为就地热再生工艺的适应性、再生效果和使用寿命提供更加广阔的应用前景。为就地热再生工艺技术、工程推广与应用提供更大的服务空间，使节能减排、材料循环利用的绿色养护技术尽快

占领绝对市场，并为公路养护行业提供更大的经济和社会效益。

为了进一步减少施工对环境的影响，今后的就地热再生施工工艺实施过程将会与更多不同类型新的添加剂同时使用，诸如在就地热再生施工的同时，除了在再生沥青混合料中加入常规的再生剂和热沥青外，对再生沥青混合料中加入适量的温拌剂，即在得到相同的压实度情况下，可以适当降低沥青混合料的施工温度，或减少压实遍数，同样也可节约能源，使得施工环境更加清新、施工条件进一步得到改善；对再生沥青混合料中加入适量的断级配沥青混合料或加入适量的抗车辙剂等材料，优化再生沥青混合料级配、提高再生沥青混合料的力学性能和体积指标，使得再生沥青混合料性能更加理想、使用寿命更加理想或超过新的沥青混合料的耐久性。

沥青基环氧沥青混合料将会在需要高模量沥青混合料的路段加以应用，以满足、改善和提高特殊路段对沥青混合料的某些参数的特殊要求，使得特殊路段路面材料具有普通区段路面相同的使用寿命。

配合就地热再生工艺技术，对于路基层局部的缺陷预处理工艺技术，非开挖注浆补强技术必将取代目前的挖补或铣刨重铺工艺。

就地热再生工程实践证明，就地热再生施工工艺技术越来越凸显其循环经济的安全、快捷、节能、环保和巨大的社会效益和经济优势。沥青路面就地热再生工艺技术在预防为主、防治结合的原则下，公路运营过程养护为主的重大任务中，沥青路面就地热再生工艺技术将会得到迅速发展和大规模应用，而且很快会成为沥青路面养护的主要工艺技术，并将在不远的将来逐渐取代目前传统的被动式矫正性铣刨重铺养护工艺技术。

附录A 就地热再生节能减排核算报告

就地热再生技术是指现场加热、耙松旧沥青路面，添加一定比例的外加剂（如再生剂、抗车辙剂、热沥青等）和极少量新沥青混合料，经热态拌和、摊铺、碾压形成路面结构层，实现旧路面材料100%就地再生利用的一种沥青路面再生技术。

相比传统铣刨重铺技术，就地热再生技术节能、环保、优质、高效，真正实现了旧路面材料100%原价值循环再用，再生施工后的路面达到新建路面标准，无须再罩面。目前该技术发展比较成熟，已广泛应用于我国高速公路、国省干道、机场跑道和市政道路的养护维修工程以及改扩建工程，并取得突出效果。

本报告在分别核算传统铣刨重铺和就地热再生两种工艺全过程的单位面积节能量和减排量的基础上，得到单位面积就地热再生节能减排量，并分析了就地热再生技术的间接节能减排效果。

1 参考标准

《综合能耗计算通则》（GB/T 2589—2008）。

《公路沥青路面施工技术规范》（JTG F40—2004）。

《公路沥青路面再生技术规范》（JTG F41—2008）。

2 核算方法

2.1 能耗及排放核算参数

能耗及排放核算参数见表1～表4。

符号及意义 表1

序号	符号	意义	序号	符号	意义
1	cm	厘米	2	m	米

续上表

序号	符号	意义	序号	符号	意义
3	km	公里	10	W	瓦
4	m^2	平方米	11	kW	千瓦
5	m^3	立方米	12	kW · h	千瓦时或度
6	L	升	13	CO_2	二氧化碳
7	mL	毫升	14	h	小时
8	kg	千克	15	kgce	千克标准煤
9	t	吨	16	℃	摄氏度

有关能源折标准煤参考系数 表2

能源名称	平均低位发热量	折标准煤系数
原煤	20908kJ/kg（5000kcal/kg）	0.7143kgce/kg
燃料油	41816kJ/kg（10000kcal/kg）	1.4286kgce/kg
柴油	42652kJ/kg（10200kcal/kg）	1.4571kgce/kg
液化石油气	50179kJ/kg（12000kcal/kg）	1.7143kgce/kg

注：本表来自《综合能耗计算通则》（GB/T 2589—2008）。

电能折标准煤参考系数 表3

能源名称	折标准煤系数	备注
电	0.326kgce/kW · h	煤电

注：本表来自《中国电力减排研究 2012》白皮书。
参考网址 http：//wenku.baidu.com/link?url=H8Vkj33nVH4Hl14Wv81sNNTk3MaFw8HCg9Df8CBjLCrvD1TzLDIJ5akOGtn7MqfLTOdg6hUMAiAzFFGRp4GGNRSO2C4LQIt5OhpcSAvi63a。

行业经验值 表4

项目	参数	单位	备注说明
沥青混合料密度	2.4	t/m^3	
沥青混合料中集料比例	95	%	按质量
沥青混合料中沥青比例	5	%	按质量
沥青混合料运输运距	50	km	经济运距
集料和沥青运距	100	km	集料场或沥青存储地到沥青混合料拌和场距离
路面铣刨机柴油消耗	0.105	kg/m^2	铣刨 $1200m^2$，深度 4cm，需耗柴油 150L

续上表

项目	参数	单位	备注说明
自卸车运输柴油消耗	0.252	kg/t · km	根据额定荷载20t车每公里油耗300mL；柴油密度取0.84t/m³
生产单位质量沥青混合料的电能消耗	2.6	kW · h/t	
生产单位质量沥青混合料的燃料油消耗	6.5	kg/t	
生产集料的电力消耗	3.28	kW · h /t	
就地热再生施工柴油消耗	0.25	kg/m²	再生厚度4cm，就地热再生施工现场柴油能耗
就地热再生施工液化石油气消耗	0.54	kg/m²	再生厚度4cm，就地热再生施工现场液化石油气消耗
就地热再生添加新沥青混合料：旧沥青混合料	20：80	—	按质量。就地热再生施工添加约20%的新沥青混合料，原路面高程基本不变，此工况最常见

注：柴油密度来源参考网址http：//wenku.baidu.com/link?url=IsTNZHcM28o5nIHleMGPlrXdXU4njopX8x2wAh_phbpNRquZThcZytMioGD6fkFCsGOT5tNEBtrhFQrXt3srQf_PrlA_S1-YSd49IoMHg4e。

2.2 就地热再生技术核算方法

（1）就地热再生技术施工工艺流程

就地热再生技术施工工艺流程如图1所示。

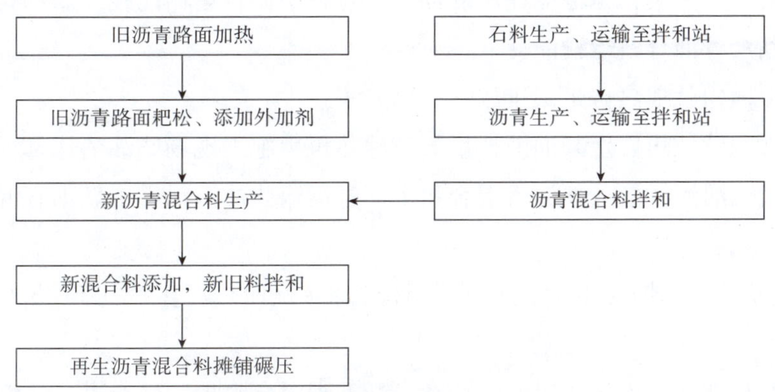

图1 就地热再生技术施工工艺流程图

（2）单位面积就地热再生能耗核算方法

旧沥青路面再生厚度按4cm计，新沥青混合料添加比例按20%计，即厚度为1cm。

①就地热再生施工现场能耗 = 单位面积柴油消耗量 × 柴油折标准煤系数 + 单位面积液化石油气消耗量 × 液化石油气折标准煤系数。

②新沥青混合料中集料生产能耗 = 单位面积新沥青混合料中集料质量 × 单位质量集料生产电力消耗量 × 电折标准煤系数。

单位面积新沥青混合料质量 = 单位面积 × 新混合料厚度 × 沥青混合料密度。

新沥青混合料中集料质量 = 单位面积新沥青混合料质量 × 集料比例。

③新沥青混合料中集料运输能耗 = 单位面积新沥青混合料中集料质量 × 运距 × 自卸车运输吨公里柴油消耗量 × 柴油折标准煤系数。

④新沥青混合料中沥青运输能耗 = 单位面积新沥青混合料中沥青质量 × 运距 × 自卸车运输吨公里柴油消耗量 × 柴油折标准煤系数。

新沥青混合料中沥青质量 = 单位面积新沥青混合料质量 × 沥青比例。

⑤新沥青混合料拌和生产能耗 = 单位面积新沥青混合料拌和生产耗电量 × 电折标准煤系数 + 单位面积新沥青混合料拌和生产燃料油消耗量 × 燃料油折标准煤系数。

单位面积新沥青混合料拌和生产耗电量 = 单位面积沥青混合料质量 × 单位质量沥青混合料拌和生产耗电量。

单位面积新沥青混合料拌和生产燃料油消耗量 = 单位面积沥青混合料质量 × 单位质量沥青混合料拌和生产燃料油消耗量。

⑥新沥青混合料运输能耗 = 单位面积沥青混合料质量 × 运距 × 自卸车运输吨公里柴油消耗量 × 柴油折标准煤系数。

单位面积就地热再生能耗 = 就地热再生施工现场能耗 + 新沥青混合料中集料生产能耗 + 新沥青混合料中集料运输能耗 + 新沥青混合料中沥青运输能耗 + 新沥青混合料拌和生产能耗 + 新沥青混合料运输能耗。

（3）单位面积就地热再生碳排放量核算方法

①单位面积就地热再生柴油消耗量 = 就地热再生施工现场柴油消耗量 + 新沥青混合料中集料运输柴油消耗量 + 新沥青混合料中沥青运输柴油消耗量 + 新沥青混合料运输柴油消耗量。

②单位面积就地热再生液化石油气消耗量 = 就地热再生施工现场液化石油气消耗量。

③单位面积就地热再生燃料油消耗量 = 新沥青混合料拌和生产燃料油消耗量。

④单位面积就地热再生耗电量 = 新沥青混合料中集料生产耗电量 + 新沥青混合料拌和生产耗电量。

单位面积就地热再生碳排放量 = 柴油消耗量 × 柴油碳排放系数 + 液化石油气消耗

量 × 液化石油气碳排放系数 + 燃料油消耗量 × 燃料油碳排放系数 + 耗电量 × 电折标准煤系数 ÷ 原煤折标准煤系数 × 原煤碳排放系数。

2.3 传统铣刨重铺技术核算方法

（1）传统铣刨重铺工艺流程

传统铣刨重铺工艺流程如图 2 所示。

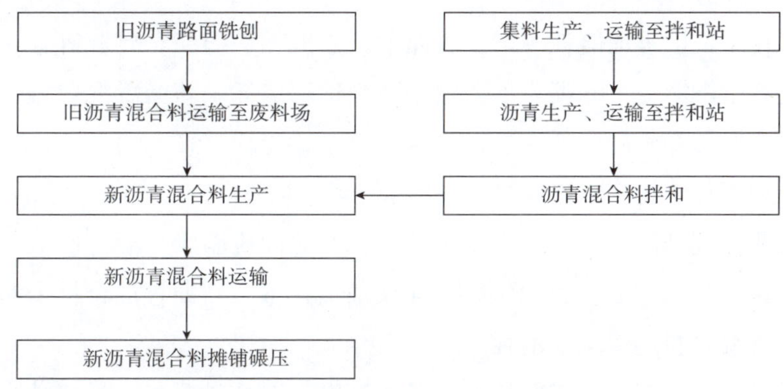

图 2 传统铣刨重铺工艺流程图

（2）单位面积传统铣刨重铺能耗核算方法

铣刨旧沥青路面和重铺新沥青路面，厚度均按 4cm 计。

①旧沥青路面铣刨能耗 = 单位面积柴油消耗量 × 柴油折标准煤系数。

②旧沥青混合料运输能耗 = 单位面积沥青混合料质量 × 运距 × 自卸车吨公里柴油消耗量 × 柴油折标准煤系数。

单位面积沥青混合料质量 = 单位面积 × 厚度 × 沥青混合料密度。

③新沥青混合料中集料生产能耗 = 单位面积新沥青混合料中集料质量 × 单位质量集料生产电力消耗量 × 电折标准煤系数。

新沥青混合料中集料质量 = 单位面积沥青混合料质量 × 集料比例。

④新沥青混合料中集料运输能耗 = 单位面积新沥青混合料中集料质量 × 运距 × 自卸车运输吨公里柴油消耗量 × 柴油折标准煤系数。

⑤新沥青混合料中沥青运输能耗 = 单位面积新沥青混合料中沥青质量 × 运距 × 自卸车运输吨公里柴油消耗量 × 柴油折标准煤系数。

新沥青混合料中沥青质量 = 单位面积沥青混合料质量 × 沥青比例。

⑥新沥青混合料拌和生产能耗 = 单位面积新沥青混合料拌和生产耗电量 × 电折标准煤系数 + 单位面积新沥青混合料拌和生产燃料油消耗量 × 燃料油折标准煤

系数。

单位面积新沥青混合料拌和生产耗电量＝单位面积沥青混合料质量 × 单位质量沥青混合料拌和生产耗电量。

单位面积新沥青混合料拌和生产燃料油消耗量＝单位面积沥青混合料质量 × 单位质量沥青混合料拌和生产燃料油消耗量。

⑦新沥青混合料运输能耗＝单位面积沥青混合料质量 × 运距 × 自卸车运输吨公里柴油消耗量 × 柴油折标准煤系数。

单位面积传统铣刨重铺能耗＝旧沥青路面铣刨能耗＋旧沥青混合料运输能耗＋新沥青混合料中集料生产能耗＋新沥青混合料中集料运输能耗＋新沥青混合料中沥青运输能耗＋新沥青混合料拌和生产能耗＋新沥青混合料运输能耗。

（3）单位面积传统铣刨重铺碳排放量核算方法

①单位面积传统铣刨重铺柴油消耗量＝旧沥青路面铣刨柴油消耗量＋旧沥青混合料运输柴油消耗量＋新沥青混合料中集料运输柴油消耗量＋新沥青混合料中沥青运输柴油消耗量＋新沥青混合料运输柴油消耗量。

②单位面积传统铣刨重铺燃料油消耗量＝新沥青混合料拌和生产燃料油消耗量。

③单位面积传统铣刨重铺耗电量＝新沥青混合料中集料生产耗电量＋新沥青混合料拌和生产耗电量。

单位面积传统铣刨重铺碳排放量＝柴油消耗量 × 柴油碳排放系数＋燃料油消耗量 × 燃料油碳排放系数＋耗电量 × 电折标准煤系数 ÷ 原煤折标准煤系数 × 原煤碳排放系数。

2.4 就地热再生技术单位面积节能量和减排量核算方法

①就地热再生技术单位面积节能量＝单位面积传统铣刨重铺能耗—单位面积就地热再生能耗。

②就地热再生技术单位面积减排量＝单位面积传统铣刨重铺碳排放量—单位面积就地热再生碳排放量。

3 就地热再生节能和减排量核算结果

依据上述参数和方法，单位面积就地热再生能耗和减排量核算结果见表 5。单位面积传统铣刨重铺能耗和减排量核算结果见表 6，就地热再生技术单位面积节能量和减排量见表 7。

表 5

单位面积就地热再生能耗和碳排放量核算结果（单位：m^2）

序号	工艺流程	混合料（t）	能源消耗量		折合标准煤参数	折合标准煤（kg）	折合原煤（kg）	CO_2 排放系数	CO_2 排放量（kg）
1	原路面热再生（4cm）	0.096	柴油（kg）	0.250000	1.4571	0.364275		2.73	0.682500
			液化石油气(kg)	0.540000	1.7143	0.925722		1.75	0.945000
2	新混合料中集料生产	0.0228	电（kW · h）	0.074784	0.3260	0.024379584	0.051196102	2.69	0.091812
3	新混合料中集料运输	0.0228	柴油（kg）	0.574560	1.4571	0.837191376		2.73	1.568549
4	新混合料中沥青运输	0.0012	柴油（kg）	0.030240	1.4571	0.044062704		2.73	0.082555
5	新沥青料拌和（1.5cm）	0.024	燃料油（kg）	0.156000	1.4286	0.2228616		2.98	0.464880
6			电（kW · h）	0.062400	0.3260	0.0203424	0.042718186	2.69	0.076608
7	新沥青料运输	0.024	柴油（kg）	0.302400	1.4571	0.44062704		2.73	0.825552
合计						2.879462			4.737456

表 6

单位面积传统铣刨重铺能耗和碳排放量核算结果（单位：m^2）

序号	工艺流程	混合料（t）	能源消耗量		折合标准煤参数	折合标准煤（kg）	折合原煤（kg）	CO_2 排放系数	CO_2 排放量（kg）
1	原路面铣刨（4cm）	0.096	柴油（kg）	0.105000	1.4571	0.1529955		2.73	0.286650
2	废旧沥青料运输	0.096	柴油（kg）	1.209600	1.4571	1.76250816		2.73	3.302208
3	新混合料中集料生产	0.0912	电（kW · h）	0.299136	0.3260	0.097518336	0.13652294	2.69	0.367247
4	新混合料中集料运输	0.0912	柴油（kg）	2.298240	1.4571	3.348765504		2.73	6.274195
5	新混合料中沥青运输	0.0048	柴油（kg）	0.120960	1.4571	0.176250816		2.73	0.330221
6	新沥青料拌和（4cm）	0.096	燃料油（kg）	0.624000	1.4286	0.8914464		2.98	1.859520
			电（kW · h）	0.249600	0.3260	0.0813696	0.113915162	2.69	0.306432
7	新沥青料运输	0.096	柴油（kg）	1.209600	1.4571	1.76250816		2.73	3.302208
合计						8.273362			16.028680

就地热再生技术单位面积节能量和减排量核算结果（单位：m^2） 表7

项目	单位面积能耗（kgce）	单位面积碳排放量（kg）
传统铣刨重铺技术	8.273	16.029
就地热再生技术	2.879	4.737
节约量	5.394	11.291
节约比例（%）	65.2	70.4

可以看出，与传统铣刨重铺4cm相比，就地热再生原路面4cm，同时添加20%新沥青混合料，每平方米节能5.394kgce，节约65.2%的能源消耗，减排CO_2 11.291kg，减少高达70.4%的CO_2排放，工艺环节的直接节能减排效果十分显著。

4 就地热再生间接节能减排效益

（1）就地热再生施工只占用一个车道，不封闭交通，保证了道路的通行效率，避免了车辆绕行、借道通行增加的废气排放，社会效益和环境效益突出。

（2）就地热再生技术采用热值最高、废气排放量最小的清洁能源液化石油气加热沥青路面，施工现场基本无烟尘排放。热再生机组专门做了降噪设计，施工中的噪声比传统铣刨重铺小很多，大大减少了三废污染，因而能广泛应用于对环保要求更严苛的市政道路养护工程。

（3）沥青路面就地热再生工艺材料循环再用的循环链最短；免除大量旧料和大量新料的往返运输，极大地缓解旧、新料运输造成的交通压力，且避免了额外的运输能量消耗。

（4）新沥青混合料拌和生产过程中，会产生大量的废气和粉尘，因此多分布于郊区。就地热再生施工所需新沥青混合料只占传统铣刨重铺的25%甚至更少，从而减少了大量的废气和粉尘排放，更加环保。

（5）就地热再生处治深度不小于4cm的失稳型车辙病害时，不需要像传统铣刨重铺技术那样铣刨原沥青路面两层或三层，只需要通过特定就地热再生设备与施工工艺组合，处理沥青表层即可保证工程质量，节约了大量的新沥青混合料，且施工后路面车辙不易复发，质量效应和环境都尤为显著。

采用就地热再生技术处治严重的失稳型车辙，能够充分利用原路面轮迹带上在运营过程已经吸收的更强大压实功，以及原路面混合料随运营时间而增强的抗车辙能力，加之就地热再生工艺独有的热黏结技术，实现了沥青层间热黏结，提高层间抗剪强度三倍以上，因此车辙处治效果十分显著。采用就地热再生技术施工后车辙不易复发，大大延长了道路的养护周期和使用寿命，其所带来的节能减排效益、环境效益和社会效益更为明显。

5 结论

经核算，与传统铣刨重铺 4cm 相比，就地热再生原路面 4cm，同时添加 20% 新沥青混合料，每平方米节能 5.394kgce，节约 65.2% 的能源消耗，减排 CO_2 11.291kg，减少高达 70.4% 的 CO_2 排放，工艺环节的直接节能减排效果十分显著。此外，就地热再生技术本身的特点所带来的间接社会效益、环境效果更为突出。

综上所述，就地热再生技术是资源循环链最短、旧路面材料循环利用率和价值利用率最高、节能环保的创新型养护技术，符合循环经济、低碳经济的发展要求，有利于促进公路养护事业的可持续发展，值得大力推广应用。

附录B FTT5160TRXPM4沥青路面修补车加热性能检测报告

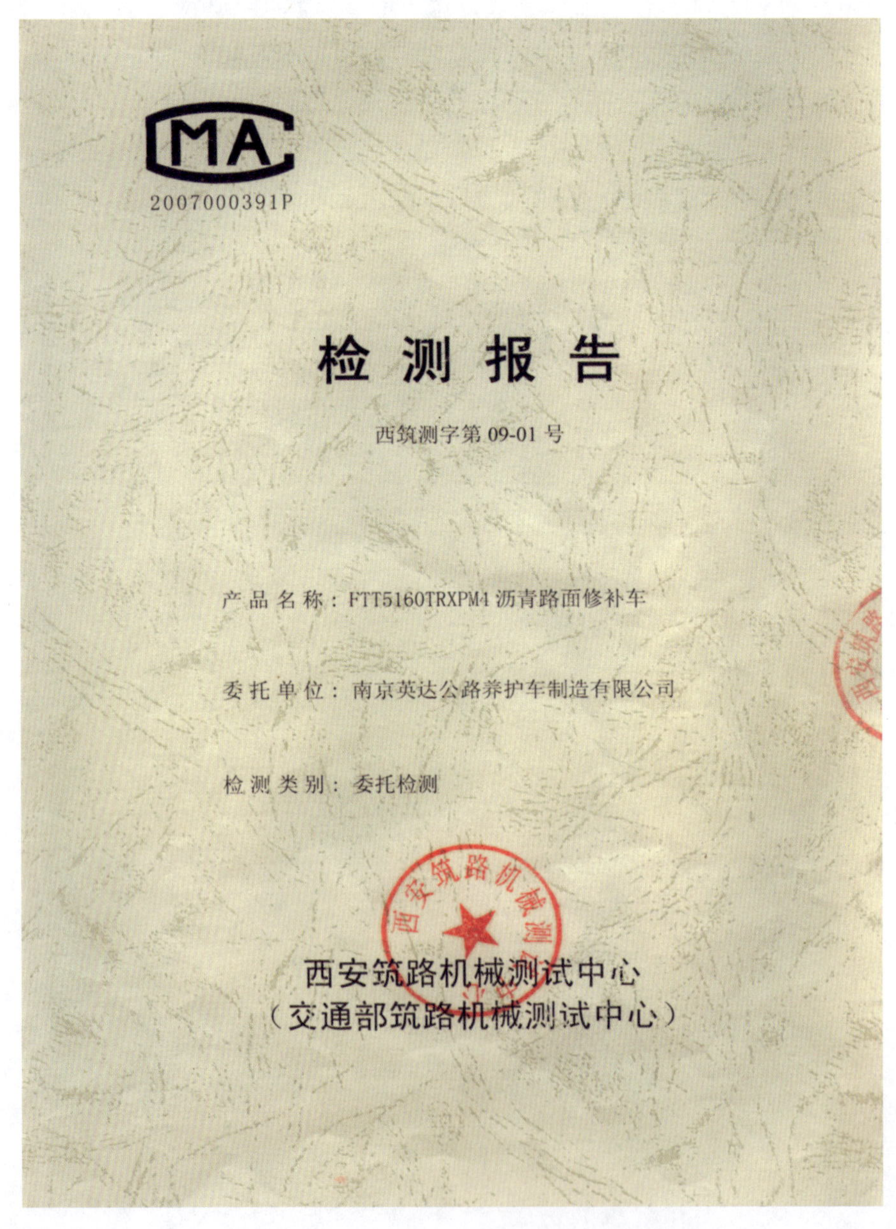

CMA
2007000391P

检测报告

西筑测字第09-01号

产品名称：FTT5160TRXPM4沥青路面修补车

委托单位：南京英达公路养护车制造有限公司

检测类别：委托检测

西安筑路机械测试中心
（交通部筑路机械测试中心）

XAZC 西安筑路机械测试中心检测报告　　　西筑测字第[09-01]号　共3页　第1页

产品名称	FTT5160TRXPM4沥青路面修补车	产品型号	FTT5160TRXPM4
委托单位	南京英达公路养护车制造有限公司	样机编号	5140　106323
生产单位	南京英达公路养护车制造有限公司	样品数量	1
检测类型	委托检测	检测项目	加热性能检测
检测地点	南京经济技术开发区兴武路	检测时间	2009.01.10
检测依据	1.《FTT5160TRXPM4沥青路面修补车检测大纲》 2.《沥青路面养护车/机》(JT/T 501—2004) 3. 产品设计技术文件：产品技术规格书		
检测结果	见附表2：检测结果汇总表		
检测结论	1.样机加热板面积4m²； 2.样机对沥青路面加热15min，沥青路面表层平均温度为177℃，符合JT/T 501—2004要求；距表层80mm处平均温度为104℃；沥青路面最大软化平均浓度为81mm；加热过程中加热墙无明火、路面无烧焦现象。 样机所测加热性能符合设计及《沥青路面养护车/机》(JT/T 501—2004)标准要求。 签发日期：2009年1月16日		
备　　注	/		

主检：　　　审核：　　　批准：

XAZC 西安筑路机械测试中心检测报告　　西筑测字第[09-01]号　共3页　第2页

附表1：样机信息汇总表

<table>
<tr><td>产品名称</td><td>FTT5160TRXPM4沥青路面修补车</td><td>产品型号</td><td>FTT5160TRXPM4</td></tr>
<tr><td>生产单位</td><td>南京英达公路养护车制造有限公司</td><td>商标品牌</td><td>英达牌</td></tr>
<tr><td>委托单位</td><td>南京英达公路养护车制造有限公司</td><td>联 系 人</td><td>蒋永河</td></tr>
<tr><td>地　址</td><td>南京经济技术开发区恒飞路9号</td><td>电　话</td><td>025-8580 3030</td></tr>
<tr><td>邮　编</td><td>210038</td><td>传　真</td><td>025-8427 1063</td></tr>
<tr><td rowspan="3">样机状态</td><td colspan="3">样机在检测开始前加热系统工作正常。</td></tr>
<tr><td colspan="3">/</td></tr>
<tr><td colspan="3">/</td></tr>
<tr><td colspan="4">样机外形照片：
</td></tr>
</table>

XAZC 西安筑路机械测试中心检测报告 西筑测字第[09-01]号 共3页 第3页

附表2：检测结果汇总表

产品名称: FTT5160TRXPM4沥青路面修补车 产品型号: FTT5160TRXPM4

生产单位: 南京英达公路养护车制造有限公司 样机编号: 5140 106323

检测地点: 南京经济技术开发区兴武路 检测日期: 2009.01.10

检测人员:

序号	检测项目		标准规定	设计值	检测值	结果	备注
1	加热板面积 m^2		/	/	4	/	/
2	加热15min路面温度	表层 ℃	≥150	/	177	符合	/
		距表层80mm ℃	/	/	104	/	/
	最大软化深度 mm		/	80	81	/	/

以下空白

附录C 就地热再生常用设备组合表

序号	针对不同路面病害的设备组合
1	压密型、磨耗型车辙，及级配较好、深度小于 4cm 的失稳型车辙； 路基沉降已稳定，路面沉陷，深度小于 4cm； 温缩裂缝、施工缝、未沉陷的轻度龟裂、级配满足要求的反射裂缝  HM16+RM6000+HM7+运料库+摊铺机+压路机
2	失稳型车辙，深度小于 4cm，级配偏细； 原路面混合料油石比不佳引发的麻面、微表处脱皮； 轻度泛油，路面有油斑  HM16+RM6800+运料车+EM6500+摊铺机+压路机
3	失稳型车辙，深度不小于 4cm，级配较好  HM16+RM6000+压路机+HM16+RM6000+HM7+运料车+摊铺机+压路机
4	失稳型车辙，深度不小于 4cm，级配偏细  HM16+运料车+摊铺机+压路机+HM16+RM6000+运料车+摊铺机+压路机
5	伴随龟裂，基层有松散  修路王(PM220)+HM16+RM6000+HM7+运料车+摊铺机+压路机
6	桥头跳车，沉陷长度范围小于 20m  修路王(PM500)+压路机

续上表

序号	针对不同路面病害的设备组合
7	桥头跳车，沉陷长度范围不小于 20m，深度小于 4cm  HM116+HiPav5+运料车+摊铺机+压路机
8	桥头跳车，沉陷长度范围小于 20m，深度不小于 4cm  HM16+运料车+HiPav5+压路机
9	面层材料拥包； 松散类路面病害：浅层坑槽、沥青老化引起的麻面  HM16+RM6000+HM7+运料车+摊铺机+压路机
10	混合料质量有问题，连续大面积坑槽  修路王(PM400)+HM16+RM6800+运料车+EM6500+摊铺机+压路机
11	半刚性基层横向反射裂缝，原路面混合料配合比不理想  HM16+RM6800+运料车+EM6500+摊铺机+压路机
12	原路面沥青老化严重，路面裂缝较多  HM16+RM6800+运料车+EM6500+MF10+摊铺机+压路机
13	严重泛油，路面光亮  HM16+MF5000+RM6800+EM6500+摊铺机+压路机

续上表

序号	针对不同施工环境的设备组合
14	冬季、大风（整形） HM16+RM6000+HM7+运料车+摊铺机+压路机
15	冬季、大风（复拌） HM16+RM6800+HM18+运料车+EM6500+摊铺机+压路机
16	井盖多的市政道路 HM16+运料车+HiPav5+压路机
17	陡坡（整形） HM16+TR168+RM6000+HM7+运料车+摊铺机+压路机
18	陡坡（复拌） HM16+TR168+RM6800+运料车+TR165+EM6500+摊铺机+压路机
19	短、窄的小巷道、环岛 HM16+运料车+HiPav5+压路机
序号	针对道路升级改造的设备机组
20	道路拓宽、升级改造（路面需加铺），部分新建道路中面层通车后再铺上层及改善施工缝 HM16+RM6000+HM7+运料车+摊铺机+压路机

续上表

序号	针对道路升级改造的设备机组
21	路面强度满足要求，重新设计沥青层结构的升级改造 HM16+RM6800+运料车+EM6500+摊铺机+运料车+摊铺机+压路机
22	沥青层与水泥板之间黏结良好的白改黑路面 HM16+RM6000+HM7+运料车+摊铺机+压路机
23	原路面为普通沥青，性能不能满足要求 HM16+RM6800+运料车+EM6500+MF10+摊铺机+压路机

附录D 广珠东高速就地热再生施工检测报告

京珠高速公路广珠段

沥青路面就地热再生试验段

检测报告

报告编号：DL-2012-007

广东交通集团检测中心

二〇一二年一月

目 录

未盖骑缝章无效

京珠高速公路广珠段

沥青路面就地热再生试验段

检测报告

报告编号：DL-2012-007

广东交通集团检测中心

二〇一二年一月

项目名称：京珠高速公路广珠段沥青路面就地热再生试验段检测

报告编号：DL-2012-007

项目负责：

检测人员：

报告编写：

报告审核：

报告签发：

地址：广州市白云区钟落潭镇广从八路1180号　　　邮编：510550

电话：020-37421220　　　传真：020-37403087

1　概述

1.1　工程概况

京珠高速公路广珠段是国家1993年规划的“两纵两横”高速公路网中北京至珠海高速公路的最南段，也是珠江三角洲高速公路网的重要组成部分。京珠高速公路广珠段北起塘坑（K15+700），与虎门大桥相接，经坦尾、中山市三角镇、浪网、新隆、宫花、翠亨至珠海市金鼎（K76+458.199），全长62.4km。该路段实行全封闭、全立交，全线主线共有特大桥6座，大桥9座，中桥17座，小桥8座，互通式立交6座，分离式立交3座。新建路段双向六车道（塘坑至亭角），旧路改建双向四车道（坦尾至金鼎）。

2009年8月份英达热再生有限公司在广珠东K74+985～K76+885（原营运桩号K52+850～K54+750，双向6车道，以下简称试验段）路段开展了热再生试验工程，再生层设计厚度为4cm，再生方式采用在原路面AK-16混合料中添加新拌AC-10沥青混凝土，掺配比例为原路面混合料：新拌混合料＝84：16，合成再生料中再生剂的掺量为原路面混合料沥青含量的5%。试验段里程约2km，工程完工通车至今已两年多，为评价热再生工程效果，受京珠高速公路广珠段有限公司委托，广东交通检测中心于2011年12月对京珠高速公路广珠段就地热再生工程试验段进行专项检测，主要工作内容包括表面功能检测和结构与材料检测。其中表面功能检测包括：路面破损、路面平整度、路面车辙、路面抗滑性能；结构与材料检测包括：结构层厚度，施工均匀性、空隙率、压实度、级配及沥青含量等。

1.2　试验检测依据

（1）《公路路基路面现场测试规程》（JTG E60—2008）。

（2）《公路技术状况评定标准》（JTG H20—2007）。

（3）《公路沥青路面养护技术规范》（JTJ 073.2—2001）。

（4）《公路沥青路面设计规范》（JTG D50—2006）。

（5）《公路沥青路面施工技术规范》（JTG F40—2004）。

（6）《公路工程沥青及沥青混合料试验规程》（JTJ 052—2000）。

（7）《公路沥青路面再生技术规范》（JTG F41—2008）。

（8）由委托方提供的其他设计图纸、试验报告等。

1.3 检测项目、内容及方法

本次检测项目和内容主要根据《公路技术状况评定标准》(JTG H20—2007)、《公路路基路面现场测试规程》(JTG E60—2008)、《公路沥青路面再生技术规范》(JTG F41—2008)及委托方的有关要求确定，检测内容、方法及频率如表1.1所示。

表1.1 检测内容、方法及频率

序号	项 目	单位	数量	测试位置	测试方法	测 试 频 率
1	路面损坏	km	4	全线	人工检测	连续调查
2	路面平整度	km	4	中间车道	多功能检测车	1结果20m
3	车辙状况	km	4	中间车道	自动化采集	1结果10m
4	抗滑性能	km	4	中间车道	横向力系数车	1结果20m
5	路面渗水	点	60	主车道	渗水仪	200m处，每处测3个点
6	钻取面层	处	6	主车道	人工钻芯	
7	沥青路面开挖	处	2	主车道	人工开挖	
8	均匀性检测	点	240	主车道	无核密度仪	200m断面，每断面测12个点
9	混合料最大理论密度	组	2	主车道	上面层	
10	沥青芯样密度、厚度	个	6	主车道或路肩		
11	沥青混合料抽提筛分	组	2	主车道	上面层	
12	肯塔堡浸水飞散试验	组	1	主车道	上面层	

注：检测频率根据《评定标准》要求及双方协商确定。

1.4 评价标准

根据《评定标准》的评价模型，本次所检测调查的各项状况指数按表1.2进行评价。

表1.2 公路技术状况评定标准

评价等级	优	良	中	次	差
MQI及各级分项指标	≥90	≥80，＜90	≥70，＜80	≥60，＜70	＜60
横向力系数SFC	≥48	≥40，＜48	≥33.5，＜40	≥24.5，＜3.5	＜27.5
国际平整度指数IRI(m/km)	≤2.3	≥2.3，≤3.5	＞3.5，≤4.3	＞4.3，≤5	＞5
车辙深度RD(mm)	≤5	＞5，≤10	＞10，≤15	＞15，≤20	＞20
沥青路面破损率DR(%)	≤0.4	＞0.4，≤2.0	＞20，≤5.5	＞5.5，≤11.0	＞11

2　检测结果及分析

2.1　路面损坏状况指数 PCI

试验段路面损坏状况指数（PCI）等级评定结果如表 2.1-1 和图 2.1-1 所示，具体病害统计结果见表 2.1-2。由表 2.1-1、表 2.1-2 及图 2.1-1 可知，试验段 A、B 线路面损坏状况等级评定均为优，路面状况整体较好，路面病害较少，仅有极少量横向裂缝、修补及坑槽。

表 2.1-1　路面损坏状况指数评定结果

评定等级		优	良	中	次	差	测试路段总长
A线（右幅）	长度（m）	2000	0	0	0	0	2000
	比例（%）	100	0	0	0	0	100
B线（左幅）	长度（m）	2000	0	0	0	0	2000
	比例（%）	100	0	0	0	0	100
全线	长度（m）	4000	0	0	0	0	4000
汇总	比例（%）	100	0	0	0	0	100

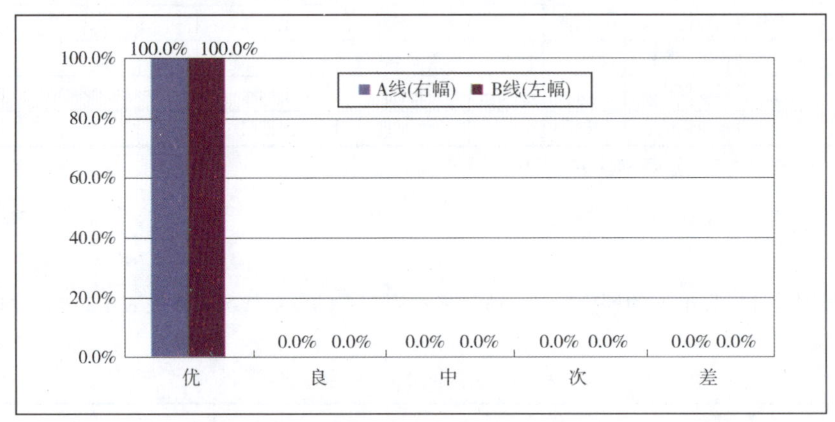

图 2.1-1　路面损坏状况指数 PCI 评定等级比例

表 2.1-2　试验段主要病害统计

路面结构类型	路段	坑槽（m^2）	纵横向裂缝（m）	修补（m^2）
沥青路面	A线（右幅）	0.0	10	0.5
	B线（左幅）	0.1	0.0	2.0
	小计	0.1	10	2.5

2.2　路面行驶质量指数 RQI

试验段 A、B 线路面行驶质量指数（RQI）等级评定结果如表 2.2-1 和图 2.2-1 所示。

各路段平整度统计结果见表 2.2-2（详细结果见附表 4-1），试验段各段路面国际平整度指数（IRI）分布如图 2.2-2 所示。从表 2.2-1 及图 2.2-1、图 2.2-2 可知，试验段 A、B 线路面行驶质量指数评定等级有优、良两个等级，并以优等级为主，平整度最大值为 3.5m/km，表明路面行驶性能较好。

表 2.2-1 A、B 线路面行驶质量指数统计

评定等级		优	良	中	次	差	测试路段总长
A线（右幅）	长度（m）	1500	500	0	0	0	2000
	比例（%）	75	25	0	0	0	100
B线（左幅）	长度（m）	1500	500	0	0	0	2000
	比例（%）	75	25	0	0	0	100
全线	长度（m）	3000	1000	0	0	0	4000
汇总	比例（%）	75	25	0	0	0	100

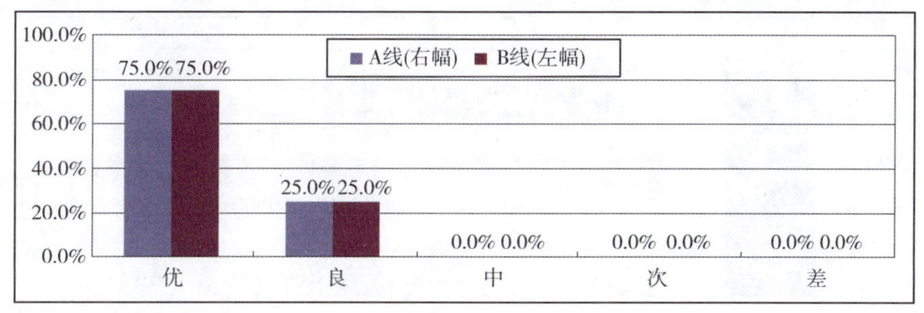

图 2.2-1 路面行驶质量指数 RQI 评定等级比例

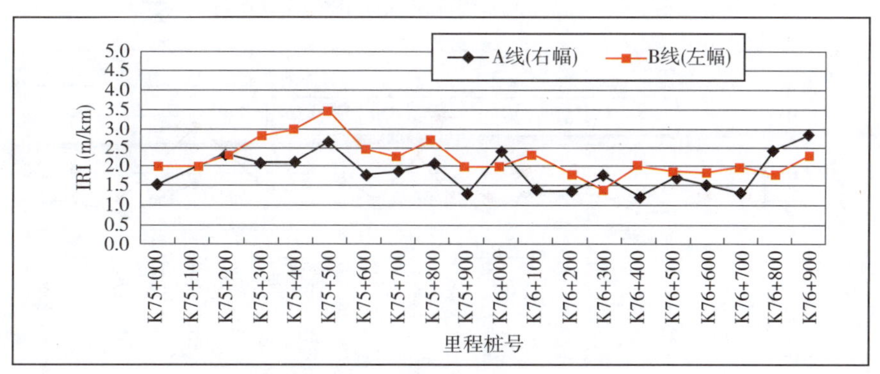

图 2.2-2 A、B 线各段路面平整度分布图

表 2.2-2 各路段平整度统计结果

路幅	路线编号	平整度IRI（m/km）			
		最大值	最小值	平均值	路幅平均值
A线	沥青路段	2.85	1.25	1.90	2.07
B线	沥青路段	3.51	1.44	2.24	

2.3 路面车辙深度指数 RDI

试验段 A、B 线路面车辙深度指数（RDI）的等级评定统计结果如表 2.3-1 和图 2.3-1 所示（详细结果见附表 4-2），A、B 线各路段路面车辙深度（*RD*）分布如图 2.3-2 和图 2.3-3 所示。

表 2.3-1 路面车辙深度指数评定结果

评定等级		优	良	中	次	差	测试路段总长
A线（右幅）	长度（m）	1900	100	0	0	0	2000
	比例（%）	95	5	0	0	0	100
B线（左幅）	长度（m）	2000	0	0	0	0	2000
	比例（%）	100	0	0	0	0	100
全线	长度（m）	3900	100	0	0	0	4000
汇总	比例（%）	97.5	2.5	0	0	0	100

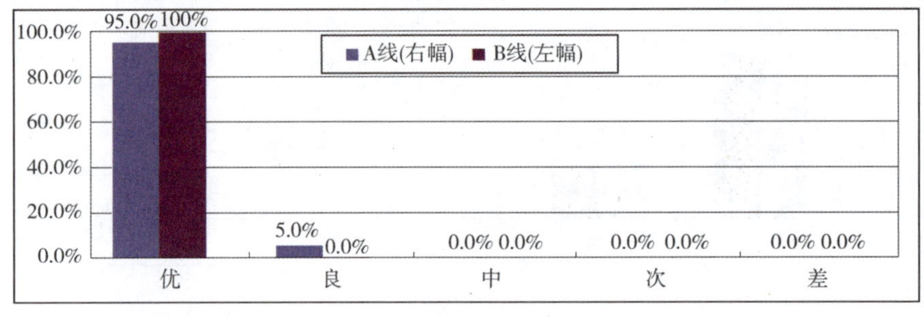

图 2.3-1 路面车辙深度指数（RDI）评定等级比例

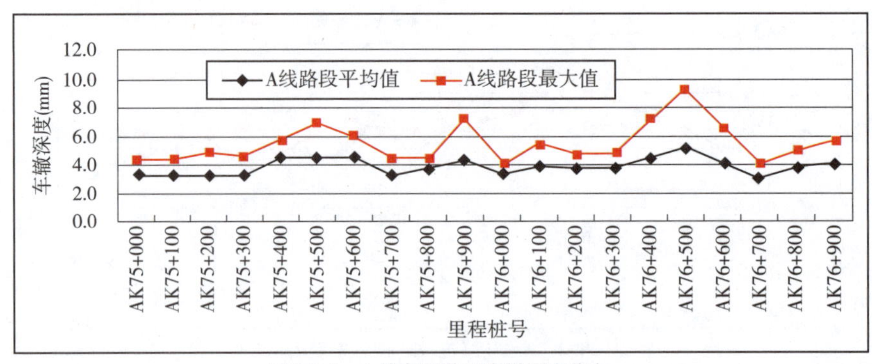

图 2.3-2 A 线各段路面车辙深度分布

由表 2.3-1 及图 2.3-1 ~ 图 2.3-3 可知，试验段 A、B 线路面车辙深度指数评定有优、良两个等级，并以优为主，路面车辙整体状况较好。沥青路面 100m 平均车辙深度主要集中在 3~8mm 之间，其中 A 线（右辐）100m 平均车辙深度最大值为 9.2mm，B 线（左幅）

100m 平均车辙深度最大值为 7.6mm。

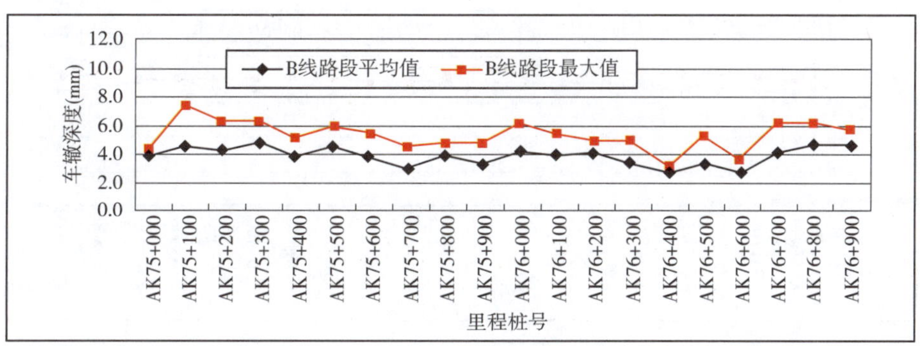

图 2.3-3　B 线各路段路面车辙深度分布

2.4　路面抗滑性能指数 SRI

试验段 A、B 线路面抗滑性能指数（SRI）等级评定结果如表 2.4-1 和图 2.4-1 所示（详细结果见表 4-3），A、B 线各路段路面横向力系数（SFC）分布如图 2.4-2 所示。

由表 2.4-1 及图 2.4-1、图 2.4-2 可知，试验段路面抗滑性能等级全部评定为优，左、右幅路面横向力系统 SFC 平均值分别为 57、54，表明路面抗滑性能整体较好。

表 2.4-1　路面抗滑性能指数评定结果

评定等级		优	良	中	次	差	测试路段总长
A线（右幅）	长度（m）	2000	0	0	0	0	2000
	比例（%）	100	0	0	0	0	100
B线（左幅）	长度（m）	2000	0	0	0	0	2000
	比例（%）	100	0	0	0	0	100
全线	长度（m）	4000	0	0	0	0	4000
汇总	比例（%）	100	0	0	0	0	100

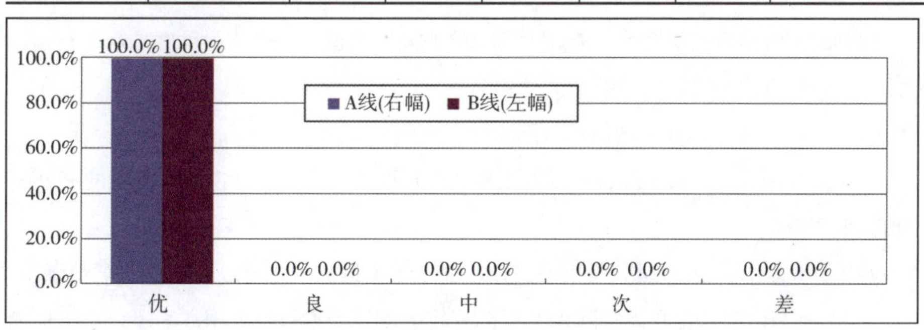

图 2.4-1　路面横向力系数（SFC）评定等级比例

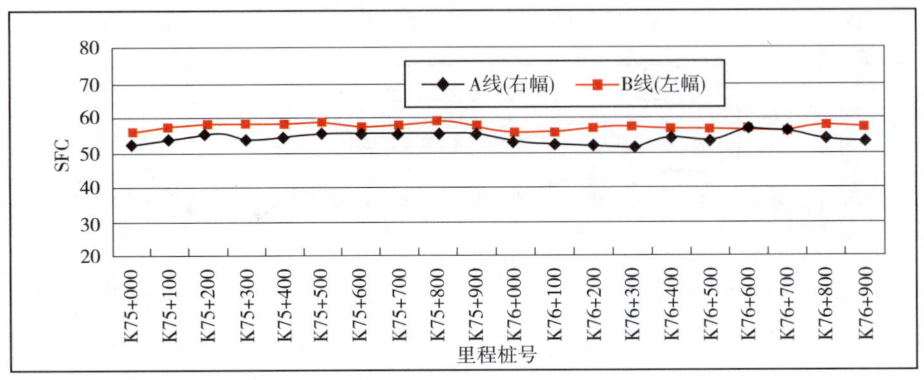

图 2.4-2　A、B 线各段路面横向力系统（SFC）分布

2.5　路面渗水系数

试验段 A、B 线路面渗水系数结果如表 2.5-1 所示（详细结果见表 4-4）。由表中数据可知，所检测两个路段主车道渗水系数较小，满足设计值 300mL/min 的要求。

表 2.5-1　渗水系数测试结果

路段桩号	测试车道	测试点数	最大渗水系数（mL/min）	最小渗水系数（mL/min）	平均渗水系数（mL/min）
AK74+985~AK76+885	主车道	30	53.3	1.7	18.3
BK74+985~BK76+885	主车道	30	80.0	0.7	34.5

2.6　路面材料均匀性

沥青路面的密度直接和材料的介电常数成一定的比例关系。PQI（Pavement Quality Indicator）通过测量沥青路面材料的介电常数可以直接、快速、准确地测量沥青路面的密度。

在判别沥青路面离析之前，需确定期望的 PQI 密度值，并以此为尺度进行判别。一般用以下两种方法来确定期望的 PQI 值：

（1）以检测路段 PQI 平均值作为期望的密度值；

（2）以在实验室按目标配合比或经批准的生产配合比制成的标准试件测得的 PQI 密度值为期望值。

考虑到试验段路面已通车两年多，且广珠东车流量较大，经过两年多的车轮碾压，方法（2）所测密度值与路面实际密度可能有较大差异，本报告采用方法（1）。将检测点所测得的密度值与检测路段平均值进行差值比较，根据差值的大小与推荐的离析判定标准相对照，以此来界定离析的严重程度以及计算所测区域的累积离析百分率。

鉴于国内的现行规范中尚无基于密度差值的离析差别标准，本文参考了相关的高速公路沥青面层检测路段基于密度差值范围的离析程度判定标准，结合检测单位多年来对多条高速公路施工资料统计分析的基础上，将仪器测定的密度值与芯样密度值进行对比，并综合考虑了路面建成通车后车辆荷载的补充压实作用之后所给出的建议评定标准，见表 2.6-1。

表 2.6-1　推荐的高速公路沥青面层离析评定标准

测定方法	测定标准	无离析	轻度离析	中度离析	严重离析
PQI密度仪	密度差（g/cm^3）	≤0.04	0.04~0.06	0.06~0.08	＞0.08

根据上述离析判定标准，分析结果见表 2.6-2。从表中检测数据可以看出，试验段 A、B 线非离析点分别占 88.3% 和 92.5%，说明再生层密度值比较稳定、施工均匀性较好。

表 2.6-2　试验段 PQI 密度值判定离析分析表

检测路段	离析程度	非离析	轻度离析	中度离析	严重离析
A线	样本个数	106	10	2	2
	累计百分率（%）	88.3	8.3	1.7	1.7
B线	样本个数	111	7	1	1
	累计百分率（%）	92.5	5.8	0.8	0.8

2.7　路面芯样试验

通过路面钻芯取样，测定沥青面层的现场空隙率、压实度及厚度，并对沥青面层芯样进行肯塔堡浸水飞散试验，以评价路面混合料抗水损害能力。

2.7.1　面层芯样厚度

芯样厚度检测统计结果见表 2.7-1，详细测试数据见附表 4-5。由表 2.7-1 可知，试验段芯样厚度均满足设计厚度 4cm 要求。

表 2.7-1　厚度统计结果

芯样编号	钻芯位置	检测点数	设计厚度（mm）	平均值（mm）	平均偏差（mm）
1	AK75+850（主车道）	1	40	42.0	+2.0
2	AK76+600（主车道）	1	40	45.1	+5.1
3	AK76+300（路肩）	1	40	50.4	+10.4
4	BK76+000（主车道）	1	40	46.2	+6.2
5	BK76+700（主车道）	1	40	46.2	+6.2
6	BK75+500（路肩）	1	40	46.5	+6.5

2.7.2　芯样体积指标试验

沥青面层的现场空隙率、压实度检测统计结果见表 2.7-2。由表中数据可知，试验段空隙率适当，压实度满足再生规范中压实度不小于 94% 要求。

表 2.7-2　芯样密体积指标试验结果

桩号	芯样位置	芯样平均高度	芯样空气质量	芯样水中质量	芯样表干质量	吸水率	实测相对密度	理论最大相对密度	空隙率	压实度
		（mm）	（g）	（g）	（g）	（%）	（g/cm³）	（g/cm³）	（%）	（%）
AK75+850	主车道	42.0	817.2	474.5	818.5	0.4	2.376	2.488	4.5	95.5
AK76+600	主车道	45.1	890.0	510.5	890.5	0.1	2.342	2.488	5.9	94.1
AK76+300	路肩	50.4	980.2	570.0	983.0	0.7	2.373	2.488	4.6	95.4
BK76+000	主车道	46.2	895.1	523.7	898.2	0.8	2.390	2.543	6.0	94.0
BK76+700	主车道	46.2	897.5	525.2	900.2	0.7	2.393	2.543	5.9	94.1
BK75+500	路肩	46.5	899.2	526.1	901.0	0.5	2.399	2.543	5.7	94.3

注：理论最大相对密度为路面现场开挖样采用T 0711—1993真空法测得，详见附表4-6。

2.7.3　肯塔堡浸水飞散试验

沥青面层芯样肯塔堡浸水飞散试验结果见表 2.7-3。因现行《公路沥青路面施工技术规范》（JTG F40—2004）尚未对密级配沥青混合料的飞散损失进行规定，参考本规范对 SMA 和 OGFC 混合料配合比设计检验的要求，即飞散损失 ≯ 20%，本试验段除 BK76+000 主车道一芯样外，其余检测结果均低于此数值，说明试验段再生沥青混凝土具有较好的抗水损害能力。

表 2.7-3　芯样浸水飞散试验结果

芯样桩号及位置	试件尺寸	浸水后试件质量	飞散后最大块质量	飞散损失
	（mm）	（g）	（g）	（%）
AK75+850（主车道）	42.0	762.0	647.8	15.0
AK76+300（路肩）	50.4	985.0	909.0	7.7
BK76+000（主车道）	46.2	793.1	620.1	21.8
BK76+700（主车道）	46.2	861.7	690.2	19.9
BK75+500（路肩）	46.5	845.1	707.1	16.3

2.8 路面混合料试验

为检验试验段沥青路面混合料的施工质量控制情况，本次检测从现场开挖取样并进行了抽提筛分试验，试验结果如表 2.8-1 和图 2.8-1 所示。从表中数据可以看出，试验段沥青用量（油石比）与设计用量偏差、关键筛孔（0.075mm、2.36mm 及 4.75mm）通过率与设计级配偏差均在规范允许范围之内。

表 2.8-1 沥青混合料沥青含量试验表

取样位置	通过下列筛孔（mm）质量百分率（%）												油石比（%）
	26.5	19.0	16.0	13.2	9.5	4.75	2.36	1.18	0.6	0.3	0.15	0.075	
AK75+960	100	99.4	94.7	82.6	65.8	43.2	31.0	22.2	16.9	13.1	9.2	6.8	4.44
BK76+600	100	97.7	88.0	75.2	59.7	40.8	29.1	20.9	16.2	12.7	9.1	6.4	4.40
设计级配	100	100	90.6	77.2	60.6	42.9	30.7	23	17.1	11.9	8.4	6.3	4.3
级配上限	100	100	100	92	80	62	48	36	26	18	14	8	—
级配下限	100	100	90	76	60	34	20	13	9	7	5	4	—
级配中值	100	100	95	84	70	48	34	24.5	17.5	12.5	9.5	6	—

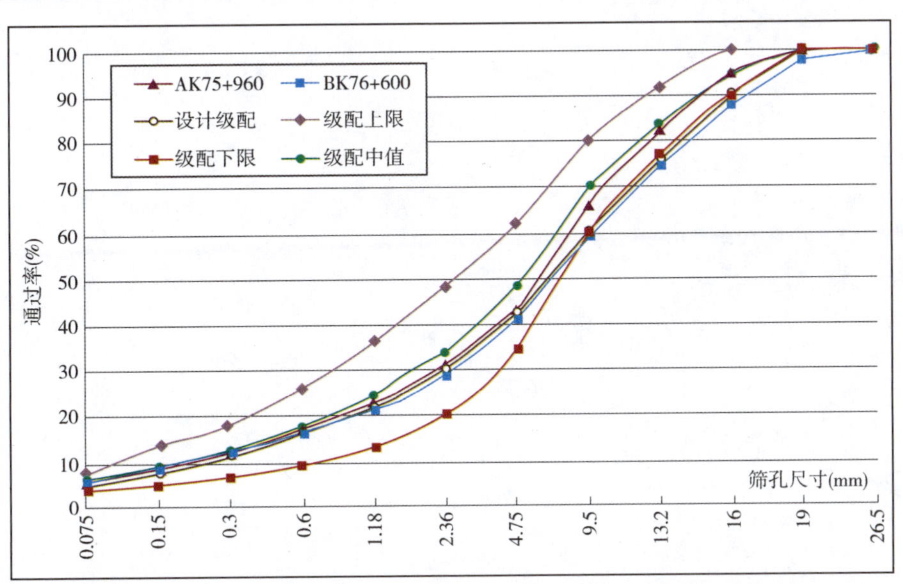

图 2.8-1 沥青混合料抽提筛分结果

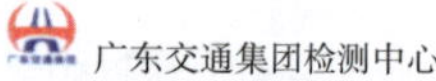

3 结论

（1）试验段各段路面损坏状况指数评定等级均为优，仅有极少量的横向裂缝、坑槽和修补。

（2）试验段各段路面行驶质量指数评定等级有优、良两个等级，并以优等级为主，平整度最大值为3.5m/km，路面行驶性能较好。

（3）试验段各段路面车辙深度指数评定有优、良两个等级，并以优为主，最大车辙深度为9.1mm，路面车辙整体状况较好。

（4）试验段各段路面抗滑指数评定等级有优，左、右幅路面横向力系数SFC平均值分别为57、54，路面抗滑性能较好。

（5）试验段最大渗水系数为80mL/min，渗水系数满足设计要求。

（6）试验段路面芯样厚度、压实度及空隙率满足设计要求。

（7）试验段密度值比较稳定、施工均匀性较好，沥青用量及矿料级配波动在规范允许范围之内。

（8）试验段路面具有较好的抗水损坏能力。

4 附表

4.1 平整度检测结果统计表

表 4.1 平整度检测结果统计表

桩号	测试速度（km/h）	测试值（IRI）	桩号	测试速度（km/h）	测试值（IRI）	桩号	测试速度（km/h）	测试值（IRI）
以下为珠海方向数据								
AK74+900	60	1.27	AK75+580	60	1.59	AK76+260	60	1.59
AK74+920	60	1.40	AK75+600	60	1.37	AK76+280	60	2.00
AK74+940	60	1.40	AK75+620	60	1.41	AK76+300	60	2.16
AK74+960	60	1.80	AK75+640	60	3.16	AK76+320	60	1.55
AK74+980	60	1.93	AK75+660	60	1.39	AK76+340	60	1.43
AK75+000	60	1.56	AK75+680	60	1.46	AK76+360	60	1.15
AK75+020	60	2.79	AK75+700	60	2.00	AK76+380	60	1.12
AK75+040	60	2.44	AK75+720	60	1.73	AK76+400	60	1.16
AK75+060	60	1.32	AK75+740	60	1.59	AK76+420	60	1.50
AK75+080	60	1.58	AK75+760	60	1.83	AK76+440	60	1.83
AK75+100	60	1.78	AK75+780	60	2.62	AK76+460	60	1.96
AK75+120	60	2.17	AK75+800	60	2.55	AK76+480	60	1.96
AK75+140	60	3.16	AK75+820	60	1.62	AK76+500	60	1.47
AK75+160	60	3.05	AK75+840	60	1.33	AK76+520	60	1.51
AK75+180	60	2.17	AK75+860	60	1.31	AK76+540	60	1.34
AK75+200	60	1.22	AK75+880	60	1.12	AK76+560	60	1.49
AK75+220	60	1.65	AK75+900	60	1.37	AK76+580	60	1.78
AK75+240	60	1.51	AK75+920	60	2.66	AK76+600	60	1.64
AK75+260	60	1.46	AK75+940	60	3.79	AK76+620	60	1.55
AK75+280	60	3.34	AK75+960	60	1.72	AK76+640	60	1.12
AK75+300	60	2.45	AK75+980	60	1.89	AK76+660	60	1.30
AK75+320	60	3.09	AK76+000	60	1.85	AK76+680	60	1.42
AK75+340	60	2.05	AK76+020	60	1.64	AK76+700	60	1.38
AK75+360	60	1.69	AK76+040	60	1.60	AK76+720	60	2.72
AK75+380	60	1.68	AK76+060	60	1.21	AK76+740	60	4.28
AK75+400	60	2.15	AK76+080	60	1.12	AK76+760	60	2.27
AK75+420	60	2.33	AK76+100	60	1.43	AK76+780	60	1.66
AK75+440	60	1.38	AK76+120	60	1.12	AK76+800	60	1.47
AK75+460	60	2.11	AK76+140	60	1.37	AK76+820	60	2.47
AK75+480	60	5.30	AK76+160	60	1.66	AK76+840	60	2.42
AK75+500	60	2.17	AK76+180	60	1.38	AK76+860	60	4.53
AK75+520	60	1.84	AK76+200	60	1.33	AK76+880	60	1.99
AK75+540	60	1.64	AK76+220	60	1.53	AK76+900	60	2.87
AK75+560	60	2.50	AK76+240	60	1.53	AK76+920	60	2.58

续上表

桩号	测试速度（km/h）	测试值（IRI）	桩号	测试速度（km/h）	测试值（IRI）	桩号	测试速度（km/h）	测试值（IRI）
以下为广州方向数据								
BK74+900	60	1.16	BK75+580	60	2.14	BK76+260	60	1.32
BK74+920	60	1.25	BK75+600	60	1.39	BK76+280	60	1.80
BK74+940	60	1.04	BK75+620	60	3.22	BK76+300	60	1.42
BK74+960	60	1.85	BK75+640	60	2.17	BK76+320	60	1.27
BK74+980	60	2.84	BK75+660	60	1.82	BK76+340	60	2.31
BK75+000	60	4.23	BK75+680	60	1.31	BK76+360	60	1.69
BK75+020	60	1.56	BK75+700	60	2.74	BK76+380	60	2.33
BK75+040	60	2.66	BK75+720	60	2.67	BK76+400	60	2.66
BK75+060	60	1.59	BK75+740	60	2.55	BK76+420	60	2.16
BK75+080	60	2.24	BK75+760	60	3.39	BK76+440	60	2.69
BK75+100	60	1.83	BK75+780	60	2.89	BK76+460	60	1.84
BK75+120	60	3.70	BK75+800	60	2.03	BK76+480	60	1.44
BK75+140	60	2.07	BK75+820	60	1.82	BK76+500	60	1.41
BK75+160	60	1.86	BK75+840	60	2.14	BK76+520	60	1.85
BK75+180	60	1.88	BK75+860	60	1.59	BK76+540	60	2.42
BK75+200	60	1.78	BK75+880	60	1.63	BK76+560	60	1.82
BK75+220	60	1.33	BK75+900	60	2.73	BK76+580	60	1.48
BK75+240	60	2.67	BK75+920	60	2.99	BK76+600	60	1.64
BK75+260	60	3.35	BK75+940	60	1.91	BK76+620	60	2.45
BK75+280	60	4.07	BK75+960	60	1.81	BK76+640	60	1.88
BK75+300	60	2.92	BK75+980	60	1.77	BK76+660	60	2.03
BK75+320	60	2.67	BK76+000	60	1.59	BK76+680	60	2.25
BK75+340	60	3.46	BK76+020	60	1.53	BK76+700	60	1.45
BK75+360	60	2.26	BK76+040	60	2.06	BK76+720	60	1.37
BK75+380	60	4.03	BK76+060	60	2.66	BK76+740	60	2.17
BK75+400	60	2.59	BK76+080	60	2.32	BK76+760	60	1.32
BK75+420	60	2.91	BK76+100	60	3.12	BK76+780	60	1.97
BK75+440	60	4.31	BK76+120	60	1.91	BK76+800	60	2.64
BK75+460	60	4.11	BK76+140	60	1.69	BK76+820	60	3.43
BK75+480	60	3.95	BK76+160	60	1.87	BK76+840	60	2.18
BK75+500	60	2.30	BK76+180	60	2.06	BK76+860	60	3.67
BK75+520	60	2.90	BK76+200	60	1.58	BK76+880	60	1.42
BK75+540	60	3.25	BK76+220	60	1.35	BK76+900	60	1.03
BK75+560	60	2.51	BK76+240	60	1.31	BK76+920	60	1.18

4.2 车辙检测结果统计表

表4.2 车辙检测结果统计表

桩号	左轮迹	右轮迹	桩号	左轮迹	右轮迹	桩号	左轮迹	右轮迹
以下为珠海方向数据								
AK74+900	1.17	4.12	AK75+580	3.29	6.20	AK76+260	4.46	5.37
AK74+910	1.33	3.82	AK75+590	3.44	4.73	AK76+270	1.67	4.32
AK74+920	2.01	4.00	AK75+600	3.56	4.41	AK76+280	2.51	4.16
AK74+930	1.50	4.56	AK75+610	3.69	4.92	AK76+290	2.93	3.55
AK74+940	4.20	4.67	AK75+620	3.69	4.43	AK76+300	1.69	2.17
AK74+950	1.35	3.19	AK75+630	4.98	3.98	AK76+310	3.71	2.53
AK74+960	4.12	4.16	AK75+640	3.85	4.01	AK76+320	2.48	2.03
AK74+970	1.24	3.08	AK75+650	1.81	3.34	AK76+330	4.49	2.02
AK74+980	2.25	3.79	AK75+660	2.37	3.06	AK76+340	2.05	3.35
AK74+990	3.21	4.13	AK75+670	3.06	3.26	AK76+350	3.08	5.26
AK75+000	2.63	4.82	AK75+680	1.95	2.16	AK76+360	2.64	7.54
AK75+010	2.04	3.96	AK75+690	3.42	2.95	AK76+370	5.76	8.68
AK75+020	4.46	4.47	AK75+700	2.77	1.82	AK76+380	3.81	5.81
AK75+030	1.20	3.25	AK75+710	4.21	3.30	AK76+390	5.67	6.97
AK75+040	4.50	4.48	AK75+720	4.95	3.81	AK76+400	3.15	6.87
AK75+050	2.67	3.70	AK75+730	3.54	3.69	AK76+410	4.49	9.58
AK75+060	2.56	4.54	AK75+740	3.25	2.67	AK76+420	3.63	5.10
AK75+070	1.66	4.81	AK75+750	3.11	3.25	AK76+430	4.64	6.41
AK75+080	1.52	4.01	AK75+760	2.41	5.80	AK76+440	5.02	5.66
AK75+090	2.44	3.77	AK75+770	2.84	3.28	AK76+450	3.58	6.53
AK75+100	2.52	3.73	AK75+780	4.46	4.16	AK76+460	1.88	5.01
AK75+110	5.13	4.96	AK75+790	2.30	3.74	AK76+470	13.83	4.58
AK75+120	1.76	4.35	AK75+800	2.60	4.48	AK76+480	4.61	2.63
AK75+130	3.35	2.73	AK75+810	3.62	3.63	AK76+490	3.24	4.29
AK75+140	1.96	5.69	AK75+820	3.65	5.52	AK76+500	3.34	4.45
AK75+150	4.28	5.06	AK75+830	2.83	3.55	AK76+510	3.15	5.92
AK75+160	2.82	1.63	AK75+840	4.32	4.16	AK76+520	4.06	4.89
AK75+170	2.00	1.53	AK75+850	1.79	3.75	AK76+530	3.44	6.54
AK75+180	3.86	2.18	AK75+860	8.11	6.52	AK76+540	2.79	2.99
AK75+190	3.25	3.02	AK75+870	4.80	3.10	AK76+550	3.54	3.72
AK75+200	4.17	2.38	AK75+880	4.24	7.09	AK76+560	9.18	3.91
AK75+210	6.38	3.00	AK75+890	1.76	6.57	AK76+570	2.13	2.94
AK75+220	4.34	2.76	AK75+900	1.67	5.64	AK76+580	4.44	2.99
AK75+230	3.52	2.80	AK75+910	1.75	5.03	AK76+590	2.00	2.18
AK75+240	3.54	2.06	AK75+920	1.60	4.32	AK76+600	3.85	4.29
AK75+250	3.93	2.97	AK75+930	1.70	4.35	AK76+610	3.37	4.37
AK75+260	2.34	2.38	AK75+940	1.70	6.33	AK76+620	2.45	4.96
AK75+270	3.56	2.99	AK75+950	1.53	4.19	AK76+630	1.98	4.22

续上表

桩号	左轮迹	右轮迹	桩号	左轮迹	右轮迹	桩号	左轮迹	右轮迹
AK75+280	3.12	3.21	AK75+960	1.54	4.94	AK76+640	3.59	4.26
AK75+290	2.12	2.67	AK75+970	1.50	6.02	AK76+650	1.98	2.03
AK75+300	3.99	3.72	AK75+980	1.27	6.12	AK76+660	2.07	3.34
AK75+310	3.73	3.73	AK75+990	2.16	5.07	AK76+670	2.13	5.55
AK75+320	4.43	4.24	AK76+000	1.91	4.23	AK76+680	1.16	4.02
AK75+330	4.22	4.98	AK76+010	2.26	4.52	AK76+690	1.21	3.63
AK75+340	4.03	5.55	AK76+020	4.66	6.56	AK76+700	1.34	3.14
AK75+350	6.51	5.08	AK76+030	4.32	6.13	AK76+710	2.12	2.72
AK75+360	3.56	3.71	AK76+040	3.41	2.82	AK76+720	2.79	3.37
AK75+370	4.36	3.57	AK76+050	3.82	4.15	AK76+730	4.39	3.96
AK75+380	6.19	3.88	AK76+060	2.71	4.17	AK76+740	2.21	3.88
AK75+390	7.27	4.15	AK76+070	3.21	5.82	AK76+750	3.82	5.99
AK75+400	3.22	3.72	AK76+080	3.42	3.38	AK76+760	2.71	5.46
AK75+410	5.35	4.12	AK76+090	2.46	3.98	AK76+770	2.20	6.04
AK75+420	2.77	5.00	AK76+100	2.43	4.99	AK76+780	3.43	3.81
AK75+430	4.35	3.46	AK76+110	2.80	6.57	AK76+790	3.54	4.35
AK75+440	3.71	3.57	AK76+120	1.89	7.06	AK76+800	4.11	3.24
AK75+450	3.06	4.66	AK76+130	1.72	6.77	AK76+810	3.46	4.10
AK75+460	2.68	3.84	AK76+140	1.81	4.13	AK76+820	2.28	9.01
AK75+470	7.30	6.73	AK76+150	1.55	5.28	AK76+830	3.46	2.86
AK75+480	4.54	4.51	AK76+160	2.45	4.91	AK76+840	3.14	6.81
AK75+490	3.52	7.77	AK76+170	2.67	4.06	AK76+850	5.01	4.71
AK75+500	3.20	7.71	AK76+180	1.97	4.18	AK76+860	2.18	4.05
AK75+510	4.89	7.02	AK76+190	2.65	5.07	AK76+870	1.51	4.99
AK75+520	3.52	5.17	AK76+200	2.13	5.60	AK76+880	3.67	4.82
AK75+530	2.74	7.41	AK76+210	2.39	5.88	AK76+890	2.84	4.11
AK75+540	2.15	8.13	AK76+220	2.20	5.37	AK76+900	3.81	4.72
AK75+550	3.48	6.34	AK76+230	3.41	5.38	AK76+910	6.35	7.69
AK75+560	4.89	5.75	AK76+240	2.82	4.89	AK76+920	4.33	7.14
AK75+570	4.19	3.68	AK76+250	2.56	6.16	AK76+930	4.15	5.73
以下为广州方向数据								
BK74+900	6.17	1.73	BK75+580	2.67	5.45	BK76+260	2.18	4.62
BK74+910	6.69	2.14	BK75+590	2.04	3.78	BK76+270	2.53	3.31
BK74+920	7.05	1.85	BK75+600	4.14	3.33	BK76+280	2.75	2.28
BK74+930	5.95	1.88	BK75+610	2.70	3.22	BK76+290	2.69	2.60
BK74+940	6.22	1.75	BK75+620	3.13	3.06	BK76+300	2.78	2.75
BK74+950	4.78	2.21	BK75+630	4.05	2.99	BK76+310	2.69	3.12
BK74+960	5.63	2.19	BK75+640	2.71	2.21	BK76+320	3.72	2.39
BK74+970	6.35	2.28	BK75+650	2.59	2.27	BK76+330	3.37	2.66
BK74+980	5.42	2.04	BK75+660	3.72	3.01	BK76+340	3.56	2.97
BK74+990	6.11	2.00	BK75+670	1.35	2.33	BK76+350	3.28	2.46
BK75+000	5.43	2.56	BK75+680	3.08	2.95	BK76+360	3.93	2.24
BK75+010	5.40	2.90	BK75+690	5.55	3.51	BK76+370	2.69	2.52

续上表

桩号	左轮迹	右轮迹	桩号	左轮迹	右轮迹	桩号	左轮迹	右轮迹
BK75+020	4.51	2.28	BK75+700	1.78	4.81	BK76+380	1.86	2.19
BK75+030	4.07	2.39	BK75+710	3.61	6.24	BK76+390	2.84	1.88
BK75+040	3.18	3.89	BK75+720	2.62	6.37	BK76+400	3.57	2.42
BK75+050	2.94	3.30	BK75+730	2.68	6.07	BK76+410	3.33	2.23
BK75+060	5.67	5.06	BK75+740	3.86	5.65	BK76+420	3.04	2.89
BK75+070	2.37	6.78	BK75+750	1.22	4.39	BK76+430	3.79	2.81
BK75+080	4.49	7.92	BK75+760	2.69	6.96	BK76+440	1.88	2.24
BK75+090	4.54	10.65	BK75+770	1.94	5.15	BK76+450	3.45	5.05
BK75+100	3.07	7.24	BK75+780	2.04	2.93	BK76+460	4.32	6.59
BK75+110	4.06	5.27	BK75+790	3.76	5.16	BK76+470	2.85	4.98
BK75+120	4.03	2.93	BK75+800	3.23	3.89	BK76+480	2.37	5.11
BK75+130	3.15	2.51	BK75+810	2.31	3.95	BK76+490	1.98	3.71
BK75+140	3.35	2.23	BK75+820	2.74	5.69	BK76+500	2.25	3.23
BK75+150	4.97	3.10	BK75+830	4.48	5.08	BK76+510	2.05	4.46
BK75+160	3.78	3.89	BK75+840	2.34	2.47	BK76+520	2.64	3.26
BK75+170	5.86	3.94	BK75+850	2.49	4.19	BK76+530	1.53	3.60
BK75+180	4.71	5.45	BK75+860	5.39	3.89	BK76+540	1.45	3.55
BK75+190	4.54	6.59	BK75+870	2.74	2.26	BK76+550	1.91	4.11
BK75+200	3.76	9.09	BK75+880	2.18	4.02	BK76+560	1.83	2.94
BK75+210	4.27	7.96	BK75+890	1.34	3.43	BK76+570	3.11	3.44
BK75+220	3.90	7.05	BK75+900	1.83	6.52	BK76+580	2.64	4.55
BK75+230	3.42	6.32	BK75+910	2.45	8.53	BK76+590	2.82	2.58
BK75+240	2.28	4.40	BK75+920	2.93	4.82	BK76+600	2.19	2.28
BK75+250	4.81	5.92	BK75+930	2.61	3.97	BK76+610	2.95	3.83
BK75+260	2.79	3.54	BK75+940	2.41	5.49	BK76+620	2.60	2.46
BK75+270	2.84	10.18	BK75+950	5.98	6.33	BK76+630	3.54	2.46
BK75+280	4.07	6.83	BK75+960	2.44	3.21	BK76+640	3.85	3.16
BK75+290	3.53	6.28	BK75+970	4.46	3.90	BK76+650	4.89	3.99
BK75+300	2.75	5.69	BK75+980	3.92	4.17	BK76+660	4.48	4.35
BK75+310	4.34	3.72	BK75+990	3.57	4.09	BK76+670	5.86	3.99
BK75+320	3.92	3.22	BK76+000	5.47	4.06	BK76+680	5.56	5.09
BK75+330	3.15	3.34	BK76+010	3.00	5.08	BK76+690	5.18	4.62
BK75+340	3.68	3.30	BK76+020	3.74	7.33	BK76+700	8.33	4.26
BK75+350	2.68	3.32	BK76+030	3.10	5.20	BK76+710	3.99	3.38
BK75+360	2.08	3.48	BK76+040	3.49	4.02	BK76+720	5.36	4.46
BK75+370	4.32	4.84	BK76+050	3.62	6.14	BK76+730	4.14	4.61
BK75+380	3.17	5.72	BK76+060	2.46	6.16	BK76+740	4.04	5.28
BK75+390	5.70	4.53	BK76+070	2.71	5.37	BK76+750	3.14	5.63
BK75+400	5.83	4.59	BK76+080	2.35	4.61	BK76+760	4.14	8.00
BK75+410	3.71	3.96	BK76+090	2.49	4.14	BK76+770	2.67	5.62
BK75+420	5.14	6.83	BK76+100	1.73	4.40	BK76+780	4.09	6.92
BK75+430	4.27	4.96	BK76+110	2.47	4.03	BK76+790	4.87	7.72
BK75+440	5.13	3.65	BK76+120	2.43	3.00	BK76+800	2.55	5.97

续上表

桩号	左轮迹	右轮迹	桩号	左轮迹	右轮迹	桩号	左轮迹	右轮迹
BK75+450	4.64	2.70	BK76+130	3.56	6.56	BK76+810	2.95	4.81
BK75+460	4.27	2.50	BK76+140	3.71	5.92	BK76+820	2.27	4.10
BK75+470	7.00	2.46	BK76+150	3.18	6.63	BK76+830	4.44	4.65
BK75+480	5.64	3.48	BK76+160	2.80	5.78	BK76+840	4.87	3.95
BK75+490	7.47	4.38	BK76+170	2.50	4.70	BK76+850	2.76	6.92
BK75+500	5.83	3.59	BK76+180	3.81	5.51	BK76+860	4.68	7.05

4.3 横向力系数检测结果统计表

表4.3 横向力系数检测结果统计表

桩号	测试速度（km/h）	测试值（SFC）	桩号	测试速度（km/h）	测试值（SFC）	桩号	测试速度（km/h）	测试值（SFC）
以下为珠海方向数据								
AK74+900	60	51	AK75+580	60	54	AK76+260	60	50
AK74+920	60	51	AK75+600	60	56	AK76+280	60	52
AK74+940	60	53	AK75+620	60	56	AK76+300	60	53
AK74+960	60	53	AK75+640	60	54	AK76+320	60	53
AK74+980	60	52	AK75+660	60	55	AK76+340	60	53
AK75+000	60	52	AK75+680	60	55	AK76+360	60	53
AK75+020	60	53	AK75+700	60	55	AK76+380	60	54
AK75+040	60	53	AK75+720	60	54	AK76+400	60	55
AK75+060	60	53	AK75+740	60	55	AK76+420	60	53
AK75+080	60	55	AK75+760	60	57	AK76+440	60	53
AK75+100	60	55	AK75+780	60	55	AK76+460	60	53
AK75+120	60	56	AK75+800	60	54	AK76+480	60	52
AK75+140	60	56	AK75+820	60	55	AK76+500	60	52
AK75+160	60	55	AK75+840	60	56	AK76+520	60	54
AK75+180	60	55	AK75+860	60	57	AK76+540	60	55
AK75+200	60	54	AK75+880	60	53	AK76+560	60	55
AK75+220	60	53	AK75+900	60	54	AK76+580	60	57
AK75+240	60	54	AK75+920	60	52	AK76+600	60	58
AK75+260	60	54	AK75+940	60	53	AK76+620	60	57
AK75+280	60	53	AK75+960	60	50	AK76+640	60	57
AK75+300	60	52	AK75+980	60	55	AK76+660	60	56
AK75+320	60	54	AK76+000	60	52	AK76+680	60	55
AK75+340	60	54	AK76+020	60	53	AK76+700	60	53
AK75+360	60	54	AK76+040	60	52	AK76+720	60	53
AK75+380	60	55	AK76+060	60	51	AK76+740	60	54
AK75+400	60	53	AK76+080	60	50	AK76+760	60	52
AK75+420	60	55	AK76+100	60	51	AK76+780	60	53
AK75+440	60	54	AK76+120	60	51	AK76+800	60	52
AK75+460	60	55	AK76+140	60	52	AK76+820	60	54
AK75+480	60	56	AK76+160	60	51	AK76+840	60	52
AK75+500	60	56	AK76+180	60	52	AK76+860	60	52

续上表

桩号	左轮迹	右轮迹	桩号	左轮迹	右轮迹	桩号	左轮迹	右轮迹
AK75+520	60	56	AK76+200	60	52	AK76+880	60	51
AK75+540	60	55	AK76+220	60	51	AK76+900	60	53
AK75+560	60	54	AK76+240	60	48	AK76+920	60	55
以下为广州方向数据								
BK74+900	60	57	BK75+580	60	57	BK76+260	60	56
BK74+920	60	57	BK75+600	60	58	BK76+280	60	57
BK74+940	60	56	BK75+620	60	58	BK76+300	60	57
BK74+960	60	55	BK75+640	60	57	BK76+320	60	57
BK74+980	60	54	BK75+660	60	58	BK76+340	60	56
BK75+000	60	59	BK75+680	60	57	BK76+360	60	57
BK75+020	60	58	BK75+700	60	58	BK76+380	60	55
BK75+040	60	57	BK75+720	60	58	BK76+400	60	55
BK75+060	60	57	BK75+740	60	59	BK76+420	60	55
BK75+080	60	57	BK75+760	60	58	BK76+440	60	56
BK75+100	60	58	BK75+780	60	59	BK76+460	60	56
BK75+120	60	59	BK75+800	60	60	BK76+480	60	56
BK75+140	60	59	BK75+820	60	59	BK76+500	60	57
BK75+160	60	58	BK75+840	60	60	BK76+520	60	55
BK75+180	60	59	BK75+860	60	58	BK76+540	60	56
BK75+200	60	59	BK75+880	60	58	BK76+560	60	57
BK75+220	60	58	BK75+900	60	56	BK76+580	60	57
BK75+240	60	58	BK75+920	60	55	BK76+600	60	57
BK75+260	60	58	BK75+940	60	56	BK76+620	60	56
BK75+280	60	59	BK75+960	60	55	BK76+640	60	56
BK75+300	60	59	BK75+980	60	56	BK76+660	60	55
BK75+320	60	60	BK76+000	60	55	BK76+680	60	55
BK75+340	60	58	BK76+020	60	55	BK76+700	60	55
BK75+360	60	58	BK76+040	60	55	BK76+720	60	56
BK75+380	60	58	BK76+060	60	55	BK76+740	60	57
BK75+400	60	59	BK76+080	60	54	BK76+760	60	57
BK75+420	60	59	BK76+100	60	55	BK76+780	60	58
BK75+440	60	60	BK76+120	60	55	BK76+800	60	58
BK75+460	60	57	BK76+140	60	57	BK76+820	60	58
BK75+480	60	59	BK76+160	60	56	BK76+840	60	56
BK75+500	60	59	BK76+180	60	56	BK76+860	60	57
BK75+520	60	57	BK76+200	60	57	BK76+880	60	55
BK75+540	60	58	BK76+220	60	58	BK76+900	60	55
BK75+560	60	56	BK76+240	60	57	BK76+920	60	55

4.4　渗水系数检测结果统计表

表4.4　渗水系数检测结果统计表

测试桩号	V_1 (mL)	t_1 (s)	V_2 (mL)	T_2 (s)	C_W (mL/min)	备　注
以下为珠海方向数据						
AK75+000	110	125	140	3	13.3	主一右轮
	115	130	143	3	14.3	主一左轮
	120	135	150	3	16.7	主一中间
AK75+300	108	118	127	3	9.0	主一右轮
	120	140	155	3	18.3	主一中间
	115	128	140	3	13.3	主一左轮
AK75+600	130	160	190	3	30.0	主一右轮
	135	162	197	3	32.3	主一中间
	127	138	147	3	15.7	主一左轮
AK75+920	100	105	105	3	1.7	主一右轮
	110	115	125	3	8.3	主一左轮
	115	130	140	3	13.3	主一中间
AK76+005	103	105	110	3	3.3	主一右轮
	107	115	120	3	6.7	主一中间
	105	115	130	3	10.0	主一左轮
AK76+115	102	104	105	3	1.7	主一右轮
	110	120	130	3	10.0	主一中间
	105	112	120	3	6.7	主一左轮
AK76+300	110	125	135	3	11.7	主一右轮
	115	130	140	3	13.3	主一左轮
	125	150	170	3	23.3	主一中间
AK76+570	115	130	142	3	14.0	主一右轮
	130	145	160	3	20.0	主一中间
	120	140	155	3	18.3	主一左轮
AK76+650	150	200	255	3	51.7	主一右轮
	155	210	260	3	53.3	主一左轮
	160	200	250	3	50.0	主一中间
AK76+700	125	140	155	3	18.3	主一右轮
	130	160	180	3	26.7	主一中间
	130	155	175	3	25.0	主一左轮
以下为广州方向数据						
BK76+770	140	175	205	3	35.0	主一右轮
	150	180	200	3	33.3	主一左轮
	160	180	210	3	36.7	主一中间
BK76+675	180	260	320	3	73.3	主一右轮
	180	255	325	3	75.0	主一左轮
	190	270	340	3	80.0	主一中间

续上表

测试桩号	V_1 (mL)	t_1 (s)	V_2 (mL)	T_2 (s)	C_W (mL/min)	备注
BK76+400	130	155	180	3	26.7	主一右轮
	140	160	185	3	28.3	主一左轮
	150	190	205	3	35.0	主一中间
BK76+250	102	104	106	3	2.0	主一右轮
	106	112	116	3	5.3	主一左轮
	110	120	130	3	10.0	主一中间
BK76+200	102	102	102	3	0.7	主一右轮
	104	108	112	3	4.0	主一左轮
	110	120	125	3	8.3	主一中间
BK76+000	150	180	210	3	36.7	主一右轮
	160	190	230	3	43.3	主一左轮
	160	195	240	3	46.7	主一中间
BK75+915	170	240	300	3	66.7	主一右轮
	160	230	310	3	70.0	主一左轮
	180	260	330	3	76.7	主一中间
BK75+600	140	180	220	3	40.0	主一右轮
	150	200	230	3	43.3	主一左轮
	130	160	180	3	26.7	主一中间
BK75+300	130	160	180	3	26.7	主一右轮
	120	140	160	3	20.0	主一中间
	130	150	175	3	25.0	主一左轮
BK75+000	120	140	160	3	20.0	主一右轮
	125	150	170	3	23.3	主一左轮
	115	130	145	3	15.0	主一中间

说明：t_1、t_2分别为记录的初始、终止时刻，不透水或透水很慢时，采取3分钟，即180s；V_1、V_2分别为初始、终止时刻对应的量筒读数，一般为100mL，500mL，不渗水或基本不渗水时，采用180s记录数据。

4.5 芯样厚度检测数据表

表4.5 芯样厚度检测数据表

钻芯位置	高度（mm）					备注
	H1	H2	H3	H4	平均值	
AK75+850（主）	42.3	41.7	42.2	41.8	42.0	主车道、芯样完整
AK76+600（主）	45.9	44.8	44.5	45.1	45.1	主车道、芯样有蜂窝
AK76+300（硬）	49.2	51.9	49.6	50.8	50.4	硬路肩、芯样完整
BK76+000（主）	46.7	45.9	46.2	45.8	46.2	主车道、芯样完整
BK76+700（主）	45.8	46.8	45.9	46.2	46.2	主车道、芯样完整
BK75+500（硬）	45.4	47.9	46.5	46.3	46.5	硬路肩、芯样完整

4.6 沥青混合料理论最大相对密度

表 4.6 沥青混合料最大相对密度试验表

试样号	容器编号	试样净质量	A 类 容 器		最大相对密度	
			容器水中质量	容器+试样水中质量	单值	均值
		(g)	(g)	(g)	(g/cm³)	(g/cm³)
BK76+600	1	2000.0	231.5	1442.1	2.534	2.543
	2	2000.0	233.5	1449.7	2.552	
AK75+960	1	2000.0	232.3	1428.0	2.487	2.488
	2	2000.0	232.9	1429.4	2.489	

附录E 公路养护与循环经济低碳经济研究项目结题报告（报告1）

课题名称：公路养护与循环经济低碳经济研究

委 托 方：英达科技有限公司

开 发 方：中国科学院数学与系统科学研究院

课题负责人：汪寿阳

研究起止时间：2010 年 1 月至 2010 年 7 月

报告1 关注我国公路“建养并重”趋势下循环利用和节能减排潜力的建议

摘要：从国民经济发展水平和公路建设水平来看，我国目前正处于由公路快速建设阶段向养护管理阶段过渡的关键时期，公路养护的重要性日益凸显，需要尽快实现从“重建轻养”向“建养并重”，甚至“以养为主”的转变。而目前，与发达国家相比，我国公路养护工作在观念、体制、法规、管理、技术等多方面均存在差距，急需改善和提升。同时，党和政府把节能减排、降低碳排放作为经济发展方式转变和经济结构调整的重要目标。2009年，交通运输的能耗占到全社会总能耗的8%左右，节能减排任务相当艰巨。公路养护行业是交通运输行业的重要子行业，需要消耗大量的沥青、天然石料和燃料，并排放二氧化碳温室气体和二氧化硫等有害气体。在当今资源和能源愈加紧缺，循环经济、节能减排和低碳经济的要求越来越严格的情况下，在该行业大规模推行以再生技术为代表的新型养护技术，可充分挖掘行业节能减排潜力，提升资源循环利用，有助于实现交通运输业节能减排目标，节约资源，并提升行业技术水平，培育公路养护行业发展。为此，中国科学院预测科学研究中心在分析我国公路养护工作现状和趋势的基础上，利用计量模型测算了我国公路养护行业的资源循环利用和节能减排潜力，并借鉴国外公路养护的相关经验，针对国内公路养护中存在的不足，提出了相关政策建议。

近年来，我国公路运输需求的不断增长和公路路网的大规模建设，为公路养护工作带来了巨大挑战。从国民经济发展水平和公路建设水平来看，我国目前正处于由公路快速建设阶段向养护管理阶段过渡的关键时期，公路养护工作需要得到进一步重视。与发达国家相比，我国公路养护工作在观念、体制、法规、管理、技术等多方面均存在差距，已经不能适应目前的国民经济发展和公路建设水平，急需改善。

同时，党和政府把节能减排、降低碳排放作为调整经济结构和转变发展方式的重要目标。我国政府在“十一五”规划纲要明确提出了节能减排目标，还在2009年12月于哥本哈根大会上向世界宣布了2020年前的降低单位碳排40% ~ 45%的目标。在国民经济各部门中，交通运输的能耗占到全社会总能耗的8%左右，节能减排任务相当艰巨。作为交通运输行业的重要子行业，公路养护行业技术水平比较落后，对节能减排和资源可持续利用不够重视。如果能够在该行业大规模推行以再生技术为代表的新型养护技术，进一步挖掘行业节能减排潜力，将有助于实现交通运输业节能减排目标。

一、公路建设高速发展，公路养护日益重要

近年来，我国公路建设高速发展，取得了突出成就。2001 年，我国公路总里程为 169.8 万公里，其中等级公路 133.6 万公里，高速公路仅为 1.94 万公里。至 2009 年底，我国公路总里程已经达到 386.08 万公里，其中等级公路 305.63 万公里，高速公路 6.51 万公里，仅次于美国位列世界第二位。2001—2009 年间，我国公路总里程年均增长 10%，高速公路里程年均增长 16%。根据交通运输部公路建设的有关规划，在 2020 年前我国公路建设仍将持续快速增长。依据 2009 年 3 月交通运输部印发的《资源节约型环境友好型公路水路交通发展政策》，到 2020 年，全国公路总里程将达到 300 万公里以上（不含村道），即将在 2009 年底 203 万公里的基础上，增加 48%。按照中国 2005 年公布的高速公路网发展规划，到 2020 年，基本建成“7 条首都放射线、9 条南北纵向线和 18 条东西横向线”组成的国家高速公路网，届时，中国高速公路通车总里程将达到 10 万公里。根据 2010 年一季度交通运输经济运行情况分析，目前，我国高速公路网规划里程中已建和在建里程达到 80.8%。

过去十年内，公路建设的快速发展形成了巨大的公路存量，也相应地增加了公路养护和管理工作的规模。我国的沥青混凝土路面设计年限一般为 15 年，实际上，通常每隔 10 年左右就需要翻修一次。如果以养护周期为 10 年计，“十二五”期间公路养护规模将较“十一五”期间增加一倍，其中高速公路养护规模将较“十一五”期间增加两倍。

另外，经济快速增长带动了交通运输业的快速发展，公路运输需求迅速增长，也对公路养护和管理工作带来了压力。截至 2009 年底，全国公路营运汽车达 1087.35 万辆，比上年底增长 16.8%；从公路货运上看，全国营业性货运车辆完成货运量 212.78 亿吨，货运周转量 37188.82 亿吨公里，比上年分别增长 11% 和 13.1%，而我国公路里程仅比上年增长 3.5%。巨大的公路存量和不断增长的公路运输需求，对我国公路养护和管理工作提出了挑战。

此外，未来 5 ~ 10 年，是我国全面建设小康社会的关键时期，同时也是公路发展方式转变的重要时期。国际经验表明，在人均 GDP 向 3000 美元过渡的阶段，既是从一般温饱型社会向发展型社会的转型时期，也是消费结构升级和公共需求深刻变化的关键时期。经济体应逐渐放弃粗犷的发展方式，转向依靠技术创新驱动经济增长方式。从发达国家公路发展规律及我国现实情况看，这一时期也是由快速建设阶段向养护管理阶段的过渡时期。此时，绝大多数发达国家路网建设已经较为完善，大规模公路建设基本结束，工作重点转到通过积极研发和利用新技术，提高养护管理水平，延长公路使用寿命，缓

解交通拥挤压力，最大限度地发挥现有路网的使用效率；公路交通已经基本实现管理信息化、服务人性化、养护机械化，并向更高层次的智能交通方向发展。与我国经济发展程度相似的南非、巴西等发展中国家，路网基本成型，也已重视和加强了养护管理，并向“预防性养护”方向发展，对行车的舒适性和安全性的关注程度逐步提高。

综上分析可以发现，未来一段时间内随着我国经济的快速发展，我国公路发展方式将会发生改变，公路发展逐步由大规模公路建设向公路养护转变。我国应逐渐提高对公路养护的重视程度，保障良好的公路通行质量，提高利用效率和使用寿命，提升公路养护与管理工作的技术水平，在未来一段时间内实现向“建养并重”，甚至“以养为主”的转变。

二、国内外公路养护比较

发达国家的公路发展较早，至今已经完成从“重建轻养”到“建养并重”直至现在的“以养为主”的发展过程，管理较为先进，技术水平较高，在公路养护方面有着较为丰富的经验。我国公路发展水平仍处于大规模公路建设阶段，与发达国家相比，我国目前的公路养护和管理工作在政策制度和技术水平方面都存在着明显差距，有较大的改善和提升空间。具体体现在以下几个方面：

（1）重建轻养，预防性养护观念薄弱

发达国家的公路建设和养护工作开展远远早于我国，至今已经完成从“重建轻养”到“建养并重”直至现在的“以养为主”的发展过程，提出“提高路面性能和服务寿命，在不过分增加投资的前提下使道路更好地为客货运输服务”的目标。在“以养为主”观念的指导下，发达国家公路部门将重点放在路面养护技术的发展上，广泛开展战略公路研究计划，将路面长期性能研究作为重点，避免路面大修改造工程，公路网均实行了设计与建设长寿命路面和高强度路面结构的合同化管理，从而促进了养护新技术的发展。

其中，美国公路管理部门从20世纪80年代以来开始实施美国公路战略研究计划（SHRP），通过对几十万公里不同等级道路进行跟踪调查，发现道路的使用性能和寿命具有共同的变化特征：一条质量合格的道路，在使用寿命75%的时间内性能下降40%，此阶段称为“预防性养护阶段”，如能及时养护，将延长公路使用寿命。如果不及时进行养护，随后在使用寿命12%的时间则进入矫正性养护阶段，性能将再次下降40%，养护成本将增加3～10倍。因此，必须重视预防性养护的理念。目前，这种理念在发达国家得到了广泛重视，经过几十年的发展，已取得丰富的经验和显著的成效，被称为理论基础坚实、决策体系科学、工作程序规范、技术措施先进、经济效益显著的高速公路养护模式。

相比之下，我国的公路养护仍处在起步阶段，“重建轻养”的观念仍占主导，预防性养护的意识仍然薄弱。目前我国尚无真正意义上的公路养护技术与管理方面的专业学会，养护理论发展滞后。“重建轻养”的观念导致我国长期忽略养护新材料、新技术、新工艺的重要性，公路养护研究一直停滞不前。而在吸收国外技术和管理方式时“引进有余，消化吸收不足”，依赖进口产品或技术，在很大程度上提高了新技术的成本，客观上阻碍了先进技术的推广和应用。另外，目前的公路养护工作主要采取矫正性的养护措施，即在公路设施出现病害，甚至较严重的病害后，再采取补救性措施进行修复。而在这样的模式中，养护目标与养护经费不足的矛盾显得较为突出。一些病害路段由于分配不到足够的养护资金，得不到及时修复，导致这些病害进一步发展和恶化，从而需要更多的维修经费。而预防性养护正是解决这一非良性循环的有效模式。

（2）养护管理体制不顺，养护资金不足，养护市场化进程缓慢

发达国家的养护制度方面也经历了两个阶段：第一，由政府拥有养护队伍直接承担养护的生产阶段；第二，将养护队伍与公路主管部门逐步分离的市场化阶段。目前各发达国家公路养护工作已逐渐完成市场化，并将公路养护提升到非常重要的位置，普遍将公路作为一种资产，进行相应的资产管理和资产保值，并认为作为道路管理者或资产拥有者，路面保值和预防性养护是一种资产管理行为。

在此观念指导下，绝大部分发达国家都设立公路预防养护基金，所有税收（包括燃油税）均纳入包括道路预算在内的总基金中。预防养护基金主要以道路使用需求为基础而不是以路况为基础，养护规范方法依照地方道路级别选择；大修或结构维修基金的设立以路况为基础。在以上两种情况下，资金从总基金中提取，养护资金的使用规模通过政府评审的途径决定。

为了使预防性养护基金得到充分合理的运用，发达国家十分重视路面管理系统的建立，重视基础数据收集和管理工作。规划所用的经济、人口、交通、路网等数据，一般由专门部门收集整理，数据内容全面详细；研发并使用专用的路面检测设备，可采集到大量路面和道路状况的各种数据，建立数据库；每几年对整个道路系统进行一次评价，目标是应用这一路面管理系统提供各种路面状况的信息，确定路面养护时机和方法。

一些发达国家还采用了革新合约体系，通过这一合约体系，政府与企业共同承担风险试验、研究发展公路养护新型和革新产品。合约体系要求每年公布养护新产品建议，实施相应的试验，进行调查研究，并由政府与企业共同分担相应成本。成功的经验系统在全国推广采用，并纳入预防性养护计划中。在应用预防性养护技术时，承包人需对路面性能进行担保，合约中的担保期通常为 4 年左右。所担保的路面性能为摩擦性能、车

辙和平整度。承包人对于路面维修的责任随时间和交通量增加而减小。使用担保的另一效果是承包商和材料供应商对于材料和混合料的主动改进。

而我国公路养护制度存在的主要问题是养护管理体制不顺，机构设置复杂，这严重制约了公路养护工作的可持续发展。

目前，我国公路养护管理以“管养一体”模式比较普遍。许多公路养护管理仍然套用事业型养护管理体制，职责不明、责任不清，养护经费采用拨款形式，这种计划经济管理模式已远远不能适应公路养护市场化的发展趋势和养护体制改革的要求。另外，在机构设置上，许多公路仍然按照“统一管理，分级领导”原则设置养护处、养护科、养护工区等，造成人员庞大、机构臃肿。养护生产效率低下，导致公路养护成本居高不下。

另外，全国各地公路养护中普遍存在养护资金不足的问题，造成这一问题的原因主要有以下几个方面：公路建设资金投入大，对公路养护的重视程度不够；对于有些高速公路来说，本身收费额低、效益差，养护资金分配不足；偿本付息压力较大，养护资金投入不够补充养护资金的不足，必然会使公路病害得不到及时处理，公路使用寿命大大缩短，交通事故频频发生，给经营者和使用者都造成极大的损失。

（3）法律法规建设滞后，技术标准不完善

由于发达国家在公路建设与养护管理方面发展较为成熟，基本都出台了一系列的法律法规，加强监管力度，依法治路，以促进综合运输的发展，对公路养护也作出了明确的法律法规要求。

自20世纪80年代以来，美国州际公路大规模建设时代基本结束，联邦投资重点从新建路面转入路面养护并逐步立法。例如，1990年美国出台了《多模式地面运输效率法案（1990 Intermodal Surface Transportation Efficient Act）》，该法案成为美国交通运输发展转入以可持续发展为目标的综合运输发展阶段的里程碑。在此基础上，1998年美国又出台了《美国21世纪运输公平性法案（Transportation Equity Act for the 21st Century）》，彻底改变了过去以联邦投资州际高速公路为核心的发展思路。有关部门认识到，只有充分发挥公路、铁路、水运、航空等多种运输方式的各自优势，并紧密衔接相互配合，才能解决不断增长的交通运输需求与环境、能源、资源之间的矛盾，使交通运输业走上可持续发展之路。与此同时，美国制定了交通环保政策上里程碑式的法律文件，即美国《清洁空气法案》的1990年修正案，制定了对汽车等移动交通工具污染源的严格控制措施，要求各州制定降低空气污染的规划，设定空气质量改善标准和期限，实行大型排污的许可制度，允许美国环保总署对污染罚款，给州、地方政府以及企业设定标准和达到标准的期限，鼓励公众参与环境保护，制定保护空气的奖励措施，要求获得联邦资助的交通项目必须符合空气清洁标准等。

在节能减排方面，美国从1993年就开始制定了相应的法规。1993年10月，美国政府制定了新的《气候变化行动方案》，表示美国2000年的排放量将再减少到1.09亿公吨碳，回归到1990年水平。1997年，克林顿政府将温室气体减排目标由1993年的1.09亿公吨碳下调至0.76亿公吨碳。1999年6月，克林顿政府发布了“提高能效管理、建设绿色政府”的政府令，要求行政部门必须在2010年比1990年减排30%。2002年2月14日，布什政府宣布《全球气候变迁行动》，设定减排目标为在2012年，美国温室气体排放密度（单位GDP温室气体排放量）较2002年减少18%，由每百万美元183吨排放水平降至每百万美元151吨排放水平。其设定的减排目标并非以减少排放总量为目标，而是以减少单位产出的二氧化碳排放密度为目标。这对公路发展也提出了更高的节能减排要求。

在经济发达国家，随着环保要求的提高，石料开采场被陆续关闭，以防止破坏环境。在欧、美、日等发达国家，对环保的要求已超越鼓励、倡导的层面，而上升到强制性的法律、法规上，例如，日本的《再生资源利用促进法》、美国的《矿山开采法》等。

近几年来，我国出台的一系列公路法规，对公路建设、养护和管理起到了一定的积极作用。如《公路、水路交通实施〈中华人民共和国节约能源法〉办法》《关于〈中华人民共和国公路保护条例〉中公路养护的要求》《中华人民共和国公路管理条例》《公路工程施工招标资格预审办法》《公路工程施工监理招标投标管理办法》《公路建设市场准入规定》《公路建设市场管理办法》《公路建设监督管理办法》。

此外，各省市出台的一些地方规范性文件，对公路建设、养护和管理也起到了一定的促进作用。如2004年浙江省交通厅印发《浙江省高速公路养护管理办法（暂行）》；2007年河南省交通厅印发《河南省高速公路养护管理办法（试行）》；2009年江苏省交通厅印发江苏省地方标准《江苏省高速公路养护》。但从整体上看，与发达国家相比，我国公路法规体系尚不配套，尤其是高速公路管理与养护的相关法律法规体系建设不够完善。现有的公路养护技术规范、操作规程、养护保障、养护定额等管理体系和技术体系难以适应突飞猛进的公路建设和养护体制改革要求。为了实现公路养护管理的现代化、科学化、法制化和规范化，必须完善我国公路养护法规体系。

（4）养护技术水平不高，养护新技术采用力度较小，培育和扶植高科技养护企业的政策不足

国外十分重视对养护工艺和养护材料方面的研究。如为了避免车辙出现，在经过多种方法的尝试后，最后决定采取在沥青混凝土路表面铺筑一薄层水泥混凝土面层的方法。由于水泥混凝土能形成较大的受力板体，使车轮荷载对路面的压力相对分散，从而避免了车辙的出现。再如法国研究开发的新型沥青罩面技术所研制的改性沥青具有很高的弹

性，用试样做延度测试时，拉伸至 6 倍长也不会断裂，用这种沥青砂浆所铺的路面纹理深度可达 0.85 ~ 1.3mm，摩擦系数高，且在使用 6 年后仍能保持良好状态。这些新技术和材料的应用有效提高了公路质量。

目前发达国家，如英国、德国、美国等对沥青路面都采用预防性养护，即在病害发生前根据路面行驶质量选择养护方法与材料。如法国、南非等国家还研发并使用了最新的路面检测系统，有利于检测道路系统状况，预测路面服务寿命，并应用两步处理程序生成各种策略并对其进行优化，以节省人力物力的投入，实现资源的有效节约。

总的来说，国际上高速公路养护技术发展迅速，产品更新换代速度也很快。相对而言，我国养护信息化水平较低，机械化程度不高，无法适应“及时养护”需求。从整体上看，我国公路养护维修较大程度上仍然依靠传统的手工养护作业，养护机械化水平不高，养护机械的完好率和利用率比较低。养护作业效率和养护质量难以适应高速公路大交通量、快速交通的要求，无法确保高速公路养护的及时性、快捷性和高效性。

同时，我国的筑养路企业对国外产品引进有余、消化吸收不足，在产品的关键技术中基本上没有独立的自主知识产权，对引进技术的创新不够，产品国际竞争能力较弱，目前主导产品所用的基础元件，如发动机、液压元件、控制系统等仍依赖于进口产品或技术，在很大程度上提高了新技术应用的成本，客观上阻碍了先进技术的推广和应用。就设备而言，在公路养护中最频繁使用的修补坑洞的沥青路面综合养护车，是我国目前最常用的一种综合养护车（可在现场加热搅拌新、旧沥青混合料），可再生处理旧沥青混合料。由于各方面配套措施不尽科学合理和完善，加之养护管理水平较低，巨资引进的养护机械设备在实际工作中并没有充分发挥出应有的效益。

（5）节能减排和资源合理利用重视度不足

与国内相比，国际上所采用的高速公路养护技术更加重视资源的合理利用，如国外在对沥青路面进行修补时，多采用再生方式，以有效利用旧路面中的沥青混合料。除此之外，国际上相关公路部门尽量采用成本相对较低的裂缝修补和再生路面这些可再生循环使用的养护技术，并相对重视平常时期高速公路的保养，以尽量减少路面大修改造的概率和周期，从而实现资源的优化使用。

自二十世纪七八十年代以来，沥青再生技术在国外获得广泛应用，已经形成比较完整的成套技术，且达到了规范化与标准化的成熟程度。沥青再生技术是指对不能满足使用要求的沥青混凝土路面材料通过各种措施进行加工处理后重新利用的技术，包括对旧沥青混凝土路面进行翻挖、破碎、筛分，再与新集料重新混合，或采用加热、翻松、加入新沥青、再生剂（必要时）形成具有符合路用性能的混合料，并重新铺筑成路面的各种结构层（包括面层和基层）。

沥青再生技术早在 20 世纪 30 年代便已开始应用，但发展一直比较缓慢。1973 年的石油危机导致石油沥青价格飞涨，促进了沥青再生技术的发展。其后，随着铣刨机械与鼓筒式拌和装置等筑路机械制造水平的不断提高，沥青再生技术研究与应用发展很快，国外开始大规模推广应用沥青再生技术。至 20 世纪 80 年代，沥青混凝土路面再生技术已趋于成熟，美、德、日、英等国相继颁发了一系列的技术手册、指南和规范，并出版了大量研究成果。20 世纪 90 年代后，沥青再生技术进一步发展，在亚太地区也得到普遍应用。

1997 年国际经济合作组织的调查结果显示，欧美主要发达国家路面再生利用率都达到和超过 75%，荷兰、比利时等国甚至还实现了 100% 完全再生利用。欧美主要发达国家路面再生利用率统计见表 1。

欧美主要发达国家路面再生利用率统计表　　表 1

国家 再生类型	澳大利亚	奥地利	比利时	加拿大	丹麦	芬兰	法国	日本	荷兰	瑞典	英国	美国
利用率（%）	80	80	100	90	90	95		80	100	75	90	80
厂拌热再生	G	G	G	G	G	G	G	G	G		G	G
就地热再生	L	L		L	G	G	G		G	G	L	L
厂拌冷再生		L		L			G			G	L	L
就地冷再生	L			L		G	G			L		L

注：G 表示普遍采用；L 表示有限采用。

到 20 世纪 80 年代末，美国再生沥青混合料的用量几乎为全部沥青混合料的一半，并且在再生剂开发、再生混合料的设计、施工工艺和再生设备等方面的研究也日趋深入。美国联邦公路局对于冷再生和热再生沥青混合料均制定了相应的技术规范和质量标准，允许工程方面作为规范材料加以选用。沥青路面的再生利用在美国已是常规实践，目前其重复利用率已高达 80%，先后出版有《沥青路面热拌再生技术手册》《路面废料再生指南》《沥青路面冷拌再生技术手册》等技术手册。联邦高速公路局预计每年有 1 亿吨的沥青路面被破碎重建，在这当中，8000 万吨会被再利用在建设道路、路基建设等方面。同时研究显示，含有 10% ~ 15% 再生沥青混合料路面在很多州都表现出稳定而持久的质量。另外，研究者发现，其他废旧物品，比如旧的电缆、瓦片，炼铁中的废渣，金属锻造中的沙子都可以用于铺设沥青路面。（资料来源 Georgia Asphalt Pavement Association）

以美国的安大略州为例，安大略州有 16520km 的地方道路，3000 座桥，城市道路系统有 152000km，132000 座桥，这其中有 95% 是沥青路面。再生技术使用的材料主要是破碎沥青道路的再利用，屋顶木瓦、橡胶电缆、玻璃陶瓷等。从技术发展的情况来看，在 20 世纪 70 年代，安大略州主要是采用厂拌再生，20 世纪 80 年代发展到全深式再生，到了 1989 年开始采用就地冷再生，在 1990 年开始广泛采用就地热再生技术。自 1995

年以来到 2008 年各种技术进行养护的情况见表 2。

1995—2008 年美国安大略州各种技术进行养护统计表　　表 2

养护技术	养 护 量	养护技术	养 护 量
全深式再生	30934196m^2	泡沫沥青全深式再生	1712655m^2
就地热再生	1009607m^2	泡沫沥青冷再生	339179m^2
就地冷再生	3086715m^2	总计	37072352m^2

日本由于能源匮乏，一直很重视路面再生技术的研究，从 1976 年至今路面废料再生利用率已超过 70%。日本道路协会还发布了《再生沥青铺装技术指南》等技术标准。

西欧国家也十分重视沥青路面技术。欧洲沥青路面协会公布，其成员国的废旧沥青路面材料已 100% 通过再生方式得以重复利用。联邦德国是最早将再生料应用于高速公路路面维修的国家。芬兰几乎所有的城镇都组织旧路面材料的收集和储存工作，过去的再生材料主要用于低等级公路的路面和基层，近几年已开始应用于重交通道路上。法国对再生技术的研究也颇为重视，在高速公路和一些重交通道路的路面修复工程中开始逐步推广应用这项技术。

对于沥青再生技术的可靠性问题，澳洲 AUSTROADS 在其 1997 年的《沥青混凝土路面再生指南》中指出，利用 60% RAP（沥青混凝土路面回收料）的沥青混凝土路面使用寿命与传统沥青相同，而抗车辙能力却得到增强；美国在 20 世纪 80 年代中后期到 20 世纪 90 年代发表的系列研究报告表明，再生沥青混凝土路面与全新料沥青混凝土路面比较，路用性能和使用寿命并没有明显的区别，NCAT 的《国家和地方政府路面再生指南》也阐明了同样的观点；日本道路协会的《厂拌再生沥青铺装技术指南》也认为，将热拌再生沥青混合料应用于条件苛刻的重交通道路路面的调查结果表明，只要对热拌再生沥青混合料进行恰当的质量控制管理，铺装后的性能与只用新料铺装的路面性能没有区别。

综上所述，欧、美、日等发达国家目前在再生沥青混合料的生产工艺以及与之配套的各种挖掘、铣刨、破碎、拌和等机具的研制与开发方面均取得了显著的成就，经过近 30 年的大规模生产实践，已证明了沥青再生利用在技术上的可行性，并形成了系统的成套沥青再生技术，且达到了规范化与标准化的成熟程度。

我国开始研究沥青混合料再生技术是在 20 世纪 70 年代；1982 年，原交通部科技局将沥青路面再生利用作为重点科技项目下达，山西、湖北、河南、河北等省市参加，对沥青路面再生技术开展了比较系统的试验研究；1985 年，原建设部曾组织上海、南京、天津、武汉等市政部门和苏州市公路局、哈尔滨建筑工程学院等单位进行过专题研究，1991 年 6 月发布了《热拌再生沥青混合料路面施工及验收规程》（CJJ 43—1991），指出再生沥青混合料所用矿料、沥青的品质及混合料技术要求应符合不用废料的普通沥青混合料的有关规定。但由于课题的不配套，尤其没有可供实际施工使用的沥青再生设备，CJJ 43—1991 规程无法推广使用。20 世纪 90 年代，沥青路面再生技术的研究与推广几乎被搁置。新颁布的《公路沥青路面养护技术规范》（JTJ 073.2—2001）论述再生沥青混合料的条款，仍因技术陈旧、缺乏先进的再生设备，并没有跳出 CJJ 43—1991 规程的局限。

近年来，一批早期建成的高速公路路面陆续进入大修或改建阶段，沥青混凝土路面再生技术重新引起广泛重视。进入 21 世纪，北京、天津、上海、广东、山东、江苏、河北等省市都相继引进了大型的沥青路面再生设备。同时，对公路再生相关技术的研究工作也紧锣密鼓地展开了。2005 年 9 月，原交通部颁布《公路水路交通中长期科技发展规划纲要（2006—2020 年）》，将“高等级公路快速养护成套技术”和“交通建设和养护材料再生技术”作为重点研究方向。一些大学和科研机构已着手进行再生路面混合料路用性能、再生机理、再生剂开发、施工技术等方面的研究，一些单位也在积极筹备或已试铺沥青混凝土再生路面，并取得了一定的成果。但目前这些研究主要侧重于现场热再生技术，对其他再生技术的研究还十分薄弱，不能满足高级路面再生技术要求。再生技术的研究和应用，仍处于启蒙阶段。大量国内外研究成果和实践表明，沥青再生技术主要难点包括：

（1）废料的变异性问题。废料的沥青含量、沥青老化程度以及集料级配的变异性一般均较大，直接影响再生沥青混合料的质量控制。

（2）再生沥青混合料的拌和工艺。在不烧伤旧沥青的前提下，保证拌和温度并使新旧沥青均匀混合是技术关键。

（3）再生沥青混合料的配合比设计及其抗裂性能和耐久性能评价。再生沥青混合料的抗裂性和耐久性是确保其性能不低于普通沥青混合料的关键。

（4）再生剂的研制和使用。专门的再生剂研制需要在掌握沥青化学理论和再生机理的基础上进行，并且需要长期的试验、检测和评价。

综上，我国再生技术和材料的发展面临很大困难，要发展我国再生技术和材料，不但需要大量资金投入，还需要人才、科研、企业的大量投入和有效组织，我国公路养护再生技术和材料的发展是一项系统工程，需要各个方面的紧密结合。

三、发展和推广再生技术对我国资源循环利用和节能减排潜力测算

我国“十一五”规划纲要提出了“十一五”期间单位国内生产总值能耗降低 20% 左右、

主要污染物的排放总量减少10%的目标。2009年12月19日，温家宝总理在哥本哈根发表了题为《凝聚共识，加强合作，推进应对气候变化历史进程》的重要讲话，宣布中方将在2020年使单位国内生产总值二氧化碳排放比2005年下降40%～45%。在国民经济各部门中，交通运输的能耗占到全社会总能耗的8%左右，交通运输部门的节能减排任务是比较艰巨的。2010年6月24日，交通运输部公布交通运输行业"十二五"规划期间节能减排目标：力争到"十二五"期末，在2005年基础上综合单耗下降10%，营运船舶综合单耗下降15%，港口生产综合单耗下降8%，二氧化碳和主要污染物排放明显降低，绿色、低碳交通运输体系建设取得明显进展。为了实现以上节能减排任务，交通运输部着力抓好节能减排的重点环节，从2010年起开始积极开展了"车船路港"节能减排低碳交通专项行动，并在"路"的方面明确提出将加大推广公路路面沥青再生技术力度。

由于国内外广泛使用的沥青路面的翻修与重建技术包括铣刨技术和再生技术两类，而目前我国再生技术虽然有了较快发展，但是仍主要采用铣刨技术，国外发达国家则普遍采用再生技术。与传统铣刨技术相比，再生技术可以在基本不增加经济成本的条件下实现材料循环利用、大规模降低碳排放、节省能源消耗、减少废气排放，在保护环境和节约资源方面有突出优势，符合循环经济、低碳经济和节能减排的要求，是今后公路养护技术发展的必然方向。

我国公路规模巨大，未来公路养护历程呈现快速增长趋势，而若在公路养护领域中推广和应用再生和低碳技术，将会带来资源的循环利用和节能减排。因此，推广各种公路养护的新技术对我国公路养护领域中节能减排和资源循环利用的促进程度值得关注，也为我国公路养护领域中制定具体的节能减排目标提供决策支持。为了分析我国公路养护领域的发展和推广再生技术对我国资源循环利用和节能减排潜力的影响，下面以沥青路面养护为例，分析各种再生养护技术的推广应用与传统的铣刨养护技术相比的资源节约和节能减排潜力。

具体而言，下面建模测算了四种沥青路面再生技术（就地热再生技术、厂拌热再生技术、与温拌技术结合的就地热再生技术、与温拌技术结合的厂拌热再生技术）与传统铣刨技术相比，在资源循环利用和节能减排方面的潜力，以及在我国推广公路养护再生技术产生的资源循环利用和节能减排量。具体来讲，测算了四种技术的石料、沥青等资源节约量，能源节约量，碳减排量，二氧化硫、氮氧化物和烟尘等废气减排量，以及减少渣土等固体废弃物排放量等。

测算过程如下：首先，以修复单位面积沥青混凝土上面层为研究对象，测算以上各类再生技术与铣刨技术相比资源循环利用和节能减排情况；其后，采用ARIMA（滑动平均差分自回归）模型,预测了“十二五”期间我国需要养护的等级公路总里程数;最后，计算了“十二五”期间在等级公路全面推广以上4种再生技术的节能减排潜力。

资源节约和减排测算的基本模型为:

资源循环利用量=总里程 × 面积 ×（铣刨技术单位面积资源利用量 – 再生技术单位面积资源利用量）

节约能源消耗量=总里程 × 面积 ×（铣刨技术单位面积能源消耗量 – 再生技术单位面积能源消耗量）

减少碳排放量=总里程 × 面积 ×（铣刨技术单位面积碳排放量 – 再生技术单位面积碳排放量）

减少废气排放量=总里程 × 面积 ×（铣刨技术单位面积废气排放量 – 再生技术单位面积废气排放量）

减少渣土排放量=总里程 × 面积 ×（铣刨技术单位面积渣土排放量 – 再生技术单位面积渣土排放量）

1. 各种技术修复单位面积路面节能减排情况

本模型根据公路养护流程，分为石料生产、沥青生产、石料 / 沥青运输（采石场 / 沥青生产场—拌和场）、循环利用的旧沥青混合料运输（施工现场—拌和场）、铣刨过程、沥青拌和、沥青混合料运输（拌和场—施工现场）、渣土运输（施工现场—废料场）等几个步骤，模型中分别计算了每个步骤的资源循环利用量、能源消耗量、碳排放量、废气排放量和渣土排放量，最后加总计算公路养护过程的资源循环利用量、能源消耗量、碳排放量、废气排放量和渣土排放量。修复单位面积路面节能减排情况的具体测算模型为:

（1）石料使用量（t）=（1– 再生利用率）单位面积 × 厚度 × 沥青混合料密度 × 石料比重

（2）沥青使用量（t）=（1– 再生利用率）单位面积 × 厚度 × 沥青混合料密度 × 沥青比重

（3）渣土排放量（t）=（1– 再生利用率）单位面积 × 厚度 × 沥青混合料密度

（4）能源消耗量（标准煤，t）= $\sum_{\text{公路养护流程}}$单位面积耗能 × 标准煤转化系数

（5）碳排放量（t）= $\sum_{\text{公路养护流程}}$单位面积耗能 × 碳排放系数

（6）二氧化硫排放量（t）= $\sum_{\text{公路养护流程}}$单位面积耗能 × 二氧化硫排放系数

（7）氮氧化物排放量（t）= $\sum_{\text{公路养护流程}}$单位面积耗能 × 氮氧化物排放系数

（8）烟尘排放量（t）= $\sum_{\text{公路养护流程}}$单位面积耗能 × 烟尘排放系数

上述计算过程中所用的标准煤转化系数、碳及污染物排放系数出自《2008 年中国

能源统计年鉴》、联合国政府间气候变化委员会2006发布的《能源排放系数表》及《环境统计手册》。调研数据显示，我国公路沥青混凝土路面上面层厚度基本在4cm左右。从我国公路养护再生技术的具体实践来看，先进的就地再生技术可实现100%的旧料利用，而厂拌再生技术可实现30%的旧料利用。在铣刨技术和厂拌技术中，没有重复利用的旧沥青混合料形成固体废弃物渣土。另外，各项技术的流程比较见表3。

各种技术流程比较　　表3

流程	铣刨技术	就地热再生	厂拌热再生	就地热再生与温拌结合	厂拌热再生与温拌结合
石料生产	新料4cm	0	新料2.8cm	0	新料2.8cm
沥青生产	新料4cm	0	新料2.8cm	0	新料2.8cm
石料/沥青运输（采石场/沥青生产场—拌和场）	新料4cm	0	新料2.8cm	0	新料2.8cm
循环利用的旧沥青混合料运输（施工现场—拌和场）	0	0	旧料1.2cm	0	旧料1.2cm
耙松过程	铣刨机	疏松耙	铣刨机	疏松耙	铣刨机
沥青拌和	拌和楼，加热到160℃	就地再生拌和设备，加热到160℃	拌和楼，加热到160℃	就地再生拌和设备，加热到120℃	拌和楼，加热到120℃
沥青混合料运输（拌和场—施工现场）	新料4cm	0	新料4cm	0	新料4cm
渣土运输（施工现场—废料场）	旧料4cm	0	旧料2.8cm	0	旧料2.8cm

石料生产过程中，能源消耗主要包括风枪和碎石机等设备耗电，根据设备功率计算，生产1t石料需耗电3.28度左右。石料生产过程能源消耗、碳排放、废气排放主要是火电厂生产这些电能时的消耗和排放。

耙松和沥青拌和过程中，热再生技术拌和过程需要将混合料加热至160℃，如果采用与温拌技术结合的热再生技术，仅需将混合料加热至120℃即可。铣刨与拌和过程流程方面，铣刨技术和厂拌再生技术类似，但与就地再生技术不同。铣刨技术和厂拌再生技术需要铣刨机铣刨，沥青混合料在拌和场的拌和楼中加热拌和，根据业内实践，铣刨机铣刨1200m^{2}路面，需耗柴油150L（升）。拌和楼将1t沥青混合料加热到160℃左右消耗6.5kg重油，耗电2.6度（根据沥青搅拌设备的调研，三一重工LB3000型和LD320陆德沥青搅拌设备的参数值较全，因此选取上述两类设备功率计算燃油消耗率和装机耗电功率）；而加入温拌添加剂，沥青混合料只需加热到120℃，此时单位混合料耗能假设为加热到160℃左右耗能的5/7（注：（120−20）/（160−20）＝5/7），此时1t沥青混合料加热需要消耗4.64kg重油，耗电1.86度。而就地再生技术利用就地拌和设备，耙松过程可以利用就地拌和余温，耗能相对其他步骤很少，因此归总到沥青加热拌和过程。此外，根据业内实践和市场调研，国内高水平的就地热再生技术（加热到160℃）修复

4cm 深度，每平方米耗能消耗液化气 300mL，柴油 0.54kg。

公路养护过程中的运输包括 4 种：①石料和沥青分别由采石场和沥青生产场运往拌和场；②新的沥青混合料由拌和场运往施工现场；③旧沥青混合料由施工现场运往废料场；④在厂拌再生技术中，30% 的旧沥青混合料由施工现场运往拌和场（余下 70% 的废料运往废料场）。本模型中，我们设计了两种运输距离状况，一种是各类运输往返距离均为 10km 的保守情景，另一种是各类运输往返距离均为 100km 的较远运输距离情景。具体运输流程如图 1 所示。

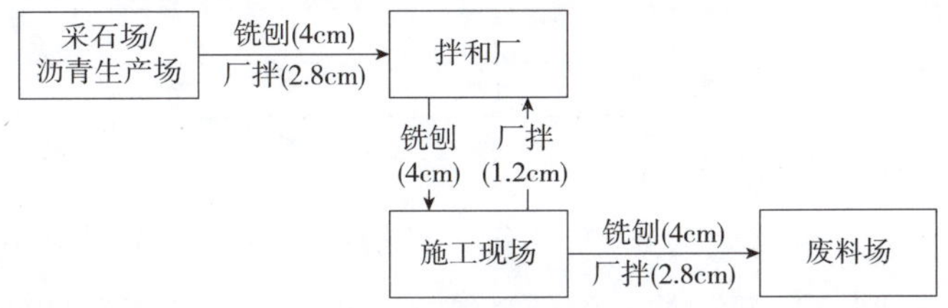

图 1　运输距离图示

修复单位面积路面节能减排情况的具体测算结果如表 4 和表 5 所示。比较可以发现，就地热再生，以及就地热再生与温拌沥青结合的低碳养护技术可以实现更大的资源循环利用和节能减排比例，节省石料和沥青借鉴 100%。在能源节约和温室气体排放方面，就地热再生技术比厂拌技术存在明显优势，即使在 10km 往返距离的保守假设下，就地热再生技术可以实现 18% 的能源节约、22% 的二氧化碳和 81% 的二氧化硫减排，就地热再生和温拌沥青结合的新技术则可以实现 42% 的能源节约、44% 的二氧化碳和 87% 的二氧化硫减排。在往返 100km 的假设下，节能减排潜力有了更大幅度的提升。例如在能源节约方面，就地热再生技术的潜力增至 40%，就地热再生和温拌沥青结合的新技术增至 57%；二氧化碳减排潜力方面则分别增至 44% 和 60%。

运输往返距离为 10km 时各项技术修复单位面积路面节能减排潜力　　表 4

减排项目	就地热再生技术	厂拌热再生技术	就地热再生与温拌结合	厂拌热再生与温拌结合
石料	100%	30%	100%	30%
沥青	100%	30%	100%	30%
渣土排放	100%	30%	100%	30%
能源消耗	18%	3%	42%	25%
二氧化碳排放	22%	3%	44%	25%
碳排放	24%	3%	46%	25%
二氧化硫排放	81%	3%	87%	27%
氮氧化物排放	30%	2%	50%	24%
烟尘排放	96%	15%	97%	29%

运输往返距离为 100km 时各项技术修复单位面积路面节能减排潜力　　表 5

减排项目	就地热再生	厂拌热再生	就地热再生与温拌结合	厂拌热再生与温拌结合
石料	100%	30%	100%	30%
沥青	100%	30%	100%	30%
渣土排放	100%	30%	100%	30%
能源消耗	40%	5%	57%	21%
二氧化碳排放	44%	5%	60%	21%
碳排放	44%	5%	60%	21%
二氧化硫排放	83%	4%	88%	26%
氮氧化物排放	51%	5%	65%	20%
烟尘排放	96%	15%	97%	29%

2. “十二五”期间节能减排规模

我国目前的公路使用周期为 8 ~ 12 年，等级公路（表 6）中有 95% 为沥青路面。我们采用 ARIMA 时间序列预测技术的计算结果，预计“十二五”期间我国需要维护的等级公路长度为 12 万 ~ 13 万公里。

1996—2009 年我国等级公路里程数　　表 6

年份	公路里程数（万公里）			
	高速公路	一级公路	二级公路	高等级公路
1996	0.34	1.18	9.70	11.22
1997	0.48	1.46	11.16	13.10
1998	0.87	1.53	12.52	14.92
1999	1.16	1.77	14.00	16.93
2000	1.63	2.01	15.27	18.91
2001	1.94	2.52	18.21	22.68
2002	2.51	2.75	19.71	24.97
2003	2.97	2.99	21.19	27.16
2004	3.43	3.35	23.17	29.95
2005	4.10	3.84	24.64	32.58
2006	4.53	4.53	26.27	35.33
2007	5.39	5.01	27.64	38.04
2008	6.03	5.42	28.52	39.97
2009	6.51	5.95	30.07	42.53

以公路路面为四车道 15m 宽计算，“十二五”期间在我国高等级公路沥青路面层维护中，分别单独地全面采用上述 4 项再生技术，在往返距离 10km 和 100km 的情景下，可达到的节能减排规模如表 7 和表 8 所示。此外，为计算平均情景，我们取往往 55km 作为平均往返距离，比较全国“十二五”期间分别全面推广上述几种技术，相较目前应用较广的铣刨技术所产生的资源节约和节能减排总量（表 9）。

运输往返距离为 10km 情景下，“十二五”期间各项技术节能减排规模　　表 7

减排项目	就地热再生	厂拌热再生	就地热再生与温拌结合	厂拌热再生与温拌结合
石料（亿吨）	1.64	0.49	1.64	0.49
沥青（万吨）	865.31	259.59	865.31	259.59
渣土（亿吨）	1.73	0.52	1.73	0.52
能源（标准煤，万吨）	42.32	6.45	96.36	56.74
二氧化碳排放（万吨）	115.97	18.26	233.41	129.81
碳排放（万吨）	34.04	4.96	65.15	35.39
二氧化硫排放（万吨）	5.05	0.21	5.38	1.70
氮氧化物排放（万吨）	0.42	0.03	0.70	0.34
烟尘排放（万吨）	5.54	0.88	5.60	1.67

运输往返距离为 100km 情景下，“十二五”期间各项技术节能减排规模　　表 8

减排项目	就地热再生	厂拌热再生	就地热再生与温拌结合	厂拌热再生与温拌结合
石料（亿吨）	1.64	0.49	1.64	0.49
沥青（万吨）	865.31	259.59	865.31	259.59
渣土（亿吨）	1.73	0.52	1.73	0.52
能源（标准煤，万吨）	128.11	15.03	182.15	65.32
二氧化碳排放（万吨）	308.86	36.61	422.99	148.17
碳排放（万吨）	84.30	9.98	115.41	40.42
二氧化硫排放（万吨）	5.75	0.28	6.08	1.77
氮氧化物排放（万吨）	1.02	0.09	1.30	0.40
烟尘排放（万吨）	5.67	0.89	5.73	1.68

“十二五”期间各项技术的平均节能减排规模（55km 往返距离）　　表 9

减排项目	就地热再生	厂拌热再生	就地热再生与温拌结合	厂拌热再生与温拌结合
石料（亿吨）	1.64	0.49	1.64	0.49
沥青（万吨）	865.31	259.59	865.31	259.59
渣土（亿吨）	1.73	0.52	1.73	0.52
能源（标准煤，万吨）	85.22	10.74	139.25	61.03
二氧化碳排放（万吨）	212.42	27.43	328.20	138.99
碳排放（万吨）	59.17	7.47	90.28	37.91
二氧化硫排放（万吨）	5.40	0.25	5.73	1.74
氮氧化物排放（万吨）	0.72	0.06	1.00	0.37
烟尘排放（万吨）	5.61	0.89	5.67	1.68

通过模型测算可以发现，再生技术应用于我国公路养护领域，将产生较大的资源循环利用和节能减排潜力：

首先，再生技术可实现对旧路面沥青混合料的充分循环利用，减少了对沥青、石料等原材料消耗，降低了废弃物排放对环境的污染。与传统铣刨技术不同，再生技术将旧沥青路面翻挖、回收、破碎、筛分后，与再生剂、新沥青材料、新集料等按一定比例重新拌和混合料，使之能够满足一定的路用性能并用其重新铺筑路面，实现了对旧料的循环使用。根据计量和统计模型测算，即使以我国高等级公路沥青混凝土路面 8 ~ 12 年翻修一次计，“十二五”期间我国将翻修高等级公路沥青路面 12 万 ~ 13 万公里，如果在高等级公路沥青路面的路面层养护中全面采用再生技术，将节省石料 1.64 亿吨左右，沥青 865 万吨左右，并减少渣土排放 1.73 亿吨。如果以道路用沥青 5000 元 /t 的价格计算，仅沥青一项便可节约 400 多亿元人民币，该金额如用于公路养护新技术的研发，可以有效提升我国公路养护的技术水平，进一步提升资源节约和节能减排潜力，并实现我国公路养护行业更加健康的发展。此外，石料的过度开采将毁坏林地植被，造成水土流失，引起地质灾害；而沥青混合料渣土不易降解，它的倾倒造成了巨大的环境污染。再生技术采用后，石料使用的节省和渣土的减排对于保护环境具有重要意义。

其次，采用再生技术可大大减少碳排放、能源消耗和废气排放。目前再生技术可分为一般的热再生技术，以及与温拌沥青技术结合的热再生技术。热再生技术需要将沥青混合料加热至 160℃左右，然后应用于道路层铺装；而冷再生技术通过加入再生剂，只需将物料加热至 120℃左右。与传统技术相比，热再生技术可以大量减少沥青和石料使用，降低能源消耗，减少温室气体的排放。此外，根据沥青混合料的拌和地点不同，可分为厂拌再生技术和就地再生技术，与厂拌再生技术相比，就地再生技术可以大量减少原材料消耗，实现更大程度的资源再生利用，目前国内部分技术甚至可以实现旧料的 100% 再生利用。同时，就地再生技术可以方便地实现路面就地再生作业，无须长距离运输混合料和渣土等，进一步减少运输引起的碳排放、能源消耗和废气排放。

从养护流程的整个环节来看，根据计量模型测算，养护单位面积路面，与传统技术相比，4 种再生技术均可大量节约资源，减少排放，特别是就地热再生，以及就地热再生与温拌沥青技术结合形成的就地低碳再生技术，可以实现更为明显的节能减排。其中，平均而言（55km 往返路程情景），“十二五”期间我国在公路路面层的养护中，可节省能源消耗 18% ~ 40%，减少碳排放 24% ~ 44%，减少二氧化硫排放 80% 以上，减少氮氧化物排放 30% ~ 51%，减少烟尘排放 96% 以上。

以路面大修期为 8 ~ 12 年计，“十二五”期间需要进行大中修的高等级沥青路面公路预计为 11 万 ~ 12 万公里。目前我国已掌握成熟的就地热再生技术，如果能在高等级公路沥青路面养护方面全面推行，“十二五”期间可节省能源消耗 85 万吨标准煤左右，节省二氧化碳等温室气体排放 212 万吨左右，减少二氧化硫等废气排放约 5.4 万吨，减少氮氧化合物排放 0.72 万吨，减少烟尘排放 5.61 万吨。而如果发展并推广就地热再生和温拌沥青技术结合的新技术，则可以实现更大节能减排量，例如在能源节约方面可以实现139万吨标准煤，减排328万吨二氧化碳。考虑到我国仍在进行大规模公路建设，公路存量大幅增加，且规模庞大的市政道路中公路路面养护由于数据可得性等原因没有计入，因此如果在我国沥青路面养护中加大推广力度，则“十二五”期间实现的资源节约和节能减排的总量将会更大。

再次，推行再生技术不会大规模增加成本。推行再生技术的经济成本对热再生技术而言，主要体现在对沥青混合料再生设备的投资，其中统计显示，一套热再生技术设备成本较高，如果全部依赖引进，所需投资额为2000万元左右。就地热再生技术对成本的节约则体现在节省沥青混合料费、免除废料堆砌费和运输费上，其中节省沥青混合料费规模最大。以路面沥青摊铺厚度为4cm，路面宽度为15m，沥青混合料再生利用率为80%计，养护每公里路面可节省沥青57.6t，约合人民币29万元。因此当公路养护路面里程超过75km或养护面积超过113万平方米时，采用再生技术不仅不会增加额外成本，还会产生显著经济效益。

另外，再生技术还具有改善路面性能，提高施工效率，降低对交通的影响，延长施工季节等多项优点。第一，与传统技术相比，再生技术对路基的破坏较小，同时热再生技术改善路面级配，降低空隙率，恢复沥青的性能和沥青混凝土的柔韧性，延长路面寿命。根据世界银行的统计表明，若沥青的使用寿命为12年，在沥青使用寿命到8 ~ 10年的时候，进行一次现场热再生，将使其使用寿命提高到20年。第二，传统技术在气温低于10℃以下，就不能进行路面摊铺了。但热再生技术在5℃以上均可以正常作业，这个特点在高原低温地区的作用尤为突出，可大幅延长施工季节时间，对加快高原低温地区的道路养护速度有重要意义。第三，就地热再生技术可单车道施工，其他车道正常开放，不中断交通，保证道路的畅通。

综上，热再生技术更具有节约资源、保护环境等诸多优点，并带来很大的社会和经济效益，符合我国经济发展对节能减排的要求，是公路养护技术发展的未来方向，也是实现可持续发展、建立节约型社会的必由之路，值得大力推广。

四、政策建议

综上所述，我国目前正处于由公路快速建设阶段向养护管理阶段过渡的关键时期，公路养护的重要性日益凸显，需要尽快实现由“重建轻养”向“建养并重”，甚至“以养为主”的转变。不过，与发达国家相比，我国公路养护工作在观念、体制、法规、管理、技术、标准、规范等多方面均存在差距，急需改善和提升。同时，党和政府把节能减排、降低碳排放作为调整经济结构和转变发展方式的重要目标。交通运输的能耗占到全社会总能耗的 8% 左右，节能减排任务相当艰巨。公路养护行业作为交通运输行业的一个重要子行业，需要消耗大量的沥青、天然砂石料和燃料，并排放二氧化碳温室气体和二氧化硫等有害气体。在当今循环经济、节能减排和低碳经济发展的大背景下，在公路养护行业中大规模推行以再生技术为代表的新型养护技术，充分挖掘行业资源循环利用和节能减排潜力，将有助于实现交通运输业节能减排目标和减少资源消耗。

目前我国交通运输和公路建设的快速发展，严峻的节能减排形势对我国公路养护工作提出了较高的要求。而与发达国家相比，我国目前的公路养护和管理工作在政策制度和技术水平方面都存在着较大差距，有较大的提升空间。为了提升我国公路养护的综合水平，提高公路养护行业技术水平，挖掘公路养护的资源循环利用和节能减排潜力，提出以下政策建议：

（1）观念转变：由“重建轻养”向“建养并重”转变

建养并重，提高公路养护的地位，向发达国家学习，强调养护工作对于公路建设发展的重要性，使之在公路建养中受到重视。要顺利推进公路养护体制改革，政府部门及公路管理机构首先要消除认识上的误区，牢固树立“建设是发展，养护管理也是发展”的指导思想，充分认识养护工作的重要性，并加强宣传、观念推广和公路养护相关经验的研究分析，切实做到建养并重，保证公路养护工作的持续健康发展。在公路养护中，切实重视公路预防性养护，使状态良好的道路系统保持更长时间，在不增加结构承载能力的前提下改善系统的功能状况。

（2）制度保障：制定健全的法律法规，加强公路养护监管力度

尽快制定国家层面上的公路养护管理规范和管理办法，使养护管理科学化、规范化，同时细化相应的养护检测准则，加入节能减排、再生利用率以及循环、低碳经济等评价指标，使养护工作能够有依可循。国外经验表明，通过立法，制定相应的法律法规，为公路建设提供长期、稳定和充足的资金来源，是公路发展规划得以有效实施的根本保障。在公路养护市场化进程中，应该以《公路法》《收费公路管理条例》等法规为龙头，重视和加强公路养护管理有关法规的制定。政府部门应建立一整套公路养护工程管理、评价办法及检查制度，吸收参考公路养护先进省份已出台的技术、法规和标准，使全国的公路养护能够有章可循，有法可依。

（3）政策扶持：加大研发投入，重视公路养护新技术的应用和推广

加大研发投入，促进公路养护新技术、新设备、新材料、新工艺的研发，大力推行可再生新技术的应用，减小对环境带来的伤害。先进、适用的养护技术，保证了公路的正常使用，面向 21 世纪的公路养护，必须打造强大的技术支持平台。政府应加大科研

力度，研究发展新型和革新产品，实施相应的试验，进行调查研究；借鉴国外先进管理经验，可由政府与企业共同分担新技术和设备成本，成功的产品在全国采用，纳入预防性养护计划中并大力推行。政府可有针对性地按照资源节约、低投入、高产出、低消耗、少排放的原则，重点研究和积极推广一些国际上较为成熟的先进养护技术，降低相关技术的应用成本。通过推广应用公路养护新技术、新工艺、新材料，可提高路面耐久性，延长公路使用寿命，改善公路桥梁等建筑的稳定性和耐久性，可以达到节约能源、降低成本，实现公路交通可持续发展的目标。

（4）管理规范化和信息化：构建路面信息系统等实时监管系统，加强公路养护的监管，提升养护管理的信息化水平

全面提升养护管理信息化、机械化水平，并在工作中合理运用信息管理系统、养护机械设备，提高公路养护的监管和信息化，提升工作效率。借鉴发达国家路面信息监测系统研发经验，研究开发专用路面检测设备，构建全国范围的路面管理信息系统；研发养护决策支持系统，实时分析路面状况，预测路面使用寿命，及时发现路面问题并给出科学的解决方案，为道路预防性养护提供技术支持。建立全国范围的检测系统，及时监控各地区路面状况，帮助政府部门进行宏观管理。完善路面管理系统，保护和改善现有道路的服务水平，保证能够充分并高效利用有限资源，综合运用系统分析、工程经济、专家预测、公路养护及计算机技术等为一体的计算机辅助决策系统管理公路基础设施，并立足养护作业机械化、专业化，不断提高公路养护机械的装备率、配套率，以使路面能在一定时期内保持良好的使用性能。

（5）行业培育：加大资金投入，鼓励科技创新和技术水平提升，培育创新型龙头企业

资金，是公路发展规划和养护得以有效实施的根本保障，建议设立公路养护先进技术与设备发展基金，为相关企业技术创新提供有效的融资渠道。政府应采用政策、资金和税收优惠扶持创新型企业，培育创新型龙头企业，形成带动效应，鼓励行业创新技术、设备和材料，发挥公路养护实体企业的先进技术推广能力，培育创新型龙头企业。推广科研投入和国外技术引进与合作，提升国内公路养护的技术水平，培育公路养护行业。

（6）新技术推广：示范性工程和公路养护技术标准提升

应积极借鉴国内外经验，从多个角度出发，推广新技术和新材料等。例如，采取示范性工程，在部分发达省市的高速公路养护中进行新技术和新材料的试验推广，并从中总结经验教训，逐步推广至全国公路养护领域。从基础较好的省市开始，提升公路养护技术准入的标准，逐步推广；在公路养护领域引入节能减排和资源循环利用等相关任务指标，并逐步提升该任务指标，进而逐步提升公路养护技术准入标准。

附件：

1.基本参数设定表

项目	参数	数值	单位
沥青混合料	密度	2.4	t/m^3
	沥青比例	5%	按重量
	石料比例	95%	按重量
运输工具——自卸车	吨位	20	t
	柴油油耗	0.3	l/km
标准煤转化系数	电	0.34	kg/度
	柴油	1.4571	kg/kg
	液化石油气	1.7143	kg/kg
	重油	1.4286	kg/kg

注：电煤转换系数根据发改委《2009年全国电力工业统计年报数据》，2009年全国6000kW及以上发电耗煤量。其他能源转换系数来源于《IPCC2006能源排放系数》和《标准煤折算系数表》。

2.沥青拌和的能源消耗（燃油）

沥青拌和的能源消耗数据将根据调研计算得到，限于各种设备公布参数的所得性限制，仅选取三一重工和陆德博纳地的沥青拌和设备作为代表。

其中，三一重工方面，LB3000型沥青拌和设备，额定生产能力240t/h，总装机容量624kW，燃料消耗6.5kg/t混合料。混合料拌和加热的总能源消耗为6.5kg/t混合料，以及2.6度电/t混合料。陆德沥青搅拌设备方面，选取LD320陆德沥青搅拌设备（该设备的耗能与其他型号相差不大，且属于耗能较小的型号之一），额定生产能力320t/h，总装机容量859.4kW，燃料消耗小于等于6.5kg/t混合料。混合料拌和加热的总能源消耗为6.5kg/t混合料，以及2.68度电/t混合料。两者相差不大，为此我们选取单位重量沥青混合料加热拌和的能耗为：消耗燃油6.5kg/t混合料，消耗电力2.6度电/t混合料作为沥青混合料加热拌和能耗的基准情景。

3.各种再生技术简介

沥青再生技术主要分4大类：厂拌热再生、厂拌冷再生、就地热再生和就地冷再生。每种再生技术都有自身的合理使用范围与特点，没有哪一种再生技术可以满足所有的路面维修作业要求。

厂拌热再生技术先将旧沥青混凝土路面铣刨后运回工厂，通过破碎、筛分（必要时），并根据旧料中沥青含量、沥青老化程度、碎石级配等指标，掺入一定数量的新集料、沥青和再生剂（必要时）进行拌和，使混合料达到规范规定的各项指标，按照与新建沥青混凝土路面完全相同的方法重新铺筑。国外多年的实践证明，厂拌再生沥青混合料路面能够达到并保持所要求的各项路用性能指标。这种再生方式属于结构性再生，能有效地用于各种条件下旧沥青混凝土路面的再生利用。

厂拌冷再生混合料主要用作基层或底基层。先将旧沥青混凝土路面材料运回稳定土搅拌厂，经过破碎作为稳定土集料，加入水泥或石灰、粉煤灰、乳化沥青等一种或多种稳定剂和新料（必要时）进行搅拌，然后铺筑于基层或底基层。这项技术不但未充分利用废弃材料中的旧沥青，而且旧沥青还在一定程度上影响混合料的抗压强度，但其生产过程几乎不需要专用设备就可实现。对于不能热再生回收的旧料（如改性沥青混合料、老化严重难以再生的混合料），可以有效解决旧料废弃和环境污染等问题。

现场热再生技术也称为表层再生技术。该技术通过现场加热、翻耕、混拌、摊铺、碾压等工序，一次性实现就地旧沥青混凝土路面材料100%再生利用，具有无须运输废旧沥青混合料，工效高，对公路运营影响程度低等优点。现场热再生技术可处理路面最大深度为5 ~ 6cm。现场再生机组主要包括加热系统、路面翻耙系统、再生搅拌系统、摊铺系统和压实系统等。

现场冷再生技术主要有两种方式。一种是利用专用再生机械在现场铣刨、破碎、加入新料（包括乳化沥青或其他再生剂、稳定剂和集料，必要时）、拌和、摊铺和预压，再由压路机进一步压实。

参考文献

[1] 中华人民共和国行业标准 . JTG F40—2004 公路沥青路面施工技术规范[S]. 北京：人民交通出版社，2004.

[2] 中华人民共和国行业标准 . JTG E20—2011 公路工程沥青及沥青混合料试验规程[S]. 北京：人民交通出版社，2011.

[3] 中华人民共和国行业标准 . JTG F41—2008 公路沥青路面再生技术规范[S]. 北京：人民交通出版社，2008.

[4] 中华人民共和国行业标准 . JTJ 073. 2—2001 沥青路面养护技术规范[S]. 北京：人民交通出版社，2001.

[5] 交通运输部“材料节约与循环利用专项行动计划”推广项目系列指南之二——沥青路面就地再生技术指南[M]. 北京：人民交通出版社，2008.

[6] 江苏省工程建设标准 . DGJ 32/TJ 149—2013 城镇道路沥青路面就地热再生施工及验收规程[S]. 南京：江苏省科学技术出版社，2013.

[7] 江苏省工程建设标准 . DGJ 32/TJ 148—2013 城镇道路开挖、回填、恢复快速施工及验收规程[S]. 南京：江苏省科学技术出版社，2013.

[8] 江苏省地方标准 . DB 32/T 3134—2016 沥青路面就地热再生施工技术规范[S]. 北京：中国标准出版社，2016.

[9] 中国工程建设协会标准 . CECS 459 : 2016 城市道路开挖及快速回填技术规程[S]. 北京：中国计划出版社，2016.

[10] 中国工程建设协会标准 . T/CECS 502—2018 城市道路沥青路面就地热再生技术规程[S]. 北京：中国计划出版社，2018.

[11] 董平如，沈国平 . 京津塘高速公路沥青混凝土路面就地热再生技术[J]. 公路，2004(01) : 123-130.

[12] 黄颂昌，彭明文，徐剑 . 国内外沥青路面再生技术应用[J]. 公路交通科技（应用技术版），2006(11) : 5-8.

[13] 李民孝，吴茂林 . 沥青路面就地热再生技术及设备[J]. 建筑机械技术与管理，2005(11) : 368-370.

[14] 拾方治，马卫民 . 沥青路面再生技术手册[M]. 北京：人民交通出版社，2006.

[15] 黄晓明，江瑞龄 . 沥青路面就地热再生施工技术指南[M]. 北京：人民交通出版社，2007.

[16] 赵市元．沥青路面就地热再生技术简介[J]．深圳土木与建筑，2013(4)：47-53.
[17] 黄晓明，赵永利，江臣．沥青路面再生利用试验分析[J]．岩土工程学报，2001，23(4)：468-471.
[18] 刘欣楠，马涛，陶向华，等．沥青路面就地热再生养护技术研究[J]．公路交通科技（应用技术版），2011(S1).
[19] 杨建明，杨仕教，熊韶峰，等．旧沥青路面再生研究的现状与工艺[J]．南华大学学报（理工版），2003，17(1)：11-15.
[20] 盛燕萍，李海滨，孟建党．就地热再生技术在沥青路面养护工程中的应用[J]．广西大学学报（自然科学版），2012，37(1)：134-140.
[21] 王永锋，张娟，马庆伟．沥青病害检测与养护方法研究[J]．公路交通科技（应用技术版），2014(11).
[22] 袁毓敏．就地热再生技术在公路路面养护中的适用性分析[J]．工程与建设，2015(1)：107-109.
[23] 何峰，李严，戴合理．就地热再生技术在高速公路路面养护中的应用[J]．公路交通科技（应用技术版），2012(06).
[24] 黄晓明，张晓冰，邓学钧．沥青路面车辙形成规律环道试验研究[J]．东南大学学报（自然科学版），2000，30(5)：96-101.
[25] 邓学钧，黄晓明．弹性层状体系的动力响应分析[J]．土木工程学报，1995(3)：9-16.
[26] 何挺继，朱文天，邓世新．筑路机械手册[M]．北京：人民交通出版社，1998.
[27] 邓学钧，黄晓明．路面设计原理与方法[M]．2 版．北京：人民交通出版社，2007.
[28] 孙祖望．沥青路面养护维修技术的发展与新材料、新工艺、新技术的应用(一)[J]．建筑机械技术与管理，2004，17(9)：48-51.
[29] 朱军，孙金水，张占峰．国外公路工程机械技术性能手册[M]．北京：人民交通出版社，2005.
[30] 沙庆林．高速公路沥青路面早期破坏现象及预防[M]．2 版．北京：人民交通出版社，2008.
[31] 沈金安．关于沥青混合料的均匀性和离析问题[J]．公路交通科技，2001，18(6)：20-24.
[32] 沈金安．国外沥青路面设计方法汇总[M]．北京：人民交通出版社，2004.
[33] 李道辅．高速公路路面设计与施工[M]．北京：人民交通出版社，2001.
[34] 张义甫，程一鸣，马涛．沥青路面就地热再生关键工艺技术研究[J]．现代交通技术，2007(S1)：21-25.
[35] 李志刚，高磊，熊国萍．就地热再生技术在 S340 省道中的应用[J]．筑路机械与施工机械化，2012，29(2).
[36] 田小革，郑建龙，张起森．老化对沥青结合料黏弹性的影响[J]．交通运输工程学报，

2004，4(1)：3-6.

[37] 黄晓明，范跃武，赵永利，等 . 高速公路沥青路面高温车辙的调查与试验分析[J]. 公路交通科技，2007，24(5)：16-20.

[38] 孙立军 . 沥青路面结构行为理论[M]. 北京：人民交通出版社，2005.

[39] 徐剑，黄颂昌，邹桂莲 . 高等级公路沥青路面再生技术[M]. 北京：人民交通出版社，2012.

[40] 戴合理 . 就地热再生工艺处治沥青混凝土路面车辙的适应性探讨[J]. 公路，2010(6)：219-223.

[41] Hasan. OZER, Punit, SINGHVI, Rebekah, Yang, Imad L., AL-QADI，Ibrahim，Abuawad A Sustainability Evaluation of Hot-in-Place Asphalt Recylcing Technique.

[42] Richard F. COONS, Paul H. WRIGHT[1] An Investigation of the Hardening of Asphalt Recovered from Pavement of Various Stages.

[43] Davod Kayedi[1]，Mojtaba Aosseini[2], Rad Montazavi[3], Analysis of the Strength of Hot in-Place Recycled Asphalt. 12/11/2016.

[44] Luca Noferini, Andrea Simoni, CesareSargeorgi, Francesco Mazzotta, Investigation on performances of asphalt mixtures made withReclaimed Asphalt Pavement Effects of interaction between virginand RAP bitumen. International Journal of Pavement Research and Technology, 10 (2017) 322-332.

[45] Mojtaba Mohammadafzali,1 Hesham Ali,1 James A. Musselman,2Gregory A. Sholar,3 and Aidin Massahi1, The Effect of Aging on the Cracking Resistance of Recycled Asphalt. Advances in Civil Engineering, Valume 2017, Article ID 7240462.

[46] Button，J.W., et al. Hot in-place recycling of asphalt concrete，a synthesis of highway practice [J]. NCHRP Synthesis 193 TRB，National Research Council，Washington D.C.1994.

[47] Rogge，D.F., et al. Exploratory study of hot in-place recycling of asphalt pavements [J]. Transportation Research Report 94-23，Transportation Research Institute，Oregon，State University，Corvallis，Oregon，November，1994.

跋

POSTSCRIPT

我国每年有 8000 ~ 10000km 的道路需要大修,每年对集料的需求超过了 5000 万吨。开山采石导致树木砍伐、水土流失，将对生态环境造成不可恢复的破坏性影响，近年来各地对开山采石的严格设限，将造成集料资源的紧缺。党的十八大报告指出：将生态文明建设放在突出地位，融入经济建设、政治建设、文化建设、社会建设各方面和全过程，大力推进绿色发展、循环发展、低碳发展，努力建设美丽中国，实现中华民族永续发展。英达公司是生态文明建设的先行者，多年来致力于研发和推广路面材料循环再用技术，倡导绿色经济、循环经济、低碳经济。

英达公司经过近 20 年的努力，形成了独具特色的“公路医生”养护理念和四位一体的发展模式，并且坚信，实现对原路面材料的 100% 原价值再生利用是保护生态环境的最有效途径。

1）公路医生养护理念

“我们的地球是我们向子孙后代借来的地球”。所有的公司都希望实现企业的持续发展，但如果环境污染严重，资源枯竭，整个地球都将陷于衰败，没有一个企业可以独善其身，因此，资源循环再利用是新世纪人类必须承担的历史使命。

十几年来，英达人锐意进取、砥砺前行，建成了完整的沥青路面就地热再生理论体系。包括以“对症下药”“设备模块化组合”为核心的四位一体的经营理念，以“善用科技，共创多赢”为核心的发展理念，及“石料再用、沥青再生”“层间热黏结技术”“级配调控技术”等六大核心技术理念与自主创新“三元论”理念，形成企业坚实的思想内核。以此为指引，英达将再接再厉，以“延长道路使用寿命，推进行业循环经济发展，促进社会、合作伙伴、生态环境多方共赢”为使命，不断增强技术研发实力，提高服务水平，朝着“让产品与服务遍及每条高等级公路及市政道路”的目标不断迈进。

成为“公路医生”是英达公司的发展方向，也是公司不断超越自身，追求卓越的动力源泉。要树立“公路医生”的养护理念，如图 1 所示。这就需要针对不同的沥青路面状况，制订对症下药的技术方案。

2）四位一体的发展模式

近年来，中国道路建设取得了飞速的发展，这昭示了道路养护市场的良好发展前景，也对企业的综合实力提出了更高的要求。英达是道路养护技术管理人员培训、养护工艺技术研发、养护设备制造、养护工程承包并举的“四位一体”的企业，如图 2 所示。

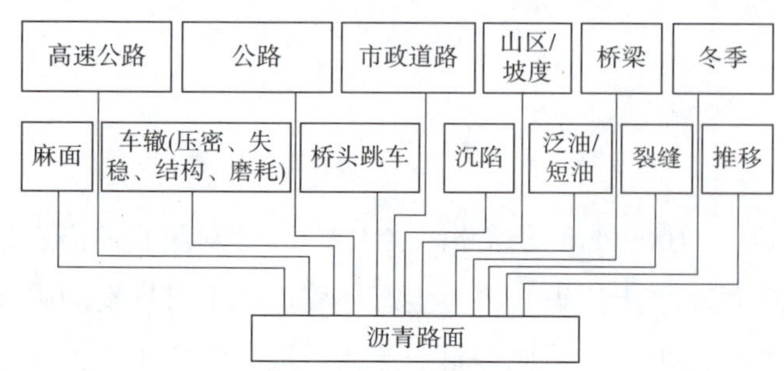

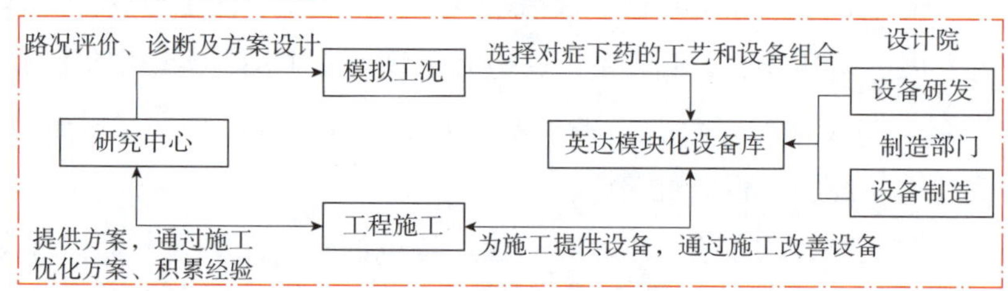

图 1　公路医生养护理念

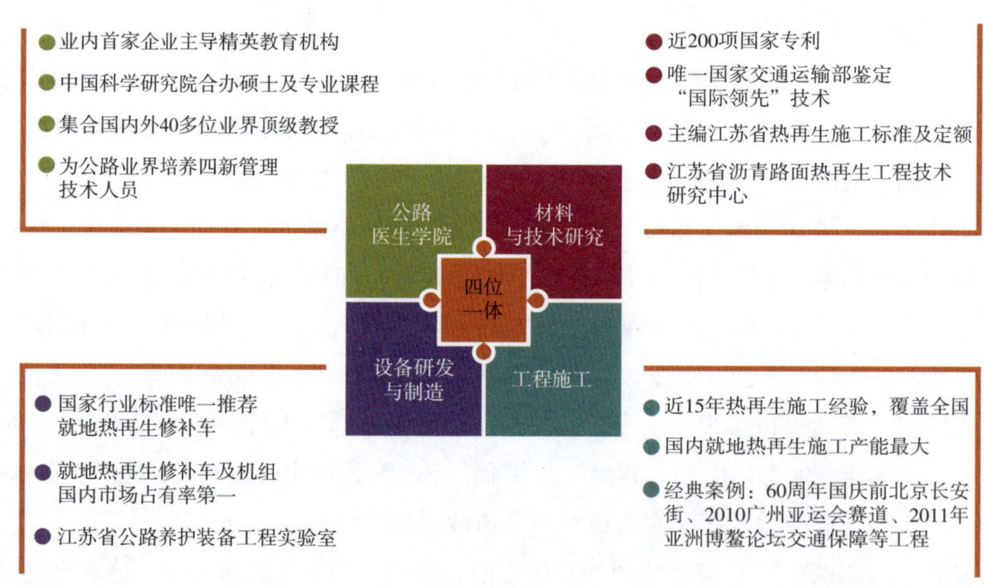

图 2　四位一体

公路医生学院：公路医生学院聘国内外业界最具权威性的专家、教授，并与国内知名院校联合办学。它将为公路养护行业培养具有新技术、新设备、新工艺、新材料的四新理念管理人员和最新公路养护技术理念的各类技术人员。

问诊配药：英达强大的道路材料与养护技术研发能力，采用先进的试验和检测设备，完成路面病害调查，准确诊断道路病害，提供针对性的解决方案，对症下药。

医疗器械：英达设备研发与制造，第一时间将技术研发成果转化为生产力，研发、制造出最先进的养护施工设备支持工程项目实施，使设备使用性能最优，保证施工质量。

手术治疗：英达工程施工实现了工艺技术与设备的有机结合，可第一时间为技术研究、设备研发与制造提供改良的反馈意见，帮助英达从工程技术的实际需求出发，遵循正确的轨迹，为工程项目提供最适用的施工技术及设备。

护理保健：英达在施工后定期对路面进行调查、回访、跟踪监测，并提出养护建议，为延长道路使用寿命提供持续的护理服务。

四者形成了相互依存、相互促进、互为补充的良性循环，推动了就地热再生技术的快速发展和应用。“四位一体”的发展模式使英达实现了对自身的不断超越，在行业内持续保持领先地位。“四位一体”是成为“公路医生”的必要条件。因此，唯有“四位一体”，才能成为真正的“公路医生”。